Spuren des Religiösen im Denken der Gegenwart

Mit Nietzsche denken

Publikationen des Nietzsche-Forums München e.V.

Sonderband 1

Spuren des Religiösen im Denken der Gegenwart

Otterfinger Gesprächskreis 1997–2001

Herausgegeben
von
Beatrix Vogel

Weitere Informationen über den Verlag und sein Programm unter
www.allitera.de

Die Deutsche Bibliothek – CIP-Einheitsaufnahme

Spuren des Religiösen im Denken der Gegenwart
Otterfinger Gesprächskreis 1997–2001
Hrsg.: Beatrix Vogel. – München: Allitera-Verlag, 2004
(Mit Nietzsche Denken: Sonderband 1)
ISBN 3-86520-066-4

August 2004
Allitera Verlag
Ein Books on Demand-Verlag der Buch&media GmbH, München
© 2004 Nietzsche-Forum München e.V.
Umschlaggestaltung: Kay Fretwurst, Spreeau
Lektorat: Dr. Beatrix Vogel, Dr. Nikolaus Gerdes
Herstellung: Books on Demand GmbH, Norderstedt
Printed in Germany · ISBN 3-86520-066-4

Inhalt

ALBERT VON SCHIRNDING
Geleitwort 11

BEATRIX VOGEL
Einleitung:
Fünf Jahre Gesprächskreis (1997–2001): Die Wurzeln der Religion
Was ist Religion? Brauchen wir heute noch (oder wieder) Religion? 15

MICHAEL VON BRÜCK
Mystische Erfahrung, religiöse Tradition und die Wahrheitsfrage 51

FRANZ BUGGLE
Ist heute noch Religiosität intellektuell und ethisch verantwortbar, möglich
und wünschbar? *Wenn ja, wo liegen ihre Wurzeln, welche Merkmale
müsste sie besitzen und welchen Kriterien müsste sie gerecht werden?* . . . 75

KONRAD DIETZFELBINGER
Das spirituelle Christentum als gegenwartsgemäße Religion 85

NIKOLAUS GERDES
Der Sturz aus der normalen Wirklichkeit und die Suche nach Sinn
*Ein wissenssoziologischer Beitrag zu Fragen der Krankheitsverarbeitung
bei Krebspatienten* 105

MANFRED GÖRG
Aus Tiefen ...
*Beobachtungen zur Sprache des 130. Psalm und
seiner neueren Rezeption* 129

ALFRED GULDEN
Kapitel II aus: *Die Leidinger Hochzeit* 143

KARL HAHN
Die gnadenlose Moderne auf der Anklagebank
Dostojewskijs Kritik okzidentaler Rationalität 175

RAM ADHAR MALL
Zur Hermeneutik des Einen mit vielen Namen
Eine religionsphilosophische und -wissenschaftliche Studie 197

ALBERT VON SCHIRNDING
Ästhetik der Abwesenheit 229

HANS-RÜDIGER SCHWAB
Der Vieldeutige
*Aspekte der Jesus-Rezeption in der deutschsprachigen Literatur
seit der zweiten Hälfte des 20. Jahrhunderts*...................... 235

HARALD SEUBERT
Prolegomena zu Sprache und Reflexion ›Religiöser Erfahrung‹
Philosophische Meditationen 277

EBERHARD SIMONS
Europäischer Kulturhorizont heute
*Zur Voraussetzung gegenwärtiger
Religionsauseinandersetzungen* 311

ELKE WACHENDORFF
Friedrich Nietzsche und die Religion
Archaischer Aberglaube versus neue interkulturelle Religiosität 323

KURT WEIS
Religionsähnliche Phänomene im Sport
*Sport im Spannungsfeld von Ersatzreligion, Zivilreligion,
Körperreligion und neuer Sinnsuche*.......................... 343

Anschriftenverzeichnis der Autoren 365

»Tod ist bei Göttern immer nur ein Vorurtheil.«
(Aus: Also sprach Zarathustra, KSA IV, S. 391)

Jörg Salaquarda (1939–1999),
dem Denker des Glaubens
angesichts des Todes Gottes,
in bleibendem freundschaftlichen Gedächtnis zugeeignet

Das Nietzsche-Forum München e.V.

dankt der Hans-Sauer-Stiftung, Deisenhofen

für die freundliche Gewährung eines Druckzuschusses.

Danksagung

Der vorliegende Band ist aus der Arbeit eines Gesprächskreises hervorgegangen, der sich seit 1997 – im Anschluss an ein Symposion des Nietzsche-Kreises München im Februar 1996 – zusammengefunden hat, um in jährlichen Treffen aktuelle wie grundlegende Fragen des Gestaltwandels der postmodernen Gesellschaft zu erkunden. Die Treffen sind entstanden aus der Wahrnehmung eines Bedarfs an einem kommunikativen Diskurs, in dem Themen mit interdisziplinärer Kompetenz entfaltet werden, zugleich jedoch entlastet vom Druck der Öffentlichkeit und vorangetragen vom Anreiz der Möglichkeit, vertraute und eingeübte Denkmuster zu überschreiten.

Ein ganz besonderer Dank gilt der HANS-SAUER-STIFTUNG, die diesen Gesprächskreis Jahr um Jahr gefördert hat, für das ungewöhnliche Verständnis gegenüber einem Unternehmen, dessen Chance, fruchtbar zu werden und öffentlich relevante Arbeit zu leisten, sich gerade der Möglichkeit verdankt, von der öffentlichen Szene Abstand zu nehmen und von dem Druck entlastet zu werden, sich ständig durch unmittelbar umsetzbare Ergebnisse legitimieren zu müssen.

Ohne die materielle und ideelle Unterstützung der HANS-SAUER-STIFTUNG hätte der Gesprächskreis nicht die Chance des Gelingens, einen solchen neuen Weg längerfristig ernsthaft zu beschreiten.

Schließlich danke ich Frau Rosa-Maria Baumgartner von Herzen für die oft ausgesprochen schwierige Transkription der Tonbandmitschnitte und die Erstellung des fertigen Textes. Herrn Dr. Nikolaus Gerdes gebührt Dank für die sorgfältige Durchsicht des Buchmanuskripts.

Otterfing, im Februar 2004

Beatrix Vogel

Geleitwort

Albert von Schirnding

In seinem letzten, postum (1958) erschienenen Buch *Winter in Wien* schreibt Reinhold Schneider: »Der Glaube an Auferstehung setzt den Wunsch nach Auferstehung voraus – oder die Angst vor dem Nichts. Aber weder dieser Wunsch noch die Angst verstehen sich von selbst; in der Definition des Menschlichen, soweit sie überhaupt möglich ist, sind sie nicht eingeschlossen. Menschentum kann sich darstellen, formen, ohne von der Frage nach Unsterblichkeit beunruhigt zu werden: hier ist die Grenze der Verkündigung, der Mission, des Christentums. Es ist nicht das Wort an alle, sondern an die Erwählten unter allen.«

Zu dieser Einsicht kommt am Ende seines Lebens ein Dichter, der für zahllose Leser in finsteren Zeiten ein Garant der Wahrheit des christlichen Glaubens, ein Bürge für die Unvergeblichkeit religiöser Hoffnung war. Die Sätze lesen sich wie ein spätes negatives Echo auf den berühmten Anfang der *Kritik der reinen Vernunft:* »Die menschliche Vernunft hat das besondere Schicksal in einer Gattung ihrer Erkenntnisse: dass sie durch Fragen belästigt wird, die sie nicht abweisen kann [...].« In die Gattung der Erkenntnisse, die Kant meint, fallen die Ideen Gott, Freiheit und Unsterblichkeit; es sind die Zentralgestirne eines Himmels, der sich über dem homo religiosus spannt. Reinhold Schneider bezweifelt, dass Religiosität in diesem Sinn zur anthropologischen Grundausstattung gehört. Demnach wäre ein Mensch als vernünftiges Wesen denkbar, der durch die Fragen, deren Beantwortung das Vermögen der menschlichen Vernunft übersteigt, *nicht* belästigt wird und sie folglich da, wo sie auftreten, abweisen kann.

Ist also Nietzsches Prognose, die Einsicht in die Nicht-Existenz einer Welt hinter den Erscheinungen werde vielleicht einmal »als die Axt dienen, welche dem ›metaphysischen Bedürfnis‹ der Menschheit an die Wurzel gelegt wird«, eingetroffen? Sollte es den Menschen geben, der ein Leben lang ohne Religion auskommt, wäre freilich schon die Frage nach dem Religiösen fragwürdig geworden; denn sie zielt, soweit sie es nicht als Kinderkrankheit oder Verhaltens-Spielart einer besonderen Spezies behandelt, auf *den* Menschen, *die* Vernunft oder *die* Seele. Spricht man dem »alten wohlbekannten metaphysischen Bedürfnis« (Nietzsche) den Charakter eines allgemein menschlichen Phänomens ab, wird es zu einer Angelegenheit von Erwählten (oder Verfluchten) und verliert seine Verbindlichkeit. Als (für Reinhold Schneider und vielleicht auch noch für uns) nächstliegendes Beispiel: Christus ist entweder für alle gestorben oder für keinen.

Mit der Möglichkeit, dass Religion in der Definition des Menschlichen nicht eingeschlossen ist, muss gerechnet werden. Der Gesprächskreis, aus dem die Beiträge dieses Bandes hervorgegangen sind, setzt allerdings die Hypothese voraus, dass im Garten des Menschlichen an den Stellen, wo keine Bäume ein transzendierendes Wachstum aufweisen, wo nicht einmal religiöses Gras mehr wächst, jedenfalls nicht seine vertrauten Sorten, gleichwohl das metaphysische Bedürfnis nicht völlig abgestorben ist. Wir treffen in der Gegenwart auf zu viele, wenn auch oft erst als solche zu entdeckende Spuren des Religiösen, deren Deutung freilich unaufhaltsam mit umfassenden Fragen konfrontiert: Was ist Religion? Was sind ihre Wurzeln? Brauchen wir (aber wer ist »wir«?) heute noch oder wieder Religion? Dabei spielt das Problem der Unterscheidung eine hervorragende Rolle: Sind die in überwältigender Zahl auftretenden Formen religiösen Verhaltens alle gleichgültig, oder gibt es ein Kriterium für Echtheit, Scheinbarkeit, Falschheit, ein Merkmal für Originalität und bloßen Ersatz, einen Maßstab, der die Aufstellung einer Rangfolge ermöglicht? Die vorliegenden Gesprächs-Ergebnisse zeigen, dass die Fragen, die das »metaphysische Bedürfnis« aufgibt, nicht so unbeantwortbar sind wie diejenigen, die es sich selbst stellt.

»Das Bewusstsein unserer Verlassenheit, unserer Endlichkeit ist kein Beweis für die Existenz Gottes«, heißt es bei Max Horkheimer, aber es kann die »Sehnsucht nach dem ganz Anderen« hervorbringen. »Der Positivismus findet keine die Menschen transzendierende Instanz, die zwischen Hilfsbereitschaft und Profitgier, Güte und Grausamkeit, Habgier und Selbsthingabe unterschiede. Auch die Logik bleibt stumm, sie erkennt der moralischen Gesinnung keinen Vorrang zu. Alle Versuche, die Moral anstatt durch den Hinblick auf ein Jenseits auf irdische Klugheit zu begründen [...], beruhen auf harmonistischen Illusionen.« Und: »Einen unbedingten Sinn ohne Gott zu retten, ist eitel.« Der Lyriker Rainer Malkowski hat den Sachverhalt auf die dem Dichter zustehende indirekte Weise in einem 1997 erschienenen Band, der nicht von ungefähr den Titel *Hunger und Durst* trägt, so ausgedrückt:

Die Frage

Alles Chemie.

Das Wachstum der Zellen,
ihr genaues, befristetes Leben:
alles Chemie.

Die Erfindung der Götter,
das Hohelied, das Radioteleskop:
alles Chemie.

Die Standhaftigkeit
des politischen Gefangenen,
das Glück und der Tastsinn,
freiwillige Armut
die Rede des Chemikers
bei der Nobelpreisverleihung:
nichts als Chemie.

Nichts als Chemie
das kostbarste Erbgut:
die Frage

Im September 2003

Albert von Schirnding

Einleitung

Fünf Jahre Gesprächskreis (1997–2001)
Die Wurzeln der Religion

Was ist Religion?
Brauchen wir heute noch (oder wieder) Religion?

Beatrix Vogel

Es geht heute in unseren »fortgeschrittenen Industriegesellschaften« schon nicht mehr darum zu wissen, ob die Vorstellung, die man von Gott hat, dem man zu dienen meint, noch zeitgemäß ist, oder ob es noch sinnvoll ist der Kirche anzugehören, der man angehört, sondern heute scheint schon die Frage selbst nach Gott überholt zu sein und jede gesellschaftliche Situation, in der diese Frage noch gestellt wird ..., scheint ein archaisches Relikt, ein Anachronismus in unserer modernen Welt zu sein. Nietzsche zeigt uns aber, wie verlogen und wie falsch eine solche Annahme ist. Niemand, auch der Mensch unserer Zeit nicht, kommt an einer Beziehung zu Gott oder zu den Göttern vorbei.
(»Der Perspektivismus Nietzsches und der theologische Diskurs«,
Pierre Gisel, Freiburg 1981)

Zweifelsohne haben sich die Zeiten seit jener Epoche geändert, in der Hegel schrieb, das Grundgefühl seiner Epoche drücke sich in dem Satz »Gott ist tot« aus. Aber »unsere Zeit« ... ist sie wirklich so anders? Und dieses Phänomen, das man zu Unrecht die »Renaissance der Religion« nennt (in den Parlamenten, unter den Terroristen und in den Medien mehr noch als in den Kirchen, die immer leerer werden), ist es wirklich etwas anderes als der »Tod Gottes«?
(Gianni Vattimo, Frankfurt 2001)

Beatrix Vogel

1. »Wiederkehr der Religion?«

Dimensionen gegenwärtigen Fragens nach der Religion

Als am sonnenstrahlenden Sonntagmittag des 25. Februar 1996 die Referenten, Podiumsgäste und Teilnehmer des Symposions des damaligen Nietzsche-Kreises München: »Von der Unmöglichkeit oder Möglichkeit, ein Christ zu sein. Zur europäisch-geschichtlichen Freiheits- und Wertekonstitution« in der Schwabinger Seidlvilla auseinandergingen, war eines ganz klar: Hier war in den Vorträgen und Diskussionen eine Frage keineswegs an ihr Ende gekommen; sie hatte sich in einer unabsehbaren Spannweite von Bedeutungsmomenten, Implikationen, Folgerungen überraschend virulent gezeigt – sie forderte aufgegriffen, neu gestellt zu werden. Doch wie lautete die Frage?

Die Symposionsbeiträge hatten – aus unterschiedlichen, ja konträren Blickwinkeln – versucht, Orientierungsnöte, Probleme, Leidenssymptome in den Blick zu nehmen, wie sie in unserer heutigen Gesellschaft fassbar werden, in einer Situation der Krise der im Umbruch begriffenen abendländischen Tradition – einer Krise der Zivilisation, der Werte, der Identität (des Einzelnen, der Gruppen, der Kultur) –, inmitten einer Zeitenwende globalen Ausmaßes mit ihren apokalyptischen Ängsten und Risiken.

Den Einstieg in diese Debatten ausgerechnet über eine Befragung der Unmöglichkeit oder Möglichkeit des Christseins zu eröffnen, mag auf den ersten Blick nicht als ins Zentrum des kulturellen Interesses treffend einleuchten. Haben nicht die historischen und genealogischen Kritiken der »Philosophien des Mißtrauens«, zumal Nietzsches[1], aber auch Hegels, Marx', Feuerbachs, Freuds oder Durkheims, das faktische und prinzipielle Ende der Religion konstatiert und forciert, so dass sie, für überwunden geltend, im philosophischen und wissenschaftlichen Diskurs keine konstruktive Rolle mehr spielt? Sind nicht in der säkularisierten Spätmoderne, »einer immer materialistischer, konsumorientierter und babylonischer werdenden Welt«[2] Christentum, Religion und sakrale Werte längst unaufhaltsam in der Auflösung begriffen?[3] Und ist diese Auflösung nicht bereits so weit fortgeschritten, dass ein Thematisieren solcher Auflösung bzw. der »Rückstände« – als Bewusstmachung unbewusst wirkender Vorgaben, die neue Orientierungen belasten; oder als Korrektur oder Wandlung traditioneller Ansatzpunkte einer schöpferischen Belebung verloren geglaubter Möglichkeiten und Vorbereitung einer »Wiederkehr der Religion« – kaum sinnvoll erscheint? Peter Strasser konstatiert[4], dass die Säkularisation in unserer westlichen Kultur so weit fortgeschritten sei, dass sich in dieser das Anliegen der Religion

Fünf Jahre Gesprächskreis (1997–2001)

kaum mehr verständlich machen, geschweige denn überzeugend zur Geltung bringen lasse. Der negative Theismus werde zunehmend von einem »zentralen Bewusstsein der Gottlosigkeit« abgelöst[5]. Das Nachrichtenmagazin *Der Spiegel* verkündete im Juni 1992 – als Ergebnis seiner Befragung der Deutschen vom 7. 5. bis 24. 5. 1992 – den »Abschied von Gott«.[6] Dass das Christentum, wie es im Programmtext zum Symposion heißt, »im heutigen öffentlichen und kulturellen philosophischen Diskurs kein Thema mehr und weitgehend stillschweigend ausgeblendet (ist)«, erscheint so als eine der selbstverständlichen Folgen der Verschärfung und Generalisierung der Krise der Gotteserfahrung in der Moderne, wie sie in Nietzsches berühmter Parabel vom »tollen Menschen« paradigmatisch zum Ausdruck kommt.

Andererseits – diesen ersten Gesichtspunkt der »Unzeitgemäßheit« der Symposionsfrage kontrastierend – ist nicht zu leugnen oder zu übersehen, dass sich die Zeiten gegenüber jener Epoche, die das Diktum vom »Tod Gottes« als Beschreibung eines unwiderruflich Geschehenen verhängte, sehr verändert haben (und das veränderte Klima hat die Debatten des Symposions beflügelt): In theoretischer Hinsicht entlastet der Wegfall der gegen die Religion gerichteten Denkverbote (wie u.a. durch die Liberalisierung neopositivistischer Erkenntnistheorien, die nunmehr einem »Empirismus ohne Dogma« zustreben[7]); und zugleich erfahren wir praktisch in der Alltagskultur offensichtlich so etwas wie eine »Wiederkehr der Religion«[8]; erleben wir Phänomene einer »Renaissance der Religionen oder des religiösen Bewusstseins«[9], ein »neues Interesse an Religion und Glaube«, eine »Rückkehr der Religion im allgemeinen Bewusstsein (als Forderung, als neue Vitalität von Kirchen und Sekten, als Suche nach anderen Lehren und Praktiken).«[10]

Erscheint der Impuls der Frage des Symposions im Milieu einer totalen Säkularisation mehr oder weniger erloschen, so entbehrt er im Kontext einer neuen Akzeptanz des Bedürfnisses nach Religion oder Religiosität des Charakters der spezifischen Herausforderung. Wozu eine Auseinandersetzung mit der Tradition des europäischen Denkens, eine Aufarbeitung etwa der »Fehlentwicklungen der Vernunfts- und Rationalitätsverständigungen« in Wechselwirkung mit der »Entwicklung des Christentumsverständnisses und seiner kirchlichen Praxis in der abendländischen Geschichte« und die Rekonstruktion »auffälliger Einseitigkeiten und Missverständnisse im neuzeitlichen Gegeneinander von Religion und Vernunft«[11], wenn der gegenwärtige Zeitpunkt vielleicht die positive Chance neuer Möglichkeiten der menschlichen Existenz im Zugehen auf Neues und Kommendes bereithält, so dass weniger Analysen von Herkunftsbedingungen als Toleranz und Experimentiergeist angesagt sind?

Doch in welchen Begriffen man die jüngsten Veränderungen im allgemeinen Bewusstsein, die als »Wiederkehr der Religion« umschrieben werden mögen, auch erfassen wird: diese Veränderungen sind, als Zeichen gegenwärtiger Zeit, nicht von solcher Art, dass sie den Diskurs eines »Wiederanknüpfens an die Religion« von der tiefen Krise der Gotteserfahrung und vom Gewicht der seither für das denkende Leben bestehenden Herausforderung entlasten oder das Ausmaß der Kluft ermäßigen würden, die solches Wiederanknüpfen zu bestehen hat und die nicht zur Kenntnis zu nehmen oder vor der zurückzuweichen keinen konstruktiven Modus der Kultur bedeuten kann. Das Bedenken solcher Phänomene einer »Wiederkehr der Religion« geschieht inmitten jenes Seelen-umsturzes[12] in die Hinfälligkeit, der ganzen Verwirrung und Not des Heraustreten-Wollens aus den Problemen des nihilistischen Endes der Metaphysik, der irreversiblen Verwundung des Selbstbewusstseins durch die Auflösung fundamentaler rationalistischer Gewissheiten, im Bewusstsein des »Endes der Geschichte«[13], der Idee des Fortschritts durch kritische Überwindung in Richtung auf tragfähigere Begründung: inmitten jenes totalen Sinn- und Orientierungsverlustes, der die Spätphase der Epoche bezeichnet, auf deren Höhepunkt die metaphysische Religiosität ihren Zusammenbruch erlebte.

Ein solcher Zustand – indem alles entzogen ist: das Insgesamt der (wie auch immer) Wirklichkeit bedeutenden, besagenden, behauptenden Artikulationen; indem Begriffe, Worte, das Sprechen selbst »gegenstandslos« geworden sind –: wie kann er überhaupt noch »sein«, sich artikulieren? Das gegenwärtige »Jetzt« – in der Abwendung der Artikulation jedweder übergreifender Meta-Zusammenhänge – als »Epoche« zu bezeichnen, ist wohl nicht ohne den Bezug zu vergangenen, sich innerhalb rekonstruierbarer Traditionszusammenhänge begreifenden Verfasstheiten möglich. Aber dieser Bezug hat es nicht leicht, sich zu situieren – im (inzwischen zweifachen) »post« der Moderne – und muss seine Eigenart erst herausfinden, z.B. im Zugeständnis eines Rückblicks, im nochmaligen Durchlaufen dessen, was als entschwunden, weggegangen, abwesend dennoch unsere Herkunft ausmacht.[14] Die Schwierigkeit der veränderten Verhältnisbestimmung zur vorangegangenen Epoche bezeugt die Andersheit der »neuen« Situation und »dass das Denken erst Wege suchen muss, jene wahre und eigentliche postmetaphysische Epoche, die die Postmoderne ist, zu erleben.«[15] Wir können nicht einfach zu einer neuen Gestalt der »Phänomenologie des Geistes« übergehen.

Wenn es zutrifft, dass die Geburt der Postmoderne in der Philosophie »ein Ereignis (ist), dessen Bedeutung und Konsequenz wir – ebenso wie die des im Aphorismus 125 der *Fröhlichen Wissenschaft* angekündigten ›Todes Gottes‹ – noch lange nicht genügend ermessen haben«[16]; und dass sich die Essenz der Postmoderne – dem Insgesamt der sie ausmachenden veränderten Bedingungen des Erlebens, der Existenz und des Denkens – in der Einsicht oder Ansicht ausspricht »dass man einen anderen Weg finden muss«[17], einen Weg, der sich in einer Kultur nach dem Ende der Metaphysik und nach dem Tode Gottes ereignet; so ist dem zu entnehmen, dass wir uns mitten in dieser Veränderung, diesem Übergang befinden – mehr noch: dass dieser andere Weg oder Übergang für die Kultur in keiner Weise gegeben ist oder sich auch nur abzeichnet. Nach Nietzsche bedarf es des »Übermenschen«, nach Heidegger eines »Gottes«[18], um es mit dieser Situation aufzunehmen. Die Veränderung der Bedingungen wäre auszuloten als Möglichkeitsbereich einer radikalen Wende hin zu einer anderen, postmetaphysischen Möglichkeit des Erlebens und Existierens, und sie wären als eine andere Chance im Hinblick auf das Wesen des Menschen zu ergreifen.

Der Übergang ist nicht gegeben, ebenso wenig wie ein Neues im Kontext der hier herangezogenen Konnotationen einfach »da« sein oder kommen kann.[19] Spürbar ist die Kluft, die Entleerung, die Distanz oder doch wenigstens die Lücke, die im Entschwinden des vertrauten Horizontes zurückbleibt und den dringenden Bedürfnissen – nach Sinn und Fundamentierung, nach Orientierung, Erfahrungs- und Konfliktverarbeitung –, die im allgemeinen Bewusstsein weiterbestehen, zwar einen Raum, aber doch wenig Anhaltspunkte einer kollektiv gestützten Befriedigung bietet.

Und doch beginnt der Übergang, indem das Erleben und Denken, mit allem, was ihm anhaftet und zukommt, im Feld der veränderten Bedingungen des allgemeinen Bewusstseins sich bewegt. Die Symposionsfrage, die sich »im Sinne einer kritisch-aufklärenden Problemsicht als Beitrag der Aufarbeitung der sich heute stellenden Probleme in elementarer Bezugnahme auf die europäisch-geschichtlichen und kulturgeschichtlichen Herkunftsbedingungen dieser Probleme« verstand, bewegt sich insofern im Muster des Übergangs, als sie einerseits Kontinuität anstrebt und hinnimmt, denn »die Geschichte der christlichen Religion gehört nicht nur zur Geschichte des Abendlandes, sondern sie bildet auch eine Art Leitfaden durch sie hindurch«[20], und die ererbten Inhalte sind vom Reichtum des gegenwärtigen Erlebens nicht abzutrennen. Andererseits intendiert diese kritische Aufarbeitung Kontinuität nicht lediglich als eine »wiederaufnehmende und fortführende Hinnahme« oder »kritische Überschreitung«[21], sondern als eine (Auf-)Lösungsarbeit im Sinne jenes eigentümlichen Verständnisses der sehr veränderten Fort-Führung des Überkommenen, die mit Heideggers Begriff der »Verwindung« eine für die einschlägigen Denkversuche wohl unverzichtbare Charakterisierung erhielt.

Rückwärts gewendet, im Sinne des »Abschiednehmens« von Erfahrungsmomenten der »Unmöglichkeit des Christseins unter Bedingungen der Moderne«, sollten »falsche« Konstruktionszusammenhänge der Religion und der

Vernunft vergegenwärtigt werden, um – nicht die wahren Ursprünge oder ein gereinigtes Christentum, aber im Durchlaufen der »Bahnen des Irrens«, die erinnert werden, doch vielleicht ein emanzipatorisches Verständnis der überlieferten religiösen Inhalte und die Möglichkeit einer resurrectio zu gewinnen. Im Erinnern, Wiederholen und Durcharbeiten[22] dessen, was früher war, das aber »wie die Spuren einer Krankheit in uns bleibt oder wie ein Schmerz, in den man sich fügt«[23], wird, was dieses Denken früher war, erneut angeeignet, wobei die Beachtung der Schattenseite ausgeklammerter, überlagerter, nicht zu Wort gekommener Perspektiven wichtig ist für jene Öffnung des Verständnisses, die auch dieses Nicht-Artikulierte als der vergegenwärtigten Bedeutung zugehörig erfasst, wodurch ein Spielraum entsteht für eine andere mögliche Erfahrung[24], die die Eröffnung eines anderen Sinns der »Möglichkeit des Christseins« nicht ausschließt.

»Lösungsarbeit« im Sinne der hier angedeuteten Spur innerhalb des Musters einer postmodernen Denkbewegung des Übergangs kümmert sich zum großen Teil um einen nachzuholenden Diskurs – um sprachlos oder steckengebliebene Kommunikations- und Vermittlungsimpulse in den Verbindungen des offiziellen Diskurses von Philosophie und Wissenschaften und den leibhaft-lebendigen Erfahrungsnöten –, der durch eine vieldimensionale Anreicherung der geschichtlichen Details Zusammenhänge weniger »wiederherstellen« als »freisetzen« möchte – wobei Phänomene durch Sprachgewohnheiten überformt (und dadurch vom Kommunikationsfluss abgekoppelt) sein oder sozusagen durch ein kategoriales Manko überhaupt nicht zum Vorschein kommen können.

Unter der Annahme, dass das im »nach« der Moderne möglich werdende »Neue« kein weiterschreitend-überbietetendes Neues im Sinne der Konzeption der Moderne sein kann, so dass also die Möglichkeit dieses Neuen inwendig – nicht im Jenseits der kursierenden Inhalte – zu eröffnen ist, kommt einer solchen Lösungsarbeit, dem Aufenthalt in der Zone vergegenwärtigenden Innehaltens, eine wichtige, bedeutungserschließende Funktion zu. Auf dem Wege der Erinnerung sucht sie zu einer Erweiterung der im gegenwärtigen Kontext »zitierten« Momente der Tradition zu gelangen, wodurch sowohl deren Widerständigkeit (als Relikte des Vergangenen) als auch ihr Leben (ihre Relevanz in der möglichen Offenheit ihrer Bedeutung) sowie ihr Potenzial für einen Heilungsprozess im Sinne der »Verwindung« (z.B. in der Aufhebung von Fixierungen, die das Streben hin zu Neuem unterlaufen) spürbar wird; und nimmt so eine konstruktive Stellung innerhalb der Postmoderne ein.[25]

Doch ist der zurückgewendete Bezug auf die zutiefst vom christlichen Erbe geprägten Wurzeln der postchristlichen abendländischen Kultur noch in einem anderen Sinn als relevant zu betrachten.

Bisher habe ich versucht, die Reise des Symposions in die Vergangenheit des Christentums im Rahmen der Aufgabe einer philosophisch verstandenen »Verwindung der Metaphysik« zu situieren. Ich habe versucht plausibel zu machen, inwiefern die Frage des Symposions die Frage nach dem Ausweg aus der Moderne und in diesem Kontext die »Wiederkehr der Religion« als Frage und Aufgabe für das Denken aufgreift. Der Schluss, dass die Lösungsarbeit die Möglichkeit des Neuen »inwendig« zu eröffnen suchen solle, kann somit nicht bedeuten, dass »ein selbstzentriertes, eurozentrisches Denken«[26] und ein Verbleiben im Horizont der abendländischen Geschichte als zugleich dem Ursprung der Christentumsgeschichte – wo und wann immer man diesen anheben lässt – dieser Aufgabe genügen würde. Das komplexe Ineinander-Wirken differenter Weltanschauungen und Kulturen – als drohende Konfrontation und Krieg der Zivilisationen in der »globalisierten, aber nicht kulturell vereinigten Welt«[27] – ist längst generativer Kontext und Bezugsrahmen nicht nur für die Sinn-Krise des abendländischen Bewusstseins, sondern auch für das Entstehen der sehr unterschiedlichen Formen einer neuen Hinwendung zum Religiösen.

In diesem Kontext der globalen Formation unserer Welt ist es keineswegs nur ein internes oder regionales Problem – individuell oder abendländisch-kollektiv –, wie wir zu unserer Vergangenheit stehen und unsere Herkunft bestimmen und »ob wir der Meinung sind, wir könnten mit dieser religiösen Tradition nochmals etwas anfangen oder nicht.«[28] Spezifische destruktive und schöpferische Möglichkeiten im Potenzial der westlichen Kultur besser zu erkennen – auf dem Wege der objektiven Analyse wie in der subjektiven Erfahrung –, wäre erforderlich, auf jeden Fall nützlich, um das, was (und was nicht) wir »in einer weltpolitischen Lage des Zivilisationskonflikts«[29] als Erbe unserer Kultur (als das dieser Kultur »eigene Ethos«[30]) bewusst und verantwortungsvoll in der schwierigen Debatte der heutigen Menschheit um globale Ordnungsgesichtspunkte für eine zukünftige interkulturell bestimmte Weltzivilisation einbringen und geltend machen wollen. Doch wirkt durch die globale Verknüpfung auch ein Druck in die umgekehrte Richtung: Indem deutlich wird, dass europäisches Denken keine unwidersprochenen globalen Antworten stiften kann, wird ein »inwendiges« Klären und Suchen nach einer zukünftigen Gestalt abendländischen Vernunft-Denkens – und dieses auch als Erbe der in der westlichen Gesellschaft vorherrschenden religiösen Tradition und Spiritualität – umso notwendiger erscheinen, wenn man die Suche nach dem Ausweg nicht einer völligen Diskontinuität anheim geben und den Versuch aufgeben will, das, was geschieht, denkend zu begleiten.

Die Rede von der »Wiederkehr der Religion« oder »des Religiösen« im philosophischen Diskurs und in der Mentalität und Alltagskultur der Gegenwart benennt ein komplexes, vielschichtiges Geschehen, das die verwirrenden Unbestimmtheiten, Mehrdeutigkeiten und Fraglichkeiten der Situation des Übergangs, als den Grundmomenten der jetzigen Epoche, widerspiegelt. Ob es sich um »das Bedürfnis nach schlichtem Wiederanknüpfen an die metaphysische Religiosität«[31] handelt, um die Reaktion, die der Auflösung eine frühere Konfiguration entgegensetzt; um Formen der »sehnsüchtige(n) Suche nach einem letzten und unerschütterlichen Fundament«[32]; um fundamentalistische Strömungen der neuen Religiosität aus Ablehnung der Modernisierung; oder um Formen des Ausdrucks der Sehnsucht nach dem »ganz Anderen«[33] oder einer neu gewonnen Offenheit gegenüber der »Positivität« des Religiösen[34] – »dieser radikalen Möglichkeit des Seins«[35] – auf Grund der Fähigkeit, »das religiöse Bedürfnis des allgemeinen Bewusstseins außerhalb der Schemata der aufklärerischen Kritik zu betrachten«[36], ist im Blick auf die Phänomene nicht leicht zu unterscheiden, geschweige denn zu bewerten. Mit der Intention eines bewussten, denkenden Erfassens dessen, was in uns und um uns geschieht, indizieren die Phänomene der »Wiederkehr der Religion« eine Art transformiertes Spiegelbild der Probleme der Epoche, die es zu lösen, wenigstens in Fluss zu bringen gilt; auf ihre Weise spiegeln sie die Kluft, eine nicht rückgängig zu machende Bedeutungsdifferenz gegenüber den Bezugspunkten der Bemühungen eines »Wiederanknüpfens«; sie sind keine Antwort auf die Fragen dieser Epoche, eher eröffnen sie ein weites Feld für die Erforschung vielfältiger und komplex interagierender Fragen: nach der Natur (der Wurzel) der Religion (was sucht das allgemeine Bewusstsein in seiner Rückkehr zur Religion?); nach dem Verhältnis von Vernunft (und Kultur der Vernunft) und Religion; dem Verhältnis von Religion zu ihrer stets historisch bedingten Verfasstheit (einschließlich des Verhältnisses von religiösem Erleben und Sprache); der Kompatibilität von modernem Bewusstsein und Religion (ist die Religionskritik des 19. Jahrhunderts obsolet oder nicht obsolet?); nach der Funktion von Religion, religiösen Vollzügen und Erfahrungen für das allgemeine Bewusstsein (woher z.B. nimmt humanes Denken seine Kriterien?); (und umgekehrt) nach der Lebbarkeit der religiösen und spirituellen Dimension in einer vom rationalistisch-szientifischen Vernunftparadigma geprägten gegenwärtigen Situation (macht dieses Paradigma unfähig zur Religion?) – Fragen, deren Formulierung für schier unzählige weitere stehen mag, für deren Reflexion eine erneuerte Grundlage zu eröffnen wäre; ein erweiterter Vernunfthorizont, vor dem diese Fragen überhaupt in ein differenziertes und fruchtbares Gespräch eintreten können.

So hat sich im Anschluss an das Symposion ein Gesprächskreis zusammengefunden.

»… es entsteht das Bedürfnis nach Philosophie, wo ein Anfang abbricht und nach seiner Fortsetzung verlangt«. (Margaretha Huber[37])

»Zeit: der 28. Februar 1994. Ort: eine Insel, Capri. Ein Hotel, ein Tisch, an dem die versammelten Freunde miteinander reden. Beinahe ungeordnet, ohne ordnende Begriffe außer einem Wort: dem klarsten und zugleich dunkelsten: Religion. *Warum bereitet dieses Phänomen, diese überhastet »Rückkehr der Religionen« genannte Erscheinung, so viel Schwierigkeiten?* Warum versetzt es besonders jene in Erstaunen, die der Auffassung sind, es bestünde eine Opposition zwischen der Religion auf der einen Seite und der Vernunft, der Aufklärung, der Wissenschaft, der Kritik anderseits, als ob nur eine der beiden Seiten Bestand haben könnte? Beschränkt sich die »Rückkehr des Religiösen« auf das, was in der öffentlichen Meinung diffus ›Fundamentalismus‹, ›Integrationismus‹, ›Fanatismus‹ genannt wird? Und so haben letztlich historische Zwänge uns diese Frage vorgegeben.«

(Jaques Derrida[38])

II. Die »Wiederkehr der Religion« in den Fragestellungen des Gesprächskreises

Ein kreatives Experiment der Vernunft: Methodische Implikationen des Gesprächskreis-Settings

Wesentlich im Hinblick auf das Anliegen, die Abgrenzungen und Begrenzungen des Fachs und des Standpunkts zu überschreiten und für einen in die Tiefe führenden explorativen Dialog zu öffnen, erschien einerseits die Konzeption eines geeigneten Settings: Ein vom Druck der Öffentlichkeit entlastetes, internes Gespräch in einem interdisziplinär besetzten Kreis von thematisch engagierten Experten sollte es ermöglichen, die unterschiedlichen Kompetenzen professionellen Wissens und die vielschichtig mit diesem Wissen verwobene persönliche Lebenserfahrung im Interaktionsprozess zusammenkommen und qualitativ neue Frage- und Denkmuster entstehen zu lassen. Die besondere Vertrauensatmosphäre in einem solchen Kreis ermöglicht einen Austausch von Wahrnehmungen, Erfahrungen und Gedanken in einer Vielschichtigkeit und Tiefe, wie das zumal in öffentlichen Debatten nur schwer der Fall sein kann, sowie ein entsprechend nicht-einseitiges, nicht fixierendes, weniger defensives Aufnehmen, Sichten, Beschreiben, Befragen und Reflektieren dessen, was geschieht, und führt leichter zu einer Öffnung und qualitativen Überschreitung von Denkgewohnheiten.

Anderseits sollte der Gesprächskreis auch inhaltlich noch einmal tiefer und genereller ansetzen. Die Frage nach der Wirkungsgeschichte und Kritik des

Christentums auf dem Hintergrund der abendländischen Denk- und Kulturentwicklung als Klärung der Ursachen der heutigen gesellschaftlichen Situation, die die Symposionsbeiträge einzukreisen versuchten[39], scheint zu eng gefasst, wenn es darum geht, die Matrix des Vorhandenen, dem die Kritiken eines »alten« wie die Entwürfe eines »neuen« Denkens (oft in schwer zu bestimmender Weise) verhaftet sind, anzusprechen und in Bewegung zu bringen. Der Arbeitstitel des 1. Gesprächskreises, der am 8./9. März 1997 in Otterfing bei München stattfand: »Die Wurzeln der Religion: Was ist Religion? Brauchen wir heute noch (oder wieder) Religion(en)?« markierte diese grundlegendere Richtung. Zwei weitere Fragen steckten ein heuristisches Feld für die Bewegung der Gespräche ab: »Was bedeutet das heutige Wiederaufleben der Religion? Was für eine Religion ist das?« und: »Religion und Bildung von Werten: Ist eine Wertediskussion, die nur aufgeklärt und humanistisch verläuft, ausreichend?«

Da die nähere Formulierung der Fragen, die in der Gesprächssituation bearbeitet werden sollten, grundsätzlich vom gewählten methodischen Rahmen sowie davon abhängen mussten, wie es in der Situation gelingen würde, mit dem Problem der Sprache (der Abhängigkeit der Bedeutungen von einem bestimmten Begriffskontext) in einem Diskurs von Gesprächspartnern unterschiedlicher Fachrichtungen umzugehen, wurde eine für den Gesprächskreis verbindliche Fragestellung dem Verständigungsprozess nicht vorangestellt, sondern die Gewinnung einer solchen eher als ein im Verlauf desselben zustande kommendes Ergebnis angesehen. Die Teilnehmer[40] kamen überein, dass das vorläufig abgesteckte Feld von Fragen in einem Prozess der gemeinsamen Gesprächsarbeit sukzessiv, in einer Reihe von Treffen, präzisiert und entwickelt werden sollte. Dieses sukzessive Modell des Gesprächskreises impliziert eine große Offenheit und Flexibilität des Vorgehens bzw. ein vorrangiges Bestimmtsein des Gesprächsgegenstandes durch den grundsätzlich nicht voraussagbaren Gesprächsprozess selbst.

In bemerkenswerter Weise scheint somit in unserem Gesprächskreis eine Situation konstelliert, derart, dass die Methode – im weitesten Sinn: das Gespräch, die Kommunikation – für das gestellte Thema und die zu bearbeitenden Fragen entscheidend relevant ist: In besonders inniger Weise reflektiert die Methode den zur Debatte stehenden Inhalt; die Form oder Methode spiegelt den – sie ist in gewisser Weise der Erkenntnisinhalt[41]. Freilich geht es um eine Reihe von zum Ausgangspunkt genommenen Inhalten oder Fragen, die in möglichst vielen Richtungen erforscht und entfaltet werden, die den Stand des Gespräches markieren und als Kriterium eines Erkenntnisfortschritts fungieren können. Aber dabei geht es mindestens gleichgewichtig um das Gelingen von »Gespräch«, d.h. um den Versuch, die je in ihrer Sprache artikulierten unterschiedlichen Perspektiven und Verstehensansätze intensiver zueinander zu führen und in Wechselwirkung treten zu lassen, so dass die Vielzahl der versammelten unterschiedlichen, je in ihren eigenen Begründungs- und Verstehenskontexten explizierten Sichtweisen möglicherweise sich aneinander nicht nur präzisieren, sondern sich auch verändern, indem sie verbindungsfähiger werden und, das wäre der kühne Wunsch, eine neue Qualität von Zusammenhang hervorbringen bzw. zustande kommen lassen.

Ein Gespräch, das nicht nur Erkenntnisse als Wissensdaten recherchiert und begrifflich vernetzt, sondern sich selbst als Erkenntnisprozess ins Spiel bringt, setzt auf die Möglichkeit des Gesprächs, Diversität ausgiebig und ausgeprägt zu Wort kommen zu lassen – jene Vielzahl von Zugängen und Explikationsweisen im Hinblick auf das Thema, die jeweils in sich eine »Qualität« von Rationalität bedeuten, so dass die Sprachen, in denen sie sich artikulieren, nicht oder nur sehr unvollständig ineinander übersetzbar sind und die spezifischen Bedeutungen des Gemeinten, auch, wo ein »Konsens« konstatiert wird, unfassbar bleiben. Als Anreiz dabei ist aber, denke ich, immer auch die Vermutung oder Hoffnung gegenwärtig, dass das Gesprächsfeld im Zuge dieser sorgfältigen und subtilen Arbeit eine Beschaffenheit erreicht, die diese versammelte Pluralität von Sichtweisen zu überschreiten erlaubt, die formulierten thematischen Bedeutungsfacetten (»Inseln von Rationalität«) füreinander öffnet, transzendiert, überleitet, so dass eine neue Ebene des mit diesen einzelnen Bedeutungsqualitäten wesentlich Gemeinten präsent werde und aufscheine. Diese Art der möglicherweise sich herstellenden Zusammenhangshaftigkeit der geäußerten Einsichten würde ein Verbindungsereignis höherer Ordnung bedeuten, das weit über einen Konsens in einzelnen Punkten oder im gemeinsamen Interesse an der Sache hinausginge. Obwohl gewissermaßen am Zustandekommen der zweiten Phase alles hängt – nämlich, aus meiner Sicht, der dem Gesprächskreis als »kreativem Experiment der Vernunft« zu Grunde liegende »Energieschub« –, ist die mehr traditionelle Phase der Artikulation der individuellen Bedeutungsqualitäten als persönliche Themenentfaltungen gleichfalls entscheidend wichtig, denn nur eine Auffassung eines Themas, die dem Gesprächspartner sehr wichtig und in die sein Erkenntnisinteresse ernsthaft involviert ist, drängt an die Grenze ihrer jeweiligen Artikulation und darüber hinaus. Ja, in der Tat bestreitet diese »traditionelle« Phase den Hauptteil der Gesprächskreisarbeit: die aktive Re-Produktion und Belebung der Themen, Begründungsmodelle und Denkfiguren, die heute den öffentlichen gesellschaftlichen Diskurs bestimmen; die Analyse dieser Themen und Muster (aus dem Wissensfundus der Anwesenden), die Exploration derselben und das Geltendmachen neuer Gesichtspunkte (aus dem lebendigen Erfahrungsfundus der Anwesenden) – eine äußerst kreativbereichernde Arbeit, die unweigerlich bereits zu einer neuen Sicht und Kontextbestimmung der zentralen Problemfelder führt.

Zugespitzt könnte man sagen: Der Gesprächskreis als Experiment der Vernunft – wie verbindungsfähig sind die im Gespräch artikulierten Strukturen des Vernünftigen? – beinhaltet (ja: verkörpert) die in der Ausgangsfrage angesprochene Fraglichkeit einer »Wiederkehr der Religion unter Bedingungen der (Post-)Moderne« – nach dem »Tod Gottes« – als Frage nach der Möglichkeit einer Transgression oder Über- bzw. Verwindung der Epoche: Wie kann es (mit dem Denken und den Denkenden) überhaupt weitergehen? Wie ist ein qualitativ-produktives Fort-Schreiten des allgemeinen Bewusstseins möglich, nach der – auf welchem level und in welcher Sprache auch immer angesetzten – Diagnose eines tief in der jetzigen Verfasstheit eingeschriebenen Bruches? Wenn ein solches, wie auch immer zu fassendes qualitativ-produktives Fort-Schreiten als von der Vernunft her konzipierbar gesehen wird, wird das »Neue« auch eine neue Möglichkeit der leitenden Konzeption des Vernünftigen – als Ausweitung desselben in ein neues Denken – einschließen müssen.

> Das Problem von Religion und Wissenschaft ist das Grundproblem, vor das sich der heutige Mensch gestellt sieht.«
> (Keiji Nishitani)

Ist-Situation und Gestaltwandel von Religion im Kontext (post)moderner Rationalität. Themen und Befunde der Gesprächskreis-Treffen[42]

Misst man der Hypothese, die mit der Chiffre des »Todes Gottes« bezeichnete Situation sei als eine Erfahrungsdisposition in das allgemeine Bewusstsein eingeschrieben, diagnostisches Gewicht zu und ist man, wie die Phänomene einer *resurrectio* und eines Gestaltwandels des Religiösen zu belegen scheinen, zu konzedieren bereit, dass Religion nichtsdestoweniger eine unabweisbare Disposition des menschlichen Erlebens darstellt, so konstelliert ein Geschehen des »Wiederanknüpfens« an die Religion das Problem, wie ein allgemeines Bewusstsein, das sich in jahrhundertelanger Entwicklung als eine rational-säkulare Struktur ausgebildet hat, diese Phänomene integrieren, wie es »ohne Bruch« damit umgehen kann – m.a.W. es konstelliert sich das Problem, wie es sich im Rahmen dieser rational-säkularen Struktur leben lässt; ob die säkulare Position des menschlichen Bewusstseins, einerseits eine kostbare Errungenschaft der Menschheitsgeschichte, in anderer Hinsicht gar eine Sackgasse der Evolution darstellen oder ob und wie diese als ein Weg, als Kultur schöpferisch anleitendes Paradigma gewendet werden kann.

Unter dem Rahmenthema: »Die Wurzeln der Religion: Was ist Religion? Brauchen wir heute noch (oder wieder) Religion?« hat der Gesprächskreis in bisher fünf Treffen[43] zentrale Phänomene des kulturellen Umbruchs und Übergangs unserer Gesellschaft in zwei Akzentuierungen untersucht: ätiologisch, in Richtung Ursachenerhellung der heutigen gesellschaftlichen Situation (als Rekonstruktion und Bestandsaufnahme des Sterbens Gottes in der heutigen Situation eines vollendeten Säkularismus); sowie phänomenologisch-explorativ, in Richtung einer Bestandsaufnahme der gesellschaftlichen »Ist-Situation«: als Recherche zu Phänomenen des Verfalls traditioneller Religion, der Auflösung des etablierten Feldes der Religionen; zu Grundmustern moderner Rationalität im Alltagsleben; sowie zu den unterschiedlichen Erscheinungsformen heutiger Religiosität (»Gestaltwandel des Religiösen«).

Die ätiologische Frage-Richtung: Religion und abendländischmoderne und postmoderne Rationalität (Gesprächskreise 1 und 2)

In Richtung einer Klärung der Ursachen der heutigen Krise des gesellschaftlichen Bewusstseins haben die ersten beiden Gesprächskreise zunächst die Frage des Symposions nach der Auswirkung einer kirchlich-dogmatischen Philosophie und Ethik für die abendländische Kultur bis hinein in unsere Gegenwart noch einmal genereller und tiefer verfolgt. Aus der Wechselwirkung von Vernunftgeschichte und Christentumsgeschichte hat sich (wie auch immer die Anteile bewertet werden) seit der Neuzeit und der Aufklärung der Säkularismus als jene dominierende, spezifisch europäisch-westliche Bewusstseinsverfassung entwickelt, die sich von dem kirchlich-religiösen Bewusstsein ablöste und sich heute unter dem Paradigma szientifisch-technologischer Rationalität globale Geltung verschafft hat.[44] Im Streit von Staat und Kirche um die politische und kulturelle Hegemonie hat ein wissenschaftlich-säkulares Bewusstsein den Sieg errungen, ein Bewusstsein, für dessen Herausbildung – bis hin zum vollendeten Säkularismus der Gegenwart – die Gestaltungskräfte des Christentums eine entscheidende Rolle spielten und das sich dennoch auch einer sukzessiven Ablösung von kirchlicher Bevormundung verdankt.

Die moderne Rationalität hat alle traditionellen Definitionshoheiten dem Säurebad der Kritik unterzogen. Wir leben in einer säkularen Gesellschaft, die eine religiöse Bewusstseinsbildung als kulturell erwünschtes Ziel abgeschafft oder überwunden hat; in der Glaubensdinge zunehmend eine strikt private Angelegenheit sind, ja, man könnte so weit gehen und das unser gesellschaftliches Leben prägende Wirklichkeitsverständnis als Blockade gegenüber religiöser und Transzendenzerfahrung beschreiben.[45]

Das intensive Erwägen der Hintergründe der heutigen Krise des gesellschaftlichen Bewusstseins bewegte sich unweigerlich zwischen Befragungen einerseits des Säkularismus oder der säkularen Position: Wie wirken sich die Modernisierungsprozesse – jene unentrinnbare Durchorganisation nahezu aller Lebensverhältnisse im Sinne vernetzter zweckrationaler Systeme – auf die lebensgeschichtliche Verankerung von Religiosität und die Muster religiöser Erfahrung aus?; und andererseits der sich wissenschaftlich gebenden Theologie und Religion: Was sind die Gründe für den Kompetenzverlust der Kirchen und für das Schwinden der klassisch-religiösen Bindekräfte? Wäre hier an eine »induzierte Unfähigkeit der Theologie« oder »Komplizenschaft« von modernem Staat, moderner Wissenschaft und modernen Glaubensgemeinschaften zu denken oder das Versäumnis der Ausübung eines Einspruchsrechts mit lebenspraktischer Wirksamkeit zu monieren? Könnte eine Art Hintergrundsprozess postuliert werden, derart, dass eine »angepasste« Theologie und Religion und eine zweckrationalistische Gesellschaftsorientierung eine säkuläre Gesamtverfasstheit des allgemeinen Bewusstseins Hand in Hand befördern – auf die innere Säkularisierung der Kirchen als Folge der Auswirkungen des Modernisierungsprozesses wurde bereits hingewiesen –, so dass die von Theologie und Religion assimilierte »halbierte Vernunft« des herrschenden Rationalitätsparadigmas zu einem kategorialen Verlust (einem Verlust von Dimensionen) der Erfahrung zunächst geneigt macht und diesen schließlich quasi zwangsläufig impliziert?[46] Auf der Linie eines solchen Hintergrundsprozesses hätte auch die individuelle, eigenverantwortlich geschöpfte religiöse Erfahrung immer schlechtere Chancen, ihre Authentizität gegenüber der internalisierten »zweiten Aufklärung« zu behaupten.

Die Folge ist, dass das normale Alltagsbewusstsein und religiöse Erfahrung sich entkoppelt haben.

Die Recherchen verfolgten und belegten den Plausibilitätsschwund traditioneller religiöser Definitionen von Wirklichkeit und, damit verbunden, Legitimierungsproblem religiöser Institutionen, was beides weltweit gilt, in dem Maße, wie Aufklärung, Säkularisierung und Pluralisierung heute globale Phänomene sind.[47] Als interne Gründe für den Kompetenzverlust der Kirchen und für das Schwinden der klassisch religiösen Bindekräfte wurden u.a. angeführt: eine dogmatische Austrocknung der Großkirchen, die mit eigenen organisatorischen Probleme beschäftigt sind; eine Unfähigkeit zur Vermittlung von Transzendenzerfahrung wie überhaupt die mangelnde Unterstützung der Herausbildung eines eigenen und eigenverantworteten religiösen Erfahrungsbezugs; mangelnde religiöse Selbstbestimmung; mangelnde Ermöglichung, die Dinge wieder in Totalität denken und erfahren zu dürfen; der Mangel (des Angebots) an gemeinschaftlichen Lebensformen.

Die Erwägungen der Gründe des Bedeutungsverlustes der Kirchen schließen die Klärung der »klassischen« Motive und Bedürfnisse ein, denen Religion entspricht[48], hier kamen u.a. zur Sprache: Kontingenzbewältigung und Komplexitätsreduktion; Affektbindung und Angstbewältigung; Bedürfnis nach Zugehörigkeit; Vermittlung von individueller und gemeinschaftlicher Sinnstiftung; Hilfe beim Lebensvollzug und symbolische Transzendierung eigener Erfahrung auf ein Größeres hin; Bekräftigung sozialer und ethischer Bindungen; Strukturierung und Ritualisierung der Alltagswirklichkeit, Legitimierung von Lebensformen; Wertebegründung aus dem Transzendenzbezug und schließlich: Kanalisierung des »mythischen Rests« aller Rationalität.

Hinsichtlich dieser Bedürfnisse ist festzustellen, dass die Kirchen faktisch das Monopol auf die Befriedigung derselben eingebüßt haben – Psychologen, Soziologen und Therapeuten (und, stärker vertreten als katholische und evangelische Geistliche zusammen: Wahrsager) sind inzwischen zuständig für das, was früher Geistliche leisteten, und Aufgabenfelder der Wissenschaft ersetzen zunehmend Religion, während die Kirchen zunehmend andere als religiöse Funktionen – politische, soziale, wirtschaftliche – erfüllen und immer »diesseitiger« und in ihrer Ausrichtung »zwischenmenschlich und innerlich« (Thomas Luckmann) werden.

Mit diesem Monopolverlust haben sich also auch die etablierten Grenzen von Religion aufgelöst: Es gibt keine anerkannte Definitionsmacht, die die Grenzen des Religiösen bestimmte, was ein Unbestimmt- und Diffuswerden des Begriffs der Religion selbst nach sich zieht. Bis zu welcher Grenze haben wir es noch mit dem Religiösen zu tun?

So existiert etwa kein plausibel vermittelbarer Symbolkomplex mehr, der alle klassischen religiösen Funktionen in sich vereinigen könnte. In diesem Sinne gibt es »Religion« nicht mehr.

Auch traditionelle Religion beschränkt sich, aufgrund zunehmender Privatisierung der religiösen Traditionen, auf Bildung von fragmentarischen Sinnwelten in gesellschaftlichen Enklaven des sozialen Lebens. (Hier finden sich, worauf hingewiesen wurde, auch Inseln des möglichen Gelingens der Vermittlung religiöser Erfahrung innerhalb der Kirche.) Religiöses wird dem eigenen differenzierten Erfahrungshorizont anverwandelt, so dass die religiöse Szene insgesamt durch Pluralismus, Individualisierung, Eklektizismus und immer neue Synkretismen gekennzeichnet ist und zunehmend unüberschaubar wird.

Die Phänomene der Entleerung des Vorrats an sinnstiftenden Bildern – gerade auch im Hinblick auf soziales und politisches Gemeinwesen – sind ja nicht nur ein Phänomen in der europäischen Kultur; sie sind auch interpretierbar als kulturübergreifende Wirkung von Aufklärungs- (und Säkularisierungs-)prozessen – weltweit, nicht nur in Europa –, die Veränderungen in der Struktur des Verhältnisses von Individuum und Gesellschaft in Gang setzen; es ändert sich etwas grundlegend an der Schnittstelle des Bezugs des Subjekts zur Wirklichkeit und zu den traditionsvermittelnden und wertsetzenden Instanzen, mit entsprechenden geistigen und soziologischen Folgen.

Die Hinwendung zur Subjektivität eines jeden Einzelnen rückt die empirische Dimension des individuellen Menschen mit seinen konkreten Bedürfnissen und Möglichkeiten in den Mittelpunkt.

Religion wird in der Form und in dem Maß in Anspruch genommen, wie sie diesen individuellen Bedürfnissen nachkommt.

Ist Religion der Gegenwart in ihrer weitesten Verbreitung Privatmythologie? Sind die verbreiteten Formen des religiösen Eklektizismus und Synkretismus, der patchwork-religiosity und Bricolage des Religiösen, bei der die Einzelnen sich ihre Religion selbst »zusammenbasteln«.[49] Wohlergehen und Gesundheit als Ziele (religiöser) Selbstverwirklichung: Sind sie vor allem Phänomene der Selbsterlösung, eine Religion ohne Transzendenz? Oder handelt es sich um gesellschaftlich nützliche Techniken? Welche der Bedürfnisse, die herkömmlicherweise durch Religion abgedeckt werden, artikulieren sich hier? Gibt es ein Bedürfnis nach einer politisch korrekten Zivil-Religion als konsensstiftendem gesellschaftlichen Kitt? Wie steht es mit der Auflösung von Religion in Ethik und Humanität? Auch Wissenschaft ist in ihrer Funktion als Religionsersatz zu bedenken.

Religion, ihr Begriff, was sie ist und wozu sie dient, steht heute radikal zur Disposition. Die Konstatierung des rapide vonstatten gehenden gesellschaftlichen Wandels in der allerjüngsten Gegenwart, eines Wandels, mit dem sich, zumindest teilweise, eine Änderung nicht nur religiöser Institutionen, Rollen und Praktiken, sondern, so ist zu fragen, (der Qualität) des Religiösen selbst vollzieht, führte ab dem zweiten Gesprächskreis und in den darauffolgenden Treffen zu einer noch stärker gegenwartsbezogenen Fragerichtung und der Analyse einer »Ist-Situation von Religion« im eindeutig säkularen Kontext von moderner und postmoderner Rationalität.

Die phänomenologisch-explorative Fragerichtung: Das Religiöse in den Phänomenen der Säkularität (Gesprächskreise 3–4):

Die Erscheinungen der Auflösung von Religion, des konstatierten deutlichen Schwundes des Einflusses institutionell organisierter Religion und infolgedessen »Unsichtbarwerdens« des strukturierenden Einflusses von Religion im öffentlichen Bewusstsein[50] kontrastieren mit der offensichtlichen Tatsache, dass religiöse Bedürfnisse bzw. »die Wurzeln der Religion« höchst lebendig und einflussreich sind. Könnte es sein, dass religiöse Impulse ausgewandert sind und verändert: in den Masken der Alltagskultur, der Mode des kulturellen Konsums, in scheinbar säkularisierten, teilweise banalen oder uns banal erscheinenden Erscheinungsformen auftreten? Was ist mit den Entgrenzungsbedürfnissen, den ekstatischen Bedürfnissen der Jugendkultur, der Techno-Szene? Bedürfnisse nach Verehrung, Verwandlung, Erlösung, Askese, Ekstase, Unschuld, haben sich den Codes der Massenkultur anverwandelt. Die genannten klassischen Funktionen von Religion werden zunehmend von nicht-religiösen Strukturen getragen, von politischen Ersatz- und Zivilreligionen, von Subkulturen, von lebensreformerischen Bewegungen oder Therapieformen, vom Sport, von der Werbung sowie von der Kunst (bildende Kunst und Musik) und der Literatur.

So hat sich der Gesprächskreis bei seinem dritten und vierten Treffen noch stärker darauf konzentriert, das Religiöse in den Phänomenen der Säkularität aufzustöbern und zu dechiffrieren und statt des Verschwindens die Verlagerungen der religiösen Energien, die Spuren der Auswanderung des religiösen Impulses ein Stück weit zu verfolgen. Untersucht wurden Erscheinungsformen heutiger Religiosität: in der Drogenszene; der Rock-Kultur; der New-Age-Szene; der Esoterik-Szene; in Zen-Übungsgruppen (auch ausgeweitet auf verschiedene Phänomene des »Boomens des Buddhismus« oder auch des Zuspruchs, den asiatisch orientierte Begriffe und Praktiken im Westen finden); in der Jugend- und Popkultur; im Sport, in den sich ein weites Spektrum unterschiedlicher gesellschaftlicher und kultureller Funktionen und Aufgaben von Religionen hineinverlagert hat[51]; sodann in der deutschsprachigen Literatur des 20. Jahrhunderts: Romanen und Erzählungen[52], Gedichten[53] sowie anhand eines Beispiels zu Verständnis und Wiedergabe von Psalmen in moderner Lyrik[54]; und schließlich anhand von Beispielen von Motiven, Bildern, Symbolen aus dem Raum des Religiösen in der modernen Kunst (insbesondere wurden Exponate der Ausstellung HEAVEN[55] betrachtet).

Die Avantgarde der Kunst stellt das Göttliche dar in der Form seiner Abwesenheit – mit und ohne Pathos des metaphysischen Verlustes; die Göttlichkeit der Dinge wird gebannt und beschworen – die Kunst soll die Dinge aus der Banalität des innerweltlichen Diskurses erlösen. Die Inhalte klassischer Religion: Verehrung, Askese, Martyrium, Glaubensstrenge, Unsterblichkeit, Heiligkeit, Ekstase sowie Vorstellungen von Magie, unerreichbarer Schönheit, Glanz, des Erhabenen, des Absoluten, des Besonderen, des Außergewöhnlichen – Qualitäten, die von jeher den Heiligen oder den verschiedenen Manifestationen des Göttlichen zugeschrieben werden –, werden in neuen, ungewohnten Kontexten dargestellt. In der Literatur finden wir überraschend zahlreiche Zeugnisse der Kombination von Elementen, die ein Erbe der traditionellen Religion darstellen, verknüpft mit modernen Themen der Selbstdarstellung.[56]

Das neue religiöse Feld zeichnet sich durch das Fehlen allgemein glaubwürdiger und verbindlicher gesellschaftlicher Modelle für dauerhafte allgemeinmenschliche Erfahrungen der Transzendenz aus; m.a.W. bringt man diese neuen religiösen Formen mit dem Behelfsbegriff des »Feldes« in eine Sichtbarkeit, so schwinden die Umrisse, was Religion ist. Was tritt heute an die Stelle der überkommenen monopolistischen Struktur des religiösen Feldes? – Zunächst eine ungeheure Vielfalt der Phänomene, die sich ins Uferlose weiten und die durchaus als Reaktion auf die Krise der westlichen Rationalität und das Unbehagen in einer kapitalistischen Erwerbsgesellschaft verstanden werden können; indessen tragen sie selbst die Kennzeichen der postmodernen Massenkultur: Angebote und Produkte sind von Moden, Medien und Märkten geprägt. Die Sparte Esoterik ist mittlerweile diejenige mit den größten Zuwächsen auf dem deutschen Buchmarkt. Tarot- und Edelsteintherapie, Rebirthing und Astrologie, buddhistische Meditation und occult thrills, Ökologie und Mystik – alle möglichen spirituellen Trips sind auf diesem Feld der Psychospiritualisierung (P. Strasser) möglich, wobei ein lebenslanges Auswählen und häufig wechselnde Lösungen der Sinnsuche die Regel sind; ein Wandern zwischen verschiedenen Sinnangeboten und Praktiken. »Postmoderne Beliebigkeit«, »religiöser Tourismus«, »Schnuppermentalität« oder auch Robert Musils Begriff der »Schleudermystik« waren Reizworte der Gesprächskreisdebatten. In diesen Formen postmoderner Religion kommt u.a. eine Auffassung zum Ausdruck, derzufolge das »Ich« kraft verborgener Energien seine unbegrenzten Fähigkeiten entwickeln und solcherart evolutiv die Einheit mit Natur und Kosmos erlangen kann. Im Sport fungiert der Körper als Subjekt und Objekt der Sinnsuche, Medium und Mittel der Erfahrung anderer Bewusstseinszustände, auch spezifisch angestrebter Erfahrungen – vom »Kick« bis zur Erleuchtung.

Eine andere Gruppe von Phänomenen lebt vom Transfer verfügbarer Traditionen in die Alltagskultur und verlegt die religiösen Gefühle, die Aura des Erhebenden und Erhabenen in ihre banal erscheinenden Vorkommnisse. So in den Schönheitsritualen (Diät, plastische Chirurgie, Kosmetikindustrie – eine Industrie, die jährlich Milliarden umsetzt); in der Verehrung von Kultidolen; im Sport (Fußball als Religion) – »wenn Stadien Orte der Verehrung sind, Touristenziele Paradiese, Shopping Malls Zentren des Hochgefühls und Museen Kapellen des guten Geschmacks.«[57]

Hier entfaltet sich ein ungeheuer großes Spektrum von Phänomenen – von denen hier soeben lediglich einige erwähnt wurden –, die nicht einfach als »Religion« fassbar sind, aber in der neuen Form unter dem Begriff »religiös« subsumiert werden, insofern, als da zwei Dinge gesucht werden: Sinn und Lebensbewältigung; Ritualisierung (Strukturierung) auch des Lebensalltags in einer Industriegesellschaft.

Unvermeidlich stößt der Betrachter solcher Phänomene, auch bei großer Offenheit und Zurückhaltung eines Werturteils gegenüber dem, was sich zeigt, auf

Fünf Jahre Gesprächskreis (1997–2001)

Fragen nach Kriterien der Abgrenzung »echter« religiöser Erfahrung sowie nach ihrer Verifikation: »Wo hört Religion, wo hört Religiöses auf?« »Was sind religiöse, was para- oder pseudoreligiöse Prozesse?«; »Was ist echte Religiosität« – gegenüber z.B. dem »Trip« oder der »Ersatzreligion« –; »Wie steht es mit der Bewahrheitung von religiöser oder spiritueller Erfahrung? Gibt es Kriterien, die die Transzendenzerfahrung unterscheidbar machen?«[58]

»Das Bedürfnis nach Transzendierung einer erdrückend eindimensionalen Alltagswirklichkeit«; »Selbst-Transzendierung als lebendige Praxis«, die aber damit auch »die Chance einer neuen Integration differenter lebensweltlicher Erfahrungsebenen in einer ganzheitlichen Erfahrung eröffnet«, »unter Einbeziehung des Körpers und der Sinnes- und Körpererfahrung als wichtiges Medium, das die Bewusstseinspforten öffnet und vielleicht einen Schlüssel zu Erfahrungen der Ganzheit bedeutet« – wurden als geeignete Merkmale zur Charakterisierung unterschiedlichster Phänomene, die sich als Ausdruck religiöser Impulse und Bedürfnisse verstehen lassen, genannt. »Erfahrungen ganzheitlicher Art«; »Drang, Suche, Bedürfnis nach Integration als wesentlich für Religion«; (mit Bezug auf die Rockbewegung als Revolution der Leibgeschichte und insofern Ausdruck der Bemühung um) »Überwindung einer unleiblichen Wahrheitskonstitution« und insofern »als erlösendes, Spaltung überwindendes Geschehen«; »das Bedürfnis, wieder zur Einheit zu kommen« – auch diese Charakterisierungen akzentuieren die Qualität der Einheit, der Wiederherstellung von Verbindung und Zusammenhangshaftigkeit von Ich, Selbst und Welt als wichtigstes Merkmal des Religiösen.

Konzedierend, dass die Frage, was »echte« religiöse Erfahrung sei, kontrovers bleiben muss, wurden als Weisen der Beglaubigung oder Bewahrheitung religiöser Erfahrung u.a. angesprochen: das Modell der Höherentwicklung (nach Rudolf Otto); die Selbstevidenz; die Umsetzung der Erfahrung in die Lebenspraxis (»an ihren Früchten sollt ihr sie erkennen«); das Aushandeln eines Konsenses zwischen Individuen, die die Erfahrung(en) gemacht haben; der Kommunikationsprozess – der Prozess der Konsensfindung bzw. des unendlichen Diskurses, nicht das Kriterium – wäre der Ort der Verbindlichkeitssuche. Im Rahmen des Feldes einer historisch-interkulturellen Hermeneutik ist die Bewahrheitung religiöser Erfahrung durch drei im Diskurs in Wechselwirkung verbundene Eckpunkte beschreibbar: (1) die Erfahrung des Individuums; (2) die Prüfung der Erfahrung durch Rückbindung an das Erinnerte, die Tradition oder den Ursprung (hierzu gehört die Methode der historisch-kritischen Konsistenz) und (3) der Kommunikationsprozess der hermeneutischen Gemeinschaft (kommunikationstheoretische Verifikation und Falsifikation); allgemeiner: die »Erfüllung der Ratio« durch Integration einer Erfahrung, einer Aussage, eines Bildes in einen größeren Zusammenhang, wobei der Stimmigkeitshorizont gleichsam bis ins Unendliche erweitert wird; »Erinnerung« und »Vision« als Kategorien tragender menschlicher Bedürfniselemente, die vermittelbar sind und Plausibilität haben, sowie die Bereitschaft, sich von dem Fremden und Anderen ansprechen zu lassen ohne es zu vereinnahmen (Levinas) als Grundlage religiöser Plausibilität, Vermittlung und Kommunikation wurden geltend gemacht. Im Anschluss an Jaspers, der vier Weisen von Wirklichkeit und Bewahrheitung unterscheidet, wurde darauf hingewiesen, dass verschiedene Wirklichkeitsebenen unterschiedliche Weisen der Verifizierung haben. Auch Nietzsches Unterscheidung einer antiquarischen und einer überhistorischen Betrachtung als Perspektiven, die unterschiedliche Arten von Bewährung eröffnen bzw. verschließen, ist hilfreich. Von hier aus ergibt sich ein Zugang zur sog. Paradigmen-bezogenen Religionsphilosophie, die mit verschiedenen Leitbegriffen arbeitet und die Angemessenheit jeweiliger Anwendungen durch Konsens aushandelt.[59]

Hingegen scheint es in verschiedenen Bewegungen »neuer Religiosität« so zu sein, dass gerade die Individualität, die Unvergleichlichkeit und Nichtsubsumierbarkeit der Erfahrung hervorgehoben wird.

Postmoderne Rationalität als Kulturparadigma? (Resümee der Gesprächskreise 2–4)

Wer sich an neue Phänomene im Sinne einer teilnehmenden Beobachtung herantasten möchte, wird geneigt sein, dem Konkreten samt der ihm anhaftenden Erkenntnis-Unsicherheit einen guten Vorsprung einzuräumen. Diesen grundsätzlichen Vorsprung – dass es darum geht, ihn überhaupt zu gewinnen – wird man auch der Bewegtheit neuer Formen des Religiösen selbst zugestehen, in der Annahme, dass hier Kanäle aufgetan werden, über die angestaute Energien heraussprudeln und sich manifestieren; teils unter dem Druck eines notwendigen Nachholbedarfs auf lebenspraktischer Ebene (entsprechend der oben erwähnten vieldimensionalen Anreicherung eines nachzuholenden Diskurses als Momente der in einer Situation des Übergangs erforderlichen »Lösungsarbeit«), grundlegend motiviert durch das starke Bedürfnis nach persönlicher Erfahrung (die ausdrücklich die Körpererfahrung, den Körper als Mittel und Medium der Sinnsuche und Transzendenzerfahrung einschließt), das als ausschlaggebend und vielleicht als gemeinsamer Nenner der unterschiedlichen Formen der Suche nach »neuer Religiosität« immer wieder im Blickfeld unserer Betrachtung stand.

Geht es bei diesen Versuchen, Religiosität neu zu erfahren, allemal um die Möglichkeit vieler Einzelner, sich Luft zu machen, eine Auszeit zu schaffen, um aus der erdrückenden Eindimensionalität einer quantitativ geprägten Welt der »totalen Transformation jeden Seinsbereichs in ein Gebiet von Mitteln«[60] herauszutreten, so bleiben die gewonnenen Erfahrungsqualitäten gleichwohl in das unser gesellschaftliches Leben prägende Wirklichkeitsverständnis eingebettet und rückgekoppelt mit den Rahmenbedingungen einer Rationalität, denen wir nicht entkommen können.

Einerseits bietet die pluralistische Grundstruktur postmoderner Rationalität günstige Rahmenbedingungen für individuelle Freiräume, in denen vielfältige Erfahrungen im Kontext von Sprach- und Interpretationsmustern unterschiedlicher Traditionen gesucht, erprobt und eingeübt werden können. Hier öffnen sich Felder und Möglichkeiten für den Einzelnen, sich seinen eigenen Weg zu bahnen.

Postmoderne, pluralistische Rationalität artikuliert sich heute als ein unüberschaubares Netz von Systemzusammenhängen, die ein konsistenter, kohärenter Diskurs immer nur ausschnitthaft, in Bezug auf bestimmte Parameter in den Blick bekommen kann – nie »im Ganzen«, geschweige denn als Gesamtzusammenhang der Teilsysteme, als »Welt«, weil sie grundsätzlich ein offenes System ist.[61] Diese Selbstkritik einer sich selbst aufklärenden Rationalität und diese Beschränkung, die im Rationalitätsbegriff selbst liegt – die nichts Neues und eigentlich schon in der Kantischen Kategorienlehre angelegt ist –, bedeuten, dass die jeweiligen Systemhorizonte, Bedeutungs- und Sprachebenen offen gehalten werden. Und diese Offenheit im Diskurs jeweils wieder neu herzustellen und zu etablieren, wäre der Rationalitätsgewinn, der die Möglichkeit von immer weiteren Systemhorizonten eröffnet, die offengehalten werden, was die Rückspiegelung der Bescheidenheit und damit die Fortsetzung des Diskurses ermöglicht.

In dieser Perspektive eines interkulturell-hermeneutischen Vermittlungsparadigmas kann wissenschaftliche Rationalität, wenn sie selbstkritisch bleibt, als Verständigungsmodell fungieren, indem sie im Offenhalten der Systemhorizonte Leerräume schafft und dafür sorgt, dass die unterschiedlichen »Füllungen« oder Gestaltungen dieser »Leerstellen« im öffentlichen Diskurs gesichtet werden und als gleichberechtigte Angebote nebeneinander stehen.

Dieser positiven Sicht ist entgegenzuhalten, dass die skizzierte, sich selbst beschränkende Rationalität als Paradigma zugleich wissenschaftlicher und kulturell-gesellschaftlicher Diskurse und Verständigungen – andererseits – zulässt und nichts dagegen tun kann, dass im freien Spiel der Kräfte de facto keinesfalls Offenheit und Selbstbeschränkung kultiviert werden; vielmehr jene eigentlich »irrationalen« Momente (Interessen) die Oberhand gewinnen, die Bewusstsein und Lebenspraxis sehr vieler, vielleicht der Mehrzahl der Menschen auf einen lückenlosen Systemzusammenhang ohne Transzendenz konditionieren.

35

So spricht Keiji Nishitani davon, dass das ständige Beschäftigtsein in der szientifisch geprägten westlichen Zivilisation (in den Worten eines Gesprächskreisteilnehmers: »Wir leben in einer Gesellschaft, die darauf abgestellt ist zu verhindern, dass wir zur Besinnung kommen, weil wir ständig mit etwas beschäftigt werden sollen und permanent unter irgendeinem Zeitdruck sind«) »die Möglichkeit verstellt ... und verhindert, dass jener Horizont des *nihilum* sich auftut«, und dass »diese Blockade sogar in der Gelehrsamkeit, bei der Beschäftigung mit den Künsten und anderen kulturellen Dingen [erscheint]«.[62] Peter Berger stellt fest, dass man sowohl in der Lebenspraxis wie in der Theorie Positionen bezogen habe, die den Fragen, die das Heraustreten aus den Gewissheitsstrukturen der Alltagswelt und die Offenheit für Transzendenz einleiten können (»Was ist der Sinn meines Lebens?«; »Warum muss ich sterben?«, »Wer bin ich?«), jedwede Bedeutung absprechen. »So kann man denn ohne Zaudern sagen, dass die Entthronung der Metaphysik einem Triumphzug der Banalität gleichkommt«.[63]

Bei allem Respekt vor jener Haltung, die im Gewährenlassen der Erfahrung dieser einen sehr weiten Vorsprung (vor jeder sie einholenden etikettierenden Bewertung) einräumt, sollte man, meine ich, im Hinblicken auf gewisse Einlassungen des künstlerischen und religiösen Impulses in die Oberflächlichkeit profaner Formen des kulturellen Konsums – das Erhabene als Artefakt im Haushalt des täglichen Lebens –, in ein jede Tiefe abstoßendes Hier und Jetzt, angesichts des Abgesunkenseins der Spannweite der Transzendenz, auch sagen dürfen, dass eine Reihe solcher Erscheinungen postmoderner Durchbrechung des Realitätsprinzips nicht geeignet sind, »das Religiöse zu tragen«[64]; dass hier die Alltagswelt einer postmodernen Rationalität religiöse Erfahrung nicht nur blockiert, sondern pervertiert, durch eine bestimmte Art der Vermischung mit dem Banalen zunichte macht. – Dazu eine weitere Einschätzung Nishitanis: »Im Hintergrund der fortschreitenden Rationalisierung des Lebens und parallel zu ihr wird des Menschen Bejahung seiner eigenen völlig un-vernünftigen, un-geistigen – oder vielmehr prä-reflexiven – Seinsweise immer mächtiger, d.h. der Status eines Subjekts, das, indem es beharrlich auf dem *nihilum* steht, uneingeschränkt [»lückenlos«] seinem Begehren folgt: ein weiterer Grundaspekt der so genannten gegenwärtigen Kulturkrise«.[65]

So scheinen ältere Kritiken der modernen Gesellschaftsstruktur (Max Horkheimer, Peter Berger, Keiji Nishitani) in der postmodernen Szene durchaus nicht überholt. In Erwägung mancher Folge-Phänomene der Kultivierung einer sich als einseitige absolut setzenden Rationalität, sieht man die Voraussetzungen in Frage gestellt, um im Prozess einer möglichen Vernetzung von Systemen die faktische Dominanz einer materialistischen Wirklichkeitskonstruktion aufzubrechen und tatsächlich zu einer Vermittlung qualitativ differenter Bedeutungs- und Sprachsysteme zu gelangen. Im ersten Hauptabschnitt seines *Journals der letzten Dinge*: »Der Realismus der Sehnsüchtigen«, geht Peter Strasser auf das Fehlen eines Kontextes für heutige religiöse Erfahrungen und Einsichten ein. Deren Mitteilung bleibe daher ohne gesellschaftliche Folgen.[66] Die Differenz qualitativ (kategorial) unterschiedlicher Sprach- und Bedeutungsebenen – so lautet der Einwand – werde im öffentlichen Kontext vom Übergewicht des quantitativ-Rationalen in der kollektiven Erfahrung erdrückt bzw. eingeebnet und somit um ihre Wirkung gebracht.[67]

Beim Erwägen dieser kritischen Gesichtspunkte geht es weniger darum, etwa nicht anzuerkennen, dass einzelne Menschen oder Gruppen zweifellos die liberal-pluralistische Situation nutzen konnten und weitergekommen sind als die Düsterkeit der Diagnose eines kollektiven Bewusstseins-Defizits als Vermittlungsvakuum vermuten lässt; und freilich muss die Bewertung bestimmter einzelner Phänomene des Feldes neuer Religiosität notwendig strittig bleiben.[68] Vielmehr geht es darum, bei der Betrachtung von Rationalität als Verständigungsmodell zweierlei im Auge zu behalten: Erstens, mehr auf der theoretischen Ebene formuliert, ihr aporetisches Moment, derart, dass die Rationalität dieses Modells (im weitesten Sinne: als Modell der Toleranz) zugleich seine Irrationalität bedingt, d.h. die Undisponiertheit, den Verkehr qualitativ differenter Inhalte zu regeln, und damit die Verabsolutierung oder doch die Begünstigung einer sich verabsolutierenden technologischen Rationalität und die Schwierigkeit der Rückvermittlung non-konformer Inhalte an das gesellschaftlich-kollektiv konsensfähige Wirklichkeitsverständnis. Impliziert nicht die Toleranz auch einer die Systemhorizonte offenhaltenden Rationalität gegenüber der Lücke, die eben nur formal, in der Kategorie der »Lücke« existiert, auch eine Verneinung des Andersartigen, eine Immunisierung gegenüber der Möglichkeit, dass etwas qualitativ-Differentes als für sie bedeutsam außerhalb ihrer liegt?

Das führt, zweitens, zu einem unmittelbar lebenspraktisch bedeutsamen Gesichtspunkt, nämlich der Schwierigkeit, vor die dieses Modell den Einzelnen stellt, wenn es ihm aufbürdet, die aus den Systemzusammenhängen einer verwalteten Welt ausgeschlossenen, ihm im Feld pluralistischer Möglichkeiten anheim gegebenen religiös-metaphysischen Bedürfnisse und Erfahrungen eigenverantwortlich zu gestalten und zu verwirklichen. Die Aufgabe, aus den unterschiedlichen bereichsabhängigen Symbolbildungen (»Sprachinseln«), die dem Suchenden wie nie zuvor zugänglich sind, eine individuell tragfähige und gemeinschaftsstiftende Lebens- und Sprachgestalt zu entwickeln, die die immanente und die transzendente Erfahrungsdimension gleichgewichtig (»ungespalten«) verbindet, bleibt dem Einzelnen vorbehalten, der, gewissermaßen ins Ortlose ausgegrenzt, dazu aus dem kulturellen Hintergrund mehr oder weniger keine Unterstützung und Anleitung erfährt.[69] Immunisiert sich nicht die Rationalitätsstruktur der Alltagserfahrung (der Arbeitswelt), derart, dass qualitativ andersgeartete »Lückenerfahrungen« in den Alltag nur schwer integriert werden und transformierend auf ihn einwirken können? Enthält diese Situation nicht auch die Gefahr einer neuen Enteignung und Verunselbständigung des Einzelnen, ein Aufgesogenwerden von den fremdgesteuerten Trends (des Marktes, des Konsums)? Etwas salopp gesprochen, könnte man sagen: Zwar steht es heute jedem frei, nach seiner Fasson selig zu werden – doch wie erreicht er diese Fasson?

Begreift man Religion als das Nebeneinander-Ineinander, das nicht durchschaubare Verhältnis von Verfügbarem und Unverfügbarem, so stößt man auf eine Unvereinbarkeit von religiöser Erfahrung mit dem rationalen Prinzip der modernen Welt qua totaler Verfügbarkeit. Der wandlungsresistente Zug des rationalen Denkens, das in seiner eindimensional fortschrittlichen Ausrichtung zwar ständig Veränderungen aufnimmt, aber nicht geeignet ist, »Wandlung« (als Ergebnis der Integration qualitativ anderer Ebenen wie auch im Sinne von »Verwandlung« qua »Umkehr«) denkend zu begleiten, deutet auf eine weitere Grenze der Vermittelbarkeit von Kategorien religiöser Erfahrung im Kontext pluralistischer Rationalität.

Die Aufgabe, die Impulse des Religiösen kulturell fruchtbar zu gestalten, stellt sich für jede Gesellschaft und Zivilisation unausweichlich. Zur Lösung der unabsehbaren Probleme auf unserem Globus bedarf die intellektuelle und schöpferische Tätigkeit der Menschen der Modelle ihrer Weiterentwicklung, sie bedarf der einheits- und sinnstiftenden, praxisanleitenden Utopien, sie bedarf der Begriffe, Bilder und Symbole, die einerseits vernunftgemäß sind, andererseits gestatten, über die Vernunft hinauszublicken. Bei dieser Entwicklung wird man auf traditionelle religiöse Bilder nicht verzichten können, die aber durch die Brille der Kritik (der Aufklärung) gesehen, aus der institutionell spezialisierten Form herausgeführt und von einer gesellschaftlichen Kultur in einem Bewusstsein, das »nach oben offen ist«, neu gestaltet werden müssen.[70]

Wie immer diese Aufgabe gesehen und interpretiert wird – ob in mehr optimistischer Tönung, im Vertrauen darauf, dass sich der Prozess im Spiel der Kräfte unweigerlich früher oder später in diese Richtung bewegt –, oder pessimistischer, in Akzentuierung seiner Risiken: in jedem Fall befindet sich ein Wiedererkennen des Religiösen in den Phänomenen der Säkularität gewissermaßen erst auf der Hälfte des Weges zu einer solchen anzustrebenden kulturellen Verfasstheit. Zu stellen bleibt die Frage nach dem Rückbezug dieser säkularen Gestaltungen des Religiösen zu den traditionellen Formen (Riten, Bildern, Symbolen, Inhalten) bzw. die Frage, wie sich diese Gestaltungen in diesen Beziehungen entweder selbst definieren (wenn sie dies tun) oder sich auf Grund ihrer Tiefenimplikationen (wenn es Ansätze dazu gibt) in diesen Beziehungen bestimmen lassen.

M.a.W.: Was der in die Kultur der Moderne und Postmoderne mit der Diagnose des Todes Gottes, des Endes der traditionellen Religion eingeschriebene Bruch wirklich bedeutet, zeigt sich vollends erst im Versuch des »Wiederanknüpfens«. Fasst man diese Diagnose relativ rigoros, so dass eine »Rückkehr« des Verlorenen oder Vergessenen unmöglich bzw. dass sie durch das Nadelöhr der Unmöglichkeit zu führen wäre, so kann die »Wiederkehr der Religion« im Kontext des Bruches nicht einfach »gegeben sein« und »geschehen«; und die Beschreibung dieser Phänomene als Befunderhebung zur gegenwärtigen Situation stellt, mit dem Erfassen dessen, was »ist«, zugleich vor die Aufgabe eines umfangreichen »Übersetzens« und »Ergänzens«, (wenn nötig) eines Hinzudichtens jener »Wurzeln« (als Weisen der Wiederbelebung des Verlorenen), die nicht einfach übernommen werden können, die aber – um des abzuwendenden kategorialen Verlustes bzw. der Gefahr des Absinkens des kulturellen Niveaus willen – auch nicht missachtet werden dürfen – eine Aufgabe, die ein außergewöhnliches Zusammenwirken von Wissen, spekulativer Fantasie, tiefem und intuitivem kulturellem Gespür sowie entsprechende Initiativen und Anstrengungen auf struktureller Ebene erfordert.
Hier öffnet sich ein weites Arbeitsfeld.

Die religiöse (mystische, Transzendenz-)Erfahrung als Quelle der Erneuerung und Umgestaltung (fünfter Gesprächskreis)

Die Fragen nach der »Natur der religiösen Erfahrung«; nach dem Verhältnis von religiöser Erfahrung und Sprache: Sind schöpferische, »sprengende«, »ganz neue« Erfahrungen ab ovo sprachbestimmt und daher kulturabhängig – sind sie also eine »Kulturleistung«? – oder sind die Versprachlichung der religiösen Erfahrung und das Haben der Erfahrung »zwei Paar Schuhe«? sowie die grundlegende Frage nach einer »sprachunabhängigen Wirklichkeit« hat die Gesprächskreis-Diskussionen implizit und explizit immer wieder begleitet; sie spielen eine zentrale, ja übergeordnete Rolle, wenn es um die Möglichkeit der Verständigung von Rationalität und Religion, um die Frage nach einem Kontext für die Rückvermittlung religiöser Erfahrungen und Einsichten in die Rationalitätsstruktur des Alltagslebens sowie um Rationalität als Verständigungsmodell im interreligiösen und interkulturellen Dialog geht.

Wie lassen sich die grundsätzliche Abhängigkeit der Wirklichkeitserfahrung von Sprachkontexten (»Kategorien«) einerseits und die bedeutungsstiftende, sprachschöpferische und subversive Qualität von religiösen und mystischen Erfahrungen andererseits erfassen?[71] In welchem Sinn könnte man von »sprachunabhängiger Wirklichkeitserfahrung« sprechen – von einer »Substanz« im Unterschied zu den »Erscheinungsformen« des Religiösen, einer *religio perennis*, die in religiösen Erfahrungen berührt werden kann und in unterschiedlichen Sprachen und kulturellen Gewändern erscheint?[72] Welche Veränderungen (Eingriffe) ergeben sich durch die Bedingungen (und die Notwendigkeit?) der Mitteilung von Erfahrung in einer Sprach- und Kulturgemeinschaft? Gerade religiöse und mystische Erfahrungen werden seit alters als in ihrem wesentlichen Gehalt unaussagbar oder zumindest mitteilungswiderständig gekennzeichnet und oft vermittelst widersprüchlicher und paradoxer Strukturen beschrieben. Wie handhabt unsere Kulturgemeinschaft das Verhältnis des Sagbaren und des Wirklichen?[73]

Spirituelle, Transzendenz- und mystische Erfahrung entfalten sich in einer elementaren Weise im Spannungsfeld des Unsagbaren und des Sagbaren; doch ist das »Haben« dieser Erfahrung bereits die Keimzelle für den Prozess ihres Werdens und Gestaltwerdens, wobei Stufen des Gestaltannehmens im Eintreten in einen vorhandenen – traditierten – Kontext an Bildern, Vorstellungen, Denk- und Begriffsmustern zu vermuten und an vorliegenden Berichten von Mystikern nachzuvollziehen sind. Eine völlig ungedeutete, sprachunabhängige Erfahrung scheint es nicht geben zu können. Unsere Sozialisation, die Prägungen bis ins Vorgeburtliche hinein, unsere Entwicklung, die Schulung im Kontext einer Tradition (bei bewusst angestrebten Erfahrungen: die Vorbereitung), daraus resultierende Ahnungen und Erwartungen schaffen ein Vorverständnis, einen Rahmen für die Möglichkeit von Wahrnehmungen, der nicht gänzlich verlassen oder außer Kraft gesetzt werden kann. Fasst man Sprache weit genug – indem sie Ausdrucksformen in Bildern und Gesten, zusammenhangloses, lautloses, nicht von normaler Sprache getragenes Reden (in gewisser Weise sogar Schweigen) einschließt –, können wir ihren Raum, solange wir Menschen sind, quasi nicht verlassen. Aber auch das Ausreifen der Erfahrungen und Visionen in der deutenden Versprachlichung des Wahrgenommenen geschieht durch die zunehmende (stufenweise deutlicher werdende) Verbindung oder Wiederangliederung des relativ Ungedeuteten mit den geistesgeschichtlichen Formen des Herkunftsfeldes.

Andererseits haben mystische Erfahrungen, wie auch Erfahrungen im Bereich der Kunst, etwas Neuschöpferisches; es taucht etwas auf, das völlig unabhängig von unseren Erwartungen zu sein scheint. In allen Religionen ist mystische Erfahrung eine Begegnung mit dem, was eine sprachlich formulierbare Wirklichkeit übersteigt, was sich jeder Form entzieht. Das unmittelbare Transzendenzerlebnis übersteigt das, was jeweils anwesend ist, und die Erfahrung kann so gewaltig sein, dass sie das Bestehende im psychischen wie im dogmatisch-religiösen Sinne sprengt. Man könnte sagen: In der mystischen Erfahrung wird Wirklichkeit in einer intensiveren, stärkeren Form wahrgenommen, woraus sie ihre mögliche subversive Wirkung gewinnt. Mystik ringt mit der Sprache; sie formt sie neu. Im Wahrnehmungs- und Erlebnisakt wird das Erlebte mitgeschaffen, »konstruiert«.

Die Spannung dieses Ineinander von Widerfahrenscharakter und Konstruktionscharakter der mystischen Erfahrung lässt sich nicht auflösen. In der mystischen Erfahrung kongruiert das, was ich nicht bin, mit dem, was ich bin. Der unendliche Prozess der Konstruktion der Wirklichkeit setzt sich vermittelst des Umbruches – der Umkehrung der Trennung von Ich und Nicht-Ich – unendlich fort: Es, das Unsagbare, Transzendente, widerfährt mir; ich konstruiere es – ich »schaffe Gott«, indem er mich, ihn schaffend, schafft – als ein Moment des universalen Zusammenhangs eines umgreifenden Ganzen.

Die nachdrückliche Verdeutlichung der Relativität des Vorgegebenen – jeder Aussage, jedes Systems, jeder Institution – als Kernpunkt mystischer Erfahrung bildet einen Anknüpfungspunkt in Bezug auf unser Ausgangsproblem des Verhältnisses von religiöser Erfahrung und moderner Rationalität: Mystische Erfahrungen stützen und erneuern nicht nur die Substanz des Religiösen, indem sie Spiritualität (wieder) erlebbar machen; sie »stützen« auch die Dialogfähigkeit von Rationalität als Praxis der Offenheit und Selbstbeschränkung in der Einsicht, dass die gefundene (artikulierte) Wahrheit stets relativ bleibt und der Prozess der Wahrheitssuche in der interkulturellen Kommunikationsgemeinschaft niemals zum Stillstand kommt.[74]

Martin Walser äußerte sich einschlägig zu dieser Thematik, als er gegen das Problem der zu engen »Adressiertheit« politischer Sprache die Utopie einer öffentlichen Sprache setzte, die »nicht rechthaben will«, sondern »auf der Suche ist«.

Auf Erneuerung und Umgestaltung postmoderner Rationalität wirkt mystische Erfahrung, so wäre der Gesichtspunkt fortzuführen, nicht nur durch die Stützung der selbstkritischen Aspekte von Rationalität, ihrer Selbstbescheidung im Offenhalten der Systemhorizonte relativer Wahrheitsformulierungen; sondern auch im Produktivwerden der »Lücken«: Wo immer sich Anknüpfungspunkte an den internen Facetten der Teilsysteme anbieten, um den Prozess der Konstruktion des Wirklichen aus der Erfahrung der Präsenz der Allverbundenheit des mystischen Erlebens zu beflügeln: im Sinne des Aufschließens von Dimensionen des Menschlichen, auch im Sinne der oben genannten »Lösungsarbeit« und des »Wiederanknüpfens«. Hierbei kommt der Arbeit an der Sprache, ihrer Erneuerung und Umgestaltung, ein großes Gewicht zu, angesichts der Tatsache, dass sie absinkt, dass sie vielfältig missbraucht wurde und wird, dass sie den Menschen auch vergewaltigt und zur größeren Unfreiheit führt, wobei auf der anderen Seite zu beobachten ist, dass – weltweit – eine größere Sensibilität auch für eine Art nichtsprachlicher oder nichtverbaler Sprache an Boden gewinnt.

Eine solche Arbeit an der Sprache – als Erneuerung und Umgestaltung unserer gesellschaftlich-kulturellen Situation – kann nicht Sache eines Einzelnen sein; sie erwächst und entwickelt sich in der dialogischen Kommunikation, einer Auseinandersetzung als Mit-Teilung, die zustande kommen zu lassen und einzuüben – als ein Prozess, der, »in der Bescheidenheit des Vorläufigen verhaftet«, immer weiter geht – zentrales Anliegen unseres Gesprächskreises ist.

III. Schlussbemerkung

Hier endet der Gang eines ersten Gesprächskreis-Zyklus, über den ich in dieser Einleitung zu berichten versucht habe. Für einen solchen Bericht eine Ebene des Sprechens zu finden oder zu wählen, stellt aus Gründen, die vielfältig berührt wurden, ein großes Problem dar. Ausschlaggebend für den begangenen Weg war das Anliegen, die Fragestellungen des Gesprächskreises im Kontext der Dimensionen gegenwärtigen Fragens nach der Religion, wie vorläufig und fragmentarisch auch immer, zu situieren und aus dem tatsächlichen Gang oder Verlauf der Gespräche einen – paradoxerweise bruchstückhaft bleibenden – Faden zu gewinnen, der die Beiträge dieses Buches als aus dem Gesprächskreis »hervorgehende« Reflexionen verdeutlicht.

Ein nicht zu unterschätzender Aspekt der Kostbarkeit einer Situation, die, wie die Gesprächskreis-Treffen, als freie und einmalige eine gewisse Dauerhaftigkeit erlangen konnte, ist schlicht ihr Zustandegekommensein. So ging es mir vor allem darum, jenen Aspekt des Realen zu erfassen und einzubringen, der mit einer »Dokumentation« angenähert wird – das hat uns beschäftigt und dieses wurde gesagt. Daher habe ich mich auch in Begriffen und Argumentationsfiguren relativ eng, bis in nähere Formulierungen hinein, an das zu konstatierende Gesagte angelehnt. Ich bitte um Verständnis, dass die jeweilige Quelle dieser Quasi-Zitate im einzelnen nicht ausgewiesen werden konnte – in gewisser Weise wäre der ganze Text in Anführungszeichen zu setzen, und indem sich die Stimmen überlagern, dominiert das Gespräch als der Gegenstand –; in ihren Beiträgen sprechen die Autoren für sich, in ihrer eigenen Sprache und Auffassung der Sache.

Bezeugt der vorliegende Band den Gesprächskreisprozess also doch als ein Nebeneinander, eine Pluralität von Bedeutungsinseln im Ozean der Frage nach Spuren der Wiederkehr des Religiösen im Denken der Gegenwart? Hierzu, meine ich, darf der zweite Aspekt der Kostbarkeit des Gesprächskreisprozesses – als noch vorrangig gegenüber dem zuerst genannten –, angeführt werden: die Gleichzeitigkeit der in einer Runde versammelten »Welten« in ihrer Inkommensurabilität, die doch einen gemeinsamen Fokus hat, wie disparate Lichtstrahlen, die je diskret die Linse der Wahrnehmung treffen und etwas von den »nicht einfach präsenten«, »nicht allgemein lesbaren«, »geradewegs nicht auszusprechenden«[75] Spuren des Religiösen im gegenwärtigen Denken aufleuchten lassen – als eine Einladung an den größeren Kreis derer, die sich angesprochen fühlen, diese mitzuspüren und mitzudenken.[76]

Anmerkungen:

[1] im Aufweis, »dass die Religion insgesamt ein Phänomen der dekadenten Erlösungsbedürftigkeit, der illusionistischen Schwäche und der Zerfallenheit mit der Natur darstellt ... und folglich zur dunklen Krankheitsgeschichte der Menschheit gehört.« Vgl. Köster, in H. Ottmann, Hrsg., Nietzsche-Handbuch, Stuttgart/Weimar 2000, S. 310.

[2] G. Vattimo, Glauben – Philosophieren, Stuttgart 1997, S. 52.

[3] so das Resümee der Analyse des Gottesverlustes des »tollen Menschen« aus dem Paragraphen 125 aus Nietzsches »Fröhlicher Wissenschaft«: »Was sind denn diese Kirchen noch, wenn sie nicht die Grüfte und Grabmäler Gottes sind?« F. Nietzsche, Kritische Studienausgabe der Werke Friedrich Nietzsches in 15 Bänden, erstellt durch G. Colli und M. Montinari, als TB erstmalig 1980 bei dtv/de Gruyter (im folgenden »KSA«), 3, S. 482.

[4] P. Strasser, Journal der letzten Dinge, Frankfurt 1998.

[5] P. Strasser, a.a.O., S. 176; auch Pierre Gisel, s.o.

[6] K.-P. Jörns, Die neuen Gesichter Gottes. Was die Menschen heute wirklich glauben, München 1997, S. 2.

[7] Als ein Beispiel unter vielen sei auf Quines »semantische Wende« zu einem Standpunkt konventionalistischer Liberalität verwiesen; z.B. in seinen Aufsätzen: »Two dogmas of empiriscism«; »From a logical point of view«.

[8] G. Vattimo, a.a.O., S. 15.

[9] M. von Brück, Wunschbilder, SZ-Serie: die Gegenwart der Zukunft 18, 8./9. Mai 1999.

[10] G. Vattimo in J. Derrida u. G. Vattimo, Hrsg., Die Religion, Frankfurt 2001, S. 108.

[11] so der Programmtext des Symposions.

[12] Peter Strasser bezeichnet mit diesem Ausdruck – im Abschnitt: »Der kommende Seelenumsturz« – die sehr indirekt artikulierte Hoffnung des Herannahens eines von der aktuellen Situation (quasi durch eine »kathartische Sonnenfinsternis«) deutlich abgesetzten ganz anderen Zustandes, in dem man auf ganz andere Weise wieder an Gott glauben wird. P. Strasser, a.a.O., S. 152 ff.

[13] Mit diesem Ausdruck beziehe ich mich weniger auf Francis Fukuyamas zweckoptimistische Überzeugung der Nicht-mehr-Überschreitbarkeit des in der Gegenwart politisch und kulturell Erreichten, als vielmehr auf die Auflösung der Idee der Geschichte als einen einheitlichen Prozess; auf den Verlust also des einheitlichen Sinns von Geschichte, die – zumal »nach dem Ende des Kolonialismus und nach der Auflösung der eurozentrischen Vorurteile« – »in eine Vielzahl von Geschichten zerfallen (ist), die kein einheitlicher roter Faden mehr zusammenhält.« Vgl. G. Vattimo, Glauben – Philosophieren, Stuttgart 1997, S. 23. – Aber auch in einem anderen Sinn scheint – worauf ebenfalls G. Vattimo hinweist (in: ders., Das Ende der Moderne, Stuttgart 1990) – die Erfahrung vom »Ende der Geschichte« in der Kultur des 20. Jahrhunderts weit verbreitet zu sein, nämlich im katastrophalen Sinne des Endes des menschlichen Lebens auf der Erde. Allgemein gewendet versucht der Ausdruck eine neue Weise zu beschreiben, »die Erfahrung zu leben« (ebenda, S. 10) – unter postmodernen, postgeschichtlichen Bedingungen, wobei die Entgeschichtlichung der Erfahrung u.a. auch durch die Nutzung der neuen Kommunikationsmedien erzeugt wird. – Der von Arnold Gehlen eingeführte Begriff der »post-histoire« bezieht sich auf eine Entleerung und schließlich Auflösung des Fortschrittsbegriffs auf Grund der Geschichtslosigkeit der technischen Welt.

[14] Zur Beschreibung der Aufgabe des Denkens in dieser Situation, in der das Denken »keinen anderen ›Gegenstand‹ [hat], als die Irrungen der Metaphysik, die in einer Einstellung erinnert werden, die weder die der kritischen Überschreitung noch die der wiederaufnehmenden und fortführenden Hinnahme ist«, greift Vattimo auf den Heideggerschen Begriff des »An-denkens« zurück: Andenkendes Denken entgeht nicht der nihilistischen Bestimmung, »dass es mit dem Sein als solchem nichts ist«; es ist keine Wiederherstellung, eher eine Art Rückgang in infinitum. Er sieht dieses Denken sehr in der Nähe dessen, was Nietzsche unter dem Namen einer »Philosophie des Vormittags« anstrebt und dieses mache, seinem Vorschlag zufolge, die Essenz der philosophischen Postmoderne aus. G. Vattimo, a.a.O., S. 187.

[15] ders., a.a.O., S. 17.

[16] ders., a.a.O., S. 182.

[17] ders., a.a.O., S. 180.

[18] M. Heidegger: »Nur ein Gott noch kann uns retten«, in: Der Spiegel, 1976, Heft 23, S. 193–219.

[19] G. Vattimo weist darauf hin, dass sich in demselben Werk, in dem Nietzsche erstmals vom Tod Gottes spricht, auch »dessen erste und bedeutendste Konsequenz« ankündigt, nämlich der Gedanke der ewigen Wiederkunft des Gleichen, welcher »das Ende des Zeitalters der Überwindung, also der Epoche des im Zeichen des novum gedachten Seins, bedeutet«. G. Vattimo, a.a.O., S. 182.

[20] G. Vattimo, Glauben – Philosophieren, Stuttgart 1997, S. 35.

[21] G. Vattimo, Das Ende der Moderne, Stuttgart 1990, S. 188 f.

[22] Die Erwägung dieser »Hauptmittel« der orthodoxen psychoanalytischen Kur scheinen mir im angesprochenen Kontext relevant, indem sie den Kranken zur Gesundung führen sollen, die aus einem verlorenen Wissen, unter Zurücknahme einer agierenden Neuproduktion des Gegebenen und der Arbeit an einer allmählichen Lösung und Verwindung von Schmerzerfahrungen als ein neuer Zustand wieder-

gewonnen werden kann – wiewohl dieser jener eigentümlichen »Reduzierung« verhaftet bleibt, die Vattimo, wie mir scheint, mit dem Terminus der »Schwächung (der starken Strukturen)« zu beschreiben versucht. – S. Freud, Gesammelte Werke, Frankfurt, 5. Aufl. 1969, Band 10, S. 126 ff.

[23] so lautet eine von Vattimos Umschreibungen des Heidegger'schen Begriff der »Verwindung der Metaphysik«; ders., a.a.O., S. 188.

[24] Wiederum gewinnt Vattimo diese dekonstruktiv, ohne Gegenstandswechsel, zu gewinnende »neue Erfahrung« auf der Linie von Nietzsches »Philosophie des Vormittags«, der es, mit häufigen Anspielungen auf die Gesundheit und Genesung, (nicht um »übergeschichtliche Werte«, sondern) nur darum geht, »die Erfahrung der Notwendigkeit des Irrtums so tief wie möglich zu erleben ... oder das Irren mit einer anderen Einstellung zu erleben«. Ders., a.a.O., S. 186.

[25] Um kein Missverständnis aufkommen zu lassen, scheint es mir wichtig, den vorläufigen Charakter der hier angedachten »Lösungsarbeit« nochmals zu betonen. Diese ist nicht etwa die erstrebte Wandlung, Transformation oder Neuformation des Bewusstseins. Vielmehr kann es auch in der nachholenden, weitere Dimensionen des Traditierten eröffnenden Arbeit nur darum gehen, »sich daran zu erinnern, dass wir ihn (den vergessenen Ursprung, B.V.) immer schon vergessen haben und dass das Gedenken an dieses Vergessen und diese Distanz das ist, was die einzige authentische religiöse Erfahrung ausmacht.« – G. Vattimo, Glauben – Philosophieren, Stuttgart 1997, S. 10.

[26] B. Tibi, Krieg der Zivilisationen. Politik und Religion zwischen Vernunft und Fundamentalismus, München 1998, S. 171.

[27] ders., a.a.O., S. 169; M. von Brück, Wie können wir leben? Religion und Spiritualität in einer Welt ohne Maß, München 2002, S. 8.

[28] Jörg Salaquarda, Notizen zum Gesprächskreis vom 08.03.1997, S. 21.

[29] B. Tibi, a.a.O., S. 22.

[30] ebenda

[31] G. Vattimo, in. J. Derrida u. G. Vattimo, Die Religion, Frankfurt 2001, S. 111

[32] ders., a.a.O., S. 112.

[33] Max Horkheimer, Die Sehnsucht nach dem ganz Anderen. Ein Interview mit Kommentar von Hellmut Gumnior, Hamburg 1970, S. 46.

[34] G. Vattimo, a.a.O., S. 113 ff.

[35] ders., a.a.O., S. 122.

[36] ders., a.a.O., S. 113.

[37] M. Huber, Bewegte Gegensätze, Frankfurt u. Basel 2002, S. 14.

[38] J. Derrida u. G. Vattimo, Die Religion, Umschlag.

[39] Eine Dokumentation dieser Beiträge findet sich in: B. Vogel, Hrsg., Von der Unmöglichkeit oder Möglichkeit, ein Christ zu sein. Symposion 1996 des Nietzsche-Kreises München. Vorträge aus den Jahren 1996–2001. Publikationen des Nietzsche-Forums München e.V., Bd. 2, München 2001.

[40] Teilnehmer des ersten Gesprächskreises waren: Michael von Brück, Franz Buggle, Mechthild Gerdes, Nikolaus Gerdes, Manfred Görg, Karl Hahn, Jörg Salaquarda, Eberhard Simons, Beatrix Vogel. – Die Teilnehmerzahl hat sich später erweitert.

41 Besser noch wäre es vielleicht, von einem Oszillieren von Erkenntnisgegenstand und Methode der Erkenntnisgewinnung im Gesprächskreisprozess zu sprechen.

42 Der vorliegende Bericht bezieht sich auf einen Zyklus von fünf Gesprächskreis-Treffen zu folgenden Themen:
  1. Treffen (Pilot-Treffen) am 8./9. März 1997: »Die Wurzeln der Religion: Was ist Religion? Brauchen wir heute noch (oder wieder) Religion(en)?«;
  2. Treffen am 14./15. Februar 1998: »Analyse der ›Ist-Situation‹ (Wie ist Religion präsent?)« und »Defizitanalyse der modernen Rationalität«;
  3. Treffen am 20./21. Februar 1999: »Erscheinungsformen heutiger Religiosität unter besonderer Berücksichtigung religionsähnlicher Phänomene in der Kunst, der Pop- und Techno-Kultur, im Sport sowie interkultureller Aspekte«;
  4. Treffen am 19./20. Februar 2000: »Religiöse Phänomene in der bildenden Kunst und der Gegenwartsliteratur«;
  5. Treffen am 10./11. Februar 2001: »Die religiöse Erfahrung und das Problem der Versprachlichung«.

43 Inzwischen haben zwei weitere Treffen stattgefunden, zu denen in einem eigenen Band (derzeitiger Arbeitstitel: »Rituale heute«) berichtet wird.

44 Der Stellenwert der Kirche als Ursache der zu beklagenden Verelendung von Mensch und Natur (in der westlichen Kultur sowie, aufgrund der Globalisierung, weltweit) – wie gelegentlich diskutiert wird, ist durchaus nicht eindeutig bestimmbar. Diese Verelendung ist heute im Kontext der Auswirkungen eines vollendeten Säkularismus gegeben, Hand in Hand mit dem Verschwinden des Einflusses der institutionalisierten Religion in einem öffentlichen Bewusstsein, das nicht von der Heiligkeit und Unverfügbarkeit des Lebens als »Schöpfung«, sondern von der prinzipiellen Machbarkeit und Beherrschbarkeit des Lebens sowie (noch immer) der Verfügbarkeit der Erde als eines unseren Bedürfnissen und Wünschen unterzuordnenden Objekts überzeugt ist.

45 So auch die Beschreibungen etwa von Peter Berger oder Keiji Nishitani. – Ein Teilnehmer sprach davon, »dass wir in einer Gesellschaft leben, die es eigentlich darauf abstellt zu verhindern, dass wir zur Besinnung kommen«.

46 Max Horkheimers düstere Prognose für unsere »verwaltete«, von einer szientifisch-technologischen Vernunft bestimmten Welt erinnert durchaus an Nietzsche: »Ich glaube, dass die Menschen in dieser verwalteten Welt ihre Kräfte nicht werden frei entfalten können, sondern sie werden sich an rationalistische Regeln anpassen und sie werden diesen Regeln schließlich instinktiv gehorchen«; doch setzt Horkheimer die Hoffnung hinzu – die auch für Nietzsche leitend bleibt –, dass vielleicht auch in der »verwalteten Welt« »Kräfte« entfaltet werden können, »die einen nicht ausschließlichen technischen Fortschritt hervorbringen«. Vgl. M. Horkheimer in H. Gumnior, Die Sehnsucht nach dem ganz Anderen, Hamburg 1970, S. 85.

47 Zu diesen grundlegenden Fragen vgl. F. Buggle: »Ist heute noch Religiosität intellektuell und ethisch verantwortbar möglich und wünschbar?«, in diesem Band, S. 55 ff.

48 Zu diesen Fragen äußert sich F. Buggle, a.a.O.

49 In Anlehnung an den Begriff der »patchwork-identity«, der, vermutlich psychologischen Theorien zu Zuständen »multiplen Bewusstseins« entstammend, in der postmodernen Szene zur Beschreibung der Situation dient, dass wir gleichzeitig in unterschiedlichen Teilbereichen unseres Lebens agieren, die in unserer Wahrnehmung

unverbunden nebeneinander bestehen, bezieht sich der Begriff der »patchwork-religiosity« auf die Tatsache, dass – wie eine Reihe großer repräsentativer religionssoziologischer Untersuchungen übereinstimmend ergeben haben – der einzelne Mensch sich mehr und mehr seine eigene, verborgene Religion schafft, die sich aus Elementen unterschiedlichster Herkunft zusammensetzt. Diese private Religion wird dann als religiöse Bricolage, als Designerreligion, als Religion à la carte, als »Do it yourself«-Spiritualität usw. bezeichnet. Vgl. etwa A. Dubach u. R. J. Campiche, Hrsg., Jede(r) ein Sonderfall? Religion in der Schweiz, Zürich u. Basel 1993.

50 Thomas Luckmanns Thesen und Analysen zur Säkularisierung als einer Verlagerung der Religion wurden in den Diskussionen (vor allem des 3. und 4. Gesprächskreises) immer wieder berührt und auch artikuliert. Th. Luckmann, Die unsichtbare Religion, Frankfurt 1991.

51 siehe hierzu K. Weis: Religionsähnliche Phänomene im Sport. Sport im Spannungsfeld zwischen Ersatzreligion, Zivilreligion, Körperreligion und neuer Sinnsuche«, in diesem Band, S. 343 ff.

52 Vgl. den Beitrag von H.-R. Schwab: Der Vieldeutige. Aspekte der Jesus-Rezeption in der deutschsprachigen Literatur seit der zweiten Hälfte des 20. Jahrhunderts, in diesem Band, S. 235 ff. – Hinsichtlich der Ausführungen von Hans-Rüdiger Schwab zum Thema des Wunders bzw. des Mythos in der deutschsprachigen Gegenwartsliteratur im Rahmen des 4. Gesprächskreises kann verwiesen werden auf seinen Essay: »Herr, wir konzipieren zu materiell«. Das religiöse Wunder, in: H. Schmiedinger, Hrsg., Die Bibel in der deutschsprachigen Literatur des 20. Jahrhunderts, Bd. 1, Mainz 1999.

53 Vgl. den Beitrag von A. von Schirnding: Ästhetik der Abwesenheit. Überlegungen zu Gedichten von Bertolt Brecht, Werner Bergengruen, Marie Luise Kaschnitz, Paul Celan und Reiner Kunze, in diesem Band, S. 229 ff.

54 Vgl. den Beitrag von M. Görg, Aus Tiefen ... Zur Sprache des 130. Psalms und seiner neueren Rezeption – der die erstaunliche »Kongenialität der Sprache mit der elementaren Auseinandersetzung von Menschen in Grenzsituationen« untersucht, in diesem Band, S. 129 ff.

55 Im Vorwort der deutschen Ausgabe des Katalogs zur Ausstellung HEAVEN (die 1999 in der Tate Gallery Liverpool und in der Kunsthalle Düsseldorf zu sehen war), schreibt Marie Luise Syring: »HEAVEN ist eine Themenausstellung zur zeitgenössischen Kunst, die sich in eine seit vielen Jahren erprobte Ausstellungsserie der Kunsthalle Düsseldorf einfügt. Sie beschränkt sich nicht allein darauf, einige der hervorragenden Künstler oder berühmte Namen der heutigen internationalen Kunstszene aneinanderzureihen, sondern stellt ein höchst aktuelles Thema zur Diskussion, das für Medienforscher, Soziologen und Anthropologen ebenso faszinierend sein dürfte wie für den Kunsthistoriker: das Thema des Religiösen – in einer von Moden und Märkten geprägten, einer mediengesättigten, vernetzungssüchtigen, nicht einem traditionellen Wahrheits- oder Realitätsbegriff verpflichteten, sondern dem »Spektakel« verfallenen Gesellschaft. Welche Rolle dem Religiösen in einer solchen Welt zugestanden wird, in welchen Erzeugnissen unserer Kultur es inzwischen zum Ausdruck kommt, welche religiösen oder kultischen Praktiken wir den Idolen und Göttern der 90er Jahre zuteil werden lassen – um das zu überprüfen, wurden Werke von 35 Künstlern zusammengetragen.«

56 In Kapitel II seines Romans: Die Leidinger Hochzeit, machen die traditionellen Elemente des Ritus der Heiligen Messe und die Elemente subjektiven Erlebens und Erinnerns zusammen »erst die ganze Hochzeitsmesse aus«. A. GULDEN, Die Leidinger Hochzeit, München 1984, in diesem Band, S. 143 ff.

57 Doreet LeVitte Harten, Ausstellungskatalog HEAVEN, S. 11.

58 In seinem Beitrag: Das spirituelle Christentum als gegenwartsgemäße Religion, versucht K. DIETZFELBINGER einen Rahmen zu entwickeln, der es erlaubt, die unterschiedlichen Standpunkte zur Frage: Was ist Religion? Wie müsste Religion heute für die westliche Welt aussehen? miteinander zu vergleichen und gegeneinander abzuwägen und auch ein Kriterium vorzuschlagen, an dem eine Degeneration von Religionen und Ersatzreligionen als solche erkannt werden können; in diesem Band, S. 85 ff. – Zu Kriterien einer heute ethisch verantwortbaren und wünschbaren Religiosität vgl. auch F. BUGGLE, a.a.O., S. 55 f.

59 Auf die Verifikationsfrage qua »formale Anzeigen für Wahrheiten religiöser Erfahrung« geht auch H. SEUBERT ein in seinem »Abriss der religionsphilosophischen Denkform« in den Abschnitten II–IV in seinem Beitrag: Prolegomena zu Sprache und Reflexion »religiöser Erfahrung«. Philosophische Meditationen, in diesem Band, S. 283 ff.

60 um die moderne Rationalitätsstruktur mit Max Horkheimers Worten zu umschreiben; ders., a.a.O., S. 86.

61 Inwiefern dieser im Rahmen szientifischer Rationalität vorausgesetzte »Welt«-Begriff – ganz im Gegensatz zur ihrer Empirieverpflichtetheit – einen Welt-Bezug gar nicht zulässt und wie ein solcher am Leitfaden einer Wiedererinnerung der griechischen »Oikonomia« als Voraussetzung gegenwärtiger Religions-Auseinandersetzungen zu gewinnen wäre, diskutiert E. SIMONS in seinem Beitrag: »Europäischer Kulturhorizont heute«, in diesem Band, S. 311 ff.

62 K. Nishitani, Was ist Religion?, Frankfurt 1982, S. 43.

63 P. Berger, Auf den Spuren der Engel. Die moderne Gesellschaft und die Wiederentdeckung der Transzendenz, Freiburg 1996, S. 111.

64 Nach Thierry de Duve liegt das kreative Wagnis der Ausstellung HEAVEN darin, die These: das Entertainment, die Mode, habe zwar das Religiöse ersetzt, aber das Religiöse sei geblieben, von Kunstwerken tragen zu lassen. »Es liegt nun an jedem einzelnen zu beurteilen, ob dieses oder jenes Kunstwerk den Fortbestand des Religiösen illustriert oder ob es sie [die These] trägt und – sollte letzteres der Fall sein –, ob das Kunstwerk die These billigt oder ablehnt.« Th. de Duve: Auf, ihr Menschen, noch ein Versuch, postchristlich zu werden, Ausstellungskatalog HEAVEN, S. 74 f.

65 K. Nishitani, a.a.O., S. 156.

66 Jörg Salaquarda, den wir in unserem Kreise erleben durften, kommentiert Strasser: »Es hilft nicht weiter, klassische Begriffe der Vermittlung von Religion und ›Welt‹ heranzuziehen, etwa Freiheit, Transzendenz oder Ewigkeit; sie wurden längst dem säkularen Gesamtverständnis angepaßt.« In: Spektrum V, Samstag, 20. März 1999.

67 Zur Erhellung des okzidentalen Rationalitäts- und Wirklichkeitsverständnisses und seiner Zerstörungsdialektik zieht K. Hahn den Dichter-Philosophen Dostojewskij

Fünf Jahre Gesprächskreis (1997–2001)

heran, dessen »Realismus am Rande der Transzendenz« gerade heute hilfreich sein kann als Basis für einen verbindenden Austausch von Ost und West. Vgl. K. HAHN: Die gnadenlose Moderne auf der Anklagebank. Dostojewskijs Kritik okzidentaler Rationalität«, in diesem Band, S. 175 ff.

68 Das Erlebnis der Haselnuss in der Vision der Juliana von Norwich war durchdrungen von Transzendenzerfahrung; ob die Keramik von Jeff Koons »Michael Jackson and Bubbles«, ein Exponat der Ausstellung HEAVEN, dazu herhalten würde – ob sie also »das Religiöse trägt«–, wäre vielleicht eher zu bezweifeln, obwohl eine Aussage dazu freilich schwer möglich ist.

69 Zumal bei »unfreiwilligen Transzendenzerfahrungen«, dem Aussetzen der »Normalität« vermittelnden Deutungsmuster, etwa in der psychisch-existentiellen Grenzerfahrung bei Krankheit und Tod; vgl. hierzu den Beitrag von N. GERDES, Der Sturz aus der normalen Wirklichkeit und die Suche nach Sinn. Ein wissenssoziologischer Beitrag zu Fragen der Krankheitsverarbeitung bei Krebspatienten, in diesem Band, S. 105 ff.

70 Nietzsche hat einen Vorstoß gemacht im Versuch, die westliche Rationalität neu zu fassen, so dass ihr Nihilismus konstruktiv gelebt werde – ein Versuch, der durchaus die Deutung zulässt, dass er eine »neue Religiosität« im Blick hat, sicher aber eine neue Einstellung und Haltung als Voraussetzung eines produktiven und interkulturell verbindenden Dialogs. – Vgl. den Beitrag von E. WACHENDORFF, Friedrich Nietzsche und die Religion. Archaischer Aberglaube versus neue interkulturelle Religiosität, in diesem Band, S. 323 ff.

71 Das Verhältnis von mystischer Erfahrung und Interpretation in verschiedenen Gestalten der Mystik behandelt M. VON BRÜCK in seinem Beitrag Mystische Erfahrung, religiöse Tradition und die Wahrheitsfrage, in diesem Band, S. 61 ff.

72 In seiner philosophischen und wissenschaftlichen Studie: Zur Hermeneutik des Einen mit den vielen Namen, plädiert R. A. MALL für eine interreligiöse, analoge Hermeneutik, die die eine religio perennis in vielen Religionen erscheinen lässt, in diesem Band, S. 197 ff.

73 Grundlegenden Erwägungen zur Schwierigkeit und Mittelbarkeit des Verhältnisses von Erfahrung und Sprachwerdung bis zum Verweis auf das Sagbare und Nicht-Sagbare sind die »Philosophischen Medationen« von H. SEUBERT gewidmet: Prolegomena zu Sprache und Reflexion »religiöser Erfahrung«, in diesem Band, S. 235 ff.

74 So entwirft M. von Brück einen Pluralismus verschiedener Referenzrahmen als selbst den methodische Rahmen, der eine jeweilige Konkretion und Relationalität der Wahrheit ermöglicht und zugleich Wahrheitssuche als Weg in der individuellen wie gesellschaftlichen Lebenspraxis ermöglicht. M. v. BRÜCK, a.a.O., S. 63 f.

75 Diese Formulierungen entstammen H. Seuberts Eröffnung seiner Prolegomena zu Sprache und Reflexion »religiöser Erfahrung«, die sich einleitend zum vorliegenden Band als ein Ausdruck des Gesprächskreis-Unternehmens anbieten.

76 Das Anliegen, ja die Notwendigkeit, die Themen der internen Gesprächskreis-Debatten im »größeren Kreis derer, die sich angesprochen fühlen«, zur Diskussion zu stellen und dazu eine intensive Kommunikation in Gang zu setzen, führte mit dem 5. Treffen zur Einrichtung der »Gesprächskreiskolloquien« – als einer Veran-

staltungsreihe des Nietzsche-Forums München in Zusammenarbeit mit der Hans-Sauer-Stiftung –, die mit den Themen von grundlegender Relevanz für die gesellschaftliche Entwicklung der Gegenwart auch die »Dialogfähigkeit im Offenhalten der Systemhorizonte« einüben oder doch präsent halten möchten.

Mystische Erfahrung, religiöse Tradition und die Wahrheitsfrage

Michael von Brück

Nicht nur die Selbstbedrohung der Menschheit zwingt die Völker, Kulturen und Religionen zur Wahrnehmung ihrer Einheit in einer pluralistischen Situation sowie zum Dialog.[1] Auch die Erfahrung der Bereicherung und geistigen Vertiefung durch die Begegnung mit dem Anderen ist ein entscheidender Faktor. Bereits im 19. Jahrhundert gab es in Europa eine Indien-Sehnsucht, die sich besonders auf die »indische Mystik« richtete, was auch immer man darunter verstand. In der evangelischen Theologie war es ausgerechnet D. Bonhoeffer, der, verzweifelt an der Unsichtbarkeit Gottes und um einer Erfahrung der Wirklichkeit Gottes willen, dieses »große Land« sehen wollte und fragte, »ob unsere Zeit vorüber ist und das Evangelium einem anderen Volk gegeben ist, vielleicht gepredigt mit ganz anderen Worten und Taten?«[2] Seither lässt die weltweite Begegnung der Religionen allmählich ein neues Bewusstsein entstehen, und die positive Erfahrung der Partnerschaft im spirituellen Austausch zwischen den Religionen prägt das Selbstverständnis derer, die den Dialog führen, in zunehmendem Maße.[3]

Thema dieses Beitrags ist die Frage, ob die Mystik einen Einheitsgrund der Religionen erreichen kann, der kognitiv erfassbar und kommunizierbar wäre, um jenseits des Pluralismus religiöser Erscheinungen eine gemeinsame Basis für die Begegnung der Religionen zu ermöglichen.

Zunächst werden wir in einem ersten Abschnitt den Begriff des Pluralismus in der interreligiösen Begegnung zu klären haben, um dann zu bestimmen, in welchem Sinne hier von Mystik und mystischer Erfahrung gesprochen wird. In einem zweiten Teil werden einige Gestalten der Mystik in Bezug auf das Verhältnis von mystischer Erfahrung und Interpretation hinsichtlich der Thematik dieses Aufsatzes diskutiert. Ein dritter Teil soll die Ergebnisse in den Zusammenhang der hier relevanten Frage nach der Wahrheit stellen.

Michael von Brück

I. Begriffsklärungen

Religiöser Pluralismus

Es ist sinnvoll, zwischen dem aufgeklärten Pluralismus der letzten drei Jahrhunderte in Europa (und Amerika) und dem religionsgeschichtlichen Pluralismus der indischen, chinesischen und fernöstlichen Kulturen zu unterscheiden.[4] Allerdings sollte deutlich sein, dass dieser asiatische Pluralismus nicht selbstverständlich, sondern Produkt einer Geschichte ist, die sich keineswegs frei von Konflikten unterschiedlicher Macht- und Wahrheitsansprüche vollzog, die auch religiös legitimiert wurden. Als Beispiele seien nur die Praxis des Kastensystems sowie der Religions- und Kulturkonflikt der »Sanskritisierung« des indisch-dravidischen Südens genannt. Beides sind Konflikte auf Grund religiös pluralistischer Verhältnisse, die wechselnde Machtverhältnisse widerspiegeln. Der faktische theologische Pluralismus heutiger hinduistischer Prägung ist Resultat eines jahrhundertelangen Lernprozesses oder auch Fügung in das Faktische. Auch innerhalb des Hinduismus ist kultische und weltanschauliche Exklusivität durchaus ein bekanntes Phänomen. Jede Tradition ist also ein historischer und hermeneutischer Prozess, und die eine hinduistische Erfahrung gibt es genauso wenig wie die buddhistische oder die christliche.

Der moderne westliche Pluralismus hingegen ist Folge der Modernisierung und einer Hinwendung zur Subjektivität, die alte mythische Ordnungen und ihr Spiegelbild in sozialen Hierarchien aufgelöst hat. In der Renaissance vorbereitet, nach den Konfessionskriegen territorialstaatlich etabliert und von der Aufklärung für jeden Einzelnen eingefordert, ist das religiöse Bekenntnis nicht mehr nur Schicksal, sondern – vorausgesetzt, persönlicher Mut und wirtschaftliche Unabhängigkeit sind gegeben – Folge einer bewussten Entscheidung, die heute in urbanisierten und multikulturellen Gesellschaften als »häretischer Imperativ«, d.h. als Notwendigkeit des Vollzugs der Wahlfreiheit, erscheint.[5] Damit ist die Forderung der Aufklärung, die Freiheit des Individuums gerade auch in seiner religiösen Freiheit zu verankern, gesellschaftliche Realität geworden: »mein eigen Wissen und Urtheil bestimme das für mich Wahre« (J. J. Semler, 1787).[6] Wahrheit wird hier in die konkrete Entscheidung des Individuums eingebunden, d.h. der relative und pluralistische Horizont des Wahrheitssubjekts wird konstitutiv für den Prozess der Wahrheitsfindung. Dass sowohl der moderne Historismus als auch der Subjektivismus, also das Argument des Historischen gegen das autoritäre Lehramt wie auch der Maßstab des Gewissens, letztlich in Luthers Reformation wurzeln und typisch für den liberalen Protestantismus sind[7], ändert nichts daran, dass der Protestantismus selbst Traditionsbildung ist und subjektive Erfahrung jeweils einzubinden sich bemüht. Die These »von der Tradition zur Erfahrung«, die sich als induktives Modell versteht, um »die menschliche Erfahrung als Ausgangspunkt religiöser Reflexion (zu) nehmen und historische Methoden ein(zu) setzen, um jene Erfahrungen aufzudecken, die sich in den verschiedenen Religionstraditionen niedergeschlagen haben«[8], wirkt sympathisch, weil sie dem Autonomiestreben des modernen Europäers und Amerikaners entspricht, birgt aber das Problem in sich, dass sie nicht ohne Rekurs auf Tradition, Normen, epistemische Verfahrensweisen usw. auskommt, wenn beschrieben werden soll, was denn konkret »menschliche Erfahrung« ist.

Wir werden dieses Problem in Bezug auf die mystische Erfahrung im Teil II analysieren müssen. Auch die Norm eines theologischen Pluralismus ist jedenfalls eine geschichtliche Größe, d.h. sie ist religions- und traditionsbedingt.

Theoretisch wissen wir, dass kein historisches Phänomen, also auch kein Symbol, keine Sprache, keine Religion universal ist. Die Relativität von Symbolen für das Absolute ist als Grundstock christlicher Theologie im Ereignis der Inkarnation mitgedacht. Dass diese Relativität in der Relationalität der absoluten Wirklichkeit bzw. Gottes begründet sein könnte, hat sich spätestens in der Trinitätslehre Augustins abgezeichnet. Insofern ist die Rede von einem »relativen Absoluten«[9], das folgerichtig andere relative Absolute für seine Selbstdefinition erfordert, nichts Neues. Das jeweils konkrete Heilssymbol ist aber in allen Religionen zugleich ein absolutes Relatives, insofern hier authentisch Heil erfahren wird, das die empirischen Möglichkeiten des Menschen transzendiert. Das Absolute ist nicht, es sei denn in Form, aber Form ist konkret. Unter den Bedingungen menschlicher Erfahrung erscheint das Konkrete in pluralistischen Strukturen. Auch die Erkenntnis des Pluralismus ändert nichts daran, dass in einem je konkreten Beziehungsfeld eine religiöse Erfahrung dadurch als religiöse qualifiziert ist, dass etwas Unbedingtes anspricht, der unbedingte Anspruch aber nur in relativer Gestalt wahrnehmbar und aussagbar wird. Der Erkenntniszuwachs in der Pluralismusdebatte besteht dann vermutlich (nur?) darin, dass gerade auf Grund der Erkenntnis der absoluten Relativität die Übertragbarkeit eines solchen relativen Absoluten in andere räumliche, zeitliche, sprachliche und religiöse Bezugssysteme in ihrer prinzipiellen Problematik begriffen wird. Dies erzeugt in den nachaufklärerischen Gesellschaften nicht selten ein »Schwindelgefühl der Relativität«[10], das aber nicht notwendigerweise zu einem Beliebigkeitspluralismus der Werte und Wahrheitskriterien führen muss. Denn erstens erkennt das moderne Bewusstsein in geschichtlicher wie interkultureller Perspektive seine eigene Relativität, und zweitens kann gerade die relative Zerbrechlichkeit jeder Position die Kostbarkeit und Wertschätzung einer relativ-absoluten Entscheidungssituation zu Tage treten lassen. Die Pluralisten sehen das Problem, ob sie es lösen können, sei zunächst dahingestellt. Denn ein Pluralismus als letztgültiges Prinzip, das nicht selbst in der pluralistischen Situation relativ bliebe, wäre ein Widerspruch in sich.

Es ist kein Zufall, dass das Schwindelgefühl angesichts der Relativität den Ruf nach einem Rettungsanker laut werden lässt, und den sieht man in der religiösen Erfahrung bzw. in der Mystik. Etwas Entscheidendes ist hier gesehen, aber ob damit die pluralistische Vieldeutigkeit überwunden ist, darf bezweifelt werden.

Mystik

Denn was ist Mystik? Es gibt viele Definitionen, und die Literatur dazu ist beträchtlich[11], ja »labyrinthisch«.[12] Der Begriff Mystik selbst ist aber ein westlicher, und bekanntlich wehren sich nicht wenige Buddhisten, darunter subsumiert zu werden.[13]

Man kann sagen, dass mit dem Begriff »Mystik« einerseits ein Bereich spezifischer Bewusstseinserfahrungen, andererseits die Mittel und Wege zu diesen Erfahrungen gemeint sind.[14] Dabei ist zu betonen, dass mystische Erfahrungen sinnlich-konkret sind. Die Spezifik der Bewusstseinserfahrung besteht im allgemeinen wohl darin, dass die Wirklichkeit in ihrer Wahrheit und Wahrhaftigkeit so aufleuchtet, dass ein andauerndes Gefühl unbedingter Freiheit für den Erfahrenden daraus folgt. Die Wahrheit der Erfahrung ist der Zusammenfall aller Gegensätze in einer Einheit oder dem Ganzen, was logisch nicht widerspruchsfrei nachvollziehbar ist[15]; die Wahrhaftigkeit der Erfahrung besteht in der selbstevidenten Gewissheit, dass das Subjekt der Erfahrung zeit-ewig in diesem Ganzen aufgehoben ist und heitere Ruhe findet. Erfahrung in diesem Sinne ist innere Empirie oder die Partizipation an einem Ereignis. Mystische Erfahrung ist demzufolge die Erfahrung des Ganzen als Partizipation am grundsätzlichen universalen Zusammenhang oder, klassisch formuliert, *cognitio Dei experimentalis*.[16] Da hier die Wirklichkeit als interrelationales Ganzes erscheint – wie sowohl die buddhistischen Interpretationen der Leerheit (*śūnyata* oder des Entstehens in gegenseitiger Abhängigkeit (*pratītyasamutpāda*) als auch die christliche Schöpfungslehre bezeugen – kann von Objektivität ohnehin nur abstrahierend bzw. in Bezug auf definierbare Subsysteme gesprochen werden. Jede Erfahrung ist subjektiv, bezieht sich aber auf transsubjektive Wirklichkeit. Daraus folgt die grundsätzliche Pluriformität mystischer Erfahrungen. Die Subjektivität nimmt mit zunehmender Abstraktion von der sinnlichen Ebene zu, weil die eben genannte definitorische Präzision abnimmt. Dies wird auch bei Erfahrungen wie Liebe und Freiheit deutlich. In Bezug auf den Grenzbegriff des Ganzen oder den umfassenden Begriff Gott hat die definitorische Unschärfe ein Maximum erreicht, und dies entspricht vollkommener Subjektivität.

Diese abstrakte Formulierung mag auf (fast) alle Bereiche von Erfahrungen zutreffen, die als mystische bezeichnet werden. Aber das Problem ist, dass ein Mystiker sich nicht als Mystiker im hier definierten Sinn erfährt, sondern als konkreter Mensch, der ganz und gar in und von den Erfahrungs- und Sprachhorizonten seiner Tradition geprägt ist. Er erfährt nicht einen »umgreifenden Zusammenhang«, sondern das Ganze in sinnlich konkreter Form, die ganz bestimmt und einmalig ist. Sprachlich-kulturell und was seine Ausbildung betrifft, steht jeder Mystiker in einer spezifischen Tradition, und gerade er ist von ihr oft tiefgreifender geprägt als Menschen am Rande religiöser Traditionen.[17]

Gewiss kann der von außen urteilende Religionswissenschaftler Ähnlichkeiten und Differenzen in Metaphern, Symbolen, Begleitumständen, Berichten und Sprachformen, die mit Mystik zusammenhängen, feststellen. Dabei ist zu beachten, dass auch hier verschiedene Genres, nämlich Aphorismen, Biografien, Berichte und Erfahrungen in Selbstzeugnissen sowie interpretierende Zeugnisse anderer unterschieden werden müssen. Jede Äußerung eines Mystikers hat einen »Sitz im Leben« und ist geprägt von hermeneutisch apologetischen Interessen[18], d.h. sie ist situationsbedingt und relativ.

Das bedeutet aber nicht, dass jeder an christlicher Tradition geschulte Mensch nur eine christlich-mystische Erfahrung oder ein Buddhist nur eine in buddhistischen Symbolen sich äußernde Erfahrung haben kann, denn mystische Erfahrungen bestehen wesentlich im Transzendieren des jeweils Vorgegebenen, wenn sie auch in dieser Überschreitung vom spezifischen Hintergrund, den sie transzendieren, geprägt bleiben. Zen-Erfahrungen etwa können die Überwindung des Theismus und des in bestimmter Weise geprägten persönlichen Gottesbildes (sei es populär-buddhistisch, hinduistisch oder christlich) bedeuten. Es gibt nicht nur den Typ der positiven oder negativen Anknüpfung an die Tradition, sondern auch die jedes System sprengende Erfahrung.[19]

William James, und vor ihm schon viele Mystiker selbst, hoben hervor, dass mystische Erfahrung nicht in Sprache gekleidet werden kann.[20] Natürlich wird man nicht sagen können, dass mystische Erfahrung ohne weiteres beschreibbar wäre, aber sie ist auch nicht vollkommen unbeschreiblich, denn dann wüssten wir nichts darüber. Die »unglückliche Alternative«[21] von Mystik und Wort wird weder der Geschichte der christlichen und hinduistisch-buddhistischen Mystik gerecht, noch ist sie unter theoretischen Gesichtspunkten tragfähig. Mystiker benutzen Metaphern und Analogien, die, gerade weil sie in verschiedenen Religionen vorkommen (Feuer, Licht, Ozean, Liebe, Ruhe), in ihrer Spezifik genauer untersucht werden müssen. Denn jede Metapher ist an eine Sprachtradition gebunden, und Sprachen kommen nur im Plural vor. Außerdem besteht die Tendenz, dass eine Erfahrung zuerst poetisch-stammelnd, analog zur Sprache der Liebenden, ausgedrückt und später in kommunizierbare rationale Form gekleidet wird, die einer weiteren hermeneutischen Gemeinschaft zugänglich ist.

II. Mystische Erfahrung und Interpretation

Alle Erfahrungen, die wir als mystische bezeichnen wollen, kreisen um das Phänomen der Einheit. Aber das heißt nicht, dass sie identisch sind. Die entscheidende Frage ist hier das Problem des Verhältnisses von Erfahrung und Tradition.[22] Um zu möglicher Klärung beizutragen, ist es nützlich, die Dokumente mystischer Erfahrungen literarkritisch einzuordnen. Dabei können verschiedene Ebenen der Erfahrungsinterpretation unterschieden werden.[23] Am Anfang steht

a) der Bericht des Mystikers in der ersten Person, danach
b) gibt derselbe Mystiker später oft eine reflektiertere und allgemeinere Interpretation, die
c) von anderen in derselben Tradition aufgenommen und weitergeführt wird, um
d) schließlich von Interpreten auf dem Hintergrund anderer hermeneutischer Zusammenhänge (anderer Religionen) aufgegriffen und eingeordnet zu werden.

Diese Ebenen unterscheiden sich von (a) bis (d) durch einen jeweils höheren Grad der Verallgemeinerung, der sich daraus ergibt, dass die betreffende Erfahrung in jeweils weitere Verstehens- und Interpretationszusammenhänge gestellt wird.

Unmittelbarer Erlebnisbericht

Im Fall (a) ist die Erfahrung im Horizont der persönlichen Biografie und Ausdrucksformen angesiedelt. Unmittelbare Empfindungseindrücke werden wiedergegeben, ohne dass bereits ein sinnstiftendes hermeneutisches Modell entworfen würde, das die Erfahrung auf die Gesamtheit von Erfahrungen und Vorstellungen des Individuums bezieht, aus der sie dann als ziel-gerichtete oder eben sinn-volle Vergegenwärtigung des Ganzen erscheint.

Mystische Erfahrung, religiöse Tradition und die Wahrheitsfrage

Auch für Ebene (a) gilt aber, dass das Individuum durch seine Erziehung und kulturelle Umgebung in bestimmter Weise für Wahrnehmungen disponiert ist oder auch nicht. Wer zum Beispiel erzogen ist, auf Klänge zu achten, wird nicht nur eine differenzierte Metaphorik aus dem Bereich des Hörens entwickeln, sondern die Wahrnehmung von Klängen und Rhythmen selbst wird differenziert ausgeprägt. Tibetisch-buddhistische Gebetsrituale etwa erzeugen ein mantrisch-rhythmisches Wahrnehmungsfeld, das die Erfahrungswirklichkeit tibetischer Mystiker seit Jahrhunderten unmittelbar prägt. Dies ist durchaus verschieden von musikalischen Formen der Gregorianik oder Bach'scher Musik, die ein anderes Zeit- und Rhythmusempfinden hervorbringen.

Gewiss kann keiner verneinen, dass es vielleicht am tiefsten Grunde unterschiedlicher Erfahrungen Ähnlichkeit oder Identität gibt, aber ebenso wenig lässt sich dies behaupten, da jeder Vergleich eine von außen angelegte differenzierende Vergleichsbasis voraussetzt. Die These, dass alle mystischen Erfahrungen gleich seien, während nur die Interpretationen differierten, lässt sich daher weder bejahen noch verneinen, da jeder diesbezügliche Satz differente Interpretationsmuster voraussetzt. Sie ist vielmehr eine These des inklusivistischen Denkmodells, das gegenüber der exklusivistischen Haltung gewiss eine Integrationsfigur darstellt und somit der Tendenz mystischer Erfahrung auf Einheit hin eher entspricht als der Exklusivismus, aber dieses Modell ist nicht aus der Erfahrung selbst, sondern aus ihrer Interpretation gewonnen.

Als Beispiel möge uns hier die Beschreibung der Zen-Erfahrung durch Yamada Kōun Roshi, eines bedeutenden zeitgenössischen japanischen Zen-Meisters, dienen, wobei deutlich wird, dass die Ebenen (a) und (b) zumindest in der Retrospektive kaum unterscheidbar sind. Er berichtet:

»... Zuerst war mein Verstand nebelhaft, dann blitzte plötzlich das Zitat in meinem Bewusstsein auf: ›Ich realisierte klar, dass Geist nichts anderes ist als Berge und Flüsse und die große weite Erde, die Sonne und der Mond und die Sterne.‹ Und ich wiederholte es. Und dann, ganz plötzlich, war ich geschlagen wie von einem Blitz, und im nächsten Moment zerbarsten Himmel und Erde und verschwanden. Unmittelbar, wie wogende Wellen, wallte eine unglaubliche Wonne in mir auf, ein wahrer Wirbelsturm von Entzücken, während ich laut und wild lachte: ›Ha, ha, ha! Hier gibt es kein Denken, es gibt überhaupt kein unterscheidendes Denken!‹ ... ›Ich bin zur Erleuchtung gekommen! Sakyamuni und die Patriarchen haben mich nicht betrogen‹, erinnere ich ausgerufen zu haben«.[24]

Hier mischen sich ein elementares Erleben von Licht, Freude und Erschütterung mit Reflexion im Erleben und unmittelbar danach, denn die eingeflochtene Passage über das Denken ist zen-buddhistische Tradition, und der Schlusssatz macht eine Erwartungshaltung vor der Erfahrung auf dem Hintergrund buddhistischer Erziehung plausibel, wie wir sie auch umgekehrt z.B. bei der christlichen Mystikerin Juliana von Norwich belegen werden. Die unmittelbare Erfahrungsqualität ist wohl universal, sie findet sich über alle Religions- und Epochengrenzen hinweg. Aber gleichzeitig ist die Erfahrung bereits im Erleben interpretiert und unterliegt damit dem Pluralismus religiöser Erscheinungen.

Reflektierende Rückschau

Der Mystiker, der nun (b) seine Erfahrung in den Traditionszusammenhang seiner Religion stellt, macht damit die Erfahrung nicht nur nach außen kommunikabel, sondern benennt sie für sich selbst und gibt ihr Sinn. Wer etwa seine mystische Erfahrung als Gottes- oder Christuserfahrung oder als Erfahrung der Einheit der Wirklichkeit erlebt, hat diese Interpretation bereits mehr oder weniger bewusst vollzogen. Dies dient der Vergewisserung, deren der Mystiker als menschliches Wesen, das sich im Zusammenhang einer menschlichen Gemeinschaft bestätigen muss, für seinen Wahrheits- und Wahrhaftigkeitshorizont im oben genannten Sinne bedarf.

So deutet PAULUS seine eigene aufwühlende mystische Erfahrung als Entrückung in den Himmel (2 Kor 12,2–4). Er hält sich nicht für verrückt, sondern für entrückt. Was berechtigt ihn dazu? Die Interpretation und Einordnung in traditionelle Symbole, die transsubjektive Gewissheit gibt. Selbst wenn man sagen kann, dass eine Gotteserfahrung für das Subjekt absolut gewiss ist, kann sie es nur durch diese Vergewisserung sein, und die ist – nicht erst sekundär, sondern bereits in der annehmenden Wahrnehmung – auf frühere Erfahrung bezogen, also interpretiert. Ich möchte dies so verallgemeinern, dass ich sage: Erfahrung bedarf der inneren Akzeptanz, um Sinn zu geben. Diese Akzeptanz setzt Interpretation voraus. Was sinnwidrig ist, wird verdrängt oder führt zu erheblichen Störungen, bei totaler Nicht-Akzeptanz wohl zur Zerstörung der mentalen Integrität.

Ein weiteres Beispiel für diese Durchdringung von Erfahrung und traditionsbezogener Reflexion ist der Schweizer Politiker, Richter und Mystiker NIKOLAUS VON FLÜE (1417–1487).[25] Er hatte schon früh Visionen und in Furcht durchlebte Teufelskämpfe, die als »Gegenpole« in seinem Leben erscheinen und ihn schwere innere Kämpfe kosteten[26], die erst allmählich zur Ruhe kamen, nämlich dann, da er die Visionen als trinitarische Gotteserfahrungen zu deuten vermochte. In den frühesten überlieferten Berichten der berühmten Liestal-Vision, die seinem Leben eine Umkehr gab, ist von einer äußerst intensiven Lichterscheinung die Rede, hinter der sich ein menschliches Antlitz zeigt, das mit ihm spricht. Dieses Gesicht erschien ihm als *fascinosum et tremendum*, so dass Nikolaus in Furcht und Zittern und mit großen Schmerzen im Unterleib zu Boden fiel. Er deutet dies als die Stimme Gottes.[27] Oder die Vision vom

Mystische Erfahrung, religiöse Tradition und die Wahrheitsfrage

Brunnen: Hier schaut er einen Brunnen, aus dem unter Getöse Wein, Öl und Honig fließen.[28] Erst danach deutet Nikolaus diese Erfahrung als Gotteserfahrung der Trinität, d.h. er hat das zunächst Unfassliche und auch Bedrohende für sich in bekannten Symbolen gedeutet, um es integrieren zu können. Dadurch verliert sich der Aspekt des Fremden und des Schreckens. Die Erfahrung wird so interpretiert, dass sie den in seiner Zeit üblichen Vorstellungen über die Trinität entspricht, allerdings mit einem bemerkenswerten Unterschied: Die drei göttlichen Personen sind nicht Vorgänge, die sich in einem fernen Jenseits abspielen würden, sondern ihr »Aus- und Eingehen ist ein machtvolles Wirken, hat *alles umbegriffen* und *in göttlichem gewalt*.«[29] Die alles umfassende mystische Durchdringung, durch die Gott in der Welt vollkommen präsent ist, wird deutlich zum Ausdruck gebracht. Die konkreten Bilder dafür sind aber in der Tradition vorgebildet wie etwa die von Nikolaus beschriebenen drei konzentrischen Kreise, die sich auch in einem Glaubensbuch, das er besaß und studiert hatte, finden.[30] Auch das berühmte Meditationsbild des Bruders Klaus setzt eine hoch differenzierte theologisch-mystische Tradition voraus, an der Nikolaus seine Erfahrung geschult hat.[31]

Wir können also von zwei Stadien der Reflexion dieser »Gotteserfahrung« bei Nikolaus von Flüe sprechen. Das erste Zeugnis ist ein Bericht, der die völlige Unfassbarkeit und Unerträglichkeit ausdrückt (was keineswegs bei allen Mystikern der Fall ist).[32] Danach setzt der Prozess ein, bei dem er sich um Verstehen bemüht: Nikolaus entdeckt die theologische Bedeutung des Geschehens, und erst dadurch wird die Erfahrung zur Gotteserfahrung.

Ein anderes Beispiel ist JULIANA VON NORWICH (um 1342–1413).[33] Die englische Mystikerin hatte am 13. Mai 1373 sechzehn Visionen und schrieb diese kurze Zeit danach in einer ersten Fassung nieder. Etwa zwanzig Jahre nach dem Ereignis fertigte sie eine zweite Niederschrift an, und die wechselseitige Beeinflussung von Erfahrung und Interpretation ist hier besonders offenkundig.[34] Die erste Fassung ihrer Niederschrift ist kürzer[35], während die zweite Ausgabe bereits viel weitgehendere interpretierende Zusätze enthält.[36] Diese Aufzeichnungen sind voller dogmatischer Inhalte, und Juliana wird nicht müde zu betonen, dass sie Gott als Trinität, Christus als Versöhner usw. geschaut hat. Die einzelnen Theologoumena werden freilich nicht abstrakt eingeführt, sondern verbinden sich mit sinnlich-konkreten Erlebnissen. So dient ihr das Erlebnis der Haselnuss, die sie in Verzückung als »alles, was erschaffen wurde«, als Gesamtheit und Einheit der Schöpfung Gottes also, erfährt, die christliche Schöpfungslehre zu bekräftigen:

> »Dreierlei sah ich in diesem kleinen Ding: erstens, dass Gott es schuf, zweitens, dass Er es liebt, und drittens, dass Er es erhält.«[37]

Juliana erlebt ihre Ekstasen als Vereinigung mit Gott, wo sie in der 14. Offenbarung schaut, dass Gebet die Seele mit Gott vollkommen eint, denn: »die Seele (ist) wie Gott, wie Gott auch in der Substanz, wenn sie durch Gnade wiederhergestellt ist«[38], um interpretierend hinzuzufügen: »Die Seele ist eine Kreatur in Gott, die dieselben Eigenschaften hat, aber geschaffen.«[39] Vermutlich nicht erst der jahrelange Abstand hält hier die christliche Lehre von dem ontologischen Unterschied von Gott und Mensch aufrecht, sondern die bewusste Wahrnehmung der Mystikerin während des Erlebnisses ist bereits vorgeprägt: Was die christliche Mystikerin erfährt, erfährt sie bereits vorgedeutet als personalen Gott, als gegenüberstehenden Geliebten usw.[40] Das Verhältnis von mystischer Erfahrung und einer Erwartungshaltung, die durch die christliche Tradition geprägt ist, wird bei Juliana auch sehr deutlich in der Einleitung zur ersten Niederschrift ihrer Visionen:

> »Ich ersehnte, dass Gott mir drei Gnaden schenken möge. Die erste war, dass ich des Leidens Christi immer eingedenk sei …«[41]

In der 13. Offenbarung freilich ergibt sich dann allerdings auch ein beträchtlicher Dissens zur theologischen Lehre der Kirche: Juliana schaut, dass »alle Dinge gut sein werden« und interpretiert dies im Sinne der *Apokatastasis pantōn*. Sie kann sich aber nicht vorstellen, dass sie eine der kirchlichen Lehre von der Verdammnis der Verdammten widersprechende Offenbarung empfangen habe und fügt unvermittelbar hinzu, dass die kirchliche Lehre auch rechtens sei, obgleich sie an ihrer Schau nicht zweifelt, zumal ihr Gott sagt: »Was euch unmöglich ist, ist mir nicht unmöglich – Ich werde alle Dinge gut machen.«[42]

Man wird diesen und ähnliche Fälle nicht nur damit erklären können, dass Mystiker wegen des drohenden Konfliktes mit den Institutionen ihre Visionen nur äußerlich in die Sprache der jeweiligen Tradition gekleidet hätten. Zweifellos hat es im Christentum und Islam vereinzelt Märtyrer unter den Mystikern gegeben, aber es fällt auf, dass sich eine große Zahl von Mystikern der traditionellen Sprache und Symbolik eher zur Selbstvergewisserung bedient, zumal diese Sprache oft bereits in frühkindlichen Entwicklungsphasen internalisiert wurde und die Erfahrung mitgeprägt hat.[43]

Die mystische Sprache ist ohnehin viel weniger deskriptiv als evokativ, d.h. meistens mystagogisch. Der Mystiker will seine Hörer oder Leser zur eigenen Praxis ermutigen und weniger über Sachverhalte belehren. Dies trifft im Übrigen auf Mystiker aus allen Religionen zu – man denke an Teresa, Rumi oder die Meister der chinesischen Zen-Anekdoten. Dies jedenfalls ist ein transkulturelles Motiv.

Mystische Erfahrung, religiöse Tradition und die Wahrheitsfrage

Sekundäre Fremdinterpretationen

Ein Beispiel für die Ebene (c), d.h. die Interpretation mystischer Erfahrung durch spätere Historiker oder Theologen erübrigt sich, denn die gesamte Geschichte der Deutung von Mystik macht deutlich, dass der jeweilige Zeitgeist oder auch benennbare theologische Interessen das hermeneutische Geschehen beeinflusst haben und auch weiterhin prägen, d.h. dass Pluralismus bei der Aneignung von mystischer Tradition ebenso herrscht wie bei der Interpretation anderer Aspekte der Religionsgeschichte auch.

Eine bezeichnende Überschneidung der Ebenen (c) und (d) ergibt sich heute in der Situation des interreligiösen Dialogs. Interpreten aus einer Religion machen Erfahrung mit der anderen und sehen die eigene Tradition durch eine mystische Erfahrung neu angeeignet, die nun allerdings durchaus auch im Traditionszusammenhang der anderen Religion erfolgen kann. Wenn Christen sich beispielsweise auf buddhistische oder hinduistische Übungswege einlassen und umgekehrt, so dass Individuen zu Erfahrungen kommen, interpretieren sie dieselben oft so, dass die Symbol- und Begriffswelt der buddhistischen oder hinduistischen Tradition einen neuen Bezugsrahmen für die Einordnung traditioneller christlicher Symbole abgeben kann.[44] Damit ist aber weder Gleichgültigkeit noch eine »neutrale« Interpretation einer scheinbar allgemein gültigen Erfahrung intendiert, sondern die jeweils konkrete Erfahrung(sgeschichte) wird in den Begegnungshorizont zweier Traditionen gehoben, der alte und neue Interpretationsmuster erzeugt, die aber dennoch an den normativen Kriterien von Traditionen gemessen werden. Je freier von Widersprüchen im epistemologischen wie existenziellen Sinn dies gelingt, umso größer die Chance der Integration in den Rahmen einer relativ bestimmten, aber sich historisch wandelnden hermeneutischen Gemeinschaft (Religion oder Konfession).

Der bedeutende christliche Zen-Meister Hugo M. Enomiya-Lassalle (1898 bis 1990) sei hier als Beispiel genannt. Er geht von ein- und derselben Erfahrung aus, die jeder macht, der Zen übt, ganz unabhängig von der Religion des Übenden. Aber für den Erfahrenden bedeutet sie jeweils etwas anderes, wobei an diesem Begriff der Bedeutung die Normativität jenseits des Religionspluralismus liegt.[45]

Die Sprache der Mystik ist primär evokativ, nicht deskriptiv. Betrachtet man etwa die Beispiele aus den großen Kōan-Sammlungen des chinesischen Zen-Buddhismus, so wird dies Eine sofort deutlich: Jede Situation der Erfahrung wie ihrer Interpretation ist anders – auch Lassalle spricht als Erfahrener von den zahlreichen Variationen – und die in der Mystik wahrgenommene Einheit der Wirklichkeit ist eine transzendentale, die sich unter raum-zeitlichen Bedingungen nur als Vielheit darstellt. Gleichwohl ist der Maßstab, an dem Irrtum von Wahrheit unterschieden wird, eine religiöse Norm, die geschichtlich vermittelt wird – der Zen-Meister ruft aus: »Śākyamuni hat mich nicht betrogen«, die christliche Mystikerin bekennt sich zum Leiden Jesu oder zur Trinität.

Aber damit stehen wir vor der Wahrheitsfrage, die angesichts des Pluralismus der mystischen Erfahrungen unausweichlich ist. Der Verweis auf mystische Erfahrung kann also den Pluralismus des Erkennens nicht aufheben, aber die Wahrheitsdebatte zwischen den Religionen erscheint hier in spezifischem Licht.

III. Was ist Wahrheit?

Das Problem setzt nicht erst mit der skeptischen Pilatusfrage ein, sondern damit, wie Wahrheit überhaupt positiv verstanden werden kann, denn die skeptische Frage, die letztlich den Wahrheitsbegriff relativierend auflösen möchte, verlangt selbst nach einem Bezugsrahmen, der als Wahrheitshorizont dienen könnte.

Also müssen wir uns grundsätzlich mit dem Problem beschäftigen: Was soll es denn heißen, wenn wir etwas als »wahr« bezeichnen.

Schon wenn wir das Gegenteil formulieren wollen, gibt es mehrere Möglichkeiten: falsch, unwahr, gelogen, das ist doch nicht wahr (im Sinne von: das darf doch nicht wahr sein!), unecht (das Gegenteil von einem wahren Freund z.B.) usw. Diese Beispiele zeigen, dass wir aus dem Gegenbegriff zum Wahren einen höchst vielschichtigen Wahrheitsbegriff erwarten können, und ich möchte auf nur zwei Aspekte eingehen:

- den philosophisch-erkenntnistheoretischen Wahrheitshorizont
- und die religiöse Erfahrung der Wahrheit.

Beides spielt in der Pluralismusdebatte auf dem Hintergrund des Dialogs der Religionen eine Rolle, aber die beiden Aspekte sind nicht identisch.

Vorbemerkungen zum philosophischen Wahrheitsbegriff

Nicht nur der Wahrheitsinhalt, sondern die Form der Wahrheitssuche ist historisch bedingt. Es gibt diesbezüglich in der europäischen Geschichte mehrere Modelle, die sich selbstverständlich von den Formalkriterien indischer oder japanischer Epistemologien unterscheiden. Wir können in der Geschichte des abendländischen Denkens sehr allgemein drei Phasen hinsichtlich der Entwicklung des Wahrheitsverständnisses unterscheiden:

- die *onto-theologische* von den Vorsokratikern bis zu den Realisten des
- Mittelalters,
- die *subjektivitäts-zentrierte* von den Nominalisten bis zum Idealismus,
- die *sprachanalytische* seitdem.

Ich werde kurz erläutern, was damit gemeint ist.

Thomas von Aquin[46] hat Wahrheit als *adaequatio intellectus et rei* verstanden, und er steht damit in platonisch-aristotelischer Tradition. Bei Parmenides wurde erstmals das Denken zum Maßstab für das Sein, und Sein und Denken waren einander entsprechend. Die Entsprechung bedurfte eines Grundes, und den fanden die antiken Denker im göttlichen Logos oder Nous. Für Aristoteles[47] etwa verhält sich jedes Seiende zur Wahrheit, wie es sich zum Sein verhält, d.h. die Kongruenz von Sein und Denken ermöglicht die *theoria* der Philosophie, also die Möglichkeit, von Wahrheit zu sprechen.

Die christliche Theologie setzte für diese Grundlage Gott ein, der nun den Zusammenhang des Erkennenden und des Erkannten garantierte. Wäre nicht im menschlichen Intellekt der göttliche Logos, der auch in der gesamten Schöpfung waltet, zumindest schattenhaft angelegt, so könnte überhaupt nichts als wahr erkannt werden. Durch Partizipation oder Teilhabe am Göttlichen kann der Mensch also zur Wahrheit gelangen. Dies gilt allgemein von jedem Menschen, der vernunftbegabt in diese Welt tritt. Allerdings ist diese Teilhabe am Göttlichen verdunkelt durch die menschliche Freiheitsgeschichte, die bekanntlich mit dem Sündenfall beginnt und den Menschen, indem sie ihn einerseits zu sich selbst, d.h. zum Gebrauch seiner Freiheit bringt, paradoxerweise gleichzeitig von Gott als seinem Ursprung entfernt. Von dieser Freiheit wird die Menschheitsgeschichte vorangetrieben, und es bedarf der Überbietung menschlicher Freiheit durch den Akt höchster Freiheit auf Seiten Gottes, der sich selbst am Kreuz opfert, um dieses Paradox aufzulösen. So hängen christliche Erfahrung der Schuldverfallenheit, der Freiheit und des Grundes der Wahrheit miteinander zusammen.

Wahrheit oder auch Verlässlichkeit der Erkenntnis ist demnach in Gott begründet. Dies war so lange plausibel, als man die hier kurz umrissenen Grundlagen akzeptierte, d.h. die Übereinstimmung des göttlichen Logos mit dem menschlichen, der Sonne mit dem sonnenhaften Auge – wie Goethe formuliert –, der ontischen Ordnung und des Denkens anerkannte.

Diese Grundlagen wurden aber erschüttert durch den Nominalismus und später durch die skeptischen Theorien. Alle Begriffe, Gedanken und Vorstellungen, die wir gebrauchen, waren nun nicht mehr in einem übermenschlichen Reich der Ideen begründet, wie man seit Plato angenommen hatte, sondern im menschlichen Geist. Jede Erkenntnis verweist den Menschen also nicht an Gott oder eine unabhängig von ihm existierende ontische Ordnung, sondern auf den Menschen selbst. Grundlage der Wahrheit kann dann nur die menschliche Subjektivität sein. Auch wenn man diese Subjektivität letztlich in einem absoluten Ich oder einem Weltgeist gipfeln lässt, wie dies Fichte und Hegel tun, kann Wahrheit sich nur an der Selbstidentität des Subjektes kristallisieren, ja, die Selbstgewissheit des Menschen wird identisch mit dem Grund der Wahrheit: *cogito ergo sum*. Es gibt dann letztlich keine Entsprechung von Sein und Denken mehr, sondern nur noch die Selbstgewissheit des Subjektes. Dass dies nicht Subjektivismus bedeuten muss, brauche ich hier nicht auszuführen, dass aber der Mensch (ob der individuelle, der abstrakt-idealistische oder der gesellschaftliche gemeint ist, wird im 20. Jahrhundert verschieden beantwortet) zum Maß aller Dinge und auch zum Kriterium der Wahrheit wird, ist das Resultat oder vielleicht auch das Ende der Geschichte der abendländischen Wahrheitsmetaphysik.

Man glaubte nun lange Zeit, dass die »harten« Naturwissenschaften objektive Wahrheit erkennen würden, denn schließlich seien ihre Ergebnisse durch wiederholbare Experimente und Voraussagbarkeit erhärtet. Spätestens seit Heisenberg geriet dieser Glaube ins Wanken, und auch die Mathematik konnte nicht mehr die Gewissheit über die Dinge der Welt vermitteln, wie Einstein in seinem berühmten Wort von 1921 formulierte:[48] »Insofern sich die Sätze der Mathematik auf die Wirklichkeit beziehen, sind sie nicht sicher, und insofern sie sicher sind, beziehen sie sich nicht auf die Wirklichkeit.« Sondern eben innerhalb der Axiomatik – auf angenommene Strukturen, die der menschliche Geist hervorbringt, die in sich gewiss konsistent und denknotwendig, damit aber eben noch nicht seins-notwendig sind. Die Einheit von Denken und Sein wird auch von der Mathematik nicht bewiesen, und damit bleibt der Wahrheitsbegriff problematisch.

Gegenwärtig wird die Frage der Begründung des Wahrheitsbegriffs meist ganz auf die sprachanalytische Ebene verlegt – semantische Wahrheitstheorie, Konsensus- und Korrespondenztheorie usw. haben eines gemein: Was wir wissen, wissen wir nur, insofern wir Sprache haben. Außerhalb des Horizonts unserer Sprache ist (für uns) nichts, also auch keine Wahrheit. Klassisch formuliert: »Die Grenzen der Sprache sind die Grenzen unserer Welt.« (Wittgenstein).

Mystische Erfahrung, religiöse Tradition und die Wahrheitsfrage

Damit ist wiederum nicht Beliebigkeit gemeint, denn das Individuum schafft Sprache nicht, sondern findet sich durch intersubjektive Kommunikation in einer Sprache vor. Aber der Sprachen sind viele, und die Grenze dieses Wahrheitsbegriffs ist die Sprachgrenze. Wahrheit ereignet sich dann in einem spezifischen hermeneutischen Zusammenhang, in einer Sprachgemeinschaft, aber mehr lässt sich nicht sagen. Einige Denker versuchen, universale Grundstrukturen des Sprachlichen festzustellen (also etwa die Unterscheidung von Subjekt und Prädikat, bestimmte semantische Strukturen usw.), andere erkennen nur die Geschichtlichkeit und Pluralität der Sprachen an, können von Wahrheit und ihrer Begründung also nur in einem spezifischen und nicht kulturübergreifenden Sprachlogik-Zusammenhang reden.

Damit sind wir bei unserem Problem: Was ist Wahrheit, wenn Wahrheit doch immer an Sprache gebunden ist und Sprachen eben unbestreitbar im Plural erscheinen? Wahrheit ist dann ein hermeneutisches Problem, abhängig vom Konsensus einer hermeneutischen Gemeinschaft, und diese Gemeinschaft wandelt sich. Heute ist sie in vielen Gegenden der Welt bereits interkulturell und umgreift mehrere hermeneutische Subzusammenhänge – wir würden nicht pluralistische Theologie diskutieren müssen, wenn dem nicht so wäre. Wer aber redet diese interkulturelle Sprache, die dann eine Wahrheit vermitteln könnte, wo gibt es die Grammatik, Semantik und Semictik, die interkulturelle Konsensfähigkeit hätte? Andernfalls wir beim Plural der Sprachen und Wahrheitsbegriffe (also auch der Wahrheitsansprüche) bleiben müssten, was vielen, die im interkulturellen Dialog denkend tätig sind, als die beste Lösung erscheint. Aber: Wird nicht durch den Plural des Wahrheitsbegriffs das aufgelöst, was Wahrheit eigentlich meint: Verlässlichkeit?

Mit dem Begriff der Verlässlichkeit sprechen wir aber schon die zweite, eigentlich und existenziell aber grundlegende Dimension des Wahrheitsbegriffs an, die religiöse.

Die religiöse Dimension der Wahrheit

Das deutsche Wort »Wahrheit« zeigt es schon an: Es ist abgeleitet vom althochdeutschen *war* oder *wara*, und das ist ein Treuegelöbnis. *Giwari* ist dann althochdeutsch »in Treue verbunden«, durch Treue gewiss und sicher. Nicht anders ist das beim englischen Wort *truth,* das von altenglisch *triewo* oder *treowo* (versprochene Treue) kommt und in seiner Ableitung *truthfulness* bis heute Treue und Verlässlichkeit ebenso enthält wie das deutsche Wort »Wahrhaftigkeit«. Die Wahrheit ist nicht ein theoretischer Sachverhalt, sondern die Treue und Verlässlichkeit der Wirklichkeit, die Gewissheit, dass es so ist, wie es ist, und dass eben dieses Sosein gut ist – das Gute-Schöne-Wahre war für die Griechen eine Einheit, und so ist es in der christlichen Tradition geblieben: Die Treue und Verlässlichkeit Gottes ist seine Wahrheit.

Dieser Satz kann vielleicht als Quintessenz dessen gelten, was die Heilsgeschichte der hebräischen wie der griechischen Bibel ausmacht. »Wahrheit Gottes« ist also nicht zuerst eine adäquate Aussage über das Wesen Gottes, sondern – als *genitivus subjectivus* – *die* Selbstäußerung Gottes, in Beständigkeit und Treue sich so zu äußern, wie er selbst ist.

Sich in Beständigkeit und Treue wahrhaftig zu äußern, also sich anderem unverhüllt zuzuwenden, ist aber das Charakteristikum der Liebe. So hängen Wahrheit und Liebe miteinander zusammen, nicht nur in der christlichen Theologie, sondern auch in anderen Religionen, und bis hin zu Kepler auch im Denken der Naturwissenschaft und in der Naturphilosophie.

Wie kann aber die religiöse Dimension der Wahrheit nicht nur intellektuell erkannt, sondern existenziell aktualisiert werden? Das ist nun die Ebene, auf der sich die Religionen unterscheiden. Dennoch kann man Grundmuster erkennen, die in unterschiedlichen Kulturen auftauchen. Frederick Streng[49] zählt fünf Wege der Aktualisierung religiöser Wahrheit auf:

- die außerordentliche Erfahrung göttlicher Präsenz
- symbolische Verdopplung im Mythos und Ritus
- Kultivierung rechter Beziehungen zu anderen
- intellektuelle Erkenntnis eines absolut Notwendigen
- Erwachen zu transzendentem Bewusstsein.

Die *außerordentliche Erfahrung göttlicher Präsenz* tritt vor allem in zwei Formen auf, im Wesen der schamanischen Erfahrung und der Erfahrung des Propheten, sie ist auch Teilaspekt der mystischen Erfahrung im oben beschriebenen Sinn. Aber auch das Spüren von Führung im Leben, von Schutzengeln, Stimmen, das unmittelbare Gefühl der Gegenwart einer höchsten Instanz, die sich in einem Gefühl von Heilung, Ganzheit und Freude ausdrückt, gehören dazu. Es ist eine intuitive, direkte Erfahrung, die nicht nach Verifizierung von außen verlangt.

Die *symbolische Verdopplung im Mythos und Ritus* lässt Wahrheit im Symbol erfahren, um Sinn und Bedeutung zu vermitteln. Das ist zum Beispiel der Fall bei der Heiligen Zeit, die das Leben strukturiert und mit dem Allgemeingesetz der Welt in Harmonie bringen soll. Der Mythos ist nicht einfach Ausdruck von Lebenserfahrungen, die auf andere Weise und durch die Sinne gemacht worden sind, sondern er projiziert Bedeutung, die vom Bewusstsein geschaffen ist, auf die ansonsten unzusammenhängend erfahrene Wirklichkeit. Mythen und Rituale sind Vergegenwärtigung von Ursprungshandlungen der Götter oder Menschen. Auf diese Weise hat der am Ritus Beteiligte am

Ursprung, also an der Wahrheit, Anteil. Wahrheit ist nicht ein Akt theoretischer Erkenntnis, sondern tatsächlicher Teilhabe.

Die *Kultivierung rechter Beziehung zu anderen* ist der Bereich der Moralität. Redlichkeit und Aufrichtigkeit im Handeln, das persönlicher Integrität entspricht, ist besonders in der chinesischen Kultur der höchste Weg zur göttlichen Wahrheit überhaupt. Wahrheit ist hier nicht der Begriff des Guten, sondern das tägliche Handeln selbst. Aber auch im Judentum drückt sich Wahrheit als zuverlässige Treue *('emeth)* in Gerechtigkeit *(zedakah)* aus, weshalb im Johannesevangelium (3,21; vgl. 1.Joh 1,6) der Ausdruck »die Wahrheit tun« möglich ist.

Die *intellektuelle Erkenntnis eines absolut Notwendigen*, eines ersten Bewegers, eines zureichenden Grundes für die Ordnung in der Welt usw. hat zu theologischen Systemen geführt, die natürlich in den Religionen, aber auch innerhalb einer Religion verschieden sind. Diese Unterschiede sollen nicht bagatellisiert werden. Es sei aber darauf hingewiesen, dass dies nur *ein* Zugang zur Wahrheit unter mehreren ist, wie wir hier zu zeigen versuchen. Umgekehrt ist gerade im Buddhismus die Einheit von Meditation und Einsicht auf Grund von Erkenntnis ein hoher Wert.[50] Bei vielen christlichen (Eckhart, Seuse, Teresa), hinduistischen (Śaṅkara, Rāmānuja, Abhinavagupta) und islamischen (Ibn al-'Arabi) Mystikern ist das nicht anders. Die Frage nach der Wahrheit im Dialog angesichts der Pluralität der Religionen darf sich also weder auf das theologische Argument beschränken, noch kann sie es ausklammern.

Schließlich kommen wir zum meines Erachtens entscheidenden Punkt: dem Erwachen zu transzendentem Bewusstsein. Dies wird mit Einsicht, Klarblick, Durchbruch, Befreiung (skt. *mokṣa*), Wesensschau (jap. *kenshō*) usw. in den Religionen verschieden benannt. Entscheidend ist, dass Wahrheit in diesem Zusammenhang nicht bedeutet, irgendetwas zu wissen, sondern etwas zu werden. So sagen die Upaniṣaden: Wer *brahman* erkennt, wird *brahman*. Erkennen, wahre *gnosis,* ist dann ein Schöpfungsakt, Erkennen und Liebesvereinigung sind wesenseins.

Dazu sei nur ein Beispiel angeführt, das »Büchlein von der Wahrheit« des Konstanzer Mystikers Heinrich Seuse aus dem Jahr 1327.[51] Die Wahrheit erscheint ihm als himmlische Stimme, als Person und belehrende Partnerin, in die der Mystiker schließlich eingeht. Das Sich-lassen ist ein Verlieren des Ich, also auch der konventionellen intellektuellen Unterscheidungen. Die äußere Schale verschwindet, aber das Wesen des Menschen bleibt. Die Wahrheit kann in Begriffen nicht erkannt werden, denn in ihr fallen die Gegensätze zusammen. Gott ist die Wahrheit, und da in Gott – wie Nikolaus von Kues formuliert – die Gegensätze zusammenfallen *(coincidentia oppositorum)*,

kann Wahrheit nicht gleichbedeutend mit menschlichem Erkennen sein. Sie gipfelt im Nichtwissen, das aber nichts anderes ist als die höchste Erfahrung des seligen Seins in voller Bewusstheit, das auf jeden Fall den Pluralismus theologischer Sätze transzendiert.
Seuse schreibt dazu:

> »Und darum werden einem gelassenen Menschen, dessen Vater Gott allein ist und in dem nichts Zeitliches geboren wird, nach seinem Eigenwillen die Augen aufgetan, dass er sich selbst erkennt, sein seliges Leben beginnt und eins mit Gott ist, denn da sind alle Dinge eines in dem Einen.
> DER JÜNGER: Ich sehe doch, dass da Berg und Tal sind, Wasser, Luft und mancherlei Geschöpfe. Wie sagst du da, dass nur eines sei?
> DAS LAUTERE WORT (die Wahrheit) ENTGEGNETE: Ich sage dir noch mehr: Sofern sich der Mensch nicht zweier widersprüchlicher Dinge als eines bewusst sei, so ist es zweifellos nicht leicht, von solchen Dingen mit ihm zu sprechen; wenn er dies aber einsieht, so ist er erst bis zur Hälfte des Weges zum Leben, das ich meine, vorangekommen.
> FRAGE: Welches sind diese Widersprüche?
> Ein ewiges Nichts und des Menschen zeitliche Gewordenheit.
> BEDENKEN: Zwei Widersprüche in einem widersprechen in jeder Weise jeglicher Wissenschaft.
> ANTWORT: Ich und du begegnen einander nicht auf einem Zweige oder auf ein und demselben Platz: Du gehst einen Weg und ich einen anderen. Deine Fragen entstammen menschlichem Verständnis, und ich antworte aus einem Denken, das menschliche Beobachtungsweise weit übertrifft. Menschliche Art zu sehen musst du aufgeben, willst du in jenen Bereich kommen, denn aus Nichterkennen entspringt die Wahrheit.« (345)

Wahrheit ist unaussprechlich, und was tut der, der in der Wahrheit ist? Seuse meint:

> »Er übt Gemeinschaft mit den Leuten, ohne ihr Bild in sich zu prägen, erweist Liebe, ohne an ihnen zu hängen, und Mitleiden, ohne sich zu sorgen in rechter Freiheit.« (361)

Gibt es dann keine theologischen Lehrmeinungen mehr, keine theoretischen Unterschiede im Meinen und Glauben? Dazu Seuse:

> »Solange der Mensch Mensch bleibt, gelangt er nicht über Meinen und Glauben hinaus, ist er aber, losgelöst von sich, versunken in das, was da ist, so besitzt er ein Wissen aller Wahrheit, denn seiner selbst entsunken, steht er dann in der Wahrheit selbst.« (362)

Dies ist jetzt schon möglich, in selbstvergessener Gelassenheit bzw. im Sich-Lassen in Gott. Das bedeutet auch, seine Lehrmeinungen und Hilfsvorstellungen letztlich in Gott zu lassen, nicht aus ängstlichem Verzicht, sondern aus wahrer Erfahrung.

Die Wahrheit, die der Mensch erkennt, ist also in der mystischen Erfahrung im dialektischen Sinne aufgehoben. Wer in der Wahrheit ist, streitet nicht rechthaberisch, um seine Identität zu behaupten. Streit kann notwendig werden, aber ausschließlich und nur um des Kriteriums der unbedingten Liebe willen, das allerdings in jeder Religion in eigener Weise konkret ist. Denn im Konfliktfall, wenn z.B. dem Mörder mit Intoleranz begegnet werden muss, zerbrechen liberal-pluralistische Wahrheitsmodelle am ethischen Imperativ.[52] In Krisen bedürfen das relative Absolute und das absolute Relative einander, damit Handeln nach einem unbedingten Kriterium möglich wird.

Satyagraha als interkulturelles Experiment und als Weg

Die existenzielle Dringlichkeit der Frage nach der Wahrheit hat ihren Ursprung in der Notwendigkeit, dass der Mensch werten muss, was ihm »frommt« und was ihm schadet. Ohne diese Unterscheidung wäre Überleben unmöglich. Letztlich mündet die Frage nach dem Leben in die Suche nach einem letzten Ziel, das *nirvāṇa* oder Reich Gottes oder wie immer genannt werden kann. Dieses letzte Ziel verbindlich für die Lebensgestaltung zu machen heißt, »die Wahrheit tun«.

Die *relative, konventionelle* Wahrheit, mit der es empirisches Wissen zu tun hat, ist quantitativ. Sie sucht einzelne Faktoren und setzt sie miteinander in Beziehung. Ergeben sich konsistente Beziehungsverhältnisse, sprechen wir davon, dass etwas »wahr« ist. Es geht um einzelne Fakten, und darum ist diese Wahrheit relativ, *saṃvṛti* oder *vyāvahārika,* wie man in Buddhismus und Hinduismus sagt. Pluralismus bedeutet hier nicht die Vielheit von Wahrheiten, die in Beliebigkeit enden könnte, sondern die jeweilige Konkretion und Relationalität der Wahrheit.

Die *absolute, transzendente* Wahrheit, mit der es die religiöse Erfahrung zu tun hat, ist qualitativ. Sie bezieht alles Einzelne auf das Ganze oder auf Gott. Wenn alles Einzelne in diesem Ganzen Richtung bzw. Sinn findet, sprechen wir von Wahrheit. Diese absolute Wahrheit gibt allem anderen, auch der Gesamtheit der relativen Wahrheiten, Kohärenz und Sinn. Sie ist der Grund für sinnvolles Urteilen und darum selbst nicht in einem Urteil fassbar.

Verifizierbar ist nun diese religiöse absolute Wahrheit nur im Gesamtzusammenhang der Lebenspraxis in einer hermeneutischen Gemeinschaft, d.h. in einer Wahrheitsgemeinschaft von Menschen, die miteinander umgehen, wozu allerdings das Denken gehört.[53] Worte, die sich auf diese absolute Ebene der Wahrheit beziehen, sind aber nicht deskriptiv und beschreibend, sondern suggestiv und verweisend. So wollen etwa *kōans* die *kenshō*-Erfahrung nicht beschreiben, sondern dazu hinführen, wie wir bereits oben im Blick auf Mystik überhaupt sahen.

Für den Pluralismus und Dialog der Religionen bedeutet dies, dass nicht *ein* Wahrheitsmodell absolut gesetzt werden darf, sondern dass die Einsicht reifen sollte, dass wir Wahrheit nur in der Form der Suche nach ihr haben. Das ist ein nie zu Ende gegangener Weg. Wahrheit ist, christlich gesprochen, eine Sache der eschatologischen Zukunft.[54] Strukturell entspricht dem, wenn auch nicht in derselben Weise begründet, die mystische Erfahrung, die in allen Religionen Begegnung mit der Transzendenz ist, d.h. mit dem, was jede geschichtlich faktische und sprachlich formulierbare Wirklichkeit übersteigt. Wenn auch inhaltlich mystische Erfahrungen in ihrem gedeuteten Wahrgenommensein durchaus voneinander verschieden sind, so entsprechen sie einander in ihrem entscheidenden Zug: dem Transzendieren jeder Form, wenn auch dies wieder nur in Form sagbar ist. Im Buddhismus formuliert man darum: Auch die Entleerung der Form muss entleert werden (*śūnyatāśūnyatā*).

Auf die pluralistische Theologie bezogen heißt das: Die Vielheit der Gegenwart beschreibt den Weg, der von der Vergangenheit her Orientierungspunkte hat und offen ist. Diese Offenheit in der Gemeinschaft von Kulturen und Religionen trägt dem Pluralismus der Sprachen und Denkwege Rechnung. Nicht eine Methode oder ein einziger Referenzrahmen entspricht demnach heute der Lebenssituation der Menschheit, sondern der Pluralismus selbst ist der methodische Rahmen.

Wie geht man aber damit um, und was ist das Kriterium für Wahrheit, auf das in existenziellen Entscheidungssituationen nicht verzichtet werden kann? Für einen Christen ist Jesus Christus der letztgültige Maßstab seiner Orientierung. Für einen Buddhisten ist dies der Buddha. Wenn unsere Überlegungen richtig waren, bedeutet dies aber nicht Abgrenzung, sondern gemeinsames Gehen auf dem Weg der Wahrheitssuche.

Denn wenn Wahrheit und Liebe untrennbar sind, dann ist die wahrhaftige Wahrheitssuche diejenige, die das Wohl-sein des anderen erlaubt und fördert. Das Festhalten an der Wahrheit in der individuellen wie gesellschaftlichen Lebenspraxis, *satyagraha* also, kann als die dem Leben selbst gemäße Äußerungsform der Wahrheit gelten. Authentisches Leben ist somit das Experiment mit der Wahrheit, wie Gandhi treffend seine Lebensgeschichte überschrieb. Die nach Wahrheit in einträchtiger Bemühung suchende Gruppe, die hermeneutische Gemeinschaft, kann heute nur die gesamte eine Menschheit sein – dazu zählen Buddhisten und Christen, Hindus, Muslims und Juden sowie Menschen in allen Religionen und säkularen Kontexten in gleicher Weise.

Toleranz aus Wissen und Gewissheit, nicht aus Gleichgültigkeit, Unwissen und Ungewissheit, ist dazu notwendig. Da Toleranz nicht unabhängig vom Gemeinwohl gedacht werden kann[55] und dieses wiederum nur im relativen Konsens der Werte formulierbar ist, bleibt der interreligiöse Dialog in der Bescheidenheit des Vorläufigen verhaftet: Die Partner müssen nach Maßgabe ihrer je eigenen hermeneutischen Kriterien absolute Relative als relative Absolute so formulieren, dass der interrelationale Prozess der Wahrheitssuche konkrete Verbindlichkeit ermöglicht, aber nie zum Stillstand kommt. Die Konsequenz ist Demut und einvernehmliche Geduld. Solche demütige Geduld hat ihre Wurzel in spiritueller Erfahrung, weil diese jede Form transzendiert und gleichzeitig einschließt, womit sowohl die Bedeutsamkeit als auch die Vorläufigkeit jeder Erscheinung angezeigt ist.

Anmerkungen:

[1] J. Moltmann, Dient die »pluralistische Theologie« dem Dialog der Welt-Religionen, in: EvTh 6 (1989), S. 535.
[2] D. Bonhoeffer, Gesammelte Schriften, Bd. 1, München 1965 (2. Aufl.), S. 61.
[3] Michael v. Brück, Dialog der Religionen. Bewusstseinswandel der Menschheit, München 1987.
[4] J. Moltmann, a.a.O., S. 530.
[5] P. L. Berger, Der Zwang zur Häresie. Religion in der pluralistischen Gesellschaft, Frankfurt 1980.
[6] H. Will, Die Privatisierung Gottes, in: Kursbuch Glauben Nr. 93, Berlin 1988, S. 5.
[7] L. Gilkey, Plurality and its Theological Implications, in: J. Hick, P. Knitter (Hrsg.), The Myth of Christian Uniqueness. Toward a Pluralistic Theology of Religions, New York 1987, S. 38ff., Berger, a.a.O., S. 139ff.
[8] P. L. Berger, a.a.O., S. 140f.
[9] M. v. Brück, Einheit der Wirklichkeit. Gott, Gotteserfahrung und Meditation im hinduistisch-christlichen Dialog, München 1987 (2. Aufl.), S. 351; auch L. Gilkey, a.a.O., S. 47.
[10] P. L. Berger, a.a.O., S. 23.
[11] Seit W. James, E. Underhill, R. Otto u.a. hat es immer neue Definitionsversuche gegeben, von denen viele klassisch sind und mit wachsender Kenntnis der anderen Religionen als unzureichend empfunden werden. Neuerdings listet R. Gimello zusammenfassend die wichtigsten Merkmale einer mystischen Erfahrung auf: »Ein Gefühl von Einssein oder Einheit, verschieden definiert. Ein starkes Vertrauen in die ›Wirklichkeit‹ oder ›Objektivität‹ der Erfahrung, d.h. eine Überzeugung, dass sie irgendwie wahrheitsoffenbarend ist. Ein Sinn dafür, dass letztlich konventionelle Sprache für die Erfahrung unangemessen ist, d.h. ein Sinn dafür, dass die Erfahrung unaussprechlich ist. Ein Aufhören der *normalen* intellektuellen Denkvorgänge

(Deduktion, Unterscheidung, Rationalisierung, Spekulation usw.) oder ihre Substitution durch eine höhere oder qualitativ verschiedene Wirkungsweise des Intellekts (z.B. Intuition). Ein Sinn für den Zusammenfall der Gegensätze verschiedener Art (Paradox). Eine außerordentlich starke affektive Tönung, die wiederum verschiedener Art ist (z.B. sublime Freude, äußerste Heiterkeit, große Furcht, unvergleichliches Vergnügen usw.), oft eine ungewöhnliche Kombination derselben.« R. Gimello, Mysticism and Meditation, in: S. Katz (Hrsg.), Mysticism and Philosophical Analysis, New York 1978, S. 178.
Wir müssen hinzufügen, dass keinesfalls alle Merkmale bei jeder Erfahrung auftreten, auch dies nicht zufällig, sondern durch den traditionsgeschichtlichen Zusammenhang bestimmt.

[12] H. Halbfas, Die Vermittlung mystischer Erfahrung, in: H. Cancik (Hrsg.), Rausch – Ekstase – Mystik, Düsseldorf 1978, S. 133.

[13] Der christliche Dreischritt »Reinigung – Erleuchtung – mystische Einigung« kann unter Umständen so interpretiert werden, dass formal ein Zen-Buddhist zustimmen kann. Was aber inhaltlich unter Reinigung oder Einigung erlebt wird, hängt an anthropologischen, theologischen und anderen Vorgaben der jeweiligen Tradition und ist auch innerhalb einer Religion diachronisch und diatopisch verschieden.

[14] N. Smart, Understanding Religious Experience, in: S. Katz (Hrsg.), Mysticism and Philosophical Analysis, a.a.O., S. 13.

[15] M. v. Brück, Einheit der Wirklichkeit, a.a.O., S. 247 ff.

[16] Vgl. dazu mit Literaturhinweisen A. M. Haas, Die Problematik von Sprache und Erfahrung in der deutschen Mystik, in: W. Beierwaltes, H. U. v. Balthasar, A. M. Haas, Grundfragen der Mystik, Einsiedeln 1974, S. 75.

[17] E. Underhill, Mystik, München 1928, S. 591.

[18] C. A. Keller, Mystical Literature, in: S. Katz (Hrsg.), Mysticism, a.a.O., S. 78 ff.

[19] Diesen Aspekt verkennt S. Katz in seinem Aufsatz: The ›Conservative‹ Character of Mystical Experience, in: S. Katz (Hrsg.), Mysticism and Religious Traditions, New York 1983, S. 40. Vgl. M. v. Brück, Christliche Mystik und Zen-Buddhismus, in: W. Greive, R. Niemann (Hrsg.), Neu glauben? Religionsvielfalt und neue religiöse Strömungen als Herausforderung an das Christentum, Gütersloh 1990, S. 146 ff.

[20] W. James, G. Wobbermin, Die religiöse Erfahrung in ihrer Mannigfaltigkeit, Leipzig 1925, S. 305 ff.

[21] H. Stirnimann, Mystik und Metaphorik. Zu Seuses Dialog, in: A. M. Haas, H. Stirnimann (Hrsg.), Das »Einig Sein«. Studien zu Theorie und Sprache der deutschen Mystik, Fribourg 1980, S. 213.

[22] Wir können vier Typen unterscheiden: positive Anknüpfung, negative Anknüpfung, grundlegende Neuinterpretation des vorigen Glaubens und Sprengung der Tradition als Bezugsrahmen. (M. v. Brück, Christliche Mystik und Zen-Buddhismus, a.a.O., S. 146 ff.)

[23] Ich folge der Klassifikation, die S. Katz vorschlägt: Language, Epistemology and Mysticism, in: S. Katz (Hrsg.), Mysticism and Philosophical Analysis, a.a.O., S 23. Ähnliche Schemata finden sich bei vielen Autoren.

[24] Ph. Kapleau, The Three Pillars of Zen, Boston 1965, S. 204 ff. (dt. Die drei Pfeiler des Zen, Zürich und Stuttgart 1969).

[25] H. Federer, Nikolaus von Flüe, Frauenfeld/Leipzig 1928; W. Durrer, Dokumente über Bruder Klaus, Luzern 1947; G. u. Th. Sartory, Nikolaus von Flüe. Erleuchtete Nacht, Freiburg 1981.
[26] W. Nigg, in: Nikolaus von Flüe. Eine Begegnung mit Bruder Klaus, Freiburg 1976, S. 13.
[27] G. u. Th. Sartory, a.a.O., S. 28 f.
[28] Der Bericht über die Vision ist abgedruckt bei G. u. Th. Sartory, a.a.O., S.117.
[29] H. Stirnimann, Der Gottesgelehrte Nikolaus von Flüe, Freiburg 1981, S. 44.
[30] R. Ellwood, Mysticism and Religion, Englewood Cliffs 1980, S. 78.
[31] H. Stirnimann, a.a.O., S. 191.
[32] Nikolaus selbst hat nie etwas geschrieben, und alles hängt an den sehr genauen Berichten von Zeitgenossen. Vgl. R. Durrer, Bruder Klaus. Die ältesten Quellen über den seligen Niklaus von Flüe, sein Leben und seinen Einfluss, Sarnen 1917–1921.
[33] J. Walsh, The Revelations of Divine Love of Julian of Norwich, London 1961; vgl. T. W. Coleman, English Mystics of the Fourteenth Century, Westport, Conn. 1971, S. 131 ff.
[34] Zur Textgeschichte vgl. P. M. Vinje, An Understanding of Love According to the Anchoress Julian of Norwich, Salzburg 1983, S. 1 ff.
[35] Deutsche Ausgabe: E. Strakosch (Hrsg.), Lady Julian of Norwich, Offenbarungen von göttlicher Liebe, Einsiedeln 1960.
[36] R. Hudleston (Hrsg.), Revelations of Divine Love, London 1952, S. 37. E. Strakosch, a.a.O., S. 35 (4. Offenbarung).
[37] E. Strakosch, a.a.O., S. 35 (4. Offenbarung).
[38] J. Walsh, a.a.O., S. 118.
[39] J. Walsh, a.a.O., S. 121.
[40] Damit ist nicht gesagt, dass die Mystikerin nicht aus der Tradition ausbrechen könnte, wie es sich ja auch in der Apokatastasis-Erfahrung andeutet. Dass die zweifellos erfahrene Nicht-Dualität von Gott und Mensch für christliche Mystiker auf dem Hintergrund abendländischer Ontologien viel schwerer zu erfassen ist als für Buddhisten oder Hindus, ist offenkundig. In welchem Sinne aber von Einheit, Nicht-Dualität oder Zweiheit geredet wird, kann nur in Bezug zum jeweiligen hermeneutischen Hintergrund ermittelt werden. Zu behaupten, *das* christliche Denken sei dualistisch, *das* asiatische hingegen monistisch, ist falsch. Um nur ein Beispiel für höchst differenziertes Argumentieren in dieser Frage zu geben, verweise ich auf K. Rahner, Welt in Gott, in: A. Batch (Hrsg.), Sein als Offenbarung in Christentum und Hinduismus, Mödling 1984, S. 69 ff.
[41] E. Strakosch, a.a.O., S. 27.
[42] J. Walsh, a.a.O., S. 98 f.
[43] Vgl. für den Fall von Juliana: H. P. Owen, Experience and Dogma in the English Mystics, in: S. Katz (Hrsg.), Mysticism and Religious Traditions, a.a.O., S. 148–162; generell: P. Moore, Mystical Experience, Mystical Doctrine, Mystical Technique, in: S. Katz (Hrsg.), Mysticism and Philosophical Analysis, a.a.O., S. 114 ff.
[44] Als nur zwei Beispiele unter vielen seien hier genannt: für die Begegnung mit dem Buddhismus John P. Keenan, The Meaning of Christ. A Mahāyāna Theology, New

York 1989; mit dem Hinduismus M. v. Brück, Einheit der Wirklichkeit. Gott, Gotteserfahrung und Meditation im hinduistisch-christlichen Dialog, München 1987. Beide Titel sind bezeichnend: Sie folgen den normativen Kriterien christlicher Theologie, die sich im hermeneutischen Bezugsrahmen der anderen Religion neu auszusagen versucht. Die Erkenntnis der Relativität des Absoluten erzeugt damit gerade keinen relativistischen Wertepluralismus.

45 Vgl. dazu M. v. Brück, Christliche Mystik und Zen-Buddhismus, a.a.O., S. 151 ff.
46 Thomas von Aquin, De veritate q. I, I, I; Summa theol. q. 16, a. 2 ad 2.
47 Aristoteles, Metaphysik 993 a. 30.
48 A. Einstein, Geometrie und Erfahrung, in: Sitzungsberichte der Preußischen Akademie der Wissenschaften 1921, S. 123–130.
49 F. Streng, Truth, in: Encyclopedia of Religion Bd. 15, New York 1987, S. 63 ff.
50 Die Einheit von śamatha (meditative Konzentration) und vipaśyanā (tiefe Einsicht) ist eine buddhistische Grundregel. Vgl. R. Gimello, a.a.O., S. 184 ff.
51 H. Seuse, Deutsche mystische Schriften (Hrsg. von G. Hofmann), Düsseldorf 1966, S. 331–362.
52 Dies betont P. L. Berger, a.a.O., S. 169.
53 Ich habe die Zusammenhänge von Wahrheitsebenen und Verifikationsverfahren anhand des Schemas von Ken Wilber im Zusammenhang mit der Frage nach der religiösen Erfahrung beschrieben in: Einheit der Wirklichkeit, a.a.O., S. 257 ff.
54 Dies sieht z.B. auch Meister Eckhart ähnlich, gerade auch wenn das »ewige Nu« in der Geistpräsenz real wird (Lateinische Werke, Stuttgart i g 36 ff., Bd. 3, S. 476); vgl. S. Kunz, Zeit und Ewigkeit bei Meister Eckhart, Diss. Tübingen 1985, S. 183.
55 Zum Problem von Dialog und Toleranz bei der Suche nach verbindlichen Werten, vgl. K. Rahner, Dialog und Toleranz als Grundlage einer humanen Gesellschaft, in: G. Lensch, H. Prinke (Hrsg.), Das Vermächtnis der Aufklärung, St. Ingbert 1989, S. 107 ff.

Ist heute noch Religiosität intellektuell und ethisch verantwortbar, möglich und wünschbar?

Wenn ja, wo liegen ihre Wurzeln, welche Merkmale müsste sie besitzen und welchen Kriterien müsste sie gerecht werden?

Franz Buggle

Ich habe im Rahmen des Nietzsche-Forums schon zweimal meine Thesen und Vorstellungen zur biblisch-christlichen Religiosität vorgetragen und möchte dies jetzt nicht ein drittes Mal tun. Vielmehr möchte ich heute ein paar – sehr fragmentarische – Dinge zu den vorgegebenen Fragen sagen, ein paar Anregungen geben, Steine ins Wasser werfen, um etwas zu bewegen: Die Wurzeln der Religion – was ist Religion? Brauchen wir heute noch Religion(en)?

Mein Ausgangspunkt, von dem ich zur Thematik komme, ist klar: ich bin aus Gründen, die ich vor allem in meinem Buch (1992) »Denn sie wissen nicht, was sie glauben« dargelegt habe, zur Auffassung gekommen, dass man heute die traditionelle biblisch-christliche Religiosität nicht mehr intellektuell (und in ihrer ursprünglichen Ausgestaltung auch ethisch-humanitär) verantwortbar leben kann. Das ist ja inzwischen Gegenstand zahlreicher Diskussionen (u.a. auch auf dem zweiten Symposium des Nietzsche-Forums) gewesen.

Wenn das dann alles wäre und ich nur einer der Religions- und Christentumskritiker wäre, die vielleicht etwas radikaler sind als andere, würde ich wohl gar nicht mehr hier sitzen. Warum ich trotzdem hier sitze, liegt daran, dass ich mich ein bisschen unterscheide von den meisten Religionskritikern, die aus der Tradition der Religionskritik des 19. Jahrhunderts kommen, weil ich – und das bezieht sich jetzt vor allem auf das letzte Kapitel des oben erwähnten Buches – Religion nicht von vorneherein und generell als obsolet ansehe, wie andere Kritiker, etwa auch Freud, nur als Ausdruck eines unreifen, unentwickelten Denkens und Seelenzustandes, als Infantilismus, illusionäres Wunschdenken oder, wie es bei Freud ja deutlich durchklingt, als eine Art Weigerung, erwachsen zu werden, die Welt so zu sehen wie sie ist. Vielmehr habe ich die Frage erst einmal offen gelassen, *ob es generell eine religiöse Dimension der Welt und des Menschen gibt.* Anders gefragt: *Ob es heute noch jenseits all dieser Kritik,* die ich ja konkret ausformuliert habe, ob es jenseits dieser konkreten Ausprägung der historisch gewordenen Religionen, insbesondere auch der biblisch-christlichen, heute überhaupt noch *eine legitimierbare Religiosität geben kann.* Dass es Religiosität heute gibt, ist trivial. Man begegnet ihr überall – es geht darum, ob es eine legitimierbare Religiosität noch geben kann, legitimierbar vor Intellekt und Ethik, vor beidem, vor heutigen, allgemein geteilten ethischen und humanitären Standards, aber auch vor dem Weltwissen, das heute vorliegt, anders gesagt: *Ob sich Kritik nur auf die jeweiligen tatsächlichen historischen Füllungen einer möglicherweise generellen religiösen Dimension erstrecken oder ob sie sich generell auf Religion, auf Religiosität als solche richten soll.*

Oder von meinem Fach Entwicklungspsychologie her noch einmal formuliert und gefragt, damit es deutlich wird: *Stellen Religiosität und Religion nur eine bestimmte Stufe der menschlichen Entwicklung, ein zu überwindendes Durchgangsstadium dar,* das irgendwann bei einer bestimmten Stufe fortgeschrittenerer Entwicklung verschwindet, obsolet wird; oder ist Religiosität eine prinzipielle und grundsätzlich invariante menschliche Eigenheit, also nicht eine Stufe, sondern – allgemein gesagt – eine zum Wesen des Menschen gehörende überdauernde Dimension, die zwar auch der Entwicklung unterliegt, die aber nicht als Ganzes eine Entwicklungsstufe darstellt und so durch die Entwicklung schließlich obsolet wird, sondern eine Dimension, innerhalb derer sich Entwicklung vollzieht. Es ist ja wohl unbestreitbar, dass Religionen, wie alle lebendigen Phänomene, auch Entwicklungsprozessen unterworfen sind, dass es also eine Entwicklung gibt von früheren unreiferen Äußerungen von Religiosität zu entwickelteren, das liegt – denke ich – klar zu Tage. Diese Frage habe ich in meinem Buch erst einmal offen gelassen, was mir viele Diskussionen eingetragen hat, nicht nur mit Theologen, denen ich zu radikal bin, sondern auch mit Religionskritikern, denen ich zu wenig radikal bin, eine sehr interessante Diskussion, gerade auch mit Naturwissenschaftlern, Physikern, Biologen usw. bis weit nach Kanada hinein.

Ich habe dann aber – das ist teilweise gründlich missverstanden worden, indem manche Leser gemeint haben, ich wolle eine neue Religion gründen, was mir ja völlig fern lag und liegt – gesagt: Wenn es eine heute noch legitimierbare Religiosität geben kann – oder, im Anschluss an Küng, ein neues religiöses Paradigma –, dann ist das heute nur zu akzeptieren, wenn es vier Kriterien gerecht wird (vgl. dazu Kap. V des oben genannten Buches):

Das erste Kriterium: Ein neues akzeptierbares religiöses Paradigma müsste vor dem heutigen Wissensstand und vor den Erfahrungen heute lebender Menschen bestehen, es dürfte nicht aufrecht erhalten werden durch Denkverzicht, durch Inkonsequenz, durch Abspaltung bestimmter Denkinhalte, durch andere innere Verbiegungen und Verdrängungen usw., sondern es müsste intellektuell redlich vollzogen werden können; also z.B. nicht: in der Woche Wissenschaftler und am Sonntag, eigentlich nicht konsequenterweise, religiös.

Das zweite wichtige Kriterium: Ein heutiges neues religiöses Paradigma müsste den heute allgemein anerkannten ethischen und humanen Standards gerecht werden, dürfte sie nicht unterschreiten; da kommt, auf den Kern gebracht, eine provokative These ins Spiel, die ich gerade auch mit »progressiven« Theologen immer wieder ausfechte: Der biblische Gott bleibt in seinem ethischen und humanitären Standard im Ganzen hinter fast allen heutigen Kirchenvertretern und Gläubigen weit zurück. Also entgegen der Prämisse, auf der heutige Kirchenkritik fast immer beruht: »Kirche schlecht, aber Bibel, biblischer Gott, Jesus im Besonderen, gut« (wie auch vor einigen Jahren die Weihnachtsausgabe des Spiegel über Drewermann wieder unter dem Motto stand »Kirche schlecht – Bibel gut«), lautet meine Entgegnung an die Kirchenvertreter und Gläubigen: *Das trifft eben nicht zu, der biblische Gott ist eigentlich viel schlimmer als ihr,* und das ist natürlich eine ungeheuer provokative These, fokussiert aber meinen abweichenden Standpunkt recht gut.

Das dritte Kriterium ist etwas schwierig, ist aber sehr wichtig, man müsste eigentlich länger darauf eingehen: Ein akzeptables neues religiöses Paradigma müsste offen sein für verschiedene, den Standard von Vernunft und Wissen nicht *unter*schreitende, sondern *über*schreitende Phänomene. Hier liegt ein wichtiges Unterscheidungsmerkmal zur traditionellen Religionskritik, die für meinen Begriff manchmal etwas zu exklusiv reduktionistisch war (»Religion ist nichts anderes als ...«). Ich postuliere also Offenheit – dies auch aus evolutionsbiologischen und entwicklungspsychologischen Erkenntnissen – für Vernunft und Wissenschaft nicht *unter*schreitende, sondern *über*schreitende Phänomene. Das hat bedeutsame Folgen: Wenn überhaupt noch irgendeine Religiosität in Zukunft akzeptierbar ist, dann wird sie sich in einigen wesentlichen Punkten von traditioneller Religiosität unterscheiden. Das ergibt sich aus diesem Postulat. Es wird z.B. nur noch hypothetische, aber nicht mehr dogmatische Religiosität möglich sein. Das hat Vor- und »Nachteile«.

»Nachteile« für eher schwächere Menschen, denen ein Teil der Stützfunktion der dogmatischen Religiosität zumindest abgeschwächt, wenn nicht entzogen wird, ganz im Sinne von Friedrich Nietzsche: »Ich bin ein Geländer am Strome, eure Krücke aber bin ich nicht« (Zarathustra). Vorteile sind andererseits natürlich nicht zu verkennen. Ein solches Paradigma wird wesentlich **toleranter** sein, und zwar **konsequent** und **nicht nur faktisch**, sondern von seinen Prinzipien her. Das bedeutet aber, dass Religiosität, welche die ja doch sehr problematischen fundamentalistischen Züge zeigt, wie wir sie heute teilweise im Islam, aber auch im christlichen Bereich, etwa gerade auch in den USA, sehen, *Fanatismus in einem neuen Paradigma, das dem dritten Kriterium gerecht würde, eigentlich nicht mehr möglich wäre* (»Der Fanatismus ist die einzige Willensstärke, zu der auch die Schwachen und Unsicheren gebracht werden können.« Nietzsche, Fröhliche Wissenschaft). Es gibt noch andere Konsequenzen, die sich aus diesem dritten Kriterium für eine künftige Religiosität ergeben – wenn sie überhaupt möglich ist, das ist für mich keineswegs entschieden –, die hier des eingeschränkten Rahmens wegen nicht im Einzelnen analysiert werden können.

Das vierte Kriterium ist problematisch, da müsste man ebenfalls länger darauf eingehen, weil es das Problem des Funktionalismus vs. der Wahrheitsfrage anspricht. Ich postuliere im Rahmen dieses vierten Kriteriums: Ein akzeptables neues religiöses Paradigma muss menschenfreundlich, hilfreich für den Lebensvollzug sein, nicht aber Menschen zusätzlich belasten mit irgendwelchen überfordernden Auflagen oder Drohungen oder Ängsten, z.B. über Höllen- und Fegefeuerdarstellungen, Sünden- und Schuldinduktion: Ein Postulat, das mir als Psychologe besonders wichtig ist. Hier müsste man nun weiter diskutieren, weil hier – wie angeführt – *das problematische Verhältnis zwischen Funktion und Wahrheitsgehalt von Religion angesprochen ist*. Ich glaube, das Postulat dieses 4. Kriteriums dennoch rechtfertigen zu können. Das hängt u.a. auch damit zusammen, dass ich nur noch von einem hypothetischen religiösen Paradigma ausgehe, dieses künftige hypothetische Paradigma erlaubt diese Position. Dennoch liegt hier zweifellos ein Problem, dessen einigermaßen gründliche Diskussion jedoch eine eigene Tagung erfordern würde.

Ich gehe weiter: Die Frage, ob überhaupt noch Religiosität intellektuell und ethisch verantwortbar möglich ist, hängt natürlich ganz stark von der Frage ab, was ich unter Religion verstehe. Und da kommt jetzt eine unserer Leitfragen ins Spiel: **Was ist Religion?** Erschrecken Sie nicht, ich habe nicht vor, Sie mit den vielen Versuchen, Religion zu definieren, zu langweilen – auch das wäre ein umfassendes Thema. Für mich soll hier – als letzter gemeinsamer Nenner von Religion und Religiosität – der Begriff der **Transzendenz** im Mittelpunkt stehen, der für mich im Kern Religion definiert oder – anders

Ist heute noch Religiosität ... verantwortbar, möglich und wünschbar?

gesagt – etwas anschaulicher in Anlehnung an Wittgenstein: Die Auffassung, dass es mit dem »Faktischen« nicht getan ist und die Konsequenzen, die sich aus dieser Auffassung ergeben.

Der Begriff der Transzendenz erforderte m.E. ebenfalls eine eingehende aktualisierte Diskussion und Aufarbeitung, nicht zuletzt und gerade auch auf Grund der Entwicklung in der theoretischen Physik und speziell der Kosmologie in den letzten 15 Jahren, durch die ja der Begriff der Transzendenz enorm tangiert ist. Sind z.B. Ereignisse im Kosmos oder jenseits des Kosmos »transzendent«, wenn sie für uns prinzipiell nicht erkennbar sind, vielleicht denkbar, aber nicht erkennbar, weil sie z.B. jenseits des »Ereignishorizontes« liegen? Oder dass es inzwischen gute Gründe gibt, außer unserem Universum, in dem wir leben, (unzählige?) andere Universen zu postulieren, zu denen wir vielleicht nie einen Zugang haben werden: Ist hier »Transzendenz« impliziert? Welcher Realitätsbegriff liegt hier zu Grunde, was heißt hier überhaupt »existieren«, dass etwas »existiert«, zu dem wir prinzipiell keinen Zugang haben? Wie unterscheidet sich – und wenn ja, wie – der so genannte »immanente« Transzendenzbegriff von dem, der die Religion bestimmt? Es gibt noch andere entsprechende Fragen, etwa die Realität des Vergangenen. Wenn man nur nachdenkt, wird es ja doch einsichtig, dass wir nicht nur bei kosmischen Ereignissen, wo es für jeden klar ist – wenn ich heute in den Orionnebel schaue, dann weiß ich, wie viele Millionen Jahre das alles schon vergangen ist, was ich sehe –, sondern auch in unserem unmittelbaren Lebensvollzug eigentlich nur Dinge wahrnehmen, die schon »vergangen« sind. Der Unterschied besteht lediglich darin, dass die Zeiten zwischen »tatsächlichem« Ereignis und Wahrnehmung viel kürzer sind, was aber eine relative Geschichte ist und prinzipiell keinen Unterschied macht. Es gibt ja z.B. Phänomene, die so schnell ablaufen, dass eine Sekunde in unserer Zeitwahrnehmung dort 30.000 Jahren entspräche, was noch einmal klar macht, dass prinzipiell hier kein Unterschied besteht. Ist Vergangenheit also »wirklich«? Ist das wirklich, was vergangen ist? Und gibt es hier nicht eine »Transzendenz«, die in dieser ganzen Zeitproblematik verankert ist? Was heißt dann »existieren«, was heißt »Zeit« – man könnte hier etwas in die Heideggerei geraten, was ich hier aber jetzt nicht betreiben will, obwohl ich aus Freiburg komme. Ich lasse das alles einmal offen und will einfach nur sagen, der Begriff der Transzendenz scheint mir einerseits zentral für Religiosität, andererseits ist er außerordentlich faszinierend geworden, gerade durch die moderne Wissenschaft, insbesondere die theoretische Physik, die Kosmologie, aber auch in der Biologie, speziell der Hirnphysiologie, und in der Psychologie gibt es einschlägige Phänomene. Wieder nur ein paar Denkanstöße, Steine, die ich ins Wasser werfe, jeder dieser Fragen müsste eine eigene Tagung gewidmet werden.
Ich gehe wieder zurück auf etwas festeren Boden, und da helfen mir die vorge-

gebenen Fragen. Eine Frage war nach den Wurzeln der Religion und damit zusammenhängend: Brauchen wir Religion? Die beiden Fragen hängen ja eng zusammen. Die Frage nach den Wurzeln der Religion kann man wieder sehr vielfältig beantworten: philosophisch, theologisch, historisch, evolutionspsychologisch, soziologisch ... Von meinem Fach her will ich nur einige Überlegungen vom psychologischen Aspekt beitragen. Und da hieße die Frage übersetzt. *Welche Motive und Bedürfnisse liegen dem Phänomen der Religion oder Religiosität zu Grunde?* Es gibt zahlreiche, und ich kann hier wieder nur einige wenige Beispiele anführen. Ein ganz zentrales Motiv an der Wurzel der Religion ist ganz sicher das, was man als Angst bezeichnet. Dieses »pattern« der Angst spielt in der Psychologie eine ganz große Rolle, es stellt eine der großen Grundemotionen und Grundmotive dar (neben Aggressivität, Sexualität, Neugierde u.a.), das bis in die klinische Psychologie hinein ganz massiv das psychische Leben (nicht nur) des homo sapiens beeinflusst. *Angst, Ängste vielfältiger Art, generell vor Gefahren für Leib und Leben, Krankheiten, Verletzungen;* dann vor allem aber vor dem Tod oder vor dem Nicht-Existieren, offensichtlich ein Motiv, wie uns schon die frühgeschichtliche Archäologie zeigt, das *offenbar einen ganz wichtigen Motor schon sehr früh für Menschen darstellt, religiöse Vorstellungen zu entwickeln,* um diese Angst besser bewältigen zu können. Wobei auch hier ganz eigenartige Phänomene auftauchen: Es gibt ja das Phänomen, dass es kaum Menschen gibt, die ihre Nicht-Existenz vor ihrer Zeugung irgendwie beunruhigt, im Unterschied zur drohenden Nicht-Existenz nach ihrem Tod. Sind da nicht doch irgendwelche biologischen Mechanismen am Werk – um es einmal etwas flapsig zu sagen –, die uns »bei der Stange halten«? Darüber hinaus gibt es bei entsprechenden Befragungen auch immer wieder Ergebnisse, nach denen die meisten Menschen ihr Leben nicht noch einmal leben wollten, wenn sie es könnten. Darüber hinaus gibt es auch Religionskulturen, in denen das Erlöschen der individuellen Existenz als etwas Positives, Erstrebenswertes angesehen wird. Dies alles wäre näher zu diskutieren.

Ich nenne noch einige andere Bedürfnisse und Motive. Das eine ist natürlich das Bedürfnis, (zumindest auf Anhieb sehr oft offensichtlich absurde) leidvolle Schicksalsschläge und Defizite zu bewältigen, ihnen irgendwie einen Sinn zu verleihen, um sie besser ertragen zu können, auch unter dem Begriff Kontingenzbewältigung bekannt. (Das kann man auch in einem spezifischeren Sinn als die Schwierigkeit sehen, anzuerkennen, dass die eigene individuelle Existenz ein Zufallsprodukt ist, vielleicht auch die Existenz der Menschheit – auch hier in der Verarbeitung dieser frustrierenden »Zumutung« kann man ein Motiv sehen, das Religion(en) und religiöse Vorstellungen hervorbringt.) Nicht umsonst finden wir gerade bei den frühen Religionen sehr ausgeprägte Vorstellungen davon, dass und wie Vitalbedürfnisse (etwa in den Paradiesvorstellungen) befriedigt werden.

Auch das Bedürfnis nach eigener Bedeutsamkeit ist in diesem Zusammenhang zu nennen. Es lebt sich ja meist nicht so gut damit, sich darüber klar zu werden, dass man ein relativ unwichtiger Bestandteil dieses riesigen Universums oder auch nur der Gesellschaft ist, in der man lebt. Dagegen steht das (häufig religiös gestillte) Verlangen, dass jemand da ist, der mich für wichtig hält, mich ernst nimmt, der mich aus dieser, wenn man es von außen sieht, geringen Bedeutsamkeit heraus hebt.

Weiter wäre hier anzuführen das Bedürfnis nach ausgleichender Gerechtigkeit. Es geht ja in dieser Welt nicht sehr gerecht zu. Auch hier gibt es das mächtige, ebenfalls religionsstiftende Motiv der Kompensation dieser allgegenwärtigen Ungerechtigkeit.

Es gibt soziale Bedürfnisse, die Religiosität hervor bringen können. Es gibt ein wahrscheinlich schon genetisch verankertes Bedürfnis nach Leitfiguren, Führern, nach Elternfiguren, die Soziobiologie hat einiges darüber zu Tage gefördert (vgl. auch Buggle, 2002). Es gibt begründete Theorien aus der Verhaltensbiologie, die besagen, dass die Domestikation von Tieren dazu führt, dass die gezähmten Tiere in vielen Verhaltensbereichen kindliche Züge weit ins Erwachsenenalter hinein konservieren. Offensichtlich verhält es sich so auch beim (selbstdomestizierten) Menschen. Auch hier zeigen erwachsene Individuen neben anderen sonst eher kindlichen Merkmalen wie Neugierde und Spieltrieb erstaunlich häufig ein Bedürfnis nach Elternfiguren, die im religiösen Bereich auf bestimmte Vater- und Muttergottheiten projiziert werden. In der katholischen Form des Christentums spielt hier die offensichtlich auch gegen die ursprüngliche biblische Basis bedürfnis-bestimmte Entwicklung des Marienkultes eine große Rolle. Da gibt es Darstellungen der Schutzmantelmadonna, unter deren Mantel kleine Menschengestalten Zuflucht suchen, man singt »Maria, dein Kind will ich sein« und viele andere Beispiele (vgl. Bucher, 1997), eine bewusste Verkindlichung also.

Als weiteres mächtiges Motiv wäre, wohl auch schon entwicklungsgeschichtlich verankert (vgl. Buggle, 2002) die Angst vor Isolation zu nennen, die in uns allen steckt, das Bedürfnis, Gruppenkonsens in einer größeren Gemeinschaft, Geborgenheit in religiösen Gemeinschaften zu finden. Zu diesen beiden Motiven kommt das Bedürfnis nach Orientierung im Handeln, nach festen Anweisungen, Weltanschauungen, die »Angst vor der Freiheit« (wie Fromm und Erikson es genannt haben), Angst vor offenen Weltbildern, vor der Aufgabe der Selbstgestaltung, der Selbstbestimmung (Freud würde hier wieder die Angst vor dem Erwachsenwerden sehen).

Inzwischen wäre zu all diesen Punkten zu sagen, dass hier auch ein sehr starker gesellschaftlicher Differenzierungsprozess stattgefunden hat. D. h. vieles, was früher die Religion leistete, wird heute von anderer Seite geleistet, z.B. viele Aspekte des Orientierungsbedürfnisses – Wo kommt die Welt her? Wie ist sie entstanden? Da gehen die Menschen heute weniger zur Kirche, zum Pfarrer, sondern eher zur Wissenschaft, zum Physiker, zum Biologen usw. Analoges gilt für den Bereich der Psychotherapie und andere Bereiche, die heute auch von anderen Institutionen betreut werden.

Brauchen wir heute noch Religion?

Wenn wir diese Frage beantworten wollen, müssen wir uns mit weiteren Fragen auseinander setzen. Die erste: Die Bedürfnisse, Motive, die Wurzeln der Religion, die sozusagen Religion hervor bringen: Wie weit sind diese jeweils »legitim«, »primär« oder »sekundär« manipulativ sozial-kulturell gesetzt, im Grenzfall aufgedrängt? Am Beispiel der Angst: Es gibt primäre Ängste: den Tod, Krankheiten, die mit unserer Existenz notwendig verbunden und bislang einengbaren, aber nicht grundsätzlich beseitigbaren Katastrophen und Schicksalsschläge, auf die sich die primäre Angst bezieht. Und dann gibt es eine sekundäre »gesetzte« Angst, und da käme man rasch zur Religionskritik: Hat man z.B. zusätzliche Ängste vor dem Tod gesetzt, indem man mit jenseitigen Strafen drohte, so dass die Menschen noch viel mehr als vor dem Tod vor dem Angst hatten, was nach dem Tod auf sie zukommt? Und für diesen Teil dieser »gesetzten«, nicht natürlichen, nicht aus der Natur der menschlichen Existenz gegebenen Motive trifft die Religionskritik des 19. Jahrhunderts voll zu, hier ist sie keineswegs obsolet. Wenn Nietzsche etwa der Kirche vorwirft, dass sie die Gläubigen zuerst erlösungsbedürftig mache, um ihnen dann die Erlösungsmittel anzubieten, um sie damit an sich zu binden, dann ist das das, was ich hier meine. Die Frage ist natürlich: Ist das die ganze Geschichte oder ist es nur ein Teil? Ist generell hier Religion angesprochen oder trifft es bestimmte historisch-faktisch vorfindbare Äußerungsformen von Religion? Analoges gilt für die anderen angesprochenen Bedürfnisse: Das Bedürfnis nach Eltern und Autoritätsfiguren: Auch hier muss man die bestehenden Kirchen und anderen religiösen Institutionen befragen, inwieweit sie dieses Bedürfnis zusätzlich verstärkt, das Festhalten von infantilen Strukturen gefördert haben (vgl. wieder Bucher, 1997), wobei solche Strategien teilweise auch von staatlichen Institutionen gefördert wurden, um die Manipulation, die Führbarkeit von Menschen zu erleichtern, historisch lange ein gemeinsames Interesse. Entsprechendes gilt für die Frage nach dem Bedürfnis nach Sinnhaftigkeit, Bedeutsamkeit, Gerechtigkeit, sozialer Geborgenheit. Auch hier muss man jeweils fragen: Was ist natur-, existenzgegeben, primär, und was geht auf die jeweiligen faktischen, politischen, sozialen, kulturellen Bedingungen zurück,

Ist heute noch Religiosität ... verantwortbar, möglich und wünschbar?

die keineswegs naturgegeben und unvermeidlich sein müssten, sondern die prinzipiell variabel sind. An dieser Stelle würde die marxistische Religionskritik greifen, Religion u.a. als »Opium des Volkes«: Anstatt diese veränderbaren sozialen, gesellschaftlichen und politischen Bedingungen zu verändern, wird den Leuten eine illusionäre »Vision« vermittelt, auf Grund deren sie die schlechten Zustände besser ertragen anstatt sie zu verändern, im berühmten Bild: Es werden die Ketten mit Blumen geschmückt, anstatt sie abzulösen.

Die Frage »Brauchen wir Religion?« ist also immer zu differenzieren: Brauchen wir Religion, um Bedürfnisse und Motive, die nicht änderbar sind, nicht sekundär, nicht sozial und kulturell gesetzt sind, zu befriedigen? Hier würde der Teil von Religion ausgeschieden, der einen Handlungsersatz betrifft. Die Frage ist aber damit nicht zu Ende, denn selbst wenn ich sage, es bleibt eine Reihe von Existenzbedingungen, Tod, Krankheit usw., die prinzipiell nicht aus der Welt zu schaffen sind, dann kommt doch sofort die Frage: Ist Religion hier das einzige Heilmittel oder ist sie das beste Heilmittel, um solche prinzipiell nicht aus der Welt zu schaffenden Defizite und die entsprechenden Bedürfnisse und Motive zu bewältigen und mit ihnen umzugehen? Auch das ist eine sehr offene Frage (deren Beantwortung natürlich auch von der Art der Religion abhängt).

Es taucht die Frage nach Alternativen zur Religion auf: Gibt es andere Alternativen, die diese existenziellen Bedürfnisse und Motive auch oder vielleicht sogar besser befriedigen können? Dies könnten philosophische Auseinandersetzungen, etwa mit dem Tod, sein, es könnten auch wissenschaftliche Aspekte sein, anthropologische ..., so dass hier nochmals die Frage auftaucht: Ist Religion die Antwort auf Bedürfnisse, die prinzipiell veränderbar wären oder nicht, und wenn nicht veränderbar, ob dann Religion heute noch das Mittel der Wahl oder die adäquate Bewältigungsart darstellt, oder gibt es andere Alternativen, die vielleicht intellektuell besser zu vollziehen sind?

Ich breche hier ab. Für mich ergeben sich in der Folge der Diskussionen um mein oben genanntes Buch eine Reihe von Fragen, die ich hier nur ganz fragmentarisch und sehr unvollständig darstellen konnte. Die erste Frage: *Ist heute intellektuell und ethisch legitimierbare Religion oder Religiosität noch möglich oder ist jede Art von Religion heute obsolet geworden?* Wenn das nicht der Fall wäre: *Wie müsste eine legitimierbare Religiosität aussehen?* In der Küng'schen nicht unproblematischen Formulierung – man könnte dazu viel Kritisches sagen, aber übernehmen wir das mal: Wie müsste ein solches neues religiöses Paradigma aussehen? Dann natürlich die Frage: *Was ist überhaupt Religion?* Daran hängt ganz wesentlich die Frage der Transzendenz, die ja eine sehr komplizierte und aufregende geworden ist, wenn man im Rahmen des neuesten Weltbildes darüber nachdenkt. *Brauchen wir Religion? Wo liegen die Wurzeln von Religion?* und: *Welche Wurzeln sind akzeptierbar bzw. in Bezug auf welche Wurzeln ist Religion als Bewältigungsform akzeptierbar? Welche Alternativen zu Religion* – funktionalistisch gedacht – *gibt es?* Sind diese vorzuziehen? Oder bleibt ein Rest, was Religion leistet und was diese Alternativen nicht leisten?

Das also wären und waren einige Fragen, die ich abschließend noch einmal in die Runde stelle, offen, fragmentarisch, als Anstöße, wie Steine, die man ins Wasser wirft. Es gibt in der Psychologie ein Gesetz, den sog. Zeigarnek-Effekt. Der besagt, dass unvollendete Dinge viel motivierender wirken, darüber nach- und weiterzudenken, als wenn man eine schöne, abgeschlossene Geschichte vorgesetzt bekommt. So mache ich jetzt, wissenschaftlich fabios gestützt, aus der Not eine Tugend und breche an dieser Stelle ab.

Literatur:

BUCHER, A.: Braucht Mutter Kirche brave Kinder? Religiöse Reifung contra kirchliche Infantilisierung. München 1997.

BUGGLE, F.: Denn sie wissen nicht, was sie glauben. Oder warum man redlicherweise nicht mehr Christ sein kann. Eine Streitschrift. Reinbek 1992, 1997, 2003.

BUGGLE, F.: Zur Komplexität von Religiosität: Religiöse Entwicklung zwischen evolutionspsychologischen und kulturellen Rahmenbedingungen. In: Rollet, B. und Herle, M. (Hrsg.): Aktuelle Studien zur religiösen Entwicklung. Bd. 3, Lengerich 2002.

DAS SPIRITUELLE CHRISTENTUM ALS GEGENWARTSGEMÄSSE RELIGION

Konrad Dietzfelbinger

Unser Gesprächskreis hat sich gebildet, um Antworten auf die Fragen zu suchen: »Was ist Religion?« und »Brauchen wir heute noch (oder wieder) Religion(en)?« und wenn ja: »Wie müsste eine ›moderne‹ Religion aussehen?« Also sehr allgemeine Fragen. Aber gerade deshalb ist die Möglichkeit gegeben, einmal sehr allgemein und frei von vorgeprägten Denkmustern über Religion zu sprechen. Unter dieser Voraussetzung möchte ich meine Gedanken zu der Frage: »Was ist Religion« und »Wie müsste heute Religion aussehen?« äußern.

Wir haben im Lauf unserer Gespräche unterschiedliche religiöse Phänomene der Gegenwart ins Auge gefasst.

I. Die christlichen Kirchen verlieren weiterhin an Einfluss. Die Menschen wenden sich zunehmend östlichen und anderen Religionsformen zu. Sie suchen ursprüngliche religiöse Erfahrungen, ohne jede Bevormundung oder Institutionalisierung.

Wir haben auch einige Ursachen dafür zu benennen versucht: Der Mensch sucht heute nach religiösem Erleben, nach Selbstverwirklichung. Ein Glaubens- und dogmatisches Institut ermöglicht aber dieses Erleben immer weniger. Dem wurde entgegengehalten, dass durch die Gemeinschaft der Gläubigen, zum Beispiel bei der Eucharistie oder im Gebet, solches religiöses Erleben doch hervorgerufen oder zumindest begünstigt werden kann.

Auch Machtstrukturen in den Kirchen wurden für das Fehlen religiösen Erlebens verantwortlich gemacht. Demgegenüber wurde eingewendet, dass eine Religion von oben her, von der Wahrheit her, legitimiert ist und sich nicht demokratischen Gepflogenheiten anpassen kann.

Weiter wurde hervorgehoben, dass der moderne Mensch verstehen und rational begreifen können will, was er tut und erlebt. Man kann ihm keine Dogmen mehr vorsetzen, die er nicht begreift und an die er nur glauben soll. Hier kam der Einwand, religiöse Wahrheiten seien eben für den Verstand nicht immer fassbar.

Außerdem legt der moderne Mensch Wert auf Humanität und Toleranz. Er kann den »eifersüchtigen, mitunter sogar gewalttätigen Gott des Alten Testaments ...« nicht akzeptieren, der zum Beispiel Völkermord befehle, ebenso wenig die Höllenstrafen und das Jüngste Gericht im Neuen Testament, also den Gott, der seinen Sohn ans Kreuz schlagen lässt, den Gesetzesgott, der Angst macht. Wo bleibt da die Liebe?

II. Überall übernehmen heute »Ersatzreligionen« die Funktion von Erlösung oder religiöser Erfahrung, etwa im Sport, wo Idole als »Erlöser« fungieren oder die sportliche Leistung selbst ekstatische Erlebnisse hervorruft. Wir haben nicht weiter untersucht, was »Ersatz« und was wirkliche Religion ist: Welche Eigenschaften hätte ein »echter« Erlöser? Wie würde das religiöse Erleben in einer wirklichen Religion aussehen?

III. Unzählige religiöse Phänomene unserer Zeit haben wir gar nicht angesprochen, zum Beispiel die Hinwendung zu schamanistischen Ritualen, den Versuch, wieder im Einklang mit der Natur, den Toten, den verschütteten Lebensenergien zu leben. Verständlich ist diese Einstellung. Denn das moderne Leben ist zu kopflastig geworden, Gefühl, Instinkt und Ritual kommen zu kurz.

IV. Was hat es mit den vielen Meditationswegen auf sich? Dienen sie der Beruhigung des aufgeregten Menschen, der Bewältigung von Stress und Hektik, der Durchsetzung im Lebenskampf, der Meisterung von Konflikten? Wären sie in diesem Fall echte Religion? Oder wären sie nur eine Degeneration von Religion? Denn Religion will nicht in erster Linie einen gut funktionierenden, das Leben meisternden und glücklichen Menschen, sondern die Wiederverbindung des Menschen mit seinem spirituellen Ursprung und Kern. Und das würde gerade die Preisgabe des Strebens nach Erfolg, Durchsetzung und Glück bedeuten.

V. Wie steht es mit Phänomenen wie etwa der Ufologie? Millionen glauben daran, dass Außerirdische sie im Fall der großen, unvermeidlichen Katastrophe erlösen werden, vorausgesetzt, man glaubt an sie und befolgt ihre Anweisungen. Erlösung bedeutet dabei die Evakuierung aus dem irdischen Tränental in schönere Zonen des Weltalls.

Das spirituelle Christentum als gegenwartsgemäße Religion

VI. Wie steht es mit ekstatischen Erfahrungen durch Drogen, Rituale, Yoga und dergleichen? Ist Ekstase schon Religion? Oder gibt es unterschiedliche Zustände der Ekstase, der Erleuchtung und der Glückserfahrung, beziehungsweise unterschiedliche Ebenen der Wirklichkeit, mit denen sich der Mensch in solchen Zuständen verbindet? Und müssten nicht Kriterien gesucht werden, bei welchen Zuständen beziehungsweise Wirklichkeitsebenen von echter religiöser Erfahrung, und bei welchen von Illusionen, Halluzinationen oder gar Besessenheit gesprochen werden müsste?

VII. Was hat es mit dem immer beliebter werdenden Channeln auf sich? Verbindet sich der Mensch dabei mit der spirituellen Ebene oder mit Ebenen der Wirklichkeit, die eher als dämonisch zu bezeichnen wären, mögen sie sich selbst auch als »göttlich« deklarieren?

Sehr viele Phänomene, sehr viele Fragen. Einige Mitglieder des Gesprächskreises haben Standpunkte durchblicken lassen, die, wie sie glauben, für sie selbst oder generell eine Orientierung im Chaos bieten würden:

Einer möchte eine Art Wiederbelebung der griechischen Religion und versteht darunter eine neue Repräsentanz psychischer Kräfte und Beziehungen – damals in Gestalt von »Göttern« gegeben: etwa Liebesfähigkeit, Vaterprinzip, Prinzip der Weisheit, der Anmut usw. Er möchte offenbar eine kultische oder rituelle Vergegenwärtigung dieser Prinzipien im modernen Leben, weil das Christentum ihm ihre Entfaltung blockiert zu haben scheint.

Ein anderer betont den »transzendentalen« Charakter von Religion und versteht darunter eine den normalen Sinnen nicht zugängliche spirituelle Realität.

Ein Dritter möchte eine Religion, die bestimmten ethischen Prinzipien zumindest nicht widerspricht, ja, sie nach Möglichkeit fördert.

Ein Vierter vertritt den kirchlich-institutionellen Glauben an einen Vatergott und Erlösersohn und ist der Ansicht, dass man die bestehenden Kirchen nur von ihren starren Machtstrukturen befreien müsste, um den Gläubigen wieder echte religiöse Erlebnisse zu ermöglichen.

Noch weitere Standpunkte wurden geäußert und gegenseitig zur Kenntnis genommen. Aber es besteht keine Möglichkeit, sie miteinander zu vergleichen und gegeneinander abzuwägen, solange kein Rahmen verfügbar ist, in den sie sich einordnen ließen. Mir scheint, unser Gespräch wird nur weiterkommen, wenn man sich wenigstens vorläufig auf einen solchen Rahmen einigt. Ich möchte versuchen, sehr improvisiert und unvollständig einen solchen Rahmen zu entwickeln.

Konrad Dietzfelbinger

I. Unterscheidung

Man muss verschiedene Religionsarten entsprechend der Reife des Einzelnen oder der Völker unterscheiden. Wenn Religion Kunde von Wirklichkeiten gibt, die das Alltagsbewusstsein des Menschen übersteigen, so wird es auch unterschiedliche Religionen geben, je nach Bewusstseins- oder Entwicklungsstand eines Volkes oder Einzelnen. Denn die Empfänglichkeit des Menschen für solche Wirklichkeiten hängt von seinem Entwicklungsstand ab.

Umgekehrt haben Religionen die Absicht, Menschen auf eine höhere Entwicklungsstufe zu heben. Sie haben eine Funktion, wie sie Lessing in der »Erziehung des Menschengeschlechtes« beschreibt.

Wie weit sich eine höhere Wirklichkeit offenbaren kann, hängt also von der Entwicklungsstufe des Menschen ab, der die Offenbarung empfängt. Diese wird demnach immer unvollständig sein. Doch wird auch eine unvollständige Offenbarung den Menschen auf eine höhere Entwicklungsstufe heben, auf der er mehr Offenbarung empfangen kann.

Es lassen sich grob vier Entwicklungsstufen des Menschen und entsprechend Religionsarten unterscheiden:

1. »*Animistische*« Religionen. Der Mensch erlebt die Naturkräfte in und außerhalb von sich und versucht diese von ihm als freundlich oder feindlich empfundenen Kräfte magisch zu beeinflussen. Er erlebt seine Beziehungen zu den Ahnen, Toten, Menschen-, Tier- und Pflanzenseelen und praktiziert Rituale, um sich mit ihnen ins richtige Verhältnis zu setzen. Diese Religionsart spiegelt einen Bewusstseinszustand des Menschen wider, bei dem er die Welt ohne Abstand wahrnimmt und in ihr aufgeht.

2. »*Mythische*« Religionen. Sie repräsentieren psychische Prinzipien und Kräfte in Innen- und Außenwelt in Gestalt von Göttern. Zorn und Aggression = Mars, Liebe = Aphrodite, Vernunft = Zeus usw. Dazu gehören germanische, römische, griechische Religion. Solche Religionen spiegeln die Fähigkeit des Menschen wider, die Welt mit einem gewissen Abstand wahrzunehmen und allgemeine Prinzipien in ihr zu erkennen, durch die sie zum geordneten Kosmos wird.

Diese höhere Entwicklungsstufe des Menschen lässt die erste, animistische hinter sich, integriert sie aber auch in gewissem Maß. Denn auch in mythischen Religionen existieren personifizierte Naturkräfte, zum Beispiel in der griechischen Religion die Titanen. Sie sind gebändigt durch eine klare Ordnung, repräsentiert durch die Götter des Olymp.

Das spirituelle Christentum als gegenwartsgemäße Religion

3. *Ich*-Religionen. Der Mensch erlebt ein zentrales Ordnungsprinzip in sich und in der Welt. Er gelangt zu voller Selbstständigkeit der Welt gegenüber und fühlt sich als Ich, das die psychischen Prinzipien im eigenen Wesen unter Kontrolle hat. Er ist verantwortlich für seine Handlungen und frei gegenüber seinen Trieben und Wünschen.

Auch diese höhere Entwicklungsstufe des Menschen lässt die vorhergehende der mythischen Religionen hinter sich, wird sie aber, da die psychischen Kräfte ihr Eigenrecht zu behaupten suchen, oft heftig bekämpfen. Deshalb der »eifersüchtige« Gott des Alten Testaments, der Ich-bin, der keine anderen Götter neben sich duldet, keinen Baal, keine Astarte usw. Durch Gesetze und Gebote werden die psychischen Kräfte schließlich doch integriert.

4. *Spirituelle* Religionen. Sie repräsentieren Erfahrungen einer transzendenten geistigen Wirklichkeit, die die grobsinnliche, psychische und mentale Welt übersteigt, sowie den Weg zu diesen Erfahrungen. Sie spiegeln die Tatsache wider, dass ein »inneres« geistiges Selbst im Menschen angelegt ist und bis zu einem gewissen Grad erwacht ist oder erwachen soll. Die Sinnen-, psychische und mentale Welt wird von einem solchen spirituellen Bewusstsein aus als Außen im Vergleich zu einem geistigen Innen gesehen. Das »Außen« muss zum Ausdruck des »Innen« werden.

Da es in einem Kollektiv immer auch fortgeschrittenere Individuen gibt, sind im Rahmen von Religion 1, 2 und 3 auch spirituelle Religionen möglich, dann aber als Ausnahmen und immer nur für wenige. So gab es zum Beispiel in den animistischen Schamanenreligionen immer auch kleine Gruppen, in denen ein »spiritueller« Weg gegangen wurde, im Rahmen mythischer Religionen gab es die »Mysterienschulen« als Möglichkeit bewusster Transzendenzerfahrung, und im Rahmen der Ich-Religionen spirituelle Schulen, im Judentum etwa die Prophetenschulen und die Nazoräer. Die großen spirituellen Religionen aber schildern die geistige Wirklichkeit und den Weg dorthin an einem bestimmten Punkt der Menschheitsentwicklung als prinzipielle Möglichkeit für alle.

Obwohl Religionen immer Bewusstseins- und Entwicklungszustände des Menschen repräsentieren, ist damit nicht gesagt, dass sie nur subjektive Erzeugnisse dieser Zustände wären. Sie sind Ausdruck objektiver Wirklichkeiten auch außerhalb des Menschen, die sich allerdings immer nur bestimmten subjektiven Reifezuständen offenbaren können. Sie bringen andererseits durch Einwirkung auf den Menschen diese Reifezustände auch allmählich hervor.

II. Maßstab zur Charakterisierung der Religionstypen

Ein solcher Maßstab kann nur die spirituelle Religion sein, da sie den fortgeschrittensten Zustand des Menschen und das Ziel seiner Entwicklung, von dem aus sich der Weg zu diesem Ziel beurteilen lässt, darstellt. Unter dieser Prämisse erscheint Religion 1 als Ausdruck einer noch unmündigen Entwicklungsstufe des Menschen, der sich als Spielball undurchschaubarer Kräfte fühlt und sich mehr oder weniger »kindlich« mit der Welt identifiziert.

Religion 2 erscheint als Ausdruck einer »jugendlichen« Entwicklungsstufe, in der sich der Mensch seiner psychischen und Bewusstseinskräfte bewusst wird, die gleichen Kräfte auch in der Welt wirken sieht und diese entsprechend ordnet. Das animistische, instinkthafte Erleben wird durch klare Bewusstheit abgelöst.

Religion 3 erscheint als Ausdruck der Stufe des Erwachsenseins des Menschen, in der er verantwortlich handelnd und urteilend der Welt gegenübertritt. Er kennt einen zentralen Punkt in sich, das Ich, von dem aus er denkt und handelt.

In *Religion 4* aber verlässt der Mensch die Welt der Sinne und tritt bewusst in die Welt des übersinnlichen Geistes ein, die seine wahre Heimat ist. Die Religionen 1–3 waren nur Vorbereitungen auf diesen Schritt. Aber die Ergebnisse der Vorbereitungen werden unter neuem Vorzeichen in den spirituellen Zustand mit hinübergenommen.

Im HINDUISMUS zum Beispiel existieren alle vier Religionsarten problemlos nebeneinander, weil die Menschen neidlos davon überzeugt sind, dass jeder Mensch im Lauf seiner Inkarnationen alle vier Entwicklungsstadien durchläuft. Für jeden muss die seiner Entwicklungsstufe entsprechende Religionsart existieren. Die niedrigere führt jeweils zur nächsthöheren.

Im BUDDHISMUS stand zunächst der spirituelle Weg im Vordergrund, der Brahmanismus als Ausdruck von Entwicklungsstufe 2 und 3 wurde abgelehnt. Später wurden für alle, die für den spirituellen Weg noch nicht reif waren, die Formen von Religion 1–3 wieder akzeptiert, was aber wegen der Gültigkeit des Reinkarnationsprinzips keine Probleme aufwarf.

Das TRADITIONELLE JUDENTUM ist Vorbereitung auf den spirituellen Weg: Ablehnung aller psychischen »Götter« zu Gunsten des Ich-bin, der Einheit des Ichs. Das ursprüngliche Christentum ist, auf der Basis dieser Vorbereitung, der spirituelle Weg zum Aufgehen des begrenzten Ichs im bewusst werdenden spirituellen Selbst.

Im ISLAM zeigt sich eine ähnliche Entwicklung wie im Judentum: Ablehnung aller psychischen »Götter« zu Gunsten des einen Gottes, was zur Einheit des Ichs führt. Im Sufismus aber wird der Islam zur spirituellen Religion, zu einem Weg der Überwindung des Ichs im Selbst, der geistigen Identität des Menschen.

III. Degeneration der Religionen

Jede Entwicklungsstufe und Religionsart hat ihre Berechtigung an sich und als Vorbereitung für die nächste. Aufs Ganze gesehen sind aber die Religionen 1–3 Vorbereitungen auf Religion 4 als dem Ziel der Entwicklung. Wenn nun ein für die nächsthöhere Entwicklungsstufe disponierter Mensch trotzdem auf seiner jetzigen beharrt, degeneriert seine Religion. Er wird zum Beispiel abhängig von animistischen Ritualen und stagniert in seiner Entwicklung, wie es bei vielen Stammesgesellschaften zu beobachten ist.

Die Antike zeigt, wie mythische Religionen entarten können, wenn psychische Prinzipien verabsolutiert werden: Die Götter werden verabsolutiert und verdinglicht, so weit, dass sogar Menschen zu Göttern werden können (der römische Kaiser).

Die Schriftgelehrten zu Jesu Zeiten zeigen die Entartung einer Ich-Religion durch Verabsolutierung des Ichs in Form von Selbstgerechtigkeit und Eigendünkel.

Am schlimmsten sind Degenerationen der spirituellen Religionen. Der Weg zur spirituellen Welt wird dann nicht mehr verstanden, und Menschen auf früheren Entwicklungsstufen bemächtigen sich der Symbole und Formen der spirituellen Religion und ziehen sie auf ihre Ebene herab.

Typische Entartungen einer spirituellen Religion sind:

I. Der spirituelle Weg wird als »Rezept« zur Erlösung aufgefasst, und ist nicht mehr innere Erfahrung. Im Buddhismus zum Beispiel wird Meditation häufig zur Technik, die zur Erlösung führen soll, und im Christentum gibt es das »Rezept« der guten Werke oder der Rituale.

II. Bringer der Wahrheit werden nicht mehr als Lehrer und Vorbilder für den spirituellen Weg gesehen, sondern als Erlöser, die das Gehen des Weges überflüssig machen, zum Beispiel der Buddha Amitabha oder Jesus als Gottessohn und Erlöser.

III. Symbole des Weges werden buchstäblich verstanden, was katastrophale Folgen haben kann. Das Gelobte Land der Juden, innerhalb eines spirituellen Judentums Symbol für die geistige Welt, wird zu einem geografischen Land, das erobert werden muss. Das Heilige Grab, eigentlich Symbol für die Tatsache, dass der Christus im menschlichen Herzen wie begraben ist und von den »Heiden«, den irdischen Eigenschaften des Menschen, befreit werden muss, wird geografisch definiert und Anlass zu den sinnlosesten Kreuzzügen.

Aus solchen veräußerlichten Symbolen entstehen Dogmen-, Glaubens- und Ritualsysteme, an die sich die Gläubigen klammern. Da die Gläubigen die den Symbolen der eigenen und fremden Religionen zu Grunde liegende Realität nicht mehr erfahren, entsteht Feindschaft zu anderen Glaubenssystemen. Nirvana, Tao, Reich Gottes sind zum Beispiel verschiedene Symbole für ein und dieselbe spirituelle Realität und Erfahrung. Wer aber nur das äußere Gewand sieht und die innere Erfahrung nicht mehr machen kann, wird alle anderen Religionen außer der seinen bekämpfen.

IV. Machtinteressen bemächtigen sich der Symbole der spirituellen Religion. Statt dass Religion ein unter Anleitung, aber in Freiheit gegangener spiritueller Weg ist, wird sie organisiert. Es bilden sich ein Priestertum und eine starre Organisation heraus. Aus Verhaltensregeln für den spirituellen Weg wird eine starre Moral, die im Dienst von Machtinteressen eingesetzt wird.

V. Nicht integrierte, sondern nur verdrängte Aspekte von Religion 1–3 melden sich wieder und sprengen die Formen von Religion 4. Innerhalb einer spirituellen Religion entstehen auf diese Weise zum Beispiel Heiligenkulte oder animistische und magische Tendenzen, sehr deutlich etwa im degenerierten Taoismus.

VI. Eine besondere Form der Degeneration tritt auf, wenn das eigenwillige Ich sich mit dem spirituellen Selbst identifiziert. Das führt zur Inflation des Ich, also zum genauen Gegenteil dessen, was der spirituelle Weg bedeutet: Er verlangt das Aufgehen des Ich im spirituellen Selbst. Aus dieser Identifizierung und Inflation des Ich entstehen immer Imitationen und Karikaturen des spirituellen Weges. Viele der modernen neuen »Religionen« sind solche Karikaturen. Sie nutzen die Sehnsucht des wahren Selbst nach der geistigen Welt zur Steigerung der Geltung und Macht des Ich aus.

VII. Eine weitere Komplikation ergibt sich durch das Verhältnis von Verstand und Religion. Religionen drücken ihre Wahrheiten in der Regel in Bildern und Symbolen aus. Der Verstand dagegen will Begriffe. In den animistischen Religionen existiert dieses Problem noch nicht, da dort selbstverständliche Einheit mit der Natur gegeben ist und der Verstand sich noch nicht emanzipiert hat. Im mythischen Weltbild der psychischen Religionen wird der Verstand erst zum Problem, wenn sich das Denken emanzipiert, also beim Übergang zur Ich-Religion oder Philosophie. Plato versuchte, den Mythos zu begreifen und in Begriffe zu fassen. Damit wies er dem Verstand die ihm gebührende Rolle zu: Interpret der religiösen Erfahrung zu sein, sie kritisch zu hinterfragen und an der Sinnenwirklichkeit zu prüfen.

Das spirituelle Christentum als gegenwartsgemäße Religion

Viele seiner Zeitgenossen aber schlugen diese Brücke zwischen Mythos und Begriff nicht. Sie verstanden den Mythos nicht mehr und nahmen dessen Bilder als konkrete Realitäten, die dem Verstand absurd erscheinen mussten: etwa Zeus als unermüdlicher Liebhaber. Daher lehnten sie Religion und Mythos überhaupt ab. Damit war eine Verselbstständigung des Denkens eingeleitet. Es koppelte sich vom Religiösen ab, was schließlich bis zum Materialismus führte.

Die dritte Möglichkeit war, dass die Mythen nicht mehr als Bilder für psychische Realitäten verstanden, sondern konkret aufgefasst wurden, dass man aber weiter an sie glaubte: Man glaubt an die Götter wie an dingliche Realitäten.

Im Judentum, einer Ich-Religion, zeigen sich ähnliche Entwicklungen. Philo zum Beispiel versuchte wie Plato die Bilder der Ich-Religion dem Verstand begreiflich zu machen. Die Symbole des Alten Testaments waren ihm Bilder für innere Entwicklungen und Erfahrungen.

Andere nahmen diese Bilder für konkrete Realitäten. Ihnen galten zum Beispiel die »Tage« des Schöpfungsberichtes wirklich als Tage, nicht als Bilder für lange Zeitepochen. Das Gelobte Land war ihnen nicht mehr Symbol für einen spirituellen Zustand einer Gemeinschaft, sondern ein geografisches Land, das erobert werden sollte. Das hatte gravierende Auswirkungen bis zur Gegenwart.

Wieder andere lehnten diese scheinbar konkreten Realitäten als absurd ab. Man verstand nicht mehr, dass es sich um Allegorien handelte. Wenn zum Beispiel Saul von Gott den Auftrag erhält, das ganze Volk der Amalekiter ohne Schonung umzubringen, so ist damit gemeint, dass der Mensch auf dem Weg zum einen Gott alle Aspekte des Leistungsprinzips in sich ausrotten muss (Amalek = Leistung, siehe Friedrich Weinreb, »Selbstvertrauen und Depression«). Lässt er sich auch nur ein wenig noch vom Leistungsprinzip bestimmen (verschont er also den König der Amalekiter, wie im Alten Testament dargestellt), so verfehlt er die Einswerdung mit Gott. Er wird von Gott getrennt, was seinen geistigen Tod bedeutet. Für jemanden, der diese Symbolik nicht begreift, läuft diese Geschichte darauf hinaus, dass Gott einen »Genozid« befiehlt. Solche Menschen kehren, von ihrer Position aus zu Recht, der Religion den Rücken und wenden sich einem emanzipierten, von humanen Prinzipien bestimmten Denken zu.

Am schlimmsten wird es, wenn die Bilder und Symbole einer spirituellen Religion nicht mehr verstanden werden.

Ähnlich wie Plato für eine mythische und Philo für eine Ich-Religion, versuchten die Gnostiker, die Brücke zwischen Bild und Begriff einer spirituellen Religion zu schlagen. Sie erfuhren die spirituellen Realitäten und gaben ihnen sowohl durch Mythen als auch durch Begriffe Ausdruck. Sie verstanden zum Beispiel mit Paulus die Erfahrungen Jesu als exemplarisch für den spirituellen Weg jedes Menschen: Die »Kreuzigung« des alten Adam, des »Ich«, führt zur Auferstehung des neuen Adam, des Christus im Menschen. Erlösung ist Erlösung des spirituellen Kerns, des Christus im Menschen. Auferstehung ist Bewusstwerden und Wirksamwerden des spirituellen Menschen, nicht die Wiederbelebung eines sterblichen Körpers. Gott ist keine äußere Autorität, sondern der Daseinsgrund aller Dinge, auch des Menschen, und muss und kann daher im Innern erfahren werden. Der Gott des Alten Testaments, der Ich-bin, ist für die Gnostiker Ausdruck einer zu überwindenden Entwicklungsstufe. Jetzt muss der Gott des wahren Selbstes, des göttlichen Grundes im Menschen, gefunden werden.

Demgegenüber verloren viele frühen Christen die unmittelbare Erfahrung der spirituellen Realitäten und hielten die entsprechenden Symbole und Vorbilder für grobsinnliche Realitäten. So entstanden Dogmen: Auferstehung des irdischen Körpers, Jungfräulichkeit Marias, Göttlichkeit des Menschen Jesus, Auferweckung der Toten, Gott als äußere Autorität und Vater statt im Innern erfahrbarer Daseinsgrund, Erlösung als von außen bewirkter Vorgang statt spiritueller Prozess, durch den der spirituelle Mensch aufersteht und bei dem äußere Erlöser nur behilflich sind.

Alles Spirituelle wurde also auf die Sinnenwelt bezogen: Auferstehung eines irdischen Leibes statt eines geistigen Leibes, Erlösung des irdischen Menschen statt des spirituellen Menschen. Diese Position musste zur Einstellung führen: Credo, quia absurdum. Denn für den Verstand sind diese Dogmen tatsächlich absurd.

Andere, die die unmittelbare Erfahrung der spirituellen Realitäten verloren hatten, ersetzten sie nicht wie die Gläubigen durch den Glauben an absurde konkrete Realitäten und Dogmen, sondern kehrten einer solchen Religion ganz den Rücken. Das war der Beginn einer Verselbstständigung der Wissenschaften und des Denkens, die in letzter Konsequenz, da von jeder Religion abgekoppelt, bis zum Materialismus führen musste.

Man kann Materialismus und Atheismus tatsächlich auf die Defizite der Kirchen zurückführen. Diese hatten die spirituellen Erfahrungen verloren und damit die Möglichkeit, sie auch dem Denken einsichtig zu machen. Sie verstanden die Symbole für diese Erfahrungen nicht mehr und münzten sie zu für das Denken absurden Dogmen um. Sie versuchten trotz allem diese Dogmen durch theologisches Denken zu rechtfertigen. Aber Absurditäten lassen sich nicht denkerisch, höchstens durch den »Glauben« rechtfertigen. So kam es zur Verselbstständigung des Denkens außerhalb der Kirchen, zur von der Spiritualität abgekoppelten Wissenschaft und Rationalität.

Das spirituelle Christentum als gegenwartsgemäße Religion

IV. Dies also ist die heutige Lage

Das Christentum als spirituelle Religion, deren Erfahrungen und Symbole durch das Denken einsichtig zu machen wären, wurde seit Jahrtausenden zurückgedrängt. Die Kirchen verstanden und verstehen ihre eigenen heiligen Schriften nicht mehr und interpretieren sie auf eine nicht-spirituelle, dogmatische Weise, die von den Verfassern nicht gemeint war.

An die Stelle des spirituellen Christentums trat ein dogmatisches Christentum mit Dogmen, die dem Verstand nicht einsichtig zu machen sind. Die Folge war die protestierende Emanzipation der Wissenschaft und ihre Abkoppelung von der Spiritualität, die Verabsolutierung des rationalen Denkens bis hin zum Materialismus, dem jede spirituelle Dimension fehlt.

Hinzukommt, dass auch innerhalb der Kirchen die Menschen immer mehr eine Verstehbarkeit ihrer Religion fordern und mit den alten Dogmen nichts mehr anfangen können. Sie möchten Erfahrungen, nicht Dogmen. Sie möchten innere Freiheit, nicht äußere Gängelung durch Institutionen. Das Fehlen einer überzeugenden, das Bedürfnis des Menschen nach religiöser Erfahrung und zugleich sein Denken befriedigenden spirituellen Religion wird heute endgültig manifest. Ein großes Vakuum ist entstanden.

Das führt dazu, dass sich viele den östlichen Religionen, vor allem dem Buddhismus, zuwenden. Dort scheint noch eine spirituelle Dimension vorhanden zu sein. Ein spiritueller Weg wird gegangen, Dogmen werden abgelehnt, es können religiöse Erfahrungen gemacht werden, und der Verstand wird befriedigt, ja, spielt eine wichtige Rolle auf diesem Weg. Außerdem wird der Einzelne frei gelassen, kann sich aber, wenn er das will, frei einer Leitung anvertrauen.

Andere, die für eine spirituelle Religion in Frage kämen, wenden sich, durch das dogmatische Christentum enttäuscht, von jeder Religion ab und werden zu Atheisten. Wieder andere, ihrer Entwicklungsstufe nach für eine spirituelle Religion nicht geeignet, wenden sich animistischen Religionen zu – teils weil sie dort religiöse Erfahrungen suchen, teils weil sie ihre durch die Rationalität des Westens unterdrückten Gefühle und Energien dort wieder zur Geltung zu bringen hoffen.

Wieder andere flüchten sich in Ersatzreligionen, Sport, Mode, Konsum, politische Ideologien.

Noch andere suchen Geborgenheit in mythischen Religionen und vertrauen sich Göttern, Meistern und Erlösern an bis zu Außerirdischen, »Erlösern« einer technischen Welt.

Viele, die für spirituelle Religionen reif wären, geraten an Gruppierungen, die nur Karikaturen solcher Religionen sind, der Ich-Inflation Vorschub leisten oder die Menschen in dämonische statt spirituelle Bereiche führen.

Konrad Dietzfelbinger

V. Wir brauchen heute eine (neue) Religion

All dies spricht überdeutlich dafür, dass wir heute eine (neue) Religion brauchen, und zwar eine spirituelle Religion. Nur sie entspricht dem Bedürfnis der innerlich fortgeschrittensten Menschen, nur sie könnte Maßstab auch für Religionsarten sein, die weniger reifen Menschen entsprechen. Der Mensch ist ein religiöses Wesen, ja, könnte geradezu als solches definiert werden. Gerade die Suche vieler Menschen nach neuen Religionsformen, nachdem die alten ihre Gültigkeit verloren haben, beweist das. Und wenn Atheisten das Gegenteil behaupten, so resultiert das häufig aus einem Defizit, teils weil etwas in ihnen verschüttet ist, teils weil sie nur »falsche«, etwa dogmatische, Religionen kennen gelernt haben. Objektiv ist in vielen von ihnen eine Beziehung zur Spiritualität angelegt, die nur nicht die richtigen Formen des Ausdrucks findet.

Meiner Meinung nach sollte diese spirituelle Religion für den modernen westlichen Menschen ein spirituelles Christentum sein. Es entspricht der vierten Entwicklungsstufe des Menschen und wäre deshalb Ausdruck der existenziellen Lage und Bedürfnisse zahlloser moderner Menschen. Und der Westen besitzt Traditionen eines solchen Christentums, die nur niemals sozial dominant geworden sind. Es verbindet das wahre Selbst des Menschen mit seinem spirituellen Ursprung und ermöglicht dem Menschen dadurch die eigentliche Selbst-Verwirklichung. Dieses Christentum unterscheidet sich radikal vom Kirchenchristentum. Es ist wirklich im Einklang mit den heiligen Schriften des Christentums, die keine Dogmen überliefern, sondern einen Erfahrungsweg beschreiben.

1. So erfüllt es das Bedürfnis des modernen Menschen nach religiöser Erfahrung statt Glauben an Dogmen. Sein Gottesbegriff ist ein anderer als der der Kirchen. Gott, den Ursprung und Urgrund des Menschen zu erfahren, ist Ziel dieser Religion. Gott ist für sie nicht der persönliche Vatergott, die gnädige oder strafende Autorität, der dem Menschen wie ein Du dem Ich gegenübersteht. Er ist vielmehr die das All durchdringende Intelligenz, Liebe und Kraft, in die der Mensch eingebettet ist wie die Zelle in den Organismus. Insofern ist Gott »Vater«: Als Wurzel des spirituellen Wesens des Menschen.
2. Ein spirituelles Christentum hat die Entfaltung des spirituellen Wesens des Menschen zum Ziel, nicht seines sterblichen, biologischen Wesens. Nicht der Mensch, der »Ich« sagt, ein ewiges Leben haben und von Schuld frei sein will, ist das Wesen, das mit Gott eins werden soll, sondern der spirituelle, noch verborgene Mensch. Der Mensch in seiner gegenwärtigen Ver-

Das spirituelle Christentum als gegenwartsgemäße Religion

fassung ist keineswegs schon ein »Kind Gottes«. Vielmehr muss sich das verborgene Ebenbild Gottes im Menschen erst noch entfalten. Dadurch wird er zum Kind, zum Sohn Gottes.

3. Das verborgene Ebenbild Gottes im Menschen entfaltet sich auf einem spirituellen Weg, auf dem es sich schrittweise von der vergänglichen Erscheinungswelt löst, um in die Unvergänglichkeit der spirituellen Welt einzugehen. Im Moment ist es in der vergänglichen Welt verschüttet und unbewusst geworden.

4. Jesus ist im spirituellen Christentum kein Erlöser, der ein für alle Mal die Menschen – als sterbliche Wesen – erlöst hat und ihnen, falls sie daran glauben, ewiges Leben schenkt. Er ist stattdessen der Prototyp des Menschen, der den Weg zur Entfaltung des wahren Selbst geht, den Weg der Lösung von der Vergänglichkeit. Er überwindet den Tod – das ist diese Lösung von der Vergänglichkeit – und ersteht auf: Das ist das Bewusst- und Wirksamwerden des wahren Selbst, das ewig lebt.

So wird Jesus zum Sohn Gottes. Wer ihm nachfolgt, das heißt den gleichen spirituellen Weg geht wie er, wird gleichfalls zum Sohn Gottes. Jesus bahnt für andere den Weg. Insofern ist er der Erlöser für sie. Aber die anderen müssen diesen Weg dann auch selbst gehen, sonst bleiben sie unerlöst. Die Evangelien sind Beschreibungen dieses Weges. Jesus geht ihn, in seiner Nachfolge und mit ihren begrenzteren Möglichkeiten seine Schüler, und zugleich wehrt sich die damalige Kirche, Pharisäer und Schriftgelehrte, gegen seine »Ketzereien«.

5. Das spirituelle Christentum weiß, dass spirituelle Erfahrungen immer auch in Bildern formuliert wurden und werden, versteht deshalb die Symbolik des Alten und Neuen Testaments als Ausdruck spiritueller Erfahrungen und macht sie weder zu Dogmen noch zu »Wundern«.

6. Ein spirituelles Christentum müsste auch den Gedanken der Reinkarnation integrieren, obwohl er nur andeutungsweise in der Bibel enthalten ist. Aber dass die Reinkarnation dort nicht ausdrücklich erwähnt wird, spricht nicht gegen ihre Realität. Jesus spricht im Johannesevangelium einmal von Gedanken, die seine Schüler »jetzt noch nicht tragen könnten«. Die Evangelien schildern lediglich den Weg des spirituellen Selbst heraus aus der vergänglichen Welt. Dazu ist nicht nötig, darauf hinzuweisen, dass in der vergänglichen Welt auch das Gesetz der Reinkarnation gilt.

Aber für den heutigen Menschen, dem die Unterschiedlichkeit von Schicksalen, Charakteren und Lebenschancen auffällt und der sich fragt, ob ein Leben ausreicht, um den spirituellen Weg bis zum Ende zu gehen, muss der Reinkarnationsgedanke Bestandteil seiner Religion sein.

7. Das »Reich Gottes, das nahe herbeigekommen ist«, ist im spirituellen Christentum der Evangelien ein Seinszustand, die Existenzweise des wahren

Selbst, das mit Gott eins geworden ist und mit allen andern Menschen in diesem Zustand eine Einheit bildet. Das Reich Gottes ist keine neue Gesellschaftsform, keine humanitäre Vereinigung, die man »sehen« könnte, sondern es ist »in euch« oder »unter euch«, also eine Existenzweise. Es kommt nicht mit »äußerlichen Gebärden«. Es ist dasselbe wie das Nirvana im Buddhismus, das Nichts für die Sinne, das All für den spirituellen Menschen.

Die Wiederkunft Christi und die Errichtung seines Reiches »nicht von dieser Welt« liegt daher auch nicht in irgendeiner zeitlichen Ferne des Jüngsten Tages. Wenn in einem Menschen oder einer Gruppe das wahre Selbst aufersteht, so ist das die Wiederkunft Christi in ihnen, die Wiederkunft des prototypischen wahren Selbst der Menschheit, das bereits auferstanden ist. Diese Auferstehung Christi in einem Menschen ist durchaus immer »nahe herbeigekommen«, wenn ein Mensch sich entschließt, den spirituellen Weg zu gehen, der zur Entfaltung des wahren Selbst führt. Deshalb sagt Jesus: »Die Stunde ist nahe, und ist schon jetzt, dass die ›Toten‹ aus ihren Gräbern auferstehen und dass ihr sehen werdet den Sohn des Menschen in den Wolken des Himmels kommen.« »In den Wolken des Himmels«: Das ist die für irdische Augen unsichtbare spirituelle Dimension des menschlichen Bewusstseins.

Die Wiederkunft Christi kann also jederzeit stattfinden und muss nicht auf einen Jüngsten Tag verschoben werden. Die Prophezeiung Jesu ist durchaus eingetroffen – für alle seine Schüler, die seitdem die Auferstehung des wahren Selbst im eigenen Wesen erlebt haben. Damit entfällt die ermüdende und unfruchtbare eschatologische Diskussion.

8. Das spirituelle Christentum verbindet seine Bekenner auf der Ebene gemeinsamer, freier Erfahrungen, nicht durch die Lehrautorität einer äußeren Institution. Solange es lebendig ist, ist eine Durchsetzung machtpolitischer Ziele durch diese Art Religion ausgeschlossen. Denn Spiritualität ist definitionsgemäß Freiheit von Macht-, Geltungs- und Besitzstreben.

9. Ein spirituelles Christentum ist Erkenntnis, nicht bloßer Glaube. Die oben genannten Erkenntnisse können zwar nicht durch den Verstand gewonnen werden, sondern nur durch ein spirituelles Bewusstsein. Aber der Verstand kann das Erkannte nachvollziehen, formulieren und an Logik und Sinnenwirklichkeit prüfen. Damit besteht kein Gegensatz zwischen Wissenschaft und Religion mehr. Das Bedürfnis des modernen Menschen nach intellektueller Redlichkeit und Einsichtigkeit wäre durch eine solche Religion zufriedengestellt, und trotzdem wäre dem Menschenleben nichts von seinem Geheimnis und seinem Wunder genommen. Denn dass ein spirituelles Selbst im natürlichen Menschen verborgen ist und dass es, wenn der alte Mensch »stirbt«, wie Jesus als neuer Mensch auferstehen und ewig leben kann, ist und bleibt ein Wunder.

Das spirituelle Christentum als gegenwartsgemäße Religion

Genauso lassen sich alle »Wunder« in den Evangelien und im Alten Testament als bildliche Darstellung existenzieller Vorgänge auf dem spirituellen Weg verstehen, ebenso die scheinbaren Grausamkeiten im Alten und Neuen Testament, die von Humanisten so kritisiert werden (siehe oben Saul und Amalek).

10. Das spirituelle Christentum führt zur Auferstehung des wahren Selbst, nicht des natürlichen Ich. Diese Auferstehung ist nur durch die »Kreuzigung« der natürlichen Ichbezogenheit – des »alten Adam« im Sinne von Paulus – möglich. Gleichwohl baut das spirituelle Christentum auf den Errungenschaften der vorhergehenden Entwicklungsstufen auf und ist nur möglich, wenn ein verantwortungsbewusstes, urteilsfähiges, humanes Ich den spirituellen Weg geht, an dessen Ende es im verantwortungsbewussten, urteilsfähigen Selbst aufgeht. Es überträgt seine positiven Eigenschaften sozusagen dem wahren Selbst.

VI. Spiritualität des Christentums

So ist das wirkliche Christentum **erstens** Spiritualität, das heißt Wiederverbindung des spirituellen Menschen – nicht des natürlichen Menschen – mit Gott, mit der spirituellen Dimension der Welt. Es ist der Weg des wahren Selbst zu seiner Wurzel, der spirituelle Weg. Das ursprüngliche, spirituelle Christentum, für das moderne Bewusstsein verständlich artikuliert und ergänzt durch das Prinzip der Reinkarnation, wäre die Religion, die der moderne Mensch braucht. Es wäre Spiritualität und würde zugleich die Kriterien der Rationalität und Humanität erfüllen, die der moderne Mensch erwartet.

Es wäre **zweitens** Maßstab, an dem Degeneration von Religionen und Ersatzreligionen als solche erkannt werden könnten. Damit hätte es eine eminente Orientierungsfunktion im Chaos der modernen religiösen Szene. Insbesondere ließe sich mit seiner Hilfe feststellen, wo Religion als »Rezept« benützt wird, als »Ich-Inflation« betrieben wird, nicht in spirituelle, sondern dämonische Bereiche führt, als Herrschaftsinstrument missbraucht wird oder spirituelle Sachverhalte imitiert beziehungsweise auf irdische Gegebenheiten projiziert.

Denn da der spirituelle Weg Bewusstsein von den dabei ablaufenden Vorgängen, eigenes Verstehen, eigenes Erfahren und Prüfen der Vorgänge erfordert, wären zum Beispiel alle Gruppen, die via Channeling, Trance, unbewusste Prophetenschaft und Spiritismus Erfahrungen vermitteln wollen, als nichtspirituell zu qualifizieren. Sie verbinden den Menschen gewiss nicht mit der spirituellen Dimension der Welt, sondern nur mit dem Reich der Dämonen und Toten, mögen sie ihre Ziele auch oft in spiritueller Terminologie artikulieren.

Um so weniger können auch alle Gruppen, die ausschließlich oder vorwiegend mit Techniken irgendeiner Art arbeiten: Körpertechniken, Drogen, Astrologie, schwarzen Ritualen oder Talismanen usw. beanspruchen, ins Reich des Spirituellen zu führen, das sich nicht durch Techniken erobern lässt.

Man könnte weiter zeigen, wie etwa die »Religion« der Ufologie eine Projektion spiritueller Tatsachen auf die materielle Ebene ist: Außerirdische als Abgesandte göttlicher Welten, Rettung und Erlösung durch Ufo-Raumfähren, wobei Bedingung der Glaube an die Außerirdischen ist.

Man könnte zeigen, wie in den Ersatzreligionen des Sports, der Unterhaltungsindustrie und des Konsums teilweise auch spirituelle Sehnsüchte auf die irdische Ebene projiziert werden, so dass diese Ebene zum Ersatz für das Spirituelle wird. Dasselbe gilt für politische Ideologien.

Man könnte zeigen, dass auch viele Gruppierungen, die »östliche« Wege übernehmen, etwa primitive Meditationstechniken, das Ziel einer Verbindung des spirituellen Menschen mit der spirituellen Welt verfehlen müssen, weil sie Menschen ohne geeignete Vorbereitung mit solchen Methoden konfrontieren. Das gilt zum Beispiel häufig für im Westen angebotene Zen-Meditation. Auf dem achtfachen Pfad des Buddha kommen zuerst rechte Einsicht, rechtes Sprechen, rechtes Leben usw. als Vorbereitung, und erst als siebte Stufe rechtes Sich-Versenken. Wenn ein unvorbereiteter westlicher Mensch sofort zu meditieren anfängt, werden ihn all seine unbewältigten Konflikte, sein »Schatten«, überfallen.

Schließlich sind heute unzählige Bewegungen aktiv, die eine Rückkehr zu Schamanismus, Animismus oder Stammesreligionen propagieren: zu indianischen, afrikanischen, asiatischen, australischen Kulten und Ritualen, die Einheit mit der Natur, mit den Ahnen und mit dem Kollektiv verbürgen sollen.

Seit Jahrtausenden jedoch ist ein Individualisierungsprozess in der Menschheit im Gang. Es entwickelt sich ein Individuum mit selbstständigem Denken und Verantwortungsbewusstsein als Vorbedingung für die Entfaltung des wahren Selbst. Denn dieses braucht als Handlungsträger ein verantwortliches, denkendes Individuum. Im Westen ist dieser Individualisierungsprozess an einen Höhepunkt gelangt, wird jetzt allerdings überbetont und ist zum Selbstzweck geworden. Auf diese negative Entwicklung reagieren die schamanistischen Kulte mit ihrer Forderung nach Rückkehr zu Zuständen vor der Individualisierung. Die Reaktion müsste aber sein: Akzeptieren der Individualisierung, dann jedoch Überschreitung des Individuums durch das wahre Selbst. Das wahre Selbst würde die Einheit mit Natur, Mensch und Gott auf

Das spirituelle Christentum als gegenwartsgemäße Religion

einer höheren Ebene finden. Die schamanistischen Kulte sind also, so begreiflich ihre Tendenzen sind, ein Rückschritt.

Das spirituelle Christentum wäre drittens für die Religionsformen 1–3, die ebenfalls für unzählige Menschen noch ihre Gültigkeit besitzen, die Zielvorgabe, auf die die Religionen 1–3, jeweils auf ihrer Ebene, hinarbeiten müssten. Das setzt voraus, dass das Prinzip der Reinkarnation Bestandteil des spirituellen Christentums wäre. Denn nur so lässt sich Menschen auf den verschiedenen Entwicklungsstufen begreiflich machen, warum sie sich auf dieser Stufe befinden und warum es einen Sinn hat, weiter zu streben. Der Gedanke der Reinkarnation müsste von Anfang an in allen Religionsarten verankert sein, so dass jeder Strebende mit Selbstverständlichkeit wüsste: Ich entwickle mein natürliches Wesen durch die Inkarnationen hin so lange, bis ein selbstverantwortliches, denkendes Ich entstanden ist. Dann wird mein wahres Selbst auf der vierte Entwicklungsstufe bewusste Verbindung mit der spirituellen Welt erhalten, und das Ich wird im Selbst aufgehen. So wird mein Selbst schließlich dem Kreislauf der Inkarnationen, dem Rad von Geburt und Tod, entsteigen.

Zu erwägen wäre viertens, wer heute im Westen die Religionsformen 1–3 unter dem Vorzeichen von Religion 4 repräsentieren könnte. Könnten Ich-Religion und mythische Religion durch die Kirchen repräsentiert werden? Durch ethische Vorgaben also und zum Beispiel durch die Verehrung von Heiligen, die psychische Prinzipien verkörpern? So etwas wäre möglich, unter der Voraussetzung, dass die Kirchen für alle, die reif für einen spirituellen Weg werden und weitergehen wollen, durchlässig wären und sie nicht zurückhalten würden. Das spirituelle Christentum und die Kirchen würden sich dann so aufeinander beziehen, wie es im hinduistischen und buddhistischen Bereich die verschiedenen Religionsformen 1–4 tun. Es gibt im Buddhismus sozusagen den Buddhismus für Anfänger. Diese Menschen halten sich an den Buddha Amitabha und erwarten sich von ihm ihre Erlösung (Religion 3). Dann aber gibt es den Buddhismus für Fortgeschrittene, als spirituellen Weg, auf dem sich der spirituelle Mensch vom Natürlichen löst und zum Nirvana strebt. Der Übergang von der einen Ebene zur andern ist im Buddhismus kein Problem.

Und welche Formen müsste eine Religion 1 für die ihr entsprechenden modernen Menschen haben?

VII. Christentum und Buddhismus

Es wäre schließlich zu überlegen, ob man hier im Westen den spirituellen Buddhismus und ein spirituelles Christentum in gleicher Weise willkommen heißen sollte, da doch beide Religionen eine Verbindung mit der spirituellen Dimension anstreben und einen Weg dorthin angeben. Vielleicht sollte man überhaupt sagen: Da das ursprüngliche Christentum dermaßen verfälscht ist und seine spirituelle Dimension verloren hat, lasst es uns doch gleich ganz aufgeben und uns dem Buddhismus anvertrauen, der weit mehr ursprüngliche spirituelle Elemente bewahrt hat. Ich meine aber, das wäre verkehrt. Wir im Westen müssen uns mit dem Christentum als unserer Vergangenheit befassen, wir müssen zu den Wurzeln des Christentums zurück und sie leben und fortentwickeln, um die Degeneration des Christentums, von der wir alle geprägt sind, zu erkennen und aufzulösen. So könnten wir die Schuld der Vergangenheit, die wir alle als falsche Christen auf uns geladen haben, tilgen und durch ein neues spirituelles Leben ersetzen.

Außerdem scheint mir, dass das wahre Christentum in seiner Spiritualität noch weiter und tiefer reicht als der Buddhismus. Denn im Christentum soll schließlich auch die Materie umgewandelt werden und ein ganz neuer Mensch, in neuem Fleisch und Blut, auferstehen. Das ist zwar ein sehr fernes Ziel, und erst müssten überhaupt die Grundlagen des spirituellen Christentums wiedergewonnen und der spirituelle Weg des Christentums überhaupt begonnen werden. Aber das große Fernziel des Christentums – den »neuen Himmel und die neue Erde« der Offenbarung des Johannes, hat der Buddhismus nicht – es sollte jedoch den Menschen als Fernziel vor Augen stehen.

VIII. Kann man eine neue Religion »einführen«?

Mit alledem sind nur Fragen der Religion, die das »Seelenheil«, also die innere Entwicklung des Menschen und die Wahrheit von Religionen betreffen, angesprochen. Man könnte natürlich auch in die uferlose Diskussion über die soziologischen und psychologischen Funktionen von Religion einsteigen, über Religionen als Instrument der herrschenden Klassen und Lebensstütze usw., wobei die Frage nach der Wahrheit ausgeklammert wäre.

Religion nur als soziales System oder Kompensation psychischer Bedürfnisse zu sehen, ist überhaupt schon Ausfluss einer bloß rationalen Denkweise, die

die Transzendenz vernachlässigt. Nur Menschen mit einer solchen Denkweise können überhaupt auf den Gedanken kommen, eine neue Religion zu planen und einzuführen, je nach den sozialen und psychischen Bedürfnissen der Zeit. In Fragestellungen wie den unsrigen: »Brauchen wir heute eine (neue) Religion« drückt sich schon dieser vordergründig rationale Denkstil aus, der alles für machbar hält. Wir sind ihm selbst offenbar weitgehend verfallen.

Aber vielleicht drückt sich in solchen Fragestellungen unbewusst eben doch die Sehnsucht nach der geistigen Welt aus. Man fühlt, dass das Leben ohne Religion leer ist und dass spirituelle Mängelsituationen durch psychologische und soziologische Theorien und Maßnahmen nicht behoben werden können.

Spirituelle Erfahrungen kann man weder hervorrufen noch einführen. Man kann nur seiner eigenen Sehnsucht folgen und die Verbindung zur geistigen Welt selbst realisieren. Tut man dies, so ist im eigenen Leben eine neue Religion geboren, und tun dies viele, so wird eine gemeinsame Religion geboren, nicht als Glaubenssystem, sondern als Erfahrung. Welche allgemein verbindlichen Symbole eine solche Religion entwickelt, das hängt von der Artikulationsfähigkeit der führenden Persönlichkeiten in diesem Prozess der Neugestaltung einer Religion ab.

Der Sturz aus der normalen Wirklichkeit und die Suche nach Sinn

Ein wissenssoziologischer Beitrag zu Fragen der Krankheitsverarbeitung bei Krebspatienten

Nikolaus Gerdes

Die mittlerweile sehr umfangreiche Literatur über Probleme der Krankheitsverarbeitung bei Krebskranken nennt eine kaum noch überschaubare Fülle verschiedenartigster psychosozialer Belastungen, die als Folge einer Krebserkrankung auftreten können.

Im Folgenden möchte ich eine These darstellen und erläutern, die m.E. eine grundlegende »Belastungsquelle« sichtbar machen und viele Einzelbelastungen auf einen gemeinsamen Ursprung zurückführen kann. Dieses »Ursprungsproblem«, so wird sich zeigen, betrifft die »Nicht-Betroffenen« in genau der gleichen Weise wie die »Betroffenen«; der Unterschied ist nur, dass ihm die Betroffenen weniger leicht ausweichen können. Insofern macht die These keine prinzipielle Unterscheidung zwischen »Gesunden« und »Kranken«. Dies zu betonen erscheint mir wichtig angesichts der verbreiteten »Krebspersönlichkeits-Theorien«, die – mehr oder minder explizit – Tendenzen zur Stigmatisierung der Krebskranken enthalten.

Sozusagen in einer »Nussschale« lässt sich die These mit den Anfangszeilen eines Gedichts aus 1001 Nacht erläutern:

> »Die Menschen schlafen solange sie leben.
> Erst in ihrer Todesstunde erwachen sie.«
> (1001 Nacht, 15. Nacht)

Der »Schock«, der in allen Selbsterfahrungsberichten von Krebskranken als Reaktion auf die Eröffnung der Krebsdiagnose und auf die Entdeckung von Metastasen beschrieben worden ist, hat nach meinem Verständnis etwas von dem »Erwachen« an sich, das in diesen Gedichtzeilen der Todesstunde zugeschrieben wird. Offenkundig ist es ja die plötzlich spürbar und real gewordene Nähe des eigenen Todes, die den »Schock« auslöst.

Von hier aus ergeben sich dann zwei zentrale Fragen:

1. Woraus »erwachen« die Menschen unter dem Schock des nahenden Todes? Was also war der »Schlaf« oder »Traum«, in dem man sein Leben lang befangen war?
2. Wozu eigentlich »erwacht« man unter diesem Schock? Was bekommt man zu Gesicht, wenn man plötzlich aus dem lebenslangen Schlaf aufgeschreckt wird?

Beide Fragen erscheinen auf den ersten Blick so »metaphysisch«, dass es aussichtslos erscheint, eine stichhaltige und konkrete Antwort darauf auch nur versuchen zu wollen.

Überraschenderweise nun kommt aus einem relativ jungen Zweig der Soziologie, der sog. »Wissenssoziologie«, eine Antwort, die zumindest die erste Frage ganz erstaunlich sachlich und rational beantworten kann und für die zweite Frage einen Bezugsrahmen liefert, innerhalb dessen eine Antwort versucht werden kann.

I. Der Ansatz der Wissenssoziologie: »Normale Wirklichkeit« als soziale Konstruktion

Peter BERGER und Thomas LUCKMANN legten mit ihrem bereits 1966 erschienenen Buch »Die gesellschaftliche Konstruktion der Wirklichkeit« (deutsch: Frankfurt 1969) einen neuen Ansatz für eine Theorie der Wissenssoziologie vor. Die zentrale These des Buches wird bereits sichtbar, wenn man sich den Titel etwas genauer ansieht:

Es heißt eben nicht: »Die Konstruktion der gesellschaftlichen Wirklichkeit«; (dass die jeweilige Struktur einer Gesellschaft eine von Menschen erzeugte Konstruktion und nicht etwa eine Naturtatsache ist, weiß man spätestens seit den Arbeiten von Karl Marx). Der Titel heißt vielmehr: »Die gesellschaftliche Konstruktion der Wirklichkeit«.

Der Sturz aus der normalen Wirklichkeit und die Suche nach Sinn

Die These der Wissenssoziologie

In der Sichtweise der Wissenssoziologie besteht die grundlegendste Funktion von Gesellschaft darin, dass sie aus dem unüberschaubaren Chaos der Existenz einen geordneten »Kosmos« erschafft und durch kollektive Übereinstimmung absichert. Bildlich gesprochen erschafft Gesellschaft in dem unverstandenen und gefahrvollen Dschungel der Existenz eine offene »Lichtung«, auf der ein geordnetes alltägliches Leben seinen überschaubaren Gang nehmen kann. Die Gestalt der Welt, die auf einer solchen Lichtung errichtet wird, ist in den verschiedenen Gesellschaften unterschiedlich; ihre Funktion jedoch ist überall die gleiche: Sie bannt das Chaos der Überfülle der Phänomene, ordnet sie nach Sinn und Bedeutung, und vor allem: Sie verleiht dem so geschaffenen Bild einer verstehbaren Wirklichkeit Dauer in der Zeit. Die gefahrvollen, ständig mit Vernichtung drohenden Möglichkeiten der Zukunft werden reduziert auf den gewohnten Ablauf des Bekannten. Auf der Lichtung der gesellschaftlich vorstrukturierten Wirklichkeit wird die Welt von morgen im Wesentlichen genauso sein wie heute und gestern. Damit wird die Zukunft (in gewissen Grenzen) vorhersehbar und beherrschbar: Man kann Pläne machen und mit ihrer Verwirklichung rechnen.

Dass diese »Lichtung« einer verstehbaren und kontrollierbaren Wirklichkeit letztlich nur ein sozial erzeugtes »Bild« der Wirklichkeit darstellt, wird von zwei verschiedenen Ansatzpunkten aus deutlich sichtbar:

Ethnologie

Die Ergebnisse der ethnologischen Forschung haben gezeigt, wie in den verschiedenen Gesellschaften nicht nur jeweils verschiedene Lebensweisen und Verhaltensmuster, sondern letztlich ein jeweils verschiedenes Wirklichkeitsverständnis vorherrscht: Die Angehörigen einer afrikanischen Stammesgesellschaft beispielsweise leben in einer anderen Wirklichkeit als Menschen im China der Ming-Dynastie oder in einer modernen Industriegesellschaft.

Als entscheidender Punkt zeigte sich nun: Innerhalb aller Gesellschaften wird das dort vorherrschende Bild der Wirklichkeit für die einzige, wirkliche und wahre Wirklichkeit gehalten. Und in allen Gesellschaften wird mit der Wirklichkeitssicht anderer Gesellschaften (wenn man sie zu Gesicht bekommt) dasselbe gemacht, was wir in unserer Gesellschaft mit der Wirklichkeitssicht anderer Gesellschaften machen: Sie wird abgewertet und als falsche Sicht der Wirklichkeit angeprangert (in traditionaler Sprechweise hieß das: Die anderen

»beten falsche Götter an«; in moderner Sprechweise: »unterentwickelt«, »fundamentalistisch«, »böse«, etc.).

Die Wissenssoziologie zieht aus solchen Ergebnissen ethnologischer Forschung ein (zugegebenermaßen recht unangenehmes) Fazit: Das, was man bei fremden Gesellschaften so deutlich sehen kann – nämlich, dass die dort vorherrschende Wirklichkeitserfahrung faktisch nur ein bestimmtes Bild der Wirklichkeit erfasst – eben dies gilt offensichtlich auch für die eigene Gesellschaft und die in ihr vorherrschende Wirklichkeitserfahrung. Dass wir das bei uns vorherrschende Bild der Wirklichkeit nicht als »Bild der Wirklichkeit«, sondern als »die Wirklichkeit selbst« erfahren, besagt wenig: Dies ist in anderen Gesellschaften ganz genauso.

Biologische Anthropologie

Die biologische Anthropologie kann einige Aspekte des Hintergrunds sichtbar machen, auf dem die soziale Konstruktion einer jeweils bestimmten Wirklichkeit stattfindet. In aller Kürze sei hier auf einen zentralen Aspekt hingewiesen:

Im Vergleich zu den anderen höherentwickelten Säugetieren ist die »Welt« des Menschen nur in sehr geringem Maße durch Instinkte biologisch festgelegt:

> »Auch der Mensch hat selbstverständlich Triebe. Aber seine Triebe sind höchst unspezialisiert und ungerichtet. Wichtige organismische Vorgänge, welche beim Tier im Mutterleib abgeschlossen werden, finden beim Menschen erst nach seiner Trennung von der mütterlichen Hülle statt. Zu dieser Zeit ist jedoch das Kind nicht nur schon in der Außenwelt, sondern es steht bereits zu ihr in Wechselbeziehungen verschiedenster und kompliziertester Art ... Mit anderen Worten: Der Vorgang der Menschwerdung findet in Wechselwirkung mit einer Umwelt statt.
>
> Dem menschlichen Organismus mangelt es an dem nötigen biologischen Instrumentarium für die Stabilisierung menschlicher Lebensweise. Seine Existenz wäre, würde sie zurückgeworfen auf ihre rein organismischen Hilfsmittel, ein Dasein im Chaos. Solches Chaos ist theoretisch vorstellbar, empirisch aber nicht nachweisbar. Empirisch findet menschliches Sein in einem Geflecht aus Ordnung, Gerichtetheit und Stabilität statt ... Man kann geradezu sagen, dass die ursprüngliche biologische Weltoffenheit der menschlichen Existenz durch die Gesellschaftsordnung immer in eine relative Weltgeschlossenheit umtransponiert wird, ja, werden muss.« (Berger & Luckmann, a.a.O., S. 49 ff).

Nach Auskunft der biologischen Anthropologie ist der Mensch also von Natur aus sozusagen ein »unbeschriebenes Blatt« – ohne eine durch Instinktreaktionen vorgegebene Umwelt und ohne ein biologisch fixiertes Selbst. Dieses unbeschriebene Blatt wird nun von der Gesellschaft beschrieben: Mit einem spezifischen Bild der Wirklichkeit und mit einem spezifischen Bild des eigenen Selbst (in diesem Sinne könnte man sagen, dass die soziale Vorprägung der Wirklichkeitserfahrung beim Menschen der instinktmäßigen Vorprägung der Wirklichkeitserfahrung bei den Tieren entspricht. In biologischer Sichtweise hat die soziale Vorprägung einen immensen Vorteil gegenüber der instinktmäßigen: Sie ist unendlich viel flexibler und ermöglicht eine relativ rasche Anpassung an veränderte Umwelten, ohne auf den Zufallsmechanismus von Mutation und Selektion angewiesen zu sein).

Für die Wissenssoziologie ist das Entscheidende an dieser Sichtweise, dass der Mensch von seiner biologischen Ausstattung her offenkundig keine bestimmte Natur hat: Keine instinktmäßig vorgegebene Umwelt, keine vorgeprägten Verhaltensweisen, kein biologisch fixiertes Selbst. Diese anthropologische Unbestimmtheit bildet die Möglichkeitsbedingung für eine gesellschaftlich erzeugte Wirklichkeitskonstruktion.

II. Prozesse der Konstruktion einer normalen Wirklichkeit

Damit die wissenssoziologische These nicht allzu sehr in der dünnen Luft sozialphilosophischer Annahmen stehen bleibt, möchte ich aus dem komplexen Geflecht von Prozessen, die zur Errichtung und Stabilisierung einer normalen Wirklichkeit beitragen, einige zentrale Punkte herausgreifen und kurz erläutern.

Die Konstruktion einer institutionalen Ordnung von vorgeprägten Handlungsmustern

Die Anfänge einer gesellschaftlichen Konstruktion von Wirklichkeit kann man sich in einem Gedankenexperiment veranschaulichen. Das Szenario: Ein Mann und eine Frau stranden auf einer tropischen Insel ohne Kontakt zur umgebenden Welt. Sie sind zunächst mit einer Menge von Überlebensproblemen konfrontiert, die alltäglicherweise gelöst werden müssen: Schutz vor Witterung und wilden Tieren, Nahrungsbeschaffung, Feuer machen etc. ... Nach einer Reihe von Versuchen stellen sich praktikable Lösungen heraus: Eine Hütte baut man am besten in einem Baum (Schutz vor Schlangen, Skorpionen usw.), und für die Nahrungsbeschaffung ist eine Arbeitsteilung am günstigsten: Der Mann geht auf die Jagd, die Frau bleibt in der Nähe der Hütte, legt einen kleinen Garten an und hütet das Feuer.

Im Laufe der Jahre werden so für alle wiederkehrenden Probleme praktikable Lösungen gefunden, die in der Folge routinemäßig eingesetzt werden können (»Habitualisierung«). Die problematischen Situationen (z.B. »wie kann man ohne Streichhölzer ein Feuer machen?«) verlieren ihre Einmaligkeit und werden zu »typischen« Situationen, die ihre Lösung (»Feuerbogen«) bereits enthalten. Ebenso wie die Situationen werden auch die Handlungen, die zu ihrer Lösung führen, typisiert: Der Mann dreht den Feuerbogen, die Frau hält den Zunder und pustet. Zur typischen Situation »Feuermachen« gehören jetzt zwei Typen von Handelnden: Ein »Feuerbogen-Dreher« und ein »Puster«; und auch die jeweils auszuführenden Handlungen sind festgelegt und zu »Handlungsmustern« geworden: Der Feuerbogen-Dreher dreht stetig und ausdauernd, der Puster pustet vorsichtig, sobald der Zunder glimmt, und kräftiger, wenn sich die ersten Flammen zeigen. Das Entscheidende ist nun:

Der Feuerbogen-Dreher kennt und erwartet vom Puster das typische Pusterverhalten – und umgekehrt: Diese wechselseitige Verhaltenserwartung bindet die Handelnden an das jeweilige Handlungsmuster. Damit haben die Handlungsmuster eine gewisse Objektivität (Unabhängigkeit vom handelnden Subjekt) gewonnen, und »Feuermachen« ist zu einer »Institution« geworden.

Im Laufe der Zeit ist der ganze Tagesablauf des Insel-Paares von einem Netz typisierter Handlungsmuster überzogen, die aufeinander abgestimmt sind und die die beiden Akteure wechselseitig voneinander erwarten. Es ist eine »institutionale Ordnung« entstanden, und das alltägliche Leben ist auf weite Strecken zur Routine geworden: Die durch Handlungsmuster vorgeprägte Welt ist eine im Prinzip bekannte Welt; alles, was in ihr erscheinen kann, ist zumindest als »Typ« schon vor seinem Erscheinen bekannt, und es gibt in ihr nichts radikal Neues und Unbeherrschbares mehr.

Die Konstruktion einer »Sinnwelt«

Wenn man das Insel-Experiment noch etwas weiterspinnt und auch auf die folgenden Generationen ausdehnt, wird ein weiterer zentraler Punkt sichtbar: Auf der Insel gibt es inzwischen ein festes Gefüge vorgeprägter Handlungsabläufe für alle möglichen Situationen. Die erste Generation weiß noch aus eigener Erfahrung, weshalb die Abläufe so sind, wie sie sind: Sie hat sie schließlich selbst erfunden, und zwar als praktikable Lösungen für ursprünglich ungeklärte Probleme.

Die folgenden Generationen dagegen finden eine festgefügte Welt vor, an deren Entstehung sie selbst keinen Anteil mehr hatten (wir alle sind natürlich

Der Sturz aus der normalen Wirklichkeit und die Suche nach Sinn

in dieser Situation!). Die bestehende institutionale Ordnung tritt ihnen in gleicher Weise als objektive Tatsache gegenüber wie die Vorgänge in der Natur: Die Sonne geht morgens auf und abends unter, Häuser sind Baumhütten, unter Wasser kann man nicht atmen, nachts wird geschlafen, Männer sind Jäger, Frauen bestellen Haus und Acker usw.

Die Sinnhaftigkeit all der vorgeprägten Handlungsmuster ist nur der Generation unmittelbar zugänglich, die sie ausprobiert und etabliert hat; sie bräuchten dafür nur ihre Erinnerung zu mobilisieren.

»Ihre Kinder sind aber in einer völlig anderen Lage ... Der ursprüngliche Sinn der Institution ist ihrer eigenen Erinnerung unzugänglich. Dieser Sinn muss ihnen also mit Hilfe verschiedener, ihn rechtfertigenden Formeln verständlich gemacht werden. Wenn die Auslegung von Sinn durch Formeln und Rezepte für die neue Generation überzeugend sein soll, so müssen diese übereinstimmen und einen der institutionalen Ordnung entsprechenden Zusammenhang ergeben. Dieselbe Geschichte muss sozusagen allen Kindern erzählt werden können. Die Folge ist, dass die sich weitende institutionale Ordnung ein ihr entsprechendes Dach aus Legitimationen erhalten muss, das sich in Form kognitiver und normativer Interpretationen schützend über sie breitet.« (Berger & Luckmann, a.a.O., S. 66)

Die so entstandene »Sinnwelt« wird gleichzeitig mit den Handlungsmustern, die sie erklärt, rechtfertigt und mit »Sinn« versieht, an die nachfolgenden Generationen vermittelt. So lernt beispielsweise ein Mädchen in einer afrikanischen Stammesgesellschaft nicht nur, dass es »normal« ist, viele Kinder zu haben, sondern es lernt gleichzeitig auch, dass sein Leben umso erfüllter und sinnvoller ist, je mehr Kinder es hat (»von Gott gesegnet«, »den Ahnen ein Wohlgefallen«, »von ihrem Mann geehrt«, »in der Gemeinschaft hoch angesehen«). Auf diese Weise wird mit den vorgeprägten Handlungsmustern deren Sinnhaftigkeit ebenso vorgeprägt von der Gesellschaft mitgeliefert, und der Einzelne braucht sich nicht nach der Sinnhaftigkeit seiner Handlungen und Lebensvollzüge zu fragen – jedenfalls so lange nicht, wie er sich im vorgesehenen Rahmen eines »normalen« Lebens bewegt.

Insgesamt ist die Aufgabe der Legitimation und sinnhaften Deutung der bestehenden Wirklichkeit (die Konstruktion einer »Sinnwelt« also) eine hochkomplexe Angelegenheit. In vielen Gesellschaften werden die wichtigsten Institutionen (Familie, Statushierarchie etc.) mit dem Beispiel mythischer Ahnen oder mit dem Willen der Götter legitimiert und erhalten so eine nicht mehr hinterfragbare Sinnhaftigkeit und Stabilität.

In differenzierten Gesellschaften entstehen besondere Gruppen hauptberuflicher Legitimatoren: Vom »Rat der weisen Alten« über Kultpriester bis hin zu den Intellektuellen unserer Tage. Diese Leute sind »Sinnweltspezialisten«, die außergewöhnliche Ereignisse kommentieren und in den Zusammenhang der bekannten Welt integrieren. Auf diese Weise sorgen sie dafür, dass das Bild der Wirklichkeit, das in ihrer Gesellschaft vorherrscht, geschlossen und in sich stimmig bleibt.

Die soziale Konstruktion des »Selbst« (soziale Identität als Selbstbild)

Zusammen mit der sozial vorgeprägten »Welt«, die ein Kind im Sozialisationsprozess als »die« Wirklichkeit kennen lernt und übernimmt, übernimmt es auch das Bild, das seine Bezugspersonen von ihm selbst haben. Ihre Bestimmungen seiner Identität sind für das Kind eine Wirklichkeit, die ihm von außen als objektive entgegenkommt: Seine eigene Identität wird ihm von außen als Bild vorgegeben, und wenn es »erkannt« werden will, muss es sich an dieses Bild anpassen und sich mit ihm identifizieren. Mit anderen Worten: »Der Mensch wird, was seine signifikanten Anderen in ihn hineingelegt haben.« (a.a.O., S. 142)

Die subjektive Aneignung der eigenen Identität und die subjektive Aneignung der sozial vorgeprägten »Welt« sind nur zwei verschiedene Aspekte desselben Sozialisations- und Internalisierungsprozesses, in dem ein Kind ein bestimmtes vorstrukturiertes Bild der Wirklichkeit als »die« Wirklichkeit kennen lernt. Zu diesem übernommenen Bild der Wirklichkeit gehört eben auch ein – ebenso übernommenes – Bild des eigenen Selbst.

Stabilisierung und Abschirmung

Es gibt eine ganze Reihe von Mechanismen, die zur Stabilisierung der bestehenden Wirklichkeitskonstruktion – und zu ihrer Abschirmung gegen störende Einflüsse von innen und außen führen.

Auf die einfachste und alltäglicherweise wirksamste Weise wird die in einer Gesellschaft vorherrschende Wirklichkeit durch ihre Selbstverständlichkeit stabilisiert: Alles ist eben so, wie es ist, und man kennt gar nichts anderes. Die normalen Alltagsroutinen und Lebensmuster stellen sich einfach als natürlich und problemlos Nächstliegendes dar: Alle anderen Menschen machen es genauso und gehen ganz selbstverständlich davon aus, dass ich es ebenso mache wie sie.

Auf sehr viel differenziertere Weise, aber ebenfalls noch unreflexiv, geht eine permanente Stabilisierung der vorherrschenden Wirklichkeitssicht von der Sprache aus, in der die Menschen miteinander kommunizieren. In der Sprache ist eine bestimmte Sichtweise der Wirklichkeit kondensiert und für das Denken, das sich in sprachlichen Mustern bewegt, zur objektiven Realität

Der Sturz aus der normalen Wirklichkeit und die Suche nach Sinn

geworden. Was in Sprache gefasst und ausgedrückt werden kann, ist »real«, weil es prinzipiell von anderen geteilt und damit als wirklich bestätigt werden kann. Demgegenüber ist sprachlich nicht ausdrückbare Wirklichkeitserfahrung immer dem Verdacht ausgesetzt, ein bloßes Hirngespinst zu sein. Die Wirklichkeitserfahrung bleibt deshalb an die vorgegebenen Sprachmuster und an die in ihnen kondensierte Sicht der Wirklichkeit gebunden.

Dies gilt auch dann noch, wenn man allein ist: Der buchstäblich permanent ablaufende »innere Dialog« mit vorgestellten Anderen hält das Bewusstsein unablässig in dem sozial vorgegebenen Bild der Wirklichkeit. Sobald das Bewusstsein den Raum der Sprache verlässt, befindet es sich außerhalb der bekannten Wirklichkeit. Die Schwierigkeit, den »inneren Dialog« zu stoppen, zeigt das ganze Ausmaß unserer Bindung an das erlernte Bild der bekannten Wirklichkeit.

Explizite Abschirmungsstrategien zum Schutz der bestehenden Wirklichkeitskonstruktion werden erforderlich, sobald in einer Gesellschaft »Störenfriede« auftauchen, die sich nicht entsprechend den normalen Handlungs- und Lebensmustern verhalten. Die pure Tatsache ihrer »Andersartigkeit« stellt bereits die Selbstverständlichkeit der vorherrschenden Muster in Frage; zu einer ausgesprochenen Bedrohung werden sie, sobald sie in größerer Zahl auftreten (z.B. Türken in Deutschland) oder die vorherrschende institutionale Ordnung und Sinnwelt expressis verbis angreifen. In solchen Situationen gibt es im Prinzip drei »Abschirmungsstrategien« (a.a.O., S. 112ff.):

Marginalisierung: Die Vertreter der andersartigen Lebensweise werden an den Rand der Normalität (oder darüber hinaus) gedrängt: Es sind »Unnormale«, geistig oder psychisch Gestörte oder Unterentwickelte, die die Alternativen vertreten. Oder »Helden und Heilige«! Auch die sind jedenfalls nicht normal. Sind erst einmal die Vertreter einer anderen Wirklichkeitssicht an den Rand der Normalität gedrängt, verliert auch die von ihnen repräsentierte Wirklichkeit ihre »normalitätserschütternde« Kraft.

Nihilierung: Im Extremfall kann die Marginalisierung bis zur Vernichtung der Andersartigen getrieben werden. Die mögliche Bandbreite reicht hier von der kognitiven Nihilierung (»Verrückte«, »Abartige«, »Untermenschen«, »Wilde«) bis zur physischen Ausrottung.

Therapie: Die Abschirmungsstrategie der Therapie läuft darauf hinaus, Menschen mit einer unnormalen Lebensweise oder mit unnormalen Wirklichkeitserfahrungen (wieder) in die normale Welt zu integrieren und dadurch die fraglose Geltung der Normalität wiederherzustellen.

»Therapie« ist in allen Gesellschaften eine Aufgabe für Spezialisten; vom Schamanen und Medizinmann bis zum Psychoanalytiker sind Therapeuten sozusagen »Spezialisten für erweiterte Normalität«: Sie müssen fähig sein, den Bereich des Normalen jedenfalls ein Stück weit verlassen zu können, um überhaupt Kontakt mit den »Unnormalen« aufnehmen zu können. Die Gefahr, die dadurch für die Therapeuten selbst entsteht, wird üblicherweise durch eine lange Ausbildung unter der Leitung von »Eingeweihten« und durch festgelegte Rituale bei der Ausübung von Therapie verringert.

Die vielfachen Bemühungen, die in allen Gesellschaften zur Stabilisierung und Abschirmung der bestehenden Wirklichkeitskonstruktion unternommen werden, zeigen in aller Deutlichkeit, wie kostbar – gleichzeitig aber auch wie prekär und ständig gefährdet – eine solche Wirklichkeitskonstruktion für eine Gesellschaft ist.

Um das eingangs erwähnte Bild wieder aufzunehmen: Die »Lichtung« einer verstehbaren, geordneten Wirklichkeit, die von einer Gesellschaft inmitten des »Dschungels« der Bodenlosigkeit menschlicher Existenz errichtet wird, ist ständig in Gefahr, vom umgebenden Chaos wieder überwuchert zu werden.

III. Die »Leistung« der gesellschaftlichen Wirklichkeits-konstruktion und ihr »Preis«

Die These, die Gesellschaft erzeuge Bilder einer normalen Wirklichkeit und bringe die Menschen dazu, diese Bilder der Wirklichkeit für die Wirklichkeit selbst zu halten, könnte leicht als eine generelle Kultur- und Gesellschaftskritik missverstanden werden, in der »Gesellschaft« als der prinzipiell zu überwindende Ursprung aller Entfremdung angesehen wird. Eine solche Kritik ist hier nicht beabsichtigt – jedenfalls bei weitem nicht so eilig und undifferenziert.

Tatsächlich stellt die Konstruktion einer normalen Wirklichkeit und ihre Internalisierung durch die Gesellschaftsmitglieder eine schlechthin fundamentale Leistung dar, ohne die eine menschliche Existenz gar nicht möglich wäre – und zwar weder im Hinblick auf die Sicherung des Überlebens noch im Hinblick auf die Kommunikation mit anderen oder die Entfaltung des individuellen Selbst beim Einzelnen. Gleichzeitig gilt jedoch, dass diese Wirklichkeitskonstruktion ihre Funktion nur dann erfüllen kann, wenn sie bestimmte zentrale Sachverhalte – und in gewisser Weise überhaupt die »Tiefendimension« menschlicher Existenz – aus der normalen Wirklichkeit ausblendet und verdrängt. Dies ist der »Preis«, der für die Überschaubarkeit und relative Sicherheit des Lebens auf der »Lichtung« bezahlt werden muss. Beide Aspekte werden im Folgenden noch etwas näher erläutert.

Die »Leistung«: Sicherung des Überlebens und Schutz vor dem Chaos

Da den Menschen auf diesem Planeten die gebratenen Tauben bekanntlich nicht in den Mund fliegen, wäre menschliches Überleben kaum möglich, wenn die Tätigkeiten, die erprobtermaßen zur Sicherung des Überlebens geeignet sind, nicht formalisiert und an die nachfolgenden Generationen vermittelt würden – und zwar nicht als Verhaltensweisen, von denen man beliebig abweichen kann, sondern als Rahmen, innerhalb dessen man sich bewegen muss, wenn man überleben will.

Die vorgeprägten Handlungsmuster, die ja erprobte Lösungen für wiederkehrende Probleme des alltäglichen Lebens darstellen, bieten darüber hinaus einen immensen Vorteil: Sie können mit einem Bruchteil der Zeit und Energie reproduziert werden, die zu ihrer Erfindung aufgewendet werden mussten: Das Feueranmachen muss – einmal als Verhaltensmuster etabliert – nicht jedes Mal neu durch langwierige Reihen von Versuch und Irrtum herausgefunden werden. Dadurch werden Zeit und Energie frei, die im Prinzip zur Erweiterung der bekannten Welt genutzt werden können. Insofern ist der Mensch – gerade auf Grund der Übernahme einer sozial vorgeprägten Wirklichkeit – dazu im Stande, seine Welt zu erweitern.

Auch die alltägliche Kommunikation und Arbeitsteilung mit anderen Menschen wäre nicht möglich ohne das Konstrukt einer vordefinierten, gemeinsamen Wirklichkeit und einer vorausgesetzten, wechselseitig bekannten Identität des eigenen Selbst und des Selbstes der anderen. Stünde die ungeheuerliche Tatsache, dass ich weder mich selbst noch den anderen wirklich kenne, alltäglicherweise im Zentrum der Aufmerksamkeit, würde das Bewusstsein vom ungestalteten Unbekannten überflutet und unfähig zu jeder Handlung und Kommunikation.

Ähnliches gilt von der Übernahme einer sozial vorstrukturierten »Sinnwelt«: Sie schützt das Bewusstsein alltäglicherweise vor der verschlingenden Bodenlosigkeit solcher Fragen wie: »Wer oder was bin ich denn eigentlich und was will (oder soll) ich hier überhaupt?«

Diese wenigen Bemerkungen müssen hier genügen um anzudeuten, dass menschliches Leben ohne den schützenden Raum einer sozial vorgegebenen Wirklichkeit samt einer vorstrukturierten Identität des eigenen Selbst und vorgeprägter sinnhafter Lebensmodelle gar nicht möglich wäre.

Nikolaus Gerdes

Der »Preis«: Reduktion der Wirklichkeit auf das Bekannte

Wenn die Notwendigkeit einer sozial vorgegebenen Normalgestalt von Welt und eigenem Leben klar und unbestritten ist, kann und muss man allerdings auch auf den »Preis« sehen, der dafür zu zahlen ist.

Die »normale Wirklichkeit«, so war gezeigt worden, besteht aus Bildern der Wirklichkeit, in denen wir uns relativ sicher und geschützt bewegen können. Damit ist nun allerdings mitgegeben, dass es eben nur Bilder des Wirklichen sind, die wir erfahren, und nicht das Wirkliche selbst:

- Wir leben ein bestimmtes, uns weitgehend von anderen Menschen vorgegebenes Bild unserer selbst – und nicht uns selbst;
- Wir sehen Bilder der anderen Menschen – und nicht sie selbst;
- Die vorgeprägten, von uns übernommenen Sinngebungen des Lebens schützen uns vor den Abgründen der Sinnlosigkeit. Sie verhindern aber gleichzeitig auch, dass wir einen noch unbekannten Sinn entdecken können, der sich uns als lebendige Wirklichkeit selber offenbart.

Insgesamt gilt: Wenn die soziale Konstruktion der Wirklichkeit aus vorfabrizierten »Mustern« des eigenen Selbst, der anderen Menschen, der eigenen und fremden Handlungen, der Tiere, Pflanzen und Dinge in der Welt besteht – dann gibt es innerhalb der normalen Wirklichkeit nichts wirklich Lebendiges; und das Leben innerhalb der normalen Wirklichkeit ist faktisch ein »Leben aus zweiter Hand«. Die Identifizierung des eigenen Selbst mit der (uns von anderen zugeschriebenen) sozialen Identität verhindert, dass das eigene Wesen eine wirklich persönliche Gestalt gewinnt. Innerhalb der sozial vorgeprägten Wirklichkeit sieht man sozusagen nicht durch die eigenen Augen, sondern immer durch die Augen anderer – und zwar sowohl auf die umgebende Welt als auch auf das eigene Wesen. Insofern ist das Leben auf der Lichtung der normalen Wirklichkeit notwendigerweise auch ein zutiefst entfremdetes Leben.

Auf dieser »Lichtung« kann zwar ein überschaubares, relativ gesichertes und vorhersehbares Leben ablaufen, aber wirkliche Lebendigkeit kann es offensichtlich nur außerhalb des Vorgeprägten, im Raum des Unbekannten also, geben. Zwar stimmt es, dass dort Gefahren lauern und bodenlose Abgründe und unberechenbare Kräfte und »Dämonen«, es ist voll von Unkalkulierbarem und Unbeherrschbarem. Aber wenn es überhaupt irgendwo Gärten leuchtender Lebendigkeit oder Sonnen evidenter Sinnfülle gibt und wenn es überhaupt möglich ist, dass das eigene Wesen mit einem Namen gerufen wird, der es selbst meint und nicht nur sein Bild –, dann geschieht dies notwendigerweise ebenfalls in diesem Raum des Unbekannten.

Der Sturz aus der normalen Wirklichkeit und die Suche nach Sinn

Auf der Lichtung der normalen Wirklichkeit aber muss dies alles eingeschlossen werden, und zusammen mit dem Gefahrvollen und Unbeherrschbaren des Unbekannten wird auch die gesamte »Tiefendimension« der menschlichen Existenz hinter den Schutzwall, der die Lichtung umgibt, ins Unwirkliche abgedrängt.

Vor allem aber muss der Tod aus der normalen Wirklichkeit verdrängt werden, genauer gesagt: der eigene Tod – die Tatsache also, dass ich mit jedem Schritt, den ich tue, auf meinen eigenen Tod zugehe und ihn eines Tages unwiderruflich erreichen werde; und zwar allein und ohne vorgegebene Handlungsmuster. An dieser Stelle erweist sich das alltägliche Lebensgefühl, mich selbst und die Wirklichkeit insgesamt einigermaßen im Griff zu haben, notwendigerweise als Illusion: Ich bin dem Unbekannten, das da auf mich zukommt, total machtlos ausgeliefert; ich tue nichts mehr – schon gar nicht etwas Vorhersehbares, Planbares, Eingeübtes –, sondern es geschieht einfach etwas mit mir, das ich in keiner Weise mehr unter Kontrolle habe. In der Begegnung mit dem Tod zeigt sich, dass die letztgültige Wahrheit über das Verhältnis von »Ich« und »Wirklichkeit« ganz anders – ja, genau umgekehrt – ist, als es in dem sozialen Bild der Wirklichkeit vermittelt wird: Nicht ich habe die Wirklichkeit im Griff, sondern die Wirklichkeit hat mich im Griff.

Diese Tatsache, die angesichts des Todes evident ist, entzieht jeder Wirklichkeitskonstruktion einer verstandenen und im Wesentlichen kontrollierbaren Welt auf einen Schlag den Boden: Angesichts der Realität des eigenen Todes bricht die bekannte Welt notwendigerweise zusammen. Aus diesem Grunde muss die Wirklichkeit des eigenen Todes aus dem Bild einer normalen, beherrschbaren Wirklichkeit ausgeblendet werden.

Damit ist aber sichtbar, dass das normale Bild der Wirklichkeit nicht die ganze Wahrheit über die »wirkliche Wirklichkeit«, wie sie sich am Ende des Lebens unwiderruflich und endgültig zeigt, enthalten kann. Die Wirklichkeit selbst liegt offensichtlich im Raum des Unbekannten, und auf der gegenüber diesem Raum abgegrenzten Lichtung des Bekannten stehen nur – Bilder der Wirklichkeit.

Der Raum außerhalb der normalen Wirklichkeit

Wenigstens andeutungsweise soll erwähnt werden, dass es in allen Gesellschaften immer wieder Menschen gegeben hat, die versucht haben, die »Lichtung« einer vordefinierten Wirklichkeit zu verlassen und ihr Bewusstsein für das Unbekannte zu öffnen. Ihre Berichte über die Wirklichkeit außerhalb der »Lichtung« stehen allerdings vor einer grundsätzlichen Schwierigkeit: die Sprache, deren sie sich bedienen müssen, ist Ausdruck der Wirklichkeitssicht, die auf der »Lichtung« vorherrscht, und deshalb prinzipiell ungeeignet, Wirklichkeitserfahrung außerhalb der normalen Wirklichkeitsbilder zu vermitteln.

Es gibt jedoch einige Merkmale, in denen solche Berichte in auffälliger Weise übereinstimmen:

- Das Verlassen der normalen Wirklichkeit wird als »Tod« erfahren, als Verlöschen des Ich-Bewusstseins, an dessen Stelle eine Wahrnehmung tritt, die als »kosmisches Bewusstsein« o.ä. beschrieben wird.
- Die neue Wirklichkeit wird als unmittelbare Evidenz erlebt, als noch niemals zuvor Gesehenes, Gehörtes oder Gefühltes, dessen Wahrheit von keinem Zweifel berührt werden kann.
- Das Betreten des Unbekannten wird als »Erwachen«, als »Erleuchtung«, als »Zu-sich-selbst-kommen« empfunden; als Offenbarung einer realeren Wirklichkeit, die »immer schon« da war, vom Bewusstsein aber nicht wahrgenommen wurde. Gemessen an dieser unvermittelten Wirklichkeit erscheint die normale Wirklichkeit als Schein, bloße Vorstellung, Täuschung oder Traum (»Maya«), als enges, lebloses Gefängnis.

In Mystik, Yoga, Zen und einer Reihe »esoterischer« Lebenspraktiken sind Schritte, die zum bewussten Verlassen der normalen Wirklichkeit führen, systematisiert worden (vgl. als Beispiel die Bücher von Carlos Castaneda über seine Lehrzeit bei einem indianischen »Wissenden«). Auch hier gibt es einige auffallende Übereinstimmungen:

- An zentraler Stelle steht in all diesen Praktiken das »Anhalten des inneren Dialogs« (»Schweigen des Geistes«, »inneres Schweigen« o.ä.). Da durch den Dialog mit (realen oder vorgestellten) anderen die normale Wirklichkeit ständig gestützt und reproduziert wird, ist es einleuchtend, dass dieser Dialog zum Stillstand gebracht werden muss, bevor das Bewusstsein den Raum des Bekannten verlassen kann. Genauer gesagt: Das »Anhalten des inneren Dialogs« *ist* das Verlassen des Bekannten.
- Dem Verlassen der normalen Wirklichkeit geht fast immer eine jahre- und jahrzehntelange Lehrzeit unter Anleitung eines erfahrenen Meisters voraus.
- Die Lehrzeit ist mühsam und erfordert ab einem bestimmten Punkt die Aufgabe aller emotionalen Bindungen an die bekannte Welt.
- Vor dem »Durchbruch« steht fast immer eine tiefe Krise äußerster Dunkelheit und Sinnlosigkeit.

IV. Krebsdiagnose: Der (unfreiwillige) Sturz aus der normalen Wirklichkeit und die Suche nach Sinn

Die These ist hier: Mit einer Krebsdiagnose, die verbreitet als Todesurteil empfunden wird, bricht die Realität des spürbar nahenden eigenen Todes durch die normale Abschirmung des Bewusstseins und entzieht der sinnhaften Wirklichkeitskonstruktion, in der man bisher gemeinsam mit den anderen Menschen gelebt hatte, schlagartig den Boden.

Bevor diese These etwas näher erläutert wird, erscheint eine Bemerkung angebracht: Ich meine nicht, dass nun etwa alle Krebskranken pausenlos ins Unbekannte stürzen und nach einem neuen Sinn suchen – und das vielleicht auch noch in dieser Weise ausdrücken.

Ich meine aber doch, dass eine Krebsdiagnose und vor allem die Diagnose von Metastasen mit allen Assoziationen, die dadurch ausgelöst werden, die mehr oder weniger fraglose Geborgenheit in einem »normalen« Leben massiv – und in vielen Fällen: bis auf den Grund – erschüttern. Der »Sturz aus der normalen Wirklichkeit« wird in den meisten Fällen sicherlich mit vielfältigen Brechungen und nicht direkt thematisch erfahren. Er ist aber doch wohl als Unruheherd im Hintergrund des Bewusstseins auch dann präsent, wenn man sich vordergründig mit allen Kräften in der vertrauten Wirklichkeit zu halten versucht. Das Folgende ist deshalb als »idealtypische« Darstellung anzusehen, die besonders charakteristische Züge des Phänomens herausschält, um sie deutlicher zu machen.

Phänomenologie des »Sturzes«

Ausgelöst wird der »Sturz« durch die plötzlich spürbar und erfahrbar gewordene Realität der Nähe des eigenen Todes. Dies ist, wie bereits erläutert wurde, eine Wirklichkeitserfahrung, die in dem bekannten Bild der Wirklichkeit nicht vorkommt und prinzipiell nicht vorkommen kann, weil sie einen schlechthin fundamentalen Widerspruch zu diesem Bild enthält:

Angesichts des spürbar nahenden eigenen Todes erweist sich das normale Bild einer verstehbaren und beherrschbaren Wirklichkeit als glatte Illusion. Mit diesem Einbruch des total Unbeherrschbaren und Unverstehbaren ins Zentrum der eigenen Existenz wird notwendigerweise die gesamte Wirklichkeit, in der man sich bisher so kundig und relativ sicher bewegt hatte, brüchig.

Und damit steht man der Welt, die man bisher mit den anderen Menschen bewohnt hat, plötzlich von außen gegenüber, und für die eigene Situation gibt es innerhalb dieser sozial vorgeprägten Welt keine sinnvolle Deutung mehr.

Nikolaus Gerdes

Alle Sinnhaftigkeit, die man kennt, bezieht sich auf das Leben in dieser bekannten Welt – und in der ist man plötzlich nicht mehr zuhause. Man kann sie zwar noch betreten – Straßenbahn fahren, fernsehen, die Arbeit erledigen usw. – aber dies alles hat nun irgendwo keinen »Boden« mehr und hat den Sinn verloren, den es früher hatte.

Aus dem autobiografischen Bericht einer Krebskranken:

> »Ich war wie vom Schlag gerührt. In mir krampfte sich alles zusammen. Der Mund wurde mir trocken ... Die Ärztin saß mir gegenüber und schaute mich an, freundlich, teilnehmend ... Ich war ihren Worten nicht zugänglich. Mein Inneres setzte sich gegen die Annahme dieses Befundes zur Wehr. Es verschloss sich. Was mir da mitgeteilt wurde, konnte ich einfach nicht fassen, konnte ich nicht akzeptieren. Es war etwas ungeheuerlich Fremdes, das in mein Leben einbrechen wollte, nein, das schon eingebrochen war, ohne dass ich es bemerkt hatte ...
>
> Ich ging durch den Park nach Hause. Die Azaleen leuchteten in Gelb und Gold, der Rhododendron blühte in tiefem Violett und Rot. Die Bäume und Büsche entfalteten ihre feuchtschimmernden Blätter. Ein Traum vom Paradies im Glanz der Schöpferstunde! Dieser unbegreifliche Ausbruch des immer wieder Neuen hatte mich sonst ergriffen, ja erschüttert – diesmal erschien mir alles wie eine riesige Lüge. Eine Illusion des Lebens. Die mich nichts anging. In mir war keine Resonanz mehr. Ich war ausgeschlossen. Vertrieben. Wirklich, wie Adam und Eva aus dem Garten Eden ...« (v. Heyst 1982, S. 22 f).

Beim Sturz aus dem »Garten Eden« der gesellschaftlich vordefinierten Wirklichkeit, wird schlagartig sichtbar, dass das bisherige normale Leben gar keine wirklich persönliche Gestalt hatte: Die grundlegenden Fragen hat man nie selbst angesehen in der Weise, dass man jemals allein vor den Fragen von Leben und Tod gestanden und die Tatsache ausgehalten hätte, dass man die Antwort nicht wirklich kennt. Eben dies aber wird durch die Krebsdiagnose offenbar:

> »Meine Gedanken kreisen um die Krankheit Krebs, um Leben und Sterben. Ich meinte, mich mit diesen Fragen schon längst auseinander gesetzt zu haben; ich hatte auch schon mehrere Abhandlungen und Bücher über den Freitod, über die verschiedenen Auffassungen von Tod und Sterben in der Menschheitsgeschichte gelesen. Nun aber merkte ich, dass ich zu einem Resultat, das für mich Gültigkeit hatte, nicht gekommen war. Damals, das war reine Theorie, nun aber fühlte ich mich dem Tode nähergerückt ...« (ebd. 1982, S. 25 f).

Es ist diese plötzlich real gewordene Nähe des Todes, die das eigentlich und zutiefst Persönliche überhaupt erst weckt. Alles kann man wie die anderen und zusammen mit anderen machen – nur das Eine nicht: Sterben. Da geht jeder radikal allein ins Unbekannte. (Und auch Seelsorger und Thanatopsychologen bleiben – spätestens – an der Schwelle zum Unbekannten zurück). Wenn dies aber die Wahrheit über das Sterben ist – und angesichts der real gewordenen Möglichkeit des Todes ist diese Wahrheit evident –, dann ist es letztlich auch die Wahrheit über das Leben, und ich muss selber Antworten finden auf die Fragen, wer ich bin, wer die anderen sind, was denn eigentlich wirklich mein Verhältnis zu ihnen ist (und ihres zu mir!), was ich mit meinem Leben anfangen will, ob es überhaupt einen »Sinn« des Lebens gibt und wie ich ihn finden kann, wie die Zukunft sein wird ...

Diese und verwandte Fragen drängen sich dem Bewusstsein auf, sobald es seinen Halt in der normalen Wirklichkeit verloren hat – und zwar drängen sie sich als offene Fragen auf, deren Antworten man plötzlich nicht mehr kennt.

Äußerungsformen

In manifester Weise erzeugt der »Sturz aus der normalen Wirklichkeit« eine ganze Reihe von Belastungen, von denen einige im Folgenden kurz erläutert werden.

Grübeln

Mit dem Brüchigwerden der normalen Lebensmuster und mit dem Verlust der sozial vorgegebenen Sinnmuster beginnt für die Betroffenen das, was für viele das Schlimmste an der ganzen Krankheitserfahrung ist: Das endlose, ergebnislose »Grübeln«, das einsetzt, sobald man nicht durch irgendwelche Aktivitäten abgelenkt ist.

In der umfangreichen Literatur über psychosoziale Probleme der Krebserkrankung sind mir nur zwei empirische Arbeiten bekannt, in denen dieser ganze Komplex überhaupt zur Sprache kommt. Aus Äußerungen von Patientinnen wird darin zitiert:

»Da habe ich dann nachts wachgelegen und gegrübelt und gegrübelt – furchtbar!«
»Man hat ja Zeit zum Nachdenken ... Und wenn Sie so daliegen ... das ist ja auch das Schreckliche!« (Schafft 1980, S. 113)

»Also, ich hab' das vorher nie gehabt. Erst seit der Operation hab' ich das. Und immer ein Grübeln und immer ein Denken: Was wird kommen und was wird. Einfach gestört.« (Braun & Hardin 1979, S. 41)

Worum geht es bei diesem Grübeln? Und weshalb wird es als so quälend empfunden? In der psychosozialen Forschung wird, wie bereits bemerkt wurde, dieser gesamte Themenkomplex, der für viele Betroffene offenkundig zentral ist, ausgespart. Auf der Grundlage des bisher Gesagten lassen sich aber doch zumindest einige begründete Vermutungen anstellen.

Bei dem als so quälend empfundenen Grübeln geht es wahrscheinlich um den Versuch, der Unerträglichkeit des Unbekannten zu entkommen und Anschluss an die bekannte, normale Welt mit ihrer Geborgenheit, fraglosen Sinnhaftigkeit und überschaubaren Sicherheit zu behalten. Das Grübeln probiert immer neue Wege, wie dies zu bewerkstelligen sei. Es versucht, eine Sinnwelt zu konstruieren, die wieder eine Verbindung zur normalen Wirklichkeit herstellt. Dieser Versuch ist jedoch grundsätzlich zum Scheitern verurteilt – jedenfalls solange, wie ein Betroffener unter der realen Todesdrohung steht: Für die Normalen, die mit ihrem ungestörten Weiterleben rechnen, einerseits und einen Todeskandidaten andererseits gibt es keine gemeinsame Wirklichkeit. Der Versuch, sie trotzdem herzustellen, beginnt deshalb zwangsläufig immer wieder von vorne und kommt zu keiner Lösung: Das Grübeln dreht sich zwanghaft und quälend im Kreise der schon ›zigmal durchprobierten Lösungen und findet keinen Ausweg, der in die bekannte Welt zurückführt.

Eine gewisse Verbindung kann erst dann wiederhergestellt werden, wenn die Todesdrohung aus dem Bewusstsein zurücktritt; wenn also nach Therapie und Rekonvaleszenz und nach Ablauf einer längeren rezidivfreien Zeit langsam die Zuversicht wächst, vielleicht doch geheilt zu sein und vielleicht doch noch ein normales Leben und einen »normalen Tod« (was immer das sein mag) vor sich zu haben. Damit kann in gewisser Weise wieder der bekannte Alltag beginnen, und das Grübeln lässt nach.

Dies gilt freilich nur für diejenigen, die tatsächlich geheilt werden oder langjährige Remissionen erleben. Aber selbst für sie bleibt häufig ein Gefühl von Desillusionierung der normalen Wirklichkeit zurück:

> »Über ein Jahr war ich fortgewesen und bereits wieder einige Monate zuhause, als man mich in einer Gesellschaft fragte, wo ich denn so lange gesteckt habe. ›Ich war krank‹ – ›Und was fehlt Ihnen?‹ – ›Krebs!‹ – antwortete ich ... Die Gesichter erstarrten, peinlichst berührt. Es entstand eine Pause, betretenes Schweigen. Dann wurde der Kuchen gelobt, der Tee, das feine Porzellan gepriesen. Ein Krebskranker gilt als Todeskandidat. Einen solchen aber unter sich zu haben, empfinden die Menschen als Zumutung, als Einbruch in ihre vielgepriesene und unzulängliche Ordnung. Unzulänglich deshalb, weil wichtige Lebensphänomene wie Krankheit und Tod, auch Geburt und bis vor kurzem Sexualität keinen Platz darin haben. Einer, von dem man annimmt, dass er ›todkrank‹ ist, stört die Stimmung, den Ablauf der Unterhaltung, ja das ganze bisschen Lebensgefühl ... (v. Heyst, a.a.O., S. 9)

Der Sturz aus der normalen Wirklichkeit und die Suche nach Sinn

Hier wird angedeutet, dass das normale Bild der alltäglichen Wirklichkeit unvollständig und unzulänglich ist. Es mag dazu taugen, den ungestörten Ablauf des alltäglichen Lebens zu ermöglichen; die »Tiefendimension« der menschlichen Existenz wird darin jedoch verdeckt und verdrängt – und nur um diesen Preis ist die Sicherheit und Überschaubarkeit des Lebens zu haben, die vom Bild der normalen Wirklichkeit suggeriert wird. Ob das »normale Bewusstsein«, das so eifrig und hellsichtig die Verdrängungen bei den Krebskranken diagnostiziert, bereit ist, sich von eben diesen Krebskranken seinerseits auf die normale Verdrängung der Tiefendimension des Lebens aufmerksam machen zu lassen, muss wohl bezweifelt werden. Deshalb wird es – auf absehbare Zeit zumindest – auch dabei bleiben, dass die »Welt der Normalen« keinen Platz lässt für die Wirklichkeitserfahrung von Krebskranken und dass es (unter anderem) die Krebskranken sind, die in endlosem Grübeln eine Verbindung suchen müssen zwischen der Geborgenheit im sozial Bekannten und der Ausgesetztheit im existenziell Unbekannten.

Kommunikationsprobleme

Der »Sturz aus der normalen Wirklichkeit«, der durch die Krebsdiagnose ausgelöst wird, stellt die Betroffenen vor ein grundsätzliches Dilemma:
Einerseits ist der gewohnten Wirklichkeitssicht einschließlich des eigenen Selbstbildes plötzlich der Boden entzogen worden und alles ist auf einmal brüchig und ungewiss und bedrohlich; andererseits gelten auch für einen Krebskranken, der mit anderen Menschen in Interaktion treten will (oder muss), die normalen Regeln sozialer Interaktionen: Man muss dem Anderen eine definierte Identität des eigenen Selbst anbieten, damit er überhaupt etwas hat, auf das er sich beziehen kann (vgl. E. Goffman: The Presentation of Self in Everyday Life). Eben diese sozial präsentierbare eigene Identität aber ist zerfallen – jedenfalls in der bisher gewohnten Form; was also soll man jetzt den anderen als Bild des eigenen Selbst zeigen? Diesen Abgrund von Fassungslosigkeit, Verwirrung und Todesangst, der das eigene Erleben faktisch beherrscht? Das ist weder kommunizierbar noch für die anderen zumutbar oder verständlich: Sie leben ja in einer ganz anderen Wirklichkeit.
Also bleibt nur eine Möglichkeit: Die innere Fassungslosigkeit zu verdecken und ein für andere akzeptables Selbstbild vorzuspielen, das eine einigermaßen normale Interaktion erlaubt. Es ist allerdings unwahrscheinlich, dass dies bruchlos gelingen kann: Das unter solchen Umständen präsentierte Selbst kann ja nur eine »Fassade« sein, die angestrengt über der Bodenlosigkeit des wirklichen Erlebens errichtet werden muss. Auf diese Weise dürfte die »emotionale Ambivalenz« zu Stande kommen, die vielen Forschern und Therapeuten

bei Krebspatienten aufgefallen ist: die Patienten zeigen sich als gefasst, emotional unbetroffen, überangepasst, rigide, tapfer und altruistisch – während für den (geschulten) Beobachter die tiefe Betroffenheit, Angst und Hoffnungslosigkeit im Hintergrund des Erlebens spürbar bleibt.

Es ist möglich, dass sich in diesen ambivalenten Äußerungsformen bei vielen Krebspatienten tatsächlich ein prämorbides Persönlichkeitsmuster ausdrückt, wie es in den Theorien zur Krebspersönlichkeit postuliert wird. Gleichzeitig aber dürfte deutlich sein, dass ein Krebskranker eine »Fassade« errichten und sein wirkliches Erleben verbergen *muss*, wenn er eine auch nur einigermaßen normale Interaktion bestreiten will oder muss. Und vieles, was (retrospektiv) an Krebskranken als »Persönlichkeitsmuster« konstatiert wurde, ist möglicherweise eine Folge davon, dass eine unbefangene Interaktion zwischen Krebskranken und »Normalen« gar nicht möglich ist, solange ein Krebskranker unmittelbar unter der Todesdrohung steht, während die »Normalen« in der alltäglichen Illusion ihrer Unsterblichkeit leben.

Hier deutet sich eine alternative Interpretation dessen an, was »Nichtbetroffene« bei »Betroffenen« wahrgenommen und als »Krebspersönlichkeit« gedeutet haben: Vielleicht ist das »fassadenhafte Selbst« bei vielen Krebskranken in Wirklichkeit weniger ein Ausdruck der Persönlichkeitsstruktur von Krebskranken als vielmehr ein Ausdruck der versperrten Kommunikation zwischen Betroffenen und Nichtbetroffenen. Und da die Nichtbetroffenen die vorherrschende Wirklichkeitssicht auf ihrer Seite haben, gelingt es ihnen, die Schuld für das Misslingen der Kommunikation den Betroffenen zuzuschieben: Weil die Betroffenen rigide, überangepasst und emotionslos sind, kommt es zu keiner Verständigung. Vielleicht aber ist es auch umgekehrt: Weil die Nichtbetroffenen die normalitätserschütternde Wucht der Wirklichkeitserfahrung von Krebskranken nicht aushalten, müssen die Betroffenen ein fassadenhaft normales Selbst aufbauen, damit wenigstens der Anschein einer Interaktion entstehen kann.

Diese alternative Interpretation dürfte jedenfalls *auch* zutreffend sein. Von den Konsequenzen, die daraus für die Nachbetreuung abzuleiten wären, kann man dann allerdings fast nur noch sagen, dass damit »ein weites Feld« beginnt, auf dem die normale Wirklichkeit auch für die (vom Krebs) nicht Betroffenen nicht einfach bestehen bleiben kann.

Aufsteigen alter, bisher verdeckter Konflikte

Vielen Forschern und Betreuern von Krebskranken ist aufgefallen, dass gravierende Belastungen häufig gar nicht so sehr von den Problemen ausgehen, die durch die Krankheit selbst entstanden sind, sondern vielmehr von tiefgreifenden Konflikten, die lange vor dem Ausbruch der Krankheit bestanden haben, bislang aber verdeckt und unterdrückt geblieben waren.

> »Der Krebs wirkt häufig wie der so oft zitierte letzte Tropfen, der ein Fass zum Überlaufen bringt. Er aktualisiert vordem verschleierte Probleme ... Der Krebs fördert wie ein Katalysator das ganze Potenzial an latenten negativen Gefühlen, Vorwürfen und Ängsten zu Tage, die nunmehr alle möglichen neurotischen Symptome oder sozialen Verhaltensschwierigkeiten auslösen.« (E. Richter 1931, S. 182)

Die These, dass durch die Krebsdiagnose die ganze bisherige, für normal gehaltene Lebenskonstruktion samt der sie stützenden »Sinnwelt« erschüttert oder gar zum Einsturz gebracht wird, erklärt auch das Aufsteigen alter, bisher verdeckter Konflikte. Eines der gängigsten »Lösungsmuster« bei der Bewältigung von Konflikten, unerfüllten Sehnsüchten und nichtverwirklichten Lebenszielen besteht ja darin, dass man die konflikthafte und unbefriedigende eigene Situation für normal hält: Den anderen geht es doch im Grunde auch nicht besser; in der Ehe von Frau X kriselt's doch auch ganz schön; wer ist denn schon wirklich glücklich? usw. ... Auf eine eigenartige Weise wird das eigene Unglück gemildert und besänftigt durch den Vergleich mit anderen, denen es auch nicht besser geht: Wenn das Unglück normal ist, ist es eigentlich gar kein Unglück mehr; man muss sich damit abfinden, das Leben ist so, da kann man halt nichts machen.

Auf diese Weise werden alltäglicherweise auch tiefgreifende Lebenskonflikte immer wieder minimalisiert und einer bewussten Wahrnehmung entzogen. Die im Laufe der Jahre etablierte Gestalt des alltäglichen Lebens enthält die Konflikte und unerfüllten Sehnsüchte als ungelöste und integriert sie – mehr oder weniger resignierend – in das Bild und den Ablauf des normalen Lebens. Eine Lösung und Erfüllung wird allenfalls vage »irgendwie« von der Zukunft erhofft und spinnt sich ansonsten in Fantasien und Tagträumen aus. Und so geht das denn von einem Tag zum anderen und ist einfach »ganz normal«.

Die Krebsdiagnose bringt hier eine abrupte Unterbrechung: Plötzlich wird nichts mehr so weitergehen wie bisher, und nichts im eigenen Leben ist noch normal. Der Körper nicht, die Zukunftsaussichten nicht, das Zusammenleben oder Alleinsein nicht und auch die ungelösten Konflikte und das verborgene Unglück nicht. Auch die normale Vertröstung auf die Zukunft funktioniert nicht mehr – denn diese Zukunft wird es möglicherweise gar nicht mehr geben. Man ist plötzlich nicht mehr wie die anderen und steht deshalb allein vor dem eigenen Leben – und da reden die bislang verdeckten Konflikte und unerfüllten Sehnsüchte auf einmal in der Sprache des eigenen Lebens: Es ist ihnen völlig gleichgültig, ob es »den anderen« besser oder schlechter oder genauso geht –, das eigene Wesen will etwas vom Leben, und es misst das Erreichte einzig und allein an der eigenen Sehnsucht. Angesichts der schlagartig real gewordenen Nähe des Todes wird deshalb alles bisher Ungelöste und Unerfüllte sichtbar und drängt auf eine Lösung, die wegen der vielleicht nur noch kurzen verbleibenden Zeit jetzt angegangen werden muss.

Bei diesem Vorhaben kann professionelle Unterstützung sicher in vielen Fällen eine wertvolle Hilfe sein, und vor allem die Familien- und Paartherapie kann dazu beitragen, alte Konflikte aufzuarbeiten und die Beziehung auf eine neue Grundlage zu stellen. In anderen Fällen aber wird eine konkrete Lösung gar nicht möglich sein – man denke beispielsweise an jemanden, der sein Leben lang von der großen Liebe oder der großen Karriere geträumt, sie aber nicht wirklich gefunden hat und jetzt die Tatsache ansehen muss, dass sein Leben unerfüllt war und wahrscheinlich unerfüllt enden wird. Reaktionen von Depression, Hoffnungslosigkeit, apathischer Resignation und Selbstaufgabe, die so häufig bei Krebskranken festgestellt wurden, sind von hier aus nur allzu verständlich. Innerhalb der gesellschaftlich vorgegebenen, normalen Sinnwelt gibt es ja auch tatsächlich nichts, das dem Leben dann noch einen Sinn geben könnte.

Hilfestellungen

Als unmittelbare Folgerungen für die psychosoziale Betreuung von Krebskranken ergeben sich aus dem bisher Gesagten zwei generelle Hinweise:

1. Versteht man psychosoziale Betreuung im Wesentlichen als »Begleitung« von Kranken auf einem Weg, der zumindest streckenweise außerhalb der normalen Wirklichkeit verläuft, so stellt sich für die »Betreuer« oder »Begleiter« natürlich die sehr grundsätzliche Frage, ob sie überhaupt bereit – und vor allem: fähig – sind, den gesicherten Bereich der normalen Wirklichkeit zu verlassen und den Kranken tatsächlich dorthin zu folgen, wohin sie notgedrungen gehen. Bildlich gesprochen: Jemand, der sich für eine Wüstendurchquerung als Begleiter – oder gar als »Führer« – anbietet, müsste wohl selbst einige Wüstenerfahrung mitbringen, um nicht zu einer zusätzlichen Belastung für den Begleiteten zu werden oder ihn gar in die Irre zu führen.
2. Wenn eine Begleitung wirklich gelingt, kann sie die Betroffenen meines Erachtens vor allem an einer Stelle unterstützen: Sie kann ihnen das Gefühl und die Gewissheit geben, mit ihrer plötzlich so brüchig und fragwürdig gewordenen Existenz vielleicht den Raum des »Normalen«, nicht aber den Raum des Menschlichen und des Lebendigen verlassen zu haben. Sondern im Gegenteil: diesen Raum des Menschlichen und Lebendigen in seiner wahren Tiefe vielleicht jetzt erst überhaupt zu betreten.

Der Sturz aus der normalen Wirklichkeit und die Suche nach Sinn

Literatur:

BERGER, P. und LUCKMANN, TH.: Die gesellschaftliche Konstruktion der Wirklichkeit. Frankfurt a.M. 1972.
BRAUN, H. und HARDIN, B.: Krebserkrankung und psychosoziale Belastung. In: Mensch, Medizin, Gesellschaft 4 (1979), 40–45.
HEYST, I. VAN: Das Schlimmste war die Angst. Geschichte einer Krebserkrankung und ihrer Heilung. Fischer Taschenbuch Verlag, Frankfurt 1982.
RICHTER, H.E.: Der Krebs als psychisches Problem. In: Med. Welt 32 (1981) 177–184.
SCHAFFT, S.: Zur Lebenssituation von Frauen nach krebsbedingter Brustamputation. Eine explorative Studie. Unveröffentlichter Forschungsbericht im Auftrag des BMFT. Konstanz 1980.

Aus Tiefen ...

Beobachtungen zur Sprache des 130. Psalms und seiner neueren Rezeption

Manfred Görg

Noch heute und wahrscheinlich unverlierbar, steht mir eine Situation während meiner lange zurückliegenden Gemeindearbeit als junger Pfarrer in einem Dorf vor Augen. Ich erfuhr vom plötzlichen Tod eines bekannten und beliebten Gemeindemitglieds auf dem Fußballplatz. Man bat mich, den Angehörigen die bittere Nachricht zu überbringen und brachte mich zum Haus der Verwandten. Mit derartigen Aufgaben keineswegs vertraut ging ich die Treppe hinauf in die Wohnung und fand die Angehörigen in bester Laune vor: Man saß beim Kaffee und unterhielt sich, wie man in einem Dorf gern zusammen sitzt und über Gott und die Welt redet. Vielleicht löste mein Erscheinen bereits eine gewisse Irritation aus; Zeit, um mir mein Vorgehen zu überlegen, hatte ich nicht; was soll einem da schon einfallen. Ich weiß nicht mehr, mit welchen Worten ich die Unglücksbotschaft übermittelt habe. Sicher habe ich keinen Bogen um das Schreckliche gemacht. In Erinnerung geblieben ist mir besonders die Reaktion der Mutter, sie brachte im momentanen Schock nur einige Worte im lokalen Dialekt hervor, an ihren Gott gerichtet zwar, doch ohne Anspruch auf verständliche Artikulation. Hier war nichts verstellt, nichts zurückgehalten in Gegenwart des Fremden. Ein plötzlicher Sturz in die Tiefe der Verzweiflung, doch nicht ohne den eruptiven Aufschrei zu Gott. Was für ein Gott? Ein Ur-Laut religiöser Sprache?

In meiner Jugend habe ich die Gattung der »Stoßgebete« kennen gelernt. Nicht wenige haben sich mehr oder wenig spöttisch dazu verlauten lassen: das seien doch keine eigentlichen Gebete, wie man sie in der Bibel oder im Katechismus lese, im Religionsunterricht lerne oder in der Liturgie vernehmen dürfe. Das sehe ich längst anders. Zwischenzeitlich habe ich erfahren dürfen, dass die sprachlichen Auf- und Ausbrüche in bedrängenden Situationen einer primär religiösen Sprache nahe kommen, selbst wenn sie formal nicht an Gott gerichtet sein mögen. Diese fundamentale Orientierung verdanke ich den jüngeren Interpretationen sprachlicher Zeugnisse von jüdischen Häftlingen in den Konzentrationslagern des Dritten Reiches[1]. Hier bedurfte es nicht des sprachlich organisierten Gebetes als der vorgegebenen Fassung der Rede mit einer übergeordneten Instanz. Das ›ungeordnete‹ Reden aus sich heraus, der spontane Sprechakt, der häufig verzweifelte Wortausbruch, das Ringen nach Luft in der Eruption der Gefühle, dies alles ist keineswegs stets ein formales ›Sprechen mit Gott‹, wohl aber ein elementarer Ruf nach Beistand und Überleben.

Die Sensibilität für ungesteuerte und eruptive Sprache als Äußerungsform einer existenziellen Befindlichkeit ist eine der Voraussetzungen, um überlieferten Gebetstexten auf den Grund zu gehen. Die uns besonders im biblischen Psalter begegnenden Formen haben längst den Charakter literarischer Poesie angenommen, so dass es nicht ohne weiteres gelingen mag, die ›Schale‹ der literarischen Verschriftlichung zu durchbrechen und zur auslösenden Grenzverfassung des Beters vorzustoßen. Es kann auch kein Zweifel sein, dass der Prozess der liturgischen Adaptation vieler Lieder die Umsetzung in individuelle Gebetsliteratur zum privaten Gebrauch ihren Beitrag zur Enteignung eines Primärgeschehens oder einer genuinen Ursprungserfahrung geleistet haben.

Dennoch schimmert in der kraftvollen Diktion immer wieder eine erstaunliche Kongenialität der Sprache mit der elementaren Auseinandersetzung von Menschen in Grenzsituationen durch. Nur dieser Umstand erklärt und verbürgt letztlich, weshalb die Sprache der Psalmen im Thesaurus der Gebetsliteratur einen unverlierbaren Platz behaupten konnte und weiterhin kann.

In der anscheinend zeitübergreifenden Relevanz der Bildsprache gründet sich wohl auch die erstaunlich breitangelegte Rezeption, die zumindest einigen Psalmen zuteil wird. Die Verwunderung mag umso stärker ausfallen, je mehr man auch wahrnehmen muss, dass Neudichtungen das Feld der dialogischen Begegnung mit Gott verlassen und andere Dialogpartner ausmachen lassen. Gerade an dieser Transformation der Adressaten lässt sich erkennen, dass die religiöse Verankerung letztlich auch dann nicht verloren geht, wenn das Wort Gott nicht mehr fällt.

Der 130. Psalm,[2] mit den Anfangsworten der lateinischen Version als »De Profundis« gekennzeichnet, hat mich nicht nur als Begleittext in der Totenliturgie angesprochen, sondern vor allem in der Empirie meiner exegetischen Arbeit, da er wie kein anderer den Menschen in seiner urgründlichen Bedrängung und Sehnsucht nach Heil einholt und abholt. Er diene uns hier als Beispiel für den Vorgang einer hinlänglich transparenten Fassung literarischer Gebete, die einer Vergangenheit und Gegenwärtigkeit klagenden Redens vor Gott Ausdruck geben. Um diese Tiefendimension auszuloten, ist es nötig, der genuinen Gestalt des Psalms nachzugehen. Eine vorläufige Übersetzung des Wortlauts (nach der Satzfolge in der Urfassung) sei vorangestellt.

130, 1a	Das Lied der Aufstiege:
1b	Aus Tiefen rufe ich Dich, JHWH:
130, 2a	Adonai, höre doch auf meine Stimme!
2b	Lass doch Deine Ohren geneigt sein der Stimme meines Flehens!
130, 3a	Wenn (auf) Sünden Du achtest, Jah –
3b	Adonai, wer könnte bestehen?
130, 4a	Ja, bei Dir (ist) die Vergebung,
4b	dass man Dich fürchte!
130, 5a	Ich hoffe, JHWH,
5b	es hofft meine ›Seele‹,
5c	und auf Sein Wort warte ich.
130, 6a	Meine ›Seele‹ (gehört) zu Adonai,
6b	mehr als die Wächter dem Morgen, die Wächter dem Morgen:
130, 7a	Harre, Israel, (auf) JHWH,
7b	denn bei JHWH ist die Gnade, und viel (ist) bei Ihm Erlösung!
130, 8	Er wird erlösen Israel von allen seinen Sünden.

Mit gutem Grund ist erst jüngst notiert worden, dass brauchbare Kriterien für die Annahme eines literarischen Wachstums oder einer Schichtung bis zu einer redaktionellen Überarbeitung nicht ohne weiteres zu erbringen sind.[3] Dennoch darf man wenigstens Bedenken im Blick auf V.1.7a.8 geltend machen.[4] In unserem Fall ist es jedoch legitim, den Psalm im jetzigen Kontext exegetisch und religionsmotivisch auszuschöpfen, unbeschadet der Möglichkeit einer liturgisch motivierten Fortdichtung, die die Anfänge der Rezeption signalisieren würde.

Die literarische Gestalt legt sich offensichtlich über den vorgegebenen Ausdruck von anfänglicher Hilflosigkeit mit folgender Vertrauensäußerung. Der die ersten vier Verse umfassende Anredeteil verbindet gerade diese Bekenntnisse, die aus der Not geboren und zugleich von gläubiger Zuversicht getragen sind. Im folgenden Teilbereich der Verse 5c–8 verlässt die Psalmsprache die Ebene des Monologs in Richtung auf den göttlichen Partner, um sich nunmehr über diesen mit gleichgerichteter Hoffnung auf Rettung zu verständigen. Insgesamt wird also das Du zum Er, die primäre Rede zu Gott wandelt sich zu einer Rede über ihn. Dieser Weg vom Gebet zu Gott zur Predigt über Gott konstituiert den Entwicklungsgang von einer Ursprungsphase religiöser Erfahrung hin zu einem Stadium der Reflexion im paränetischen Stil, von der Glaubenssubstanz hin zum Bekenntnis.

Auch die Frage der Datierung ist keineswegs leicht zu beantworten, wenn auch Sprache und Stil am ehesten in spätexilisch-frühnachexilische Zeit zu führen scheinen. Die mögliche Erfahrung der babylonischen Gefangenschaft wäre freilich ein Hintergrund, der die Intention des Psalms nicht nur auf der Ebene individueller Reflexion, sondern auch als Antwort auf das zentrale politische Widerfahrnis Israels charakterisieren würde. Die zunehmend kollektive Orientierung des Psalms spricht für diese Ausweitung des Blickfeldes über das Schicksal eines Individuums hinaus. Die Ich-Erfahrung wird so der Wir-Erfahrung des Volkes solidarisch zugeordnet, so dass das Ich bereits ein kollektives Ich geworden ist. Die für die Gebetsprache Israels charakteristischen Wir-Aussagen sind ohnehin wohl erst in den nachexilischen Psalmen greifbar.

Ein besonderes Problem der neueren Forschung scheint das Zeitverständnis zu sein, das den einleitenden Sätzen zu Grunde liegt. Im Anschluss an die frühen Versionen wird vorgeschlagen, die vorzugsweise der Vergangenheit zugeordnete Verbform in Vers 1b für eine Erklärung zu nutzen, die den Klageschrei für ein bereits geschehenes Ereignis hält und den folgenden Hilferuf in 2ab als eine Art Zitat verstehen lässt[5]. Diese Auffassung, die syntaktisch ohne weiteres gerechtfertigt ist, scheint in einer Spannung zur häufig vertretenen These zu stehen, dass der Beter eine aktuelle Befindlichkeit ausdrücke, um sich im Augenblick zu Wort zu melden, die Klage auszustoßen und auch in der Bitte zu formulieren. Diese syntaktisch ebenfalls zulässige Interpretation redet einer performativen Redeweise das Wort, die ein akutes Anliegen zu Gehör bringt. An die beiden Übersetzungsmöglichkeiten werden Folgerungen für das Psalmenverständnis geknüpft: Die resultative Wiedergabe lässt den Gesamttext letzten Endes als Danklied begreifen, während die übliche performative Version einen Klagepsalm präsentiert.

An Stelle einer Alternativentscheidung soll hier mit einer bewussten Offenhaltung des Problems gerechnet werden, so dass es möglich bleibt, beide Perspektiven im Auge zu behalten, wie sie wohl auch dem Dichter vorgeschwebt haben mögen. Es geht um das Faktum des Hilferufs als solchen, der für die Gegenwart relevant bleibt, näherhin um die pure Anrufung JHWHs, in deren Gefolge dann die Ausgestaltung des Bittrufs steht. Eine ausschließliche Einengung auf eine vergangene Gebetshaltung erscheint damit nicht plausibel, während sich das Konstatieren der existenziellen Verwiesenheit auf einen Adressaten durchaus mit der aktuellen Vergegenwärtigung des Notrufs selbst verträgt. Der Psalmanfang ist somit syntaktisch vergleichbar mit dem Beginn der so genannten JHWH-König-Psalmen, da dort ein resultatives und zugleich

Aus Tiefen ...

konstatierendes Verständnis anzusetzen ist: »JHWH ist König geworden, d.h. er ist nunmehr König«. Entsprechend würde in unserem Fall gelten: »Aus Tiefen habe ich dich angerufen, JHWH, d.h. rufe ich dich (jetzt)«. Die Anrufung als solche geht formal der ausgeformten Bitte voraus und wird in ihr aktuell zur Geltung gebracht. Eine gravierende Spannung zu dieser perfektiven Perspektive im folgenden Textzusammenhang vermag ich nicht zu erkennen.

Von charakteristischer, das Niveau und die Tendenz des ganzen Psalms vorweggreifender Signalwirkung ist das anfängliche Bildwort, das nicht nur mit einem Vergleich, auch nicht nur mittels einer Metapher, sondern über mythologische Konnotation die Verfassung des Sprechers aufdeckt. Der gewählte Ausdruck, im Alten Testament nur noch Jesaja 51,10, Ezechiel 27,34 und Psalm 69,3.15, d.h. in offensichtlich literarisch jüngerem Zusammenhang belegt, zieht jedoch nicht nur wegen seiner Anfangsposition und seiner Rarität in biblischem Kontext, sondern wegen seiner semantischen Orientierung die Aufmerksamkeit auf sich. Das Wort wird sonst meist mit Wassertiefe und Schlammgrund konnotiert, verweist also auf den Vorstellungsbereich der Elemente einer lebensfeindlichen Sphäre, wie sie in erster Linie mit den Gegebenheiten einer Vor-Welt (vgl. Genesis 1,2) assoziiert werden. Damit ist der mythologische Bezug angesprochen, der seinerseits wieder einer mythischen Konzeption von der doppelgesichtigen Verfassung des ›Chaos‹ entspringt. Die vorweltliche Zone ist an und für sich ambivalent: Sie steht einerseits der Lebenswelt gegenüber, trägt andererseits jedoch potenziell die Transformation in eine lebensfördernde Welt in sich. Dies wird im Blick auf die altägyptischen Kosmogonielehren besonders deutlich, da sich hier die Vor-Welt mit den als Ur-Göttern manifestierenden Größen der Urflut, Ur-Finsternis, Aggressivität und Verborgenheit als Hort der Lebensabgewandtheit verstehen lässt, obwohl die Größe ›Verborgenheit‹ in Gestalt des Gottes Amun zur Höhe der Lebenswelt aufsteigen kann. Auch in Gen 1,2 sind diese Ur-Phänomene im Vorfeld des eigentlichen Wortschöpfungsprozesses greifbar, während der Geist Gottes die Rolle des ägyptischen Amun aufnehmend die Transformation in das positive Lebensprinzip symbolisiert.

Die im Psalm apostrophierten »Tiefen«, die die Sphäre der Not pluralisch ausweiten und damit eine komplexe Anti-Lebenswelt zu erfassen suchen, sind hier allerdings jeder positiven Umdeutung abhold. Sie transzendieren jede tradierte und imaginäre Vorstellung vom mythischen Urgrund der Schöpfung, sondern umschreiben letztlich das »schwarze Loch«, in dem sich der Sprecher vorfindet. Der Sprecher gibt zugleich zu erkennen, dass seine Ausgangslage nicht nur die der einstmaligen Vor-Welt ist, sondern in die Negation der Lebenswelt schlechthin hineinreicht. Über die geschöpfliche Bedingtheit und Anfälligkeit zum Rückfall in das Chaos hinaus lässt er die Bodenlosigkeit des Lebensschicksals erahnen, das den israelitischen Menschen ereilt, dem die Heimat entrissen und das Exil aufgezwungen worden ist. Diese Konfrontation mit dem eigenen Entfremdetsein und der Wurzellosigkeit tritt als offenbar paradigmatische Provokation vor Augen.

Der anfängliche Bildausdruck und die sowohl resultativ wie performativ deutbare Rede bestätigen den Aspekt einer offenbar bleibenden Befindlichkeit, die empfunden wurde und noch empfunden wird, den der ohnmächtigen Verlorenheit, welcher der Betende durch Anrufung des allein Mächtigen zu entkommen sucht.

Die in 2ab geäußerten, den Anruf konkretisierenden Bitten, lassen nun keineswegs erkennen, worin die Notlage und gar die Gestalt der Errettung aus ihr bestehen soll[6]. Das Schreien soll das Ohr JHWHs treffen, ohne dass definitiv erklärt wird, was sich der Bittende wünscht. Es versteht sich nicht ohne weiteres von selbst, dass er »aus Tiefen« emporgezogen werden will. Allein der Umstand, dass es dank dieser übergeordneten Initiative eine Aussicht auf Lösung in Gestalt rettender Befreiung gibt, vermag der Aktualisierung der Bitte ein Fundament zu geben. Die Namensnennung des Unaussprechlichen, sowie im Anschluss daran die Titulatur genügen schon, um die Würde des Adressaten herauszustellen. Der klassische Gottesname versinnbildet die Kompetenz, aus der Höhe herabzusteigen, aus jener Dimension der Erhabenheit also, die nach Ausweis des nachstehenden Herrschaftstitels zu keinem Zeitpunkt aufgegeben werden kann. Nur darin begründet sich die Ausrichtung des Sprechakts »aus den Tiefen«.

Für die Gewichtung dieses nach wie vor klagenden Sprechakts ist weiter bezeichnend, dass von einem konkreten Akt erfahrener Rettung nicht eigens oder ausdrücklich die Rede ist. Der unmittelbare Folgetext weiß weder von einer zuvor erlebten oder aktuellen Heilstat. Stattdessen sind Vertrauensäußerungen am Platz, die sich in ihrer semantischen Orientierung noch voneinander unterscheiden. Während die Sätze in V. 3 f. die absolute Gewissheit der Vergebung artikulieren, setzen V. 5 f. auf die Grundhaltung der Hoffnung überhaupt. An dieser Sequenz ist vor allem auf den ersten Blick verwunderlich, weshalb zwischen der menschlichen Ohnmacht und dem Schuldbewusstsein ein geradezu selbstverständlich erscheinender Zusammenhang gesehen wird. Auch dieses Phänomen bedarf einer tiefer gehenden Nachfrage.

Der Blick auf die eigene ›chaotische‹ Befindlichkeit ist mit dem Urteil über die eigene Schuldhaftigkeit derart verbunden, dass die Art und Weise der Verschuldung oder die konkrete Dimension der Schuld überhaupt nicht in den Blick zu kommen scheint. Der klagend Betende findet den Grund seiner Lage nur bei sich selbst. Dies mag auf der angenommenen Korrespondenz der Verstrickung des Sünders mit desolaten Erfahrungen als geradezu zwangsläufiger

Folge zurückzuführen sein und als zeitgebundene Variante des so genannten Gesetzes von Zusammenhang zwischen Tun und Ergehen zu verstehen sein; zutreffender ist wohl die tiefsitzende, im Unbewussten angesiedelte Konzeption vom selbstinaugurierten Versagen. Die nicht zu unterschätzende These einer Verankerung des persönlichen Schicksals in der eigenen Lebensführung hat eine mythische Konstitution zur Voraussetzung, wonach der Mensch eine Portion Schuld an seinem eigenen Geschick trägt. Eine solche Selbsteinschätzung kann auch nicht mit pastoralem Eifer entschärft oder zum Verschwinden gebracht werden, weil sie wohl zur geschöpflichen Wahrnehmung gehört.

Die Sequenz mit der Kurzform des Gottesnamens (JH) und dem Titel ›Herr‹ korrespondiert mit der Adressatenangabe in 1b.2a und steht im Zentrum der rhetorischen Frage 3ab, die dann in der deklamatorischen Antwort 4ab im Bekenntnis zum vergebenden Gott aufgenommen wird. Nach der hier fassbaren Grundidee zur Vergebung von Vergehen, die in das Bild vom Aufbewahren gehüllt wird, gibt es einen Bewahrungstrend bei Gott nicht, dafür soll Vergebung um des Fürchtens willen gewährt werden. Das Bestehen soll wohl in Kontrast zum Aufenthalt in den »Tiefen« begriffen werden; nach Jes 7,9 gibt es ja nur ein Bleiben auf Zukunft im »Sich-Festmachen« in JHWH. Hier ist nicht der Glaube das Thema, sondern das bloße Verlassen auf den vergebungswilligen Gott. Hier wird das Überleben von dem konditionslos gewährten Vergeben Gottes abhängig gemacht. So wird man, ohne eine Spannung erwirken zu wollen, annehmen dürfen, dass es letztlich um die glaubende Anerkenntnis des gnädigen Gottes geht. Dem entspricht wohl auch der Gedanke der Gottesfurcht, die als Korrelat der gnädigen Zuwendung Gottes aufgefasst werden darf. Hier ist keine Vorleistung notwendig, im Gegenteil, die verborgene Gewissheit, dass der Gott des Lebens auch der Gott der Vergebung ist, dessen Leidenschaft das Schicksal des Menschen von vorneherein positiv umschließt, bestimmt das Ende der ersten Rede in V. 4. »Gottes Vergebung ist der theologische Grund der JHWH-Furcht«[7]. Wohl auch und sogar primär dürfte die tiefverankerte Vorstellung sein, dass der, der ins Leben gerufen hat, seinen Beistand in höchster Not nicht entzieht, mithin sein im Schöpferakt gegebenes Versprechen einlöst. Mit der passiven Verständnisweise (»dass man dich fürchte«) kann auch ein Öffentlichkeitsbezug gemeint sein (»damit/so dass es [immer mehr?] JHWH-Fürchtige gibt«)[8], wodurch hier bereits der Schritt vorbereitet wäre, der dann in der Rede vor der Gemeinde V. 7 f. zum Vollzug kommt.

Die Gottesfurcht, alles andere als ängstliche Devotheit oder gar Sklavenmentalität, wie sie wohl Nietzsche diskreditieren würde, resultiert aus dem ahnenden Wissen, dass es ein Interesse Gottes an der Nichtigkeit gibt, wie dies der Prediger Kohelet in einzigartiger Weise zur Schlüsseleinsicht seines

Denkens erhoben hat: »Gott sucht das Flüchtige« (Koh 3,15). Diese »Compassion« Gottes an der scheinbar verlorenen Existenz[9] begründet letztlich das in die unmittelbare Gegenwart und in die Hoffnung auf ein Überleben investierte Vertrauen. Mit seiner Provokation zur umfassenden Nutzung und Ausschöpfung des Augenblicks geht der Prediger noch einen Schritt weiter als unser Psalmdichter, womit immerhin aufs Neue angezeigt ist, dass eine spätnachexilische Bewusstseinslage vorausgesetzt werden darf.

Die Frage nach der zu wählenden Zeitstufe in der Wiedergabe bei V. 1 wiederholt sich in V. 5; auch hier wird neuerdings empfohlen, bei einer Vergangenheitsaussage zu bleiben[10]. Dennoch scheint die Flektion der Verbform im Kontext hier deutlicher der Gegenwart zugeordnet zu sein, ohne den erinnernden Kontakt zu vergangenen Erfahrungen aufzugeben, so dass auch hier eine generelle Sicht der Ausdrucksweise gerechtfertigt ist, die dazu in dreifacher Gestalt variiert und so intensiviert wird. Eine ähnliche sich steigernde Vertrauenserklärung bietet der nächste Vers, der mit einem erweiterten Nominalsatz den generellen und existenziellen Nachweis der Zugehörigkeit der »Seele« als Umschreibung des lebendigen und lebensbedürftigen Menschen zum Schöpfer artikuliert und damit mit einem überbietenden und doppelt ausgeführten Vergleich die totale Verwiesenheit ausspricht, ohne noch einmal eigens einen verbalen Ausdruck der Hoffnung zu wählen. Der Vergleich mit dem Wächteramt und der Morgenröte insinuiert überdies die Vorstellung von der mythologischen Dimension des Morgens, der in altorientalischer Bildsprache die Wende zu einem Neuanfang signalisiert.

Der wahrscheinlich im Grundtext gegenüber den Versionen verankerte Imperativsatz 7a muss wegen seiner Adressatenwahl nicht zwingend als Störung empfunden werden, wenn man einer sukzessiven Öffnung des Psalms in die Außenwelt des Betroffenen das Wort redet. In der Tat stellt die nominale Erklärung in Vers 7bc eine grundsätzliche und resultative Bestätigung dessen dar, was der Beter zuvor als eigene Erfahrung definiert hat. Dem persönlichen Bekenntnis folgt auf diese Weise eine einschlägige Verkündigung. Die Glaubenserfahrung wird publik gemacht, um die Allgemeinheit Israels an der »Erlösung« partizipieren zu lassen, die bei JHWH von jeher beheimatet ist. Auch V. 8 fällt aus dieser kerygmatischen Intention nicht heraus, im Gegenteil, die offenbare Beziehung der »Erlösung« auf die Zukunft Israels dehnt die Gewissheit über die Gegenwart des Bekennenden und der Gemeinde hinaus aus und bestätigt nochmals und abschließend den umfassenden, Raum und Zeit übergreifenden Charakter der gnadenhaften Wirklichkeit Gottes.

Dem Psalm gebührt nach allem keine Alternativentscheidung zwischen den Gattungsformen Klagelied und Danklied. Psalm 130 ist ein elementares Vertrauenslied, das der tiefen Klage und der festen Zuversicht Raum gibt und

Aus Tiefen ...

so ein Zeugnis von durchlittener und durchlebter Erfahrung des fernen und zugleich nahen Gottes vermittelt.

Die Geschichte der Rezeption des Psalms zeigt bis in die jüngste Vergangenheit eine provozierende Eigenart menschlicher Verfassung, die sich wenigstens in der Erfahrung der »Tiefen« zu allen Zeiten wiederfindet, wie diese auch immer ausgestanden, belassen oder überwunden wird. Allein das anfängliche Bildwort reicht aus, um die Identität des Einzelnen in tiefster Not kritisch zu beschwören. Die Literaturgeschichte jüngerer und jüngster Poesie in kritischer Anknüpfung an die Sprache und Intention der Psalmen[11] erweist, dass man sich der Begegnung mit dem Psalmdichter nicht entzieht, wenn man auch nicht durchweg bereit ist, dessen letztlich unzerstörbare Hoffnung zu teilen.

Die Schlussstrophe des Gedichts »Aus meiner Tiefe« von Franz Werfel setzt in bewusster Anspielung auf den Psalmanfang die individuelle Verzweiflung oben an:

> Aus meinen Tiefen rief ich: »Wo bin ich, wo sind wir?«
> Umstellt von Unabänderlichkeiten, verstoßen in erbarmungslose Gelächter,
> verschlagen aufs Eiland schiffbrüchiger Kartenspieler!
> Unsere Ruhe ist Tod,
> Unsere Erregung Fäulnis!
> Wir sind gebeizt, gesalzen, geräuchert von böser Entwöhnung!
> Verlernt ist der Ursprung,
> Verlernt der ruhende Blick,
> Verlernt das Daliegen in den Himmel!
> Aus meiner Tiefe rief ich dich an,
> Denn hier rettet kein Wille mehr, hier rettet nur Wunder.
> Tu Wunder![12]

Schon die Wiedergabe des programmatischen Bildworts ist bezeichnend für eine abendländisch-moderne Perspektive. Die ursprüngliche Nähe zur mythologischen Dimension der scheinbaren Gottesferne erfährt eine individualisierende Umprägung, die der genuinen Verlassenheit des Einzelmenschen das Wort redet. Diese Einengung auf die persönliche Tiefen-Perspektive hat dazu die schreckliche Kontinuität auf ihrer Seite, von rettender Aussicht ist absolut nichts zu spüren. Darin liegt die größte Distanz zum Psalmgebet, das mit dem Schrei nach Gott bereits ein Signal der Hoffnung setzt. Die »Tiefen« werden nicht mehr in der mythologischen Dimension belassen, vielmehr in der »Arbeit am Mythos« radikal auf die Gegenwart bezogen, wenn auch nach wie vor Metaphern dominieren. Offenbar ist auch der einstmals wie beim Psalmdichter mögliche Rekurs in Erinnerung an den Retter »verlernt« worden. Der Mensch kommt scheinbar aus den »Tiefen« nicht heraus, wie die Wiederholung unterstreicht. Andererseits hat der Psalmdichter von der Chance eines rettenden Willens überhaupt kein Wort verloren, der moderne Mensch muss erst die Dubiosität menschlichen Behauptungswillens reflektieren. Dennoch bleibt die Chance einer Wende durch ein »Wunder«, das nunmehr die Stelle von Gnade und Erlösung einnimmt. Die theologisch befrachteten und belasteten Ausdrücke weichen einem neuzeitlichen Verständnis vom Wunder als einem Durchbrechen der todbringenden Naturgesetze. Das »Wunder« und die abschließende Bitte »Tu Wunder!« weiß nichts mehr von der vorgreifenden Gnade, ist nur noch auf abrupte Änderung des Elends bedacht. Sie ist und bleibt aber ein elementarer Bittruf, der eben die zeit- und raumübergreifende und dadurch identitätsstiftende Verbindlichkeit an sich hat, wie sie der Psalmdichter äußern konnte.

Zu den »Kontrafrakturen zum Klagepsalm« wird u.a. ein Gedicht gezählt, das von dem DDR-Lyriker Günter Kunert stammt und die Überschrift »De Profundis« trägt:

> Aus der ermesslichen Gruft
> Vergangenheit
> die dumpfe Stimme, die schreit heraus
> und gehört dem alltäglichsten
> aller Schemen.
>
> Die Burgen sind, die Wälle, ruft es.
> ein Fortschritt: die Folter
> vielsagende Neuerung wie der Vegetarismus.
> Gepriesen das Schießpulver und der dialektische Dialekt,
> Bertold Schwarz und Bertolt Brecht,
> Kragenknopf und Präservativ.
> Hört: alles Neue ist gut, solange es neu ist.
> Daher allem und jedem
> ewige Jugend zu verleihen, ist dringlich geboten, dass endlich
> aufhöre aus der Tiefe zu rufen
> das Gespenst unsrer Erfahrung.
> Damit es Ruhe finde.
> Damit wir Ruhe finden.
> Damit in Europa kein anderer Geist umgehe
> als der erster Bürgerpflicht[13].

Die »Tiefen« des Psalmanfangs kontrastieren hier mit der »ermesslichen Gruft«: Die greifbare Geschichte einer zerrissenen und unmenschlichen Vergangenheit scheint sich an die Stelle einer als vage empfundenen Nominierung von Ohnmacht drängen zu wollen. Die Wahrheit des Mythos ist jedoch nicht minder konkret als die Geschichte, so dass die »Tiefen« auch die Katastrophen unterfangen. Ein weiterer, wohl ebenfalls nur scheinbar gültiger Kontrast ergibt sich mit dem Umschlag in ein Preislied auf die Unverträglichkeiten, wie sie von den beiden »Bertolts« repräsentiert werden, Krieg und Kultur, womit sich der Dichter das Neben- und Ineinander von Klage und Dank im Psalmgefüge karikierend zu Eigen macht. Das Interessengeflecht menschlicher Strategien und die scheinbaren Innovationen zur Humanität sind freilich alles andere als preiswürdige Anlässe zur Zuversicht, da sie lediglich immer zu neuen Perversionen und Rückschlägen geführt haben. Hier macht sich jedoch bemerkbar, dass es den klagenden Aufweis der Widersprüchlichkeiten auch ohne göttlichen Adressaten gibt, auch wenn er sich in ironischer Weise Luft verschafft.

Auch dieser Aus-Schlag ist ein Befreiungsschlag, der zu den Primärerscheinungen einer elementaren Äußerung von Religion gezählt werden kann, eine Bitterkeit, die nach einer plausiblen Daseinsdevise Ausschau hält. Schließlich findet das Gedicht »De Profundis« auch zu einem Appell an die Öffentlichkeit, die die Innovation um ihrer selbst willen aufnehmen und respektieren soll. Freilich spürt man alsbald die fortgesetzte Ironie, da auch das scheinbar so erfrischend Neue der altlastigen Starrheit anheimfällt. Die Begegnung mit dem Neuen, euphorisch als Ende des Rufs aus den Tiefen deklariert, dekuvriert sich als Friedhofsruhe.

Insgesamt wirkt »De Profundis« eher wie ein Abgesang auf den biblischen Psalm, die gegenläufige Analogie weist aber dafür eindringlich auf das Dilemma des formal ungläubigen Rezipienten hin. Die Ironie schafft den Ausstieg nicht, schon gar nicht den Aufstieg, aber sie entkommt auf merkwürdige Weise dem Rückfall in die Tiefen. Es ist wohl jene letzte Hoffnung, Blochs erhobene geballte Faust, die sich hinter dem bitteren Spott versteckt. Auch sie ist freilich Religion, weil sie an ein noch unentdecktes Anderes glaubt, das mittels der Sprache beschworen werden kann und wahre Befreiung ahnen lässt.

Die zwei durchaus gegensätzlichen Beispiele einer Rezeption des 130. Psalms mögen nun nur noch mit einer neuen Version des biblischen Textes zusammengeführt werden, die uns zugleich zur Intention des Ursprungstextes zurückführen soll. Es handelt sich um den Versuch einer zeitgemäß einfachen und transparenten Übertragung in ansprechender Sprache, wie ihn Arnold Stadler vorgelegt hat:

> Von ganz unten schreie ich zu dir Herr!
> Herr, kannst du mich hören?
> Höre mich!
> Hörst du, wie ich schreie?
> Es könnte doch kein Mensch bestehen,
> wolltest du nur zählen, was einer alles falsch
> gemacht hat!

> Du bist doch einer, der Mitleid hat
> und verzeiht!
> Einer, der will, dass der Mensch immer wieder
> auf die Füße kommt, aufsteht und ein Mensch ist.
> Ich hoffe auf dich!
> Ich hoffe nur noch, mit Leib und Seele,
> alles an mir hofft.
> Mehr als die Wache auf den Morgen warte ich auf dich.
> und so soll auch Israel hoffen,
> denn Er verzeiht und erlöst, vollkommen,
> keine Schuld bleibt zurück.
> er wird Israel retten,
> von allen Sünden.[14]

Trotz der intendierten Übertragung will die Wiedergabe Nachdichtung sein, keine philologisch korrekte Übersetzung: »Ein tödlich genauer Wortlaut, wie ihn eine philologisch höchst präzise Wiedergabe darstellt, bedeutet vielleicht auch eine Übersetzung zu Tode: das Ende des Gedichts«[15]. Diese Zielsetzung erscheint aufs Erste plausibel, wenn man Dichtung als solche kongenial vermitteln möchte. Aber ist ein freier, wenn auch wohllautender und verständlicher Übertragungsstil schon Legitimation genug, um ein abgrundtief in der biblischen Welt verhaftetes Original in eine Sprache mit dem Anspruch auf zeitgenössische Akzeptanz umzuwandeln? Löst sich damit nicht die wohlmeinende Intention von der farbigen Sinnenvielfalt des Ursprungs? Bleiben wir nur bei den »Tiefen«, die mit dem »ganz unten« aufgefangen werden sollen. Der moderne Leser assoziiert hier vielleicht den gesellschaftskritischen Buchtitel »Ganz unten«, und er liegt damit nicht einmal ganz daneben. Dennoch wird das kosmisch-psychische Desaster in seiner mythisch-existenziellen Dimension durch das durchaus angemessene »schreie ich« nicht wettgemacht. Der doppelbödige Zeitbezug des Originals verschwindet ebenso hinter Gegenwartsaussagen wie vor allem das Bekenntnis zur Vorgängigkeit des göttlichen Erbarmens vor jedem Hilferuf. Die göttliche Gnade geht dem »Mitleid« substanziell voraus.

Trotz allem hat die einfache und transparente Sprache der Wiedergabe den Vorteil der leichteren Vermittelbarkeit in Gebetssprache und Liturgie. Sie gerät damit freilich auch in die Gefahr der konsumptiven Sublimierung oder literarischen »Veredelung«, die die originäre Sprachgewalt nicht mehr einholt. Eine Nachdichtung sollte das Bilderspektrum des Originals sensibel erfassen und mit kongenialer Symbolik auszuloten suchen. Vielleicht kann daher Nachdichtung nur auf dem Wege einer literarischen Transformation geschehen, wie dies die zitierten Rezeptionsversuche offen legen. So kann auch der

Aus Tiefen ...

religiösen Primärsprache nur entsprochen werden, wenn die Dichtung der vorliterarischen Emphase die nötige Transparenz zukommen lässt. Der aufmerksame Blick auf die hebräische Fassung der Psalmdichtung ist demnach bei allem Bedarf an rundum angemessener Übertragung durch nichts zu ersetzen. Der religiöse Ur-Akt des klagenden Vertrauens und des vertrauenden Klagens bleibt ohnehin ein Mysterium.

Anmerkungen:

[1] Vgl. dazu zuletzt N. Reck, Im Angesicht der Zeugen. Eine Theologie nach Auschwitz, Mainz 1998, besonders S. 150–176.
[2] Neuere Literaturübersicht bei K. Seybold, Die Psalmen, Handbuch zum Alten Testament I/15), Tübingen 1996, S. 492. Neueste Ergänzungen in: B. Weber, »Wenn du Vergehen aufbewahrtest ...«. Linguistische, poetologische und theologische Notizen zu Psalm 130, BN 109, 2001 (146–160), S. 146 mit Anm. 2.
[3] Vgl. dazu Weber, Psalm 130, S. 155.
[4] Vgl. dazu besonders die Beobachtungen und Argumente von G. Vanoni, Wie Gott Gesellschaft wandelt. Der theologische Grund der YHWH-Furcht nach Psalm 130,4, in: G. Braulik / W. Gross / S. McEvenue (Hrsg.), Biblische Theologie und gesellschaftlicher Wandel (Festschrift für Norbert Lohfink SJ, Freiburg 1993 (330–344), S. 332f.
[5] So zuletzt Weber, Psalm 130, S. 147–149.
[6] Dass es um ein Flehen »um Mitleid« geht, wie Weber, Psalm 130, 147 in seiner Übersetzung in Klammern ergänzt, kommt im Wortlaut des Textes nicht unmittelbar zum Ausdruck.
[7] Vanoni, Gesellschaft, S. 342.
[8] Vanoni, Gesellschaft, S. 341.
[9] Zur rabbinischen Vorstellung von »Rahamim« als »compassion« vgl. u.a P. Schindler, Hasidic Responses to the Holocaust in the Light of Hasidic Thought, Hoboken, New Jersey, 1990, S. 21.
[10] Vgl. etwa Weber, Psalmen, S. 147.
[11] Vgl. dazu u.a. C. Hell / W. Wiesmüller, Die Psalmen – Rezeption biblischer Lyrik in Gedichten, in: H. Schmidinger (Hrsg.), Die Bibel in der deutschsprachigen Literatur des 20. Jahrhunderts, Band 1: Formen und Motive, Mainz 1999, S. 158–204.
[12] F. Werfel, Das lyrische Werk, Frankfurt 1967, S. 284f., hier zitiert nach Hell / Wiesmüller, Psalmen, S. 190.
[13] G. Kunert, Unruhiger Schlaf, München 1979, S. 146, hier zitiert nach Hell / Wiesmüller, Psalmen, S. 201.
[14] A. Stadler, »Die Menschen lügen, Alle« und andere Psalmen. Aus dem Hebräischen übertragen und mit einem Nachwort versehen, 4. Auflage, Frankfurt am Main/Leipzig 1999, S. 96.
[15] Adler, Psalmen, S. 112.

DIE LEIDINGER HOCHZEIT

Alfred Gulden

Einleitende Worte zu Kapitel II des Romans *Die Leidinger Hochzeit*

Der festgelegte und allgemein (hier: den in der Kirche versammelten Hochzeitsgästen) bekannte Ablauf der Messfeier, das Ritual aus Haltungen und Bewegungen (vor allem des Priesters, aber auch der Gemeinde), die Gebete, Lieder und Gesänge, seit Kindheit verinnerlicht, der Kirchenraum in seiner Gestaltung (Altar, Sitzordnungen, Bilder, Statuen, vor allem aber mit seinen besonderen Lichtverhältnissen) und nicht zuguterletzt die Gemeinschaft all derer, die das Messamt mitfeiern, bilden einen Boden, aus dem in den dort Anwesenden Gedanken, Wunsch- und Albträume, Erinnerungen, Überlegungen, Gefühle jedweder Art entstehen und wachsen können ... Das zusammen: was (äußerlich) zu sehen ist und zu hören, und das, was in diesen Menschen dabei vor sich geht, findet in diesem Kapitel Ausdruck, macht erst die ganze Hochzeitsmesse aus.

Kapitel II

> Er fügt euch nun zusammen,
> läßt Mann und Frau euch sein,
> einander Wort und Treue,
> einander Brot und Wein.

Sagt an, wer ist doch diese
die vor dem Tag aufgeht.
Ein Schlag Erinnerung. Schrill durch den Kopf. Verkrampft bis in die Zehen.

Alfred Gulden

Und den Schweiß in der Hand schon vorher. Gewartet. Wann, wann endlich. Dann aber doch immer wieder der Schreck. Diese Peitsche, die Gänge entlang! Betonbau, viel Glas. Der Hall durch und durch, und das Echo im Kopf sirrt nach.
Die überm Paradiese,
als Morgenröte steht.
Aufstehen, raus, raus. Gestreckt. Den Schlaf abplatzen lassen. Die Nachtgedanken abpelzen. Abschuppen die Bilder aus Träumen.
Sie kommt hervor aus Fernen,
geziert mit Mond und Sternen
im Sonnenglanz erhöht.
Und um ihn herum die anderen verschlafenen Gesichter. Keukel, Mock, Bibi, Pietje und Spieß, Floh, Issi, Jupp, Beppo und Schlapp. Zunamen. Warum Pietje so und Mock Mock und Bibi weshalb? Nur er, wie er da kniet: ehrlich, Erich, ehrlich. Und: Erich währt am längsten. Und: Er – ich. Icher. Sein Zuname. Seine Zunamen. Und um ihn herum die zähen Bewegungen. Noch kein Wort. Keiner ist schon so weit. Jeder noch ganz bei sich. Aber doch aus den Betten schon. Nur Keukel noch fest in sein Kissen verbissen, nasser Fleck. Keukel, Keukel, wach auf, los, mach schon, komm, los, wach auf!
Jeden Morgen. Und dann aus dem Schlafraum über den Gang in die Toilette oder sofort in den Waschraum. Augenhoch die lange Spiegelwand. Vor die Waschtröge. Gebeugt. Kniet er da. Erich, ehrlich, wie er da kniet neben ihr.
Sie ist die edle Rose,
ganz schön und auserwählt.
Da schlägt der Seifen- und Zahnputzschaum die Rinne entlang Blasen dem Abfluß zu. Dann im Spiegel: ein Nachtgesicht, noch Schlafgesicht.
Die Magd, die makellose,
die sich der Herr vermählt.
Jeanne. Ob sie sich das vorstellen kann?
Erzählen, denkt Erich, erzählen kann man vieles. Aber so deutlich, so vor sich, wie das von damals im Konvikt. Im bischöflichen Konvikt. Und jetzt kniet er neben ihr. Icher. Der Lateinlehrer hatte gesagt: Erich, ehrlich, Erich. Und der Sportlehrer: Erich währt am längsten. Der hatte es nötig gehabt. Seine Boxernase und die dummen Anspielungen. Aber sonntags Waschmaschinen verkaufen. Der Herr Studienrat. Icher, Icher hatte Floh ihn getauft. Icher, Icher: Mickymausheft. Davon weiß Jeanne nichts.
O eilet, sie zu schauen,
die schönste aller Frauen,
die Freude aller Welt.
Von allen hier weiß nur Issi die Zunamen.

Issi, der oben die Orgel spielt. Von der Empore herunter hat er den Überblick. Im Konvikt vorne links, versteckt die Orgel. Da saß Issi jeden Morgen. Der weiß alles von da, von damals. Alles? Vieles. Icher, das weiß er. Nur Jeanne weiß davon noch nichts. Viel Zeit werden sie haben, Jeanne und er, Mann und Frau, zum Erzählen.
Du strahlst im Glanz der Sonne
Jetzt außer Gähnen auch schon Lachen im Waschraum. Und die ersten Worte: Sau, du Sau. Von Spieß zu Mock oder Pietje zu Floh, oder irgendein anderer. Issi sagt so etwas nicht. Nie. Aber er schon. Oft. Naß gespritzt. Oder die Seife weggeschossen. Runter die Schlafanzughose. Oder die Zahnpastatube drauf die Faust. Irgendetwas so. Sau, du Sau! Aber, als sei ein Zauber verflogen, jetzt wird geredet.
Einmal, als Mocks Strähne, die er immer mit Brillantine zur Tolle stupfte, weg war.
Weg, wirklich. In der Nacht hatte sie einer abgeschnitten. Und alle schauten aus schrägen Augen auf Mock, der dastand und in den Spiegel starrte. Lange. Nichts. Dann sagte: wer, wer wars? Und keiner auch nur so tat, als habe er ein Wort gehört. Und Mock aus dem Waschraum ging. Alle lachten. Bis sie im Schlafraum vor ihren leeren Kleiderschemeln standen. Und Mock sagte: weg, einfach weg. Und auf das Fenster hinter sich zeigte.
Maria hell und rein;
von deinem lieben Sohne,
kommt all das Leuchten dein.
Spielt Issi oben auf der Orgel. Schrill wieder das Läuten. Nur diesmal nicht unvorbereitet. Jetzt in Kleidern, oft zwar in Hausschuhen noch, aber schon weit vom Schlaf. Wenn auch noch nicht ganz aus den Träumen. Wie sie durch die Gänge schlichen. Die falschen Marmortreppen herunter. Türenklappen. Vor allem der Laut zurückfedernder Glastüren.
Und einmal, als Keukel, zu spät war er dran, mitten durch eine Glastüre lief. Und die Glassplitter ihm im Bauch steckten. Keukel der Igel mit Stacheln aus Glas ins Krankenhaus transportiert werden mußte.
Und wie sie immer im breiten Flur neben dem Atrium »Aufstellung nahmen«. Hieß es. Alle da. Um gemeinsam in die Kapelle zu schlurfen.
Durch diesen Glanz der Gnaden
sind wir aus Todes Schatten
kommen zum wahren Schein.
Ob sie das verstehen wird, diese vielen Morgen im Konvikt. Zur Messe gehen. Knien. Jeanne. Er wird es ihr zu erklären versuchen. Daß ihn der Geruch der Kapelle, Kerzen, Weihrauch, gebohnerter Boden dazu gebracht, daß er vom Licht durch die bunten Fenster, dunkelrot, blau, gedrängt, oder auch schon vom so ganz anderen Geräusch der Schritte in diesem Raum darauf gestoßen

worden war, daß das Lied, dieses Lied, das Issi spielt, das alle singen, ihn gepackt, daß er sich nicht hatte wehren können gegen diese Bilder. Wenn sie sich durch den Hauptgang der Kapelle drückten. In die Bankreihen schoben. Jeder an seinen festen Platz, der schuljahreweise nach hinten wechselte, »bis sie die Reife hätten, aus der Kapelle, aus dem Haus in das Leben hinaus« …
Die Stimme. Erich hört sie. Hat sie im Ohr jetzt. Fest, geht sie nicht weg. Sitzt sie im Ohr. Diese Stimme des Herrn Konviktsdirektors. Die, wenn er vorbetete, sang, predigte, unberechenbar wurde. Für ihn. Für alle. Riß in die Höhe, brach. Ein Raunzen, ein Jaulen. Als hätten Vokale und Konsonanten, die Silben, die Wörter Angst vor seiner Stimme, von ihm gesprochen zu werden, krümmten sie und bogen sie sich, zogen sich und fielen zusammen. Wurden gepreßt, gestoßen, mit Speichel genäßt, geschoben, verschluckt. Mitleid. Als hätte der Herr Konviktsdirektor Mitleid nötig gehabt. Nein, nein, nur jetzt nicht, nicht hier daran denken. Auch das, von diesem Haß, seinem Haß auf den Herrn Konviktsdirektor wird er Jeanne erzählen. Muß sie wissen.
Die Braut singt mit. Nicht einmal hat sie in das Gesangbuch schauen müssen. Mai. Marienmonat. Wie lange es her ist, daß sie ein Marienkind war … Warum Erich nicht mitsingt? Kniet neben ihr, stur, ohne zu singen. Das Gesangbuch aber aufgeschlagen in seiner Hand. Nur, wohin er schaut. Geradeaus. Sieht sie von der Seite. Bewegt die Augen nicht, schaut sie nicht an. Träumt weg. Erich, woran er jetzt denkt, denkt sie. Hört auf zu singen und sieht sich, wie sie vor der Maiandacht Schlüsselblumen zur Grotte der heiligen Maria neben der Kirche bringt. Oft hat sie beiden, der auf der deutschen und der heiligen Jungfrau Maria auf der französischen Seite Blumen hingestellt.
Sei gegrüßt
o Königin, Mutter der Barmherzigkeit,
unser Leben, unsre Wonne, unsre Hoffnung,
sei gegrüßt
Wie oft hat sie so gebetet, dabei geweint, heimlich, wenn es ihr allzu schwer geworden ist, und sie hat wegwollen.
Zu dir rufen wir,
verbannte Kinder Evas;
Zu dir seufzen wir,
trauernd und weinend
in diesem Tal der Tränen.
Aber heute ist ihr Freudentag. Auch wenn im Augenblick Erich sie nicht anschaut. Erich. Jeanne Hautz wird sie nicht heißen. Erich will das so. Den Doppelnamen: Jeanne Beaumont-Hautz. Sie hat nichts dagegen. Obwohl, dieser Name wird Stolperstein sein. Beaumont für die einen, für die anderen Hautz. Das weiß sie. Macht ihr aber nichts aus. Der Stolperstein. Das war sie immer schon. Rote Haare Sommersprossen. Auch da: die Gebete.

Die Leidinger Hochzeit, Kapitel II

O Maria hilf!
Unter deinen Schutz und Schirm
fliehen wir, heilige Gottesgebärerin.
Und wie sie immer hat lachen müssen an dieser Stelle, aber so, daß keiner es merkte – beim Beten lachen! – in der Kirche, zuhaus, bis heute noch lachen muß: Schutz und Schirm. Wie er davon fliegt, ihr Bruder. Robert. Wie sie ihm die Verse unter die Nase gerieben, wenn er sie wieder einmal Karottenkopf geschimpft hatte oder Schlimmeres:
Seht den Schirm erfaßt der Wind,
und der Robert fliegt geschwind,
durch die Luft so hoch so weit,
niemand hört ihn, wenn er schreit.
Und hier Roberts Wut meist schon so war, daß er entweder auf sie zustürzte, oder später, als er, älter, das nicht mehr tat, Mädchen schlagen, aus dem Zimmer lief, nicht mehr die anderen Zeilen hören konnte:
Schirm und Robert fliegen dort
durch die Wolken immerfort.
Und der Hut fliegt weit voran,
stößt zuletzt am Himmel an.
Du Pforte des Himmels,
du Morgenstern,
du Heil der Kranken,
du Trösterin der Betrübten
Ob sie fromm ist? Daß sie daran glaubt? Geholfen hat es ihr. Immer wieder. Das hat sie Erich geantwortet. Nicht Jeanne d'Arc, die heilige Johanna, die Jungfrau von Orleans. Zu ihr hat sie nie beten können. Mit ihr hat sie kämpfen wollen, siegen. Jemand werden, berühmt: Jeanne Beaumont. Wie die heilige Johanna in den Flammen aufglühen, vergehen. Das hat sie sich oft vorgestellt. Hier in der Kirche. Wenn sie auf die Bilder hinter dem Altar starrte. Und es sie heiß überlief. Durch die Flammen auffahren in den Himmel. Aber beten, sich ihr anvertrauen, sie bitten, von ihr Hilfe erhoffen, das war nicht Jeanne d'Arc, das war Maria. Wenn sie nicht mehr ein noch aus gewußt hat: Nur weg, weg hat wollen, weg von hier. Aus dem Dorf. Die nahe Kleinstadt hat ihr schon geholfen, sie mit Isabelle zusammengebracht, der sie alles anvertrauen kann. Ab dann hat sie nicht mehr soviel zu beten, zu bitten gehabt. Bis heute hat sie jemanden, dem sie vertraut. Der fast alles von ihr weiß. Den zu verlassen ihr am schwersten fallen wird. Denn weg will sie. Weg wird sie gehen. Dafür kämpft sie. Wie ihre Namenspatronin. Mit Feuer, mit Schwert. Gegen wen, gegen jeden. Auch Erich.
Als könnte sie ihm die Träume verscheuchen, hebt sie die Hand, daß er sie

bemerkt, streicht sie sich über die Stirn. Auch gegen ihn würde sie kämpfen, nur weg zu kommen. Und darauf baut sie: daß ihre Hochzeitsreise dorthin, wo Erich jahrelang war, in die Großstadt, daß diese Reise mehr wird als das. Dort bleiben. Mal sehen, hat Erich gesagt. Sie sieht sich schon dort mit ihm wohnen. Wie sie dort leben. Wenigstens für eine längere Zeit. Darum bittet sie. Will sie kämpfen. Dafür betet sie.
Heilige Gottesgebärerin,
Heilige Jungfrau über allen Jungfrauen,
Mutter Christi,
Mutter der göttlichen Gnade.
Das fällt ihr immer noch schwer, obwohl sie es herbeten kann:
Du reine Mutter,
du keusche Mutter,
du unversehrte Mutter,
du unbefleckte Mutter,
du liebenswürdige Mutter,
du wunderbare Mutter.
Obwohl ihre Mutter, nein, weil ihre Mutter Marie heißt? Und sich zwischen sie und die Mutter der Fürbitten und der Gebete immer die Bilder, wie sie sich mit ihrer Mutter streitet, schieben. Schwer, Mutter, Mutter Gottes, heilige Mutter Maria zu beten, ohne Marie, ihre Mutter, nicht auch mit zu meinen. Daß einem die Hände abfallen, wenn einer so betet, hat sie als Kind immer geglaubt. Aber trotzdem oft in ihren Gebeten die Bitte, Waise zu sein, allein, ganz allein auf der Welt. Niemanden sonst mehr zu haben. Den Bruder nicht, den Vater nicht, obwohl sie Jacques, ihren Vater, mag, keine Mutter, vor allem das. Und dieses Gefühl, Waise zu sein, ganz ohne jeden! Meist vor dem Schlafengehen Gebete mit dieser Bitte. Weich im Selbstmitleid dann in den Schlaf.
Heute, Isabelles Tochter Jacqueline nach dem Autozusammenstoß im Arm, hat sie sich daran erinnert. Waisenkind, Waisenkind. An sich selbst aber dabei gedacht. Ihr sind die Hände nicht abgefallen, verfault. Sie hat beide Hände noch. Schiebt jetzt die eine zu Erich hinüber. Berührt ihn. Tupft ihn sanft an. Wieder. Da zuckt er zusammen. Nie Kinder erschrecken, wenn sie mit offenen Augen träumen, denkt sie und lächelt zurück. Jetzt ist er wach. Wieder da. Und betrachtet sie. Spürt sie. Erich. Das ist ihr Glückstag heute. Bald wird sie sein, wohin sie immer hat wollen.
Du Ursache unserer Freude,
du geheimnisvolle Rose,
du starker Turm Davids,
du elfenbeinerner Turm,
du goldenes Haus.

Die Leidinger Hochzeit, Kapitel II

Dank dir, Maria. Maria hat ihr geholfen. Das wird sie ihr nie vergessen. Nie nie nie! Würde sie am liebsten laut rufen. Hinausschreien ihr Glück.
Gut, sehr gut spielt er. Der macht was aus seiner Orgel. Aber hatte nicht Erich zu ihm gesagt, es käme einer, der verstehe etwas von Orgeln. Musiker sei der mit Leib und Seele. Der habe schon im Konvikt die Orgel bedient. Der spiele nicht Musik, der lebe sie. So einen müßte er hier haben. Sagt sich Pastor Claude Vigy. Hier im Dorf. Aber, wer bleibt schon hier. Erich, das ist eine Ausnahme. Da haben auch fast alle gesagt: wie kann er nur. Von da, aus der Großstadt wieder zurückkommen. Und so ganz kann er das auch nicht begreifen. Glaubt es auch noch nicht. Da kennt er Jeanne Beaumont zu gut. Jeanne will weg. Das hat sie ihm zu oft gesagt. Und Erich, mit Erich ginge es. Wie die Orgel klingt! So hat er sie schon lange nicht mehr gehört. Das hätte er denen nicht zugetraut, als er sie mit dem Ziehwägelchen zur Kirche hinauf hat kommen sehen. O Gott, hatte er gedacht, da komme was auf ihn zu. Und für einen Augenblick hatte er an Erich gezweifelt. Aber jetzt, der bringt die Orgel zum Singen! Daß die Orgel ein Juwel sei, sehr alt, aus einer anderen Kirche hierhergebracht, haben sie ihm damals gesagt, als er hier Pastor geworden ist. Elf Jahre her ... Und noch nicht alle haben es ihm verziehen, daß er in seiner Antrittspredigt hatte einfließen lassen, 33 sei er gerade geworden. Ein Alter, in dem man Jesus gekreuzigt, ihn aber hierher versetzt habe. Da hatten manche aus der Gemeinde Schlüsse gezogen. Daß sie nicht mehr zu seinen Gottesdiensten kamen. Auf deutscher Seite in die Kirche gingen. Aber mit der Zeit, vor allem durch Gespräche, hatte sich das wieder eingerenkt. Die Gespräche mit den Leuten im Dorf haben ihm geholfen, in die Gemeinde langsam hineinzuwachsen. Den Leuten näher zu kommen. Den Weg zu ihnen zu finden, daß sie den Weg zu ihm fänden. Aber wie oft, wenn er am Abend aus seinem Küchenfenster über das Dorf, die zwei Dörfer, schaut, fällt ihn der Zweifel an. Mit jemandem darüber sprechen ... Sein Lieblingsbuch im Seminar: Tagebuch eines Landpfarrers. Hätte er sich damals denken können, aufs Land versetzt, nicht einmal den Trost eines Amtsbruders in der Nähe zu haben, dem er sich mitteilen könnte. ... Aussprechen, was manchmal vorgeht in einem. Was ihn bedrückt. Der Lehrer, anfangs hatte er gedacht, das sei jemand, dem könne er sich anvertrauen. Aber zu skeptisch ist der gewesen. Auch zu sehr in sich selbst. Schon beim Vortasten hatte er gemerkt, daß da keine Nähe war. Er allein mit sich bleiben würde. Erich. Sie hatten ein gutes Gespräch. Doch viel zuviel Mißtrauen noch auf beiden Seiten. Das Konvikt habe ihn für die Kirche versaut. Dieser Satz hängt noch nach. Mehr hatte Erich ihm darüber noch nicht erzählen wollen. Daß Erich jetzt hier kniet, dürfte Jeannes Schuld sein. Das dürfte Jeanne geschafft haben.
Wie sie alles schafft. Daß sie weg will. Von hier. Aus dem Dorf. Auch das. Wieder weniger Leute. Nur noch die Alten bleiben. Wie die Orgel singt: vor allem die Höhen. Silbrig.

Alfred Gulden

Sagen, was einem wirklich im Kopf umgeht. Die Predigt. Was hatte er sich Gedanken gemacht, dieser Hochzeit gerecht zu werden! Über die Straße in ein anderes Land ... Die Grenze. Mit ihr, auf ihr zu leben. Bilder dazu wie: die Misteln. Verworfen. Die Kelter, an der die Hochzeitsgäste vorbeigegangen sind in seine Kirche. Obst von beiden Seiten. In der Kelter ineins. Das Neue daraus: der Most. Auch das verworfen. Ineins.
Zu einfach: weg mit den Grenzen. Und ohne sie wäre dann alles gut. Zu leicht, eingängig zwar, gut zu verdauen, Kopfnicken, einsichtig für jeden, aber zu leicht wäre das. Aber, und das ist ihm eingefallen, als er die Hochzeitsgemeinde geteilt in zwei Seiten im Kirchenschiff sah, hinter der Braut die einen, die anderen hinter dem Bräutigam, als liefe die Grenze auch hier, unsichtbar wie auf der Straße, durch seine Kirche, zu einfach, alles ineins: Mann Frau, Kinder Erwachsene, Schwarz Weiß, Kranke Gesunde, Gläubige Zweifler, Priester und Laie, deutsch französisch, Bräutigam Braut.
Grenzen, überall Grenzen.
Und darüber hatte er sich gar keine Gedanken gemacht. Das ist der Einfall. Was wäre am Einerlei, alles ineins, der Gleichmacherei.
Mannweib, erwachsene Kinder, deutscher Franzose, Grau in Grau. Dagegen: die Eigenheiten! Von Essen und Trinken, der Art, sich zu geben, den Sprachen. Alles Besondere, das zu entdecken. Nicht, der und der muß so sein wie ich, und wehe, wenn nicht. Im anderen vor allem das Andere spüren, ohne Neid, die Angst, sich selbst zu verlieren. Gewinn, nur Gewinn. Die Lust, zu suchen, die Freude, zu finden, was einem noch nicht bekannt ist! Nicht der Einheitsbrei, sondern die Würze, so etwas, so noch nirgends, noch nie geschmeckt. In Achtung voreinander zu leben. Dabei nicht abzugrenzen, sondern mitzuteilen, zu geben.
Mauern und Mauern.
Beides können sie sein: ausschließlich, zu hoch, keiner kann mehr darüber, und werfen so lange Schatten, engen ein, ersticken. Aber auch: zu niedrig, weht der Wind alles weg, da wächst nichts mehr, nur noch der Stein. Das rechte Maß, das richtige Maß.
Aber, wo kämen da die Gottlosen hin, was wäre das für eine Achtung der Bettelarmen vor den Steinreichen, wie fänden sich Unglück und Glück!? Das Ende des Eingangsliedes.
Pastor Claude Vigy tritt an den Altar und küßt ihn. Danach, weil auf seine Frage, was für eine Messe sie wolle, Jeanne »feierlich« gesagt hatte, inzensiert er ihn: Festtagsweihrauch. Feiertagsduft. Nach der Verehrung des Altars geht der Pastor mit den beiden Ministranten zu den Sitzen.
Er spricht: – Im Namen des Vaters und des Sohnes und des heiligen Geistes. Nicht alle machen das Kreuzzeichen, sieht er. Der Hochzeitsgemeinde zugewendet, breitet er die Hände aus und begrüßt sie: – Der Herr sei mit euch.

Die Leidinger Hochzeit, Kapitel II

Dünn die Antwort: – Und mit deinem Geiste.
Dann sagt er: – Heute feiern wir eine besondere Messe. Ein Trauungsamt. Eine besondere Trauung. Schon lange ist so eine Trauung in Leidingen nicht mehr gewesen. Ein Grund zur Freude.
Hebt er die Stimme: – Und damit wir die heiligen Geheimnisse in rechter Weise feiern können, wollen wir bekennen, daß wir gesündigt haben.
Stille. Vor dem Sündenbekenntnis die kurze Stille für die Besinnung.
Aus dem Kopf schlagen kann er sich das dritte Thema nun schon für die Predigt. Aus dem Kopf. So gut die Anfänge, Einfälle auch. Und dann, wenn er weiterdenkt, immer ins offene Ende. Der Zweifel. Warum macht er es sich selber immer so schwer. Quält sich zu sehr. Voller Skrupel. Zerschlägt sich selbst die besten Gedanken, hatte in einer Beurteilung über ihn im Seminar einmal gestanden. Wie immer. Abgesichert. Nur keinen Fehler machen. Ausgehend von der Lesung, im Bezug auf das Evangelium. Wie immer. Aber das Besondere, das würde, wie schon so oft, in seinem Kopf bleiben. Die besten Gedanken ... Wo bleibt seine Demut!
Und er bricht die Stille und sagt: – Ich bekenne Gott, dem Allmächtigen
Und da fast niemand mitbetet, lauter: – und allen Brüdern und Schwestern, daß ich Gutes unterlassen und Böses getan habe – ich habe gesündigt in Gedanken, Worten und Werken.
Und er schlägt sich an seine Brust. – Durch meine Schuld, durch meine Schuld, durch meine große Schuld.
Mea culpa, mea culpa, mea maxima culpa, wiederholt Philipp Hautz, der Lehrer, für sich. So hatte er es als Ministrant gelernt. Sein Leben lang so gesagt. Ein halbes Jahrhundert ist das schon her: wie sie auf den Knien lagen, in sich zusammengekrochen, zusammengefaltet, die Stirn auf den Altarstufen fast. Und das Schuldbekenntnis heruntergebeteten. Auf Latein. Alle. Nicht nur die Gymnasiasten. Auch wenn die anderen, denen sie, die auf die höhere Schule gingen, es beibringen mußten, nicht genau wußten, was sie da herunterrasselten, oft nur die Lippen bewegten, schnelles Gemurmel, das nur in einigen Worten deutlicher wurde: omnibus sanctis et tibi pater, und mea culpa, und vor allem am Schluß orare pro me ad dominum deum nostrum, damit der Priester um Nachlaß, Vergebung und Verzeihung der Sünden bitten konnte. Auch wenn es oft mehr Wettsprechen war als Gebet. Und die, denen sie oft aus Spaß, aus Bosheit beigebracht hatten, das Latein, Deus meus zum Beispiel, falsch auszusprechen, und die dann beim Abfragen es so aufsagten, daß sie vom strengen Kaplan Kopfnüsse bekamen und nicht wußten, warum, wahrscheinlich doch mehr vom Geheimnisvollen der Messe mitnahmen, etwas, das nicht so war wie alles um sie herum, eine andere Welt, aufgehoben für diese Zeit der bloße Alltag, als hier heute die beiden Meßknaben, die das Schuldbekenntnis nicht mitbeten. Wahrscheinlich, weil es auf Deutsch ist, sie

151

es aber nur auf Französisch können. So daß Pastor Claude Vigy es ohne sie mit einigen aus der Hochzeitsgemeinde aufsagen muß.
Zu den bunten Gewändern des Priesters, der Ministranten, dem geschmückten Altar, dem Weihrauch, der Orgelmusik, dem ganzen Kirchenraum in seinem besonderen Licht gehört für ihn das Latein. Introitus, Confiteor, Gloria, Credo, Agnus Dei, Ite missa est. Was er noch weiß, noch im Kopf, im Gefühl hat. Für ihn ist die katholische Messe lateinisch. Und wird sie bleiben. Das Geheimnisvolle.
Lachen würde da sein Sohn. Erich: ja, das Geheimnisvolle, die Leute immer im Dunkeln lassen, sie einlullen, ihnen die wahren Sorgen und Freuden verdecken, übertünchen, eingolden. Erich. Vielleicht hat er nicht ganz Unrecht. Aber wieviel hilft es, wie vielen würde es helfen, alles ins rechte Licht gerückt, alles durchsichtig zu machen, wie er immer sagt. Nein. Da gibt er Erich nicht zu. Dazu kann er nicht ja sagen und Amen. Hier hat er wieder einen Beweis in der Hand, ein Beispiel.
Ohne Latein ist die Messe für ihn nur noch halbsoviel wert. Gut, wird Erich sagen, jetzt wissen die Leute – wen immer er damit meint – jetzt wissen sie wenigstens, was sie nachbeten. Und da fällt ihm die Entgegnung nicht schwer: das haben sie immer gewußt. Die Leute. Was sie beten. Aber ärmer geworden ist für ihn die katholische Kirche. Arm. Früher, überall, wo einer hinkam, wie fremd es ihm da auch war, in der Meßfeier war er zuhaus. Da hörte er ihm seit Kind auf vertraute Worte, Gesänge. Da sah er bekannte Gesten. Da fühlte er sich nicht ganz allein. Und noch etwas könnte er Erich erzählen, wenn er es nicht vergißt. Nur ein kleiner Vorfall, vielleicht. Aber bezeichnend. Als während der Invasion der Amerikaner im Zweiten Weltkrieg in einem Vorort der nahen Kleinstadt die fremden Soldaten mit ihrer fremden Sprache den Einheimischen auf der Straße gegenüberstanden, und Gesten reichten nicht hin, auszudrücken, was gemacht, was sie wollten, da hatten sich die zwei Geistlichen, der aus dem Ort und der Fremde, auf Latein unterhalten, war schnell eine Verbindung, konnte vieles im Guten geregelt werden. Wozu ein Weltkrieg doch gut ist, hört er Erich schon lachen. Mit Erich ist es oft schwierig. Oft unversöhnlich. Hart. Wie sie sich auseinandersetzen. Oft nur ein kleiner Gedanke, nebensächlich, ein Wort, unbedacht, und schon ist der Streit da. Immer kann er, der Vater, nicht nachgeben. Nicht immer. Manchmal denkt er sich, Erich ist noch sehr jung. Aber dann auch: wer hat je nach seiner Jugend gefragt! Erich ist dreißig. Dreißig schon. Da hatte er, Philipp Hautz, einen Krieg hinter sich. Die Gefangenschaft. Der Aufbau aus Trümmern. Wie will – das kann er seinem Sohn nicht zum Vorwurf machen. Ein Glück, daß Erich eine andere Jugend hatte. Im Konvikt. Obgleich er da nicht sehr glücklich war, nach dem, was er sagt. Fromm gewesen, genug für zwei Leben, sagt er.

Die Leidinger Hochzeit, Kapitel II

Vielleicht auch deshalb Erichs Ablehnung von allem, was »unkritisch« scheint. Die Kirche, die Messe, ist nicht der einzige Anlaß für die häufigen Streitereien zwischen ihnen. Daß Erich zurückgekommen ist aus der Großstadt, zwar nur mit »einem Bein« in das Dorf, das andere hat er in der nahen Kleinstadt, noch eine Wohnung, daß sein Sohn zurückgekommen ist, hat ihn anfangs gefreut. Einer der wiederkommt. Aber dann, als er merkte, weshalb er gekommen war und wozu, da hätte er ihn lieber wieder in der Großstadt weit weg gesehen, ihn, wie vorher, einmal im Jahr dort besucht. Gut. Erich als Journalist in der Lokalredaktion der Zeitung. Erich, wie er im Stadtarchiv forscht. Erich, der sich in der Stadtbibliothek in die Heimatliteratur vergräbt. Erich, mit dem Tonbandgerät im Dorf unterwegs. Erich, und seine Freude, als er in der Bibliothek des Vaters eine Sammlung von Büchern über die Gegend entdeckt. Das hat ihm gefallen. Aber dann, schon beim Lesen von Erichs erstem Artikel war ihm klar geworden, Erich wäre besser geblieben, von wo er nachhaus gekommen war. »Aufdecken« nannte er das. Kritische Heimatkunde. Hinterfragen. Aufarbeiten. Und seine Kolumne »Aus unserer Ecke« werde da die Akzente setzen. Den Leuten ein kritisches Bewußtsein ihrer Herkunft, ihrer Vergangenheit zu vermitteln. Und die anonymen Anrufe darauf, die Drohbriefe bestätigen ihn nur noch darin. Auf faule Wurzeln gestoßen zu sein. Den Sumpf trockenlegen. Da wimmle es immer noch nur so. Das habe sich alles eingewintert gehabt. Jetzt, wo er die Decke wegzöge, da mache sich das bemerkbar. Der Schoß sei fruchtbar noch … Und ihre Auseinandersetzung über »das« und »den Sumpf« und »die Vergangenheit« und »das kritische Bewußtsein der Leute« war sehr hart geworden. Auch er, sein Vater, habe vertuschen geholfen. Auch er sei da keine Ausnahme. Auch er wolle doch nur die Scheiße vergolden, hatte ihm Erich gesagt. So wütend hatte ihn das damals gemacht, daß er ihn laut wieder weit weg gewünscht hatte, wo er hergekommen sei. Und Erich war wortlos gegangen. Wochen danach hatten sie sich nicht mehr gesehen. Erich in seiner Stadtwohnung. Abgeschottet. Stolz. Stur. Daß er, der Vater, den ersten Schritt hatte machen müssen. Durch Jeanne.
Zu einem Mirabelle eingeladen hatte er Erich damals. Und Erich war gekommen. Seither ist der Mirabelle ihnen Friedenszeichen. Wink zur Versöhnung. Hatte Erich ihn schon eingeladen dazu in die Stadt. Jeanne. Wie sie vor dem Altar neben Erich steht. Über ihren Kopf die Linie verlängert, die andere Jeanne. Groß auf die Wand hinter den Altar gemalt. Das Schwert in der Hand. Ob Erich sich da nicht täuscht? Diese Hochzeit. Er redet ihm nicht hinein. Taube Ohren. Er sehe in Jeanne verkörpert, was er hier suche, weshalb er nachhaus gekommen sei, hat ihm Erich gesagt. Seine Wünsche, seine Vorstellungen. Und Jeannes Vorstellungen und Wünsche? Aber, denkt Philipp Hautz, darüber werden die beiden sich ausgesprochen haben. Dennoch. Ein

Unbehagen ist ihm geblieben. Nicht, daß er Jeanne nicht mag. Im Gegenteil. Er kennt sie so lange. Aber Erich, immer weg, nur in den Ferien da. Erich ... bricht er diese Gedanken ab, ob Erich sich nur nicht verrechnet hat.
28 hat sie gezählt. Aber Jeannes Dickkopf.
Herr erbarme dich,
Herr erbarme dich,
So stur ist sie ihrer Mutter gegenüber noch nie gewesen.
Bis heute nicht.
Christus erbarme dich,
Christus erbarme dich,
Obwohl, gibt Marie zu, auch sie immer ihren eigenen Kopf gehabt, hat durchsetzen wollen.
Herr erbarme dich,
Herr erbarme dich.
Dir wünsch ich eine Tochter wie dich, hört sie Thérèse, daß du das spürst, einmal spürst, wie das ist. Wenn sie wieder einmal Streit gehabt hatten. Dünn, diese Hochzeit. Die Liste der Hochzeitsgäste ist leicht zu behalten, die Jeanne ihr gezeigt hat. Und Marie geht sie noch einmal durch. 28 Personen. Auf ihrer Seite die Beaumonts, die Fontaines. In ihrer Reihe, neben ihr, Jacques. Am liebsten hätte er sich heute morgen die schwarze Krawatte gebunden. Wie für die Beerdigung. Und seine Augen! Als sei Jeanne gestorben. Nicht Hochzeit. Aber mit Jacques hat Jeanne immer leichtes Spiel gehabt. Vernarrt ist er in sie. Seine Tochter. Nicht einmal ausschimpfen hat er sie je können. Und auch, als sie ihm die Liste gezeigt hat, hat er nur schon gut, schon gut gesagt. Immer war alles, was Jeanne machte, schon gut, schon gut gewesen. Wie oft hatte sie sich geärgert, wenn nicht alles, was Jeanne machte, schon gut gewesen war. Jeanne, Jacques' wunder Punkt. Da durfte, da darf niemand dran rühren.
Was Robert gefühlt hat, wenn er vom Vater die Prügel bekam, die seine Schwester hätte bekommen müssen, hat sie sich oft gefragt. Daß Robert Jeanne haßt, wundert sie nicht. Obwohl, seit Jeanne in der nahen Kleinstadt Arbeit hat, ist kein Streit mehr zwischen den beiden. Aber als Kinder! Spielen kann der! So gut hat sie die Orgel noch nie gehört.
Nun bitten wir den heiligen Geist
um den rechten Glauben allermeist,
daß er uns behüte an unserm Ende,
wenn wir heimfahrn aus diesem Elende
Die drei auf der Empore nicht zu vergessen. Später. Sie hat ihre Reihenfolge. Nach Jacques Robert. Neben Robert Leonie, seine Frau. Und Marie verzieht leicht den Mund. Ein bißchen mehr könnte Leonie doch auf sich halten. Es ist ihre Sache, ihre und Roberts. Aber heute ist Hochzeit. Der Mantel. Das Kleid

schaut unten heraus. Der Kragen halb umgeschlagen. Und die Haare, als habe der Wind sie gekämmt! Daß Robert – aber die Frau müßte dafür ein Auge haben. Und einen Spiegel. Wie sie sich herrichtet. Um Gottes Willen, lieber würde sie sich die Zunge abbeißen. Nur keinen Streit im Haus. Sie müssen zusammen leben. Und Thérèse redet vermutlich sowieso schon zuviel dazwischen. Neben Leonie Pierre und Paul, Leonies Kinder. Der Größere könnte sich am Kleinen ein Beispiel nehmen. Für seine fünf Jahre, noch nicht in der Schule, scheint Paul vernünftiger als Pierre mit seinen sieben. Leonie könnte ihm doch die Hände ruhig halten. Hin und her mit dem Gebetbuch über die Kirchenbank. Hin und her. Neben dem Großvater – Marie zögert – sie kann sich nicht daran gewöhnen, Großmutter zu sein, dabei ist sie es schon seit sieben Jahren, seit Pierre – neben dem Urgroßvater hielte er Ruhe. Die beiden verstehen sich, Pierre und Grand-pierre, der hinter ihr in der zweiten Reihe steht, ihr Vater. Ihre Mutter, Thérèse, wundert sich Marie, neben ihm nicht nur nicht in der zweiten Reihe, sondern da auch auf dem zweiten Platz. Wahrscheinlich war Grand-pierre zu langsam gewesen. Sein gemächlicher Schritt. Immer Spaziergang. So daß Thérèse vor ihm in der Reihe war. Oder die beiden sind nebeneinander, Frau rechts, durch den Hauptgang gekommen. Aber Jacques kniet auch neben ihr, Marie, auf dem zweiten Platz. Und ist mit ihr durch den Hauptgang gekommen, sie rechts.
Gloria in excelsis Deo
Et in terra pax hominibus bonae voluntatis
Laudamus te.
Benedicimus te.
Adoramus te.
Glorificamus te.
Gratias agimus tibi propter magnam gloriam tuam. Domine, Deus, Rex caelestis.
Feierlich. Latein. Für Erich und Jeanne etwas Besseres: unterbricht Marie ihre Aufzählung.
Der Herr Pastor läßt sich nicht lumpen.
Weiter. Hinter Grand-pierre und Thérèse die anderen Fontaines. Nicht einmal beide Onkel hat Jeanne einladen wollen. Das würde zuviel. Einigermaßen ausgeglichen müßte die Zahl der Gäste von beiden Seiten sein. Eine kleine Hochzeit. Nur ihren Paten. Mit Frau und Sohn mit Frau. Das Viergespann. Georges, Yvonne, Gauthier, Madeleine. Ob bunte Reihe oder die Männer als Rahmen, eins weiß Marie, ohne zu schauen: als erster, vorn in der Reihe, steht Georges. Ihr Bruder. Der schöne Georges. Herzensbrecher, Frauenheld. Vielleicht immer noch. Sie hatte damals zwar oft lachen müssen, wenn er, Haare und Schuhe ein Glanz, samstagabends zum Tanz ausging, aber habe der einen Erfolg, hatte sie von den Mädchen gehört. Da kann sich Gauthier

noch so anstrengen, neben dem Vater verblaßt er. Georges zieht sich nicht an, Georges ist gekleidet. Wenn er lächelt, wie er sich bewegt, das ist nicht berechnet. Georges ist fein. Dadurch macht er oft unsicher, die um ihn sind, die mit ihm zu tun haben. Marie lächelt. Beim Tanz in den anderen Dörfern hatten die Mädchen ihm nie den Bauernjungen geglaubt. Er sei aus der Stadt. Wohin Georges dann auch gezogen ist. Wo er auch hingehört. Wenn nur ein bißchen auf Leonie abfärben würde von Georges. Sie muß nicht aussehen wie Madeleine, Gauthiers Frau. Die ist Verkäuferin in einer teuren Boutique. Und glaubt, Grace Kelly in früheren Jahren zu gleichen. So sieht sie aus! Nicht übertrieben, aber etwas mehr auf sich zu achten, das täte Leonie gut. So wie Yvonne, Georges zweite Frau. Nicht auffällig, aber gut angezogen, geschminkt. Marie dreht sich kurz um. Recht hat sie gehabt. Georges innen, der erste. Und Gauthier außen, das Schlußlicht der Fontaines. Dahinter noch, hat sie gesehen, Jacqueline mit Vater und Mutter, Walter und Isabelle.
Die Kleine hat heute einen guten Schutzengel gehabt. Nicht auszudenken, wäre dem Mädchen etwas zugestoßen! Nur Angeberei. Der eigene Vater und Georges Gauthier. Diese Autonarren. Verrückt. Einer wie der andere. Aber auch die Fontaines, und Walter und die alten Neys hatten gute Schutzengel. Nur ein wenig verbeultes Blech. Musiker, hatte Jeanne ihr erzählt, Freunde von Erich. Die drei auf der Empore. Ihre Namen hat Marie sich nicht merken können. Doch, einen, Issi. Der spiele Gitarre, Klavier, die Orgel. Den kenne Erich schon aus dem Konvikt. Auf der anderen Seite fällt Cilla Rau auf, lang, hager, Hautz' Haushälterin. Daß die in der Kirche, nicht in der Küche ist, und dort das Kochen im Auge hat, wundert Marie. Sie an Cillas Stelle stünde nicht hier. Und so ruhig da. Aber vielleicht wartet Cilla nur bis zur Trauung, geht dann. Sie steht auch allein für sich in der Kirchenbank hinter den anderen. Vor ihr, Marie riskiert einen Blick, der Fotograf mit Tochter und Frau. Erichs Paten. Die Gérards. Über den Fotografen hat sie schon manches gehört. Verrückte Geschichten. Da ist sie gespannt. Er scheint ein nervöses Zucken ums Auge zu haben. Als blinzle er ihr zu, hat es ausgeschaut, als sie sich vor der Messe begrüßten. Vielleicht eine Berufskrankheit. Seine Frau könnte in ihrem Alter sein. Schönes volles, dunkles Haar. Vielleicht nachgefärbt. Aber tiefe Augenringe, als weine sie viel. Wer weiß. Über die Tochter. Da hätte sie Grund. Gott sei Dank, daß Jeanne nicht so aussieht. Frisur, Schminke, die Kleider. Da muß Marie sich zuerst gewöhnen. Da fehlen ihr noch die Worte. In der ersten Reihe sitzt Opa Ney. Viel mitgemacht hat er, hat sie Jeanne ausgefragt. Den Sohn noch nach dem Krieg verloren. Mit Munition gespielt. Die Tochter, Erichs Mutter, im Kindbett gestorben bei Erichs Geburt. Gebeugt sitzt er da, beide Hände auf den Spazierstock gestützt. Der zittert. Vielleicht der Autozusammenstoß ...
Oma Ney schaut besorgt zu ihm hin, sagt etwas. Er schüttelt den Kopf. Der

Die Leidinger Hochzeit, Kapitel II

Lehrer, neben den beiden Alten, neben ihr, Marie, über den Gang, bemerkt davon anscheinend nichts. Schaut starr nach vorn. Ob auf die Bilder hinter dem Altar, den Altar, Pastor Claude Vigy oder das Brautpaar oder wer weiß wohin, wüßte sie aber gern.
Ein großer Vogel. Aber Grand-pierre hat gesagt: das ist kein Vogel. Ein Segelflugzeug ist das. Aber wie ein Vogel, denkt Paul. Segelflugzeuge kennt er. Er hat sie schon ganz nah gesehen. Am Boden. Auf dem Flugplatz. Am Flugtag. Mit Grand-pierre, Pierre und seinem Vater ist er dahin gefahren. In einer großen Halle. So viele Flugzeuge. Einen Film hat er da auch gesehen. Alles ist ganz klein gewesen. Winzig klein. Das sind Wiesen und Felder. Hat sein Vater gesagt. Und das der Wald. Und da ein Dorf. Die Straße und die Autos. Wie Tierchen. Wie Käfer sind sie gekrabbelt. Ein Segelflugzeug ist langsam. Immer im Kreis. Über dem Dorf. Ob alles so klein gewesen ist wie in dem Film? Grand-pierre und Pierre und er. Und die Wiese. Und das Pferd. Und der Weg. Die Häuser. Die Kirche. Der sieht uns, hat Grand-pierre gesagt. So hoch ist der nicht. Und Pierre hat mit beiden Armen gewunken. Und ist im Kreis gelaufen. Richtige Flieger machen Krach.
Düsenjäger sind schnell. Die sind schon weg, dann kommt erst der Krach. Die fliegen vor ihrem eigenen Krach davon, hat Grand-pierre geschimpft. Und bleiben tut ein weißer Streifen. Aber am höchsten fliegen die Raketen. Bis auf den Mond. Von da ist die Erde ganz klein. Und doch sehen sie alles auf der Erde. Die Astronauten. Mit ihren Fotoapparaten. Sogar die Hand in deiner Hosentasche, hat Grand-pierre gesagt und gelacht. Das glaubt er dem Grand-pierre aber nicht. Vielleicht wird er Astronaut. Dann fliegt er mit einem Raumschiff durch das Weltall. Wo die Sterne sind. Und Paul Beaumont schließt halb die Augen:
Und Pastor Claude Vigy ist Kommandeur.
Mit seinem weißen Raumanzug mit roten Streifen auf dem Rücken.
Und die Ministranten sind die Piloten.
Und der Altar ist die Kommandozentrale.
Und die Kirche das Raumschiff.
Der Kommandeur hebt die Arme.
Das ist das Zeichen.
Start.
Das Raumschiff hebt ab.
Draußen ist alles rot.
Sie fliegen.
Da wird Paul gestoßen. –
Setz dich, sagt Pierre.
Pastor Claude Vigy steht am Ambo: –
Lesung aus dem Buch Jesaia.

Alfred Gulden

Wie Regen und Schnee vom Himmel fallen und dorthin nicht zurückkehren, sondern die Erde tränken, daß sie keimt und sproßt, daß sie Samen bringt dem Sämann und Brot als Speise, so ist es auch mit meinem Wort, das von meinem Munde ausgeht: Es kehrt nicht erfolglos zu mir zurück, sondern bewirkt, was ich will, und führt aus, wozu ich es sende.
Aber sie ertrinkt, die Erde. Seit einem Monat keine zwei Tage hintereinander mehr trocken. Soviel hat es seit vierzig Jahren nicht mehr geregnet. Die Sintflut. Hochwasser überall. Die Wiesen so naß, daß das Vieh im Schlamm steht. Unmöglich, aufs Feld zu fahren. So aufgeweicht. Der Traktor bleibt stecken.
Und die Gebete um besseres Wetter?
Jacques Beaumont hadert.
Auf der anderen Seite die sind jetzt im Vorteil. Ausgenommen die zwei, die noch ganztags bauern. Nicht jeden Morgen der Blick aus dem Fenster. Die Sorgen. In der Fabrik ist jedes Wetter gut für die Arbeit. Aber für keine noch so bequeme, noch so sichere Arbeit in der Fabrik für noch so viel Geld würde er tauschen. Er ist Bauer. Davon lebt er. Dafür lebt er. Der Diersdorfer Walter hat doch nur noch den Autolack in der Nase. Der sieht doch nur noch Karosserien, Stoßstangen und Zierleisten. Aber vor allem, sagt Jacques sich, das ist sein Boden. Sein Land. Wieviel Arbeit hat er mit den Jahren hineingesteckt. Wieviel herausbekommen. Aufgeben könnte er das nicht, nie, verpachten, verkaufen. Da steckt er mit drin. Deshalb versteht er die auf der anderen Seite nicht. Kaum Land mehr. Kein Vieh mehr. Ein armes Dorf. Gut, bei der Arbeit bei jedem Wetter ein Dach überm Kopf. Ob es kalt ist oder warm, Schnee, Regen, Nebel oder trocken, das spürt er am eigenen Körper. Wenn er übers Feld fährt, ist da kein Dach. Das hört nicht auf. Hügel, so weit er sieht. Deshalb geht ihm nicht in den Kopf: Jeanne will weg. Das tut ihm weh. Er hört Jeanne noch: sei mir nicht bös. Ich will weg. Er hat es zu verstehen versucht. Gründe genug hätte Jeanne. Sie hat es nicht leicht gehabt. Im Dorf. Rote Haare Sommersprossen. Und dazu noch gescheit sein. Da war viel Neid. Auch ihr Bruder. Am liebsten hätte Robert Jeanne umgebracht. Schon in der Wiege. Einmal, zum Glück, ist Marie dazugekommen, wie Robert Jeanne aus der Wiege zu schaukeln versuchte. Und ein anderes Mal, einer aus dem Dorf war zufällig vorbeigefahren und hatte Schlimmes verhüten können, hatte Robert den Kinderwagen, in dem Jeanne saß, lachte und winkte, den steilen Feldweg hinuntergestoßen. Beide Male hatte Robert nach den verdienten Prügeln ihn nur trotzig angeschaut. Nicht geweint. Und er war erschrocken über Roberts Haß. Und Marie, die eigene Mutter – wie oft mußte er, dem das sonst fremd und zuwider war – Marie ins Wort fallen und sie zurechtweisen, wenn sie im Streit Jeanne des Teufels nannte, die Roten, die hätten den Teufel gesehen, die Roten, das sei eine eigene Rasse, gestraft sei sie mit ihr. Weihrauch.
Vor dem Altar verneigt sich Pastor Claude Vigy und spricht leise: –

Die Leidinger Hochzeit, Kapitel II

Heiliger Gott, reinige mein Herz und meine Lippen, damit ich dein Evangelium würdig verkünde.
Dann nimmt er das Evangelienbuch vom Altar und geht zum Ambo. Die beiden Ministranten, der eine trägt eine Kerze, der andere schwenkt das Weihrauchfaß, begleiten ihn. –
Der Herr sei mit euch –
Und mit deinem Geiste –
Aus dem Evangelium nach Matthäus.
Mit dem Daumen der rechten Hand bezeichnet er das Buch, dann sich selbst Stirn, Mund und Brust mit dem Kreuzzeichen. –
Ehre sei dir, o Herr.
Weihrauch. –
Da aber die Pharisäer hörten, daß er den Sadduzäern das Maul gestopft hatte, versammelten sie sich. Und einer unter ihnen, ein Schriftgelehrter, versuchte ihn und fragte: Meister, welches ist das vornehmste Gesetz? Jesus aber sprach zu ihm: Du sollst lieben Gott, deinen Herrn, von ganzem Herzen, von ganzer Seele und von ganzem Gemüte. Dies ist das vornehmste und größte Gebot. Das andere aber ist dem gleich: Du sollst deinen Nächsten lieben wie dich selbst. In diesen zwei Geboten hängt das ganze Gesetz und die Propheten.
Wäre sie doch auch tot! Denkt Elis. Im Kindbett gestorben. Wie Clara. Erich, Claras Junge, vor dem Altar. Ihr Patenkind. Claras Hochzeit. Ein Jahr. Die Hochzeitsmesse fast schon das Totenamt. Einen schnellen Tod. Nicht faulen bei lebendigem Leib. Das miterleben zu müssen. Vom Fleisch fallen. Wie sie sich haßt. Ihren Körper. Ein Hohn ist das. Was der redet. Leicht liest sich das: deinen Nächsten lieben wie dich selbst.
Weihrauch, Kerzen und Orgelmusik. Ihre Totenmesse. Aber so leben zu müssen. Was weiß der schon davon! Sie hat es auch nicht gewußt. Vor der Operation.
Ich will dich lieben, meine Stärke,
ich will dich lieben meine Zier,
ich will dich lieben mit dem Werk
und immerwährender Begier;
ich will dich lieben schönstes Licht,
bis mir das Herze bricht.
Sie kann nicht mitsingen. Wie gern hat sie früher gesungen.
Daß auf einmal alles anders ist! Ihr ganzes Leben. Ein Hohn. Sein Ekel ist schon auf sie übergegangen. Frißt in ihr. So etwas auch noch zu singen: Und immerwährender Begier
Die Operation. Daß alles anders geworden sein soll, deswegen nur, das kann sie nicht glauben. Aber weshalb?
Vorher – ungläubig hat sie oft den Freundinnen zugehört, wenn diese erzählten, mit ihren Männern sei nichts mehr los, vorbei, aus.

Sie hat nie mitreden können. Zu selbstverständlich war zwischen ihr und ihm, daß sie miteinander schliefen. Oft noch und unvermittelt. Auch tags. Aber nicht nur, miteinander zu schlafen, in allem wußten sie voneinander.
Ich will dich lieben, o mein Leben,
als meinen allerbesten Freund;
ich will dich lieben und erheben,
solange mich dein Glanz bescheint;
ich will dich lieben, Gottes Lamm,
das starb am Kreuzesstamm.
Wie er sie nannte, daraus hörte sie schon, was er meinte, wie er fühlte. Welchen Teil ihres Namens er nahm, zeigte schon seine Stimmung, um was es ging.
Feierlich, viel Zärtlichkeit, weich der Klang, stimmhaftes s, auf dem i betont, Elisa hieß sie nur für besondere Augenblicke.
Bethi: Lachgrübchen sieht sie da, geblinzelt, nicht selten der Klaps auf den Hintern dabei, die Verkleinerungsform, wobei ihm -chens, -les, -leins und -leinchens zuwider sind. Sie nähmen den Wörtern die Würde, hatte er einmal bemerkt.
Scharf, die erste Silbe betont, Befehlsform, falsch aufgestanden, mach schon, soll, hol, wieso schon wieder, was denn, schlecht gelaunt, immer mit Drohung dahinter: Elis hat sie immer gehaßt.
Elisabeth: unterschreib bitte hier, oder wenn sie mit Leuten waren, ihr Name, wie er im Ausweis steht, Geld, sachlich, Geschäfte, so auch seine Stimme dann.
Ach, daß ich dich so spät erkannte,
du hochgelobte Schönheit du,
daß ich nicht eher mein dich nannte,
du höchstes Gut, du wahre Ruh;
es ist mir leid, ich bin betrübt,
daß ich so spät geliebt.
Natürlich kam es vor, daß er verwechselte, Elisa, laut, hart gerufen, sie traf, oder Elis, Elis, geflüstert, sie erschreckte. Ausnahmen aber. Elisabeth nennt er sie jetzt. Nur noch Elisabeth. Nach der Operation. So ist er auch zu ihr.
Sie hätte es wissen müssen. Im Krankenhaus schon. Sie hat es gespürt. Wenn er sie besuchte. Nie ruhig sitzen konnte. Auf und ab ging, um nicht die andere Frau mit ihr im Zimmer zu stören, auf dem Gang. Hereinkam, schweißnaß, wenn sie jemanden an ihm vorbei zur Operation geschoben hatten. Und den Tag nach ihrer Operation sei er am Fenster gestanden, hatte die andere Frau mit ihr im Zimmer ihr später erzählt, habe stundenlang nach draußen gestarrt, nur ab und zu den Kopf ihrem Bett zugedreht, um sofort wieder aus dem Fenster zu schauen.

Die Leidinger Hochzeit, Kapitel II

Zuviel Phantasie, sagte er ihr, habe er, als sie ihn daraufhin ansprach. Seine Vorstellungskraft mache ihm sehr zu schaffen. Lasse zum Beispiel nicht zu, eine Spritze ohne Ohnmachtsanfall zu bekommen. Die Verkrampfung. Wenn dieser spitze, scharfe Gegenstand in seinen Körper fahre. Das Bild raube ihm die Besinnung. Oder die Blutentnahme. Oder sie am Tropf hängen zu sehen. Augenblicklich breche ihm der Schweiß aus, er müsse sich setzen, es werde ihm schwarz vor Augen. Woher das wisse er auch. Eine Zahnärztin, zu alt eigentlich schon für die Praxis, habe kurz nach dem Krieg ihm vor dem Zähneziehen die Spritze in verschiedene Stellen des Zahnfleisches gestoßen, die beste Einstichstelle zu finden. Unerträglich. Seitdem habe er diese Angst, diese Abwehr.
Sie hätte es wissen müssen. Später, in der Kur. Einmal nur in vier Wochen war er da. Drei Tage. Ein Wochenende. Zu weit, gut, gibt sie zu. Aber diese drei Tage. Ein Fremder hatte sie besucht, ihr Mann. Kaum Berührungen, obwohl sie damals notwendiger gehabt hatte als irgendwann in ihrem Leben, angefaßt, berührt zu werden. Scheu, als habe sich etwas zwischen sie beide geschoben, zog er sich ängstlich fast vor ihr zurück, hatte sie gespürt. Die für ihn fremde Umgebung vielleicht, vielleicht die vielen anderen, die alle das Krankheitserlebnis gemeinsam hatten, hatte sie sich eingeredet. Sich damit zu beruhigen versucht, nachdem er abgefahren war. Sie hätte es wissen müssen. Spätestens nach zwei Wochen wieder zuhaus. Wie er ihr auswich. Er müsse sich wieder gewöhnen. Und vermied, ihr zu nahe zu kommen. Als habe sie Aussatz, hatte sie ihm gesagt. Und seine Antwort, das lege sich wieder, sie wisse doch, seine Phantasie, hatte sie geglaubt. Was hätte sie tun sollen! Dann, als er zufällig die Tür zum Badezimmer aufstieß, sie nackt sah, die Tür wieder zuschlug, davonlief, war es ihr klar. Sie war nicht mehr seine Frau. Die Frau, die er gekannt hatte. Daß etwas an ihr fehlte, hatte ihn entsetzt.
Der Schock.
Und sie hatte sich nicht zu helfen gewußt. Zu wem hätte sie gehen, mit wem hätte sie reden sollen? Zu einem etwa wie dem, der jetzt da vorn von gemeinsam die Last zu tragen, das Leid, spricht? Hätte sie dem von diesem Gefühl erzählen können, als sie vom Einkauf nachhaus kam, und aus dem Badezimmer sein Lachen hörte. Ihr Mann ... Und sie durch die angelehnte Badezimmertür die Tochter, nackt in der Wanne, und ihn auf dem Wannenrand sitzen sah, wie er ihr den Schaum in die Haare massierte. Was würde der da vorn davon verstehen!
Sie, so wie jetzt, mit Sprüchen füttern: deinen Nächsten wie dich selbst. Sie haßt sich. Ihren Körper. Sie haßt ihn, der ihr fremd geworden ist, ihren Mann. Neben dem sie immer noch lebt. Von der Erinnerung an eine gemeinsame Zeit.

Alfred Gulden

Wäre sie doch auch tot.
Wie Clara.
Einen schnellen Tod.
Herrgott, einen schnellen Tod!
Jetzt komme die Mitte der Hochzeitsmesse, sagt der Priester,
ihr Mittelpunkt auch: die Trauung.
Und er geht zum Brautpaar hinüber.
Ein Glück. Nicht er. Nur enttäuschte Gesichter. Immer wieder, wenn die Leute die Bilder sahen, die er gemacht hatte von ihnen, von dem Ereignis. Daß jetzt nicht er vorn am Altar vor dem Priester und dem Brautpaar herumhüpfen muß, das Auge am Sucher, auf dem Auslöser den Finger, freut ihn. So schnell wie der andere hätte er auch nicht sein können. Schon war der da. Vorn. Blitzlicht. Scheinbar einer aus der Verwandtschaft der Braut. Von ihrer Seite war er nach vorn gekommen. Jetzt erkennt er ihn. Der hat heute beim Autozusammenstoß den französischen Wagen gefahren. Sich aufgespielt wie Gott weiß wer. Das ist er. Zwei Fotoapparate um den Hals. Wie er die Position einnimmt. Wichtigtuer. Leicht in die Knie geht. Die Position wechselt. Neuer Blickwinkel. Zur anderen Seite stelzt. Sich aufbaut. Angeber. Wieder nichts. Nur Theater.
Denkt August Gérard, und kneift kurz das linke Auge zu. Das sieht der nie: Wie die drei Köpfe, Bräutigam, Priester, Braut ganz nahe waren für nur einen Augenblick.
Er hat das Bild. Schon fertig. Im Kopf. Sein Archiv. Abgelegt. Jederzeit griffbereit.
Jetzt Musik. Hierher gehört jetzt Musik. Nichts. Trocken. Die Worte alleingelassen. Nicht aufgeladen durch die Musik. Laut in die Stille Wort für Wort wie bedeutend!
Priester: – Erich Hautz, ich frage Sie, sind Sie hierhergekommen, um nach reiflicher Überlegung aus freiem Entschluß mit Ihrer Braut Jeanne Beaumont den Bund der Ehe zu schließen?
Groß der Mund.
Das Ja.
Nur der Mund, der Ja sagt.
Aber da vorn der, wie sollte er auch, steht nur herum. Kein Foto.
Auch nicht vom Mund der Braut.
Und nicht die beiden Münder, die jetzt auf die Frage des Priesters nach christlicher Erziehung der Kinder und der Bereitschaft, als christliche Eheleute ihre Aufgabe in Ehe, Familie, Kirche und Welt gemeinsam zu erfüllen,
Ja sagen. Ja.
Aber jetzt. So muß es sein. Diese Fotos sind gewünscht. Der Ministrant bringt ein Tablett. Darauf dürften die Ringe sein. Der mit den Fotoapparaten stellt sich breitbeinig. Gespreizt. Der Pfau. Und wartet.

Die Leidinger Hochzeit, Kapitel II

Zwischen Bräutigam und Braut, schmal der Durchblick, ahnt August Gérard mehr, als er sieht, das Tablett mit den Ringen darauf, darüber die Hand des Priesters.
Jetzt den Bussardblick zu haben, wünscht er sich. Die weiche, weiße Hand des Priesters über den beiden Ringen. Wie sie segnet.
Nur das. Festgehalten. Ob die Hand des Priesters wirklich weich ist, feucht, schwammig?
Priester: – Da Sie also beide zu einer christlichen Ehe entschlossen sind, so schließen Sie jetzt vor Gott und der Kirche den Bund der Ehe, indem Sie das Jawort sprechen. Dann stecken Sie einander den Ring der Treue an.
Wie sich die Stimme des Priesters verändert!
Anhebt, feierlich: – Erich Hautz, nehmen Sie Ihre Braut Jeanne Beaumont als Ihre Frau an und versprechen Sie, ihr die Treue zu halten in guten und in bösen Tagen, in Gesundheit und Krankheit, und sie zu lieben, zu achten und zu ehren, bis daß der Tod Sie scheidet? Erichs Ja, obgleich es laut und bestimmt gesagt ist, hört August Gérard nicht, denn seine Frau, das Taschentuch auf den Mund gepreßt, aber das hilft nicht mehr, schluchzt. Peinlich. Schluchzt so, daß Philipp sich umdreht. Sogar die von der anderen Seite drehen die Köpfe. Was tun! Elis schluchzt stärker. Sie zittert. Es schüttelt sie. Hilflos. Diese Hilflosigkeit. August beugt sich zu ihr, da stößt Elis die Tochter zurück, stolpert, das Taschentuch immer noch auf dem Mund, aus der Kirchenbank in den Gang, aus der Kirche hinaus.
Das Portal fällt zu.
Stille.
Als habe es keine Unterbrechung gegeben, dieselbe Tonlage, feierlich, fragt der Priester die Braut, hört ihr Ja.
Blitzlicht.
Der Bräutigam steckt der Braut den Ring an. Blitzlicht. Die Braut dem Bräutigam. Blitzlicht, wie der Priester die Hand der Braut in der Hand des Bräutigams mit der Stola umwindet, darüber dann seine rechte Hand legt und, an alle gewandt, sagt: – Euch aber, die ihr zugegen seid, nehme ich zu Zeugen dieses heiligen Bundes.
Und noch feierlicher: – Was Gott verbunden hat, darf der Mensch nicht trennen.
Die Vermählten knien nieder. Blitzlicht.
Der Priester spricht über die beiden ein Segensgebet. Das sind die gewünschten Fotos, denkt August Gérard. Da gibt es keine enttäuschten Gesichter.
Elis Gesicht. Ihre Augen. Als schneide ihr einer ins Fleisch. Und das Schluchzen. Zittern. Und hinauslaufen. Und die Augen der anderen auf ihr. Auf ihm.
Das behält er im Kopf.
Die Eindrücke diesen Augenblick.

Alfred Gulden

Gott der nach seinem Bilde
aus Staub den Menschen macht,
hat uns seit je zur Freude
einander zugedacht.
Er fügt euch nun zusammen,
läßt Mann und Frau euch sein,
einander Wort und Treue,
einander Brot und Wein.

Und Issi zieht alle Register. Ersetzt die fehlenden Mitsänger durch die Stimmen der Orgel. Wie im Konvikt. Er sitzt an der Orgel. Die Morgenmesse. Auf einem Zettelchen, das an der Orgel klebt, die Reihenfolge der Lieder. Daß er nicht früher darauf gestoßen ist … Verdrängt vielleicht. Wie vieles von damals. Lange her, daß Erich und er über ihre Zeit im Konvikt gesprochen haben. Keiner von ihnen ist Priester geworden. Keiner hat sich einlullen lassen von den dümmlichen Reden des Herrn Direktors. Im Gegenteil. Geradezu gierig hatten sie, kaum aus dem Konvikt, Kontakt zu den Mädchen gesucht. Nachholbedarf, hatte Erich gelacht. Und sie hatten erkannt, was sie, noch im Konvikt, nur vermutet hatten: verdreht, völlig verdreht waren die Ansichten des Herrn Direktors gewesen. Abschreckung, keine Frau anzurühren, des Teufels, die Weiber, in sich das Böse. Er, ihr Direktor, habe es nie getan, nicht einmal geküßt, habe sich reingehalten, es nie bereut. Aber keiner von ihnen ist Priester geworden. Und Erich steht vor dem Altar. Mit seiner Frau.

Und wie der Mensch die Antwort
von Anfang an entbehrt,
solange er nicht Liebe
des anderen erfährt
so sollt auch ihr von nun an
in nichts mehr ganz allein
vereint an Leib und Herzen
einander Antwort sein.

Wie lange das gut geht? Erich und Jeanne. Denn irgendwo steckt es noch tief in ihnen. Das Konvikt. Keine seiner Beziehungen zu Frauen hat zwei Jahre überdauert. Das scheint seine Zeit. Wie es bei Erich ist, weiß er nicht. Aber von einigen aus dem Konvikt weiß er um ihre Schwierigkeiten. Mehr als bei anderen, die nicht im Konvikt gewesen waren.

Obwohl, wenn er Mäck betrachtet, der neben ihm, neben der Orgel auf der Empore steht: Der gäbe jetzt seinen teuren Baß für ein Fernglas. Nur, um den Hintern des kleinen Ledermädchens unten im Kirchenschiff groß ins Bild zu bekommen. Die zeigt es aber auch. Wenn sie sich kniet, ist Mäck kaum noch zu halten. Mäck ist nicht im Konvikt gewesen. Aber auch seine Beziehungen sind immer nur flüchtig. Und immer sehr junge Frauen, Mädchen noch, halbe

Kinder. Dabei, Mäck ist in dem Alter, da haben andere eine feste Arbeit, Kinder, ein Haus. Ein viertel Jahrhundert habe er schon auf dem Rücken, hat Mäck vor kurzem gescherzt. Aber, wenn er an sich selbst denkt, fünf Jahre älter als Mäck schon und auch noch nichts. Weder Familie, ein Haus, noch feste Arbeit. Nur die Angst sich zu binden.
Diese Schwierigkeiten scheint »Indien« nicht zu haben. Wie er dasitzt mit untergeschlagenen Beinen. Entspannt, gelöst. Der jüngste von ihnen. Wirkt aber wie der älteste. Seine Ruhe regt sie oft auf. Wenn er so lächelt, so vor sich hin. Obwohl ein Auftritt geplatzt, der Auftrag vom Rundfunk lächerlich gering honoriert worden ist, der Motor nicht anspringt, Text und Melodie einer Nummer nicht sitzen. Anderseits, seine Ruhe greift über, macht froh. Und daß er sehr gut Geige spielt, oder, wie »Indien« sagt, die Geige ihn spielt ...
Und wie zu zwei und zweien
der Mensch den Weg durchmißt,
wenn er zum Ende wandert
und Gott ihm nahe ist,
so wird er bei euch bleiben
im Leben und im Tod;
denn groß ist sein Geheimnis,
und er ist Wein und Brot.
Jeanne Beaumonts Blues: ein schöner Titel für einen Song. Von einem Mädchen mit roten Haaren vom Dorf. Von dem ein Zauber ausgeht. Hexe. Verschrien. Das Mädchen flieht in die Stadt. Macht dort seinen Weg. Kehrt wieder zurück. Der Zauber ist fort. Verflogen.
Sagt an, wer ist doch diese ...
Auf die Melodie oder so. Daß er erst jetzt darauf stößt. Seit er hier an der Orgel sitzt. Die Kirchenlieder. Choräle. Nicht ihre Texte. Aber die Melodien. Was damit zusammenhängt, alles herauskommt. Gefühle von Kind auf und später bis heute. Wie von weither. Verdrängt, aber noch nicht vergessen.
Das könnte sein Mississippi-Delta sein, sein Chicago City. Heiliger McKinley Morganfield! I feel like going home.
Und Issi verwandelt im Nachspiel unmerklich – nur Mäck schaut auf, und «Indien» lächelt noch breiter – das Kirchenlied in einen Blues.
Credo in unum Deum.
Patrem omnipotentem,
factorem caeli et terrae,
visibilium omnium et invisibilium.
Ob Charly Brown wirklich so spricht? Das ist ein Ami, hat ihr Vater gesagt. Sie schaut sich alles mit Charly Brown im Fernsehen an. Ein Ami ist ein Amerikaner. Der spricht auch so, hat ihr Vater gesagt. Amerikanisch. Ob der Herr Pastor wirklich Amerikanisch kann? Sie versteht nichts, was er

jetzt betet. Nur »Jesum Christum«. Ihren Charly Brown hat sie verloren. Nach der Messe muß sie ihn wiederfinden. Er ist ihr bester Hüpfstein. Ihr Vater schimpft immer über ihre Hüpfsteine. Daß sie so amerikanische Namen haben. Charly Brown ist aber ihr bester. So einen runden Kopf. Wie lange sie so einen gesucht hat am Bach. Besser als Donald Duck und besser als Speedy Gonzales. Der ist viel leichter. Müllerchen ist am schwersten. Der hat keinen amerikanischen Namen. Einen deutschen hat der. Ihr Vater hat ihm den gegeben. So klein, so knubbelig ist der Stein, hat er gesagt. Ihre Mutter hat gelacht: Nur Fußball im Kopf. Dein Vater. Und Autos, hat sie gesagt.
Und heute ist sein Auto kaputtgegangen. Aber ihr schönes Kleid ist nicht schmutzig geworden. Und Tante Jeanne hat ihr geholfen. Sie hat sie ganz fest an sich gedrückt. Und als ihr Vater hat schimpfen wollen, da hat Tante Jeanne ganz laut gesagt: Sag nichts. Sag jetzt nichts. Da ist ihr Vater aber erschrocken. Und hat sich hingekniet vor sie und hat sie gestreichelt. Mein Mädchen, mein Mädchen, hat er gesagt. Da waren die Autos aber schon zusammengestoßen. Ein rotes in ihr weißes. Und ihr weißes ist an der Seite ganz gewesen. Und ihr Vater hat mit dem anderen Mann geschimpft. Lern erst einmal fahren, hat er gesagt. Und: du Null. Aber da ist schon ihre Mutter gekommen und hat sie mitgenommen. Weg von der Straße, hat sie gesagt. Und: Gott sei Dank! Und dann hat sie geweint, als Tante Jeanne ihr erzählt hat, wie die Autos zusammengestoßen sind. Die Verrückten, hat Tante Jeanne zu ihrer Mutter gesagt. Das war Glück. Und ein guter Schutzengel, hat ihre Mutter gesagt. Dann hat Tante Jeanne sie wieder an sich gedrückt. Und gestreichelt. Aber da war Charly Brown schon nicht mehr da. Da wollte sie ihn suchen gehen, aber ihre Mutter hat sie nicht auf die Straße gelassen. Und Tante Jeanne hat gesagt: den findest du bestimmt wieder. Bestimmt. Nach der Messe muß sie ihn finden. So einen guten Hüpfstein hat sie noch nie gehabt. Ihren Charly Brown.
Und in die Stille zwischen den einzelnen Fürbitten, die alle jetzt im Wechsel mit dem Priester beten, sagt Jacqueline leise für sich: Lieber Gott, gib mir meinen Charly Brown wieder! Und laut mit den anderen: – Christus, erhöre uns!
Daß nichts ohne Geld geht! Ob Robert genug Kleingeld eingesteckt hat? Sie kann sich nicht um alles kümmern.
Der Ministrant mit dem Geldkörbchen.
Für jeden zu sehen, wieviel schon darin liegt. Wieviel der Nachbar hineintut, auch. Zuerst kassiert der Ministrant die andere Seite ab. Von hinten nach vorn, hat Leonie mit einem Seitenblick festgestellt. Sie stößt Robert an. Der schaut erschreckt. Leonie macht schnell mit Daumen und Zeigefinger, als zähle sie Geld. Robert nickt. So schnell begreift er sonst nicht, denkt Leonie. Oft muß sie ihm etwas mehrmals sagen, erklären. Robert mußt du mit

Die Leidinger Hochzeit, Kapitel II

dem Zaunpfahl winken, hat Thérèse ihr gesagt. Recht hat sie. Thérèse kennt sich aus. An Thérèse muß sie sich halten. Thérèse weiß alles. Aus der Familie. Vom Dorf. Von früher. Was heute los ist. Die lebendige Dorfzeitung, hat Marie einmal gesagt. Und dabei ein Gesicht gemacht! Die eigene Tochter. Marie ist neidisch. Bestimmt. Daß Thérèse so gut Bescheid weiß. Sie sitzt oft mit Thérèse zusammen. Auch wenn Marie das nicht gerne sieht, hat ihr Robert gesagt. Da macht sie aber, was sie will. Thérèse hat ihr damals geholfen, sich einzuleben. Das war anfangs nicht leicht. Immer umdenken. Umrechnen. Daß sich alles ums Geld dreht! Immer rechnen, rechnen. Auch da hilft Thérèse ihr ab und zu aus. Marie noch nie. Streckt ihr was vor. Und hat es noch nie zurückverlangt. Wenn sie ihr das Geliehene zurückgeben wollte, hat Thérèse meist gelacht und gesagt: behalt es nur. Ihr braucht es nötiger. Recht hat sie. Zwei Kinder, der Mann. Und soviel bringt das Bauern nicht ein.
Das Geldkörbchen.
Fast nur Papiergeld darin. Zur Hochzeit läßt sich keiner lumpen. Läßt jeder was springen. Sie nicht. Auch wenn die Orgel noch so schön spielt. Sie will das Körbchen Thérèse weiterreichen, da greift Pierre danach. Ich auch: flüstert er. Robert gibt Pierre, dann Paul, denn was Pierre hat, muß auch Paul haben, ein Geldstück zum Opfern. Von mir nichts, denkt Leonie, auch wenn der Pastor die Hände noch so weit auseinanderbreitet, als sie das Körbchen Thérèse gibt.
Wenn, ja, wenn – dann würde sie auch leichten Herzens einen Schein hineintun. Aber dann würde sie jetzt nicht hier stehen. In ihrem alten Mantel. Der sieht doch noch ganz passabel aus, hat Robert gesagt, als sie, zum wievielten Mal, ihm hat beibringen wollen, daß sie einen neuen Mantel braucht.
Wenn, ja, wenn – dann hätte sie jede Menge Mäntel im Schrank. Und rechnen, rechnen müßte sie auch nicht mit jedem Pfennig, jedem Franc. Wie oft schon hat sie den Abend damals zurückgewünscht, ihn anders ausgehen lassen, als er ausgegangen ist.
Weshalb hat Robert sie auch zum Tanz aufgefordert? Überhaupt, was hatte er in ihrem Dorf zu suchen? Nie vorher war er dort gewesen. Nicht einmal den Namen ihres Dorfes hatte er vorher gekannt, hat er ihr später gestanden. Zufall, durch Zufall. Wie oft schon hat sie in Gedanken diesen Zufall ganz anders spielen lassen: sie die Frau des anderen, das war schon fast fest, der ihr damals den Hof gemacht hat. Eine gute Partie: Land, Maschinen und Häuser. Geld. Und ihren Eltern wäre es recht gewesen. Sehr sogar. Besser kannst du es nicht mehr treffen, hat ihre Mutter gesagt. Und der Vater hat zustimmend genickt. Eine Zukunft. Von allen beneidet.
Großbäuerin. Unternehmerin.
Und dann dieser Tanz.
Zugegeben, der andere hat keine Manieren. Wie er auf ihrer Hochzeit mit

Brot und Salz hereinkam, stolperte, lang hinschlug, das Brot schoß über den Boden, das Salz ausgeschüttet, und er zu fluchen, zu schimpfen anfing, als die anderen Hochzeitsgäste darüber lachten. Er ist nicht fein. Aber ein Millionär.
Wenn, wenn, wenn ...
Aber Robert hat damals mit ihr getanzt. Mit seinem Charme. Während der andere eine Schlägerei hat anzetteln wollen. Deswegen. Und sie ist mit Robert gegangen. Sie haben geheiratet. So schwer hatte sie es sich nicht vorgestellt. Blind, verliebt, du bist blind, hat ihre Mutter geschimpft. Das ist ein anderes Land. Aber sie hat darüber nur gelacht. Das gerade hat sie gereizt. Sie rechnet es ihren Eltern hoch an, daß sie, wenn sie sie besucht, nicht darauf zu sprechen kommen. Nur einmal, als sie ihrer Mutter vom knappen Geld erzählt hat, vom ewigen Rechnen, hat sie gesagt: das hättest du dir früher überlegen müssen. Aber von anderen erfährt sie, was ihr alles entgangen ist: Schon wieder in Amerika. Und seine Frau ist immer dabei. Und die Kinder im sündteuren Internat. Und ein Landhaus baut er sich. Und schon das dritte Auto in diesem Jahr.
Und und und.
Pierre und Paul sind gut geraten, gesund. Und Robert ist nicht schwierig. Sie kommt gut mit ihm zurecht. Wie Thérèse mit Grand-pierre, Marie mit Jacques. Die Männer im Haus haben wenig zu sagen. Weiberherrschaft, hat Robert einmal vor sich hingeknurrt. Laut hätte er sich das nicht getraut. Jeanne geht weg. Eine weniger. Aber drei Frauen im Haus sind immer noch zwei zuviel. Auf dem anderen Hof wäre sie die einzige gewesen.
Großbäuerin. Unternehmerin.
Und nicht in ihrem alten Mantel.
Schluß jetzt. Schluß.
Es ist, wie es ist. Ruhe.
Die Wandlung. Der Priester spricht: – Denn an dem Abend, als er ausgeliefert wurde und sich aus freiem Willen dem Leiden unterwarf, nahm er das Brot und sagte Dank, brach es, reichte es seinen Jüngern und sprach:
Nehmt und esset alle davon: das ist mein Leib, der für euch hingegeben wird.
Der Priester zeigt der Gemeinde die konsekrierte Hostie, dann legt er sie auf die Hostienschale und macht eine Kniebeuge. – Ebenso nahm er nach dem Mahl den Kelch, dankte wiederum, reichte ihn seinen Jüngern und sprach:
Nehmet und trinket alle daraus: das ist der Kelch des Neuen und Ewigen Bundes, mein Blut, das für euch und für alle vergossen wird zur Vergebung der Sünden. Tut dies zu meinem Gedächtnis.
Und das Geheimnis? Wo ist das Geheimnis? Fragt Erich sich.
Unvorstellbar: die krähende Stimme des Herrn Konviktsdirektors bei die-

sen Worten. Selbst durch ihn bekam diese Stelle der Messe Würde, wenn er, Beschwörung, die Worte der Wandlung flüsterte. Und, ob sie nun über die Hefte gebeugt, Vokabeln lernten, oder, wieder in Schlaf gefallen, die Träume fortsetzten, oder wirklich die Messe mitfeierten, irgend etwas geschah, ließ sie aufhören, aufhorchen.
Oft hatte er dann an seine Großmutter denken müssen, wenn sie, nach einer unerwarteten plötzlichen Stille bedächtig sagte: da ist ein Engel durchs Zimmer gegangen. Und als Kind hatte er sich das immer wieder vor Augen geführt, wenn ihn, alleingelassen, die Stille zu erdrücken drohte: da ist ein Engel im Zimmer. Und das hatte ihn dann getröstet für kurze Zeit. So übermächtig war dieser Teil der Messe gewesen, daß das erste Mal alle vor Verwirrung entsetzt waren: mitten in die Stille hinein ein Furz. Wer, war das Frühstücksgespräch. Durch das Unvorhergesehene des Vorgangs war niemand fest auszumachen gewesen. Nach der nächsten Morgenmesse war es heraus. Einer aus den vorderen Bänken, wo die Kleinen knieten. Unscheinbar, die dickglasige Brille in einem Schafsgesicht, drehte er sich nach dem Furz in der heiligen Stille nach hinten, um die Wirkung abzusehen, ein Verbeugen nach dem Applaus, wer weiß. Die Spannung hielt eine Woche. Und regelmäßig erfüllte der Kleine ihre Erwartung. Bis einer der Älteren, der die Messe immer andächtig mitfeierte und dem das zu weit ging, den Kleinen nach der Wandlung am Ohr aus der Bankreihe zog.
Dann war es wieder wie vorher. Obwohl es nicht mehr wie vorher war. Für ihn. Als sei da ein Knick, etwas gesprungen, ein Riß, dachte er sich lange Zeit diesen Furz in jede Stille. Geholfen hat es ihm auch.
Ein Alptraum, der ihm lange Zeit vor dem Einschlafen Angst gemacht hatte, war wie verflogen Er hatte geträumt, er knie in der Konviktskapelle. Allein. Mitten in der Nacht. Und plötzlich: an jeder Säule, in jeder Nische, auf jedem Podest die schrecklichsten Folterszenen. Blendungen. Geköpfte. Abgeschnittene Brüste. Ausgerissen die Fingernägel. Die Zunge herausgeschnitten. Gevierteilte. Der an der Geißelsäule. Von Pfeilen Durchbohrte. Aufgehängte, die geschwollene Zunge zwischen den Zähnen. Gerädert. Erschlagene. Auf dem Scheiterhaufen. Im Streckbett. Im siedenden Öl. Mit Stangen Ersäufte. Und vor und über allem der Gekreuzigte. Mit ausgefransten, geschwollenen Wundmalen, die Dornenkrone tief in die Stirn.
Und im zitternden Kerzenlicht fing das alles an zu leben, zu sterben. Zuerst mit leisem, aber durchdringendem Stöhnen. Dann lauter. Aufschreie. Dann das anhaltende Schreien der Gefolterten aus allen Ecken. Daß er wegwollte, laufen, aber angewurzelt.
Nichts ging. Nicht einmal beten –
Wie der Herr uns zu beten gelehrt hat:
Vater unser im Himmel

Alfred Gulden

Geheiligt werde dein Name.
Dein Reich komme
Dein Wille geschehe
Wie im Himmel so auf Erden
Unser tägliches Brot gib uns heute
Und vergib uns unsere Schuld
wie auch wir vergeben unseren Schuldigern
Und führe uns nicht in Versuchung
sondern erlöse uns von dem Bösen
Unser Vater.
Vielleicht deshalb, daß er dieses Gebet so mag, noch immer kann. Obwohl, ihr Vater, wenn er ihn gegen die Mutter hält: er hatte nie eine Chance. Vielleicht deshalb. Sagt sich Georges Fontaine. Obwohl, es ist noch nicht lange her, daß er das als feig empfunden hat. Schwächling. Öfter mal mit der Faust auf den Tisch. Ein lautes Wort. Gezeigt, wer der Herr ist im Haus. Aber nie. Immer in Arbeit. Unauffällig. Immer Ohr, wenn die Mutter Geschichten aus dem Dorf vortrug. Nur manchmal sein mißbilligendes Brummen, wenn sie es mit der Bosheit zu weit trieb. Und die Mutter kann das. Vor ihr ist niemand sicher und nichts. In allem fast Vaters Gegenteil. Vielleicht deshalb, daß sie so gut zusammenpassen. Und Georges Fontaine betrachtet die beiden Alten eine Bankreihe vor ihm.
Pierre und Thérèse, sagt er tonlos und hinter geschlossenen Lippen. Ob ihr Vater je einen bösen Gedanken gehabt hat? Komisch. Der Vater hieß er nie, wenn sie über ihn sprachen, immer unser Vater. Unser Vater ist im Stall. Unser Vater ist aufs Feld. Sogar die Mutter. Nie: mein Mann. Oder: Pierre. Auch für sie nur: unser Vater. Und als Marie einmal die Mutter schnippisch unterbrochen hatte: er ist nicht dein Vater, unser Vater, hatte Thérèse nur gelacht und: du ganz Schlaue! gesagt. Ihr Vater war immer für alle dagewesen. Hatte ihnen allen gehört.
Daß er einen Narren gefressen hat an seinem Urenkel Pierre, so, daß ihn alle nur noch Grand-pierre nennen, verständlich. Einmal jemanden nur für sich. Damals: wo ist unser Vater? Was macht unser Vater? Wann kommt unser Vater? Wenn er weg war, fiel er auf. Anders als die Mutter. Laut die Stimme. Und ihr Lachen. Das ist heute noch so. Wo Thérèse ist, hört man. Wie Marie. Wie die Mutter, so die Tochter, sagten oft die Leute. Was Thérèse gern hörte, aber nicht Marie. Marie, die wollte anders sein. Aber, bis in die Bewegung oft, den Tonfall, wie sie lacht, ist Marie Thérèse. Herr im Haus die Frauen. Weiber. Gezänk. Hatte er das gehaßt. Gehaßt auch an seiner ersten Frau, wenn sie laut wurde. Wenn sie ihn mit ihrer Stimme schon in die Enge getrieben hatte. Kleingemacht. Hilflos. Daß er nur noch mit Zuschlagen antworten konnte. Undenkbar, daß Grand-pierre je. Sein Protest ist, zu

Die Leidinger Hochzeit, Kapitel II

schweigen, gewesen. Wenn ihm auch, sichtbar, der Schweiß ausbrach. Wenn er zu zittern anfing und schnell in den Hof hinausging. Aus dem Weg. Nein, so war er nicht geworden. Nicht Georges wie Pierre. Auch wenn ihm nach dem Schlagen zum Erbrechen gewesen war, er hatte geschlagen. Auch wenn Claudine das nur das erste Mal so beeindruckt hatte, daß sie zu schreien vergaß. Ihn auch nicht mit was sie gerade greifen konnte, bewarf. Wie sie es später tat. Als ihre Streitereien fast täglich waren. Warum Claudine? Wo er doch Frauen hätte haben können, wie. Vielleicht deshalb. Weil sie nicht vor ihm in die Knie ging. Ihren Kopf hatte. Ihn durchzusetzen verstand. Oft mit unfairen Mitteln. Wenn sie seine seltene Offenheit schäbig ausspielte. Schwächen, die er ihr mitgeteilt, ausnutzte. Erschlagen hätte er sie oft mögen, wenn sie Ergebnisse ihrer Streitereien in Punkten angab. Ihre Siege.
Arme Yvonne, daß sie viel von dieser Wut hat ertragen müssen. Yvonne verdankt er, daß die Verachtung die er nach seinem Bruch mit Claudine, nachdem sie geschieden waren, für alle Frauen hatte, allmählich vergangen ist. An Grand-pierre erinnert ihn ihre Art, immer um ihn zu sein. Leise. Unaufdringlich. Da. Yvonne. Ist er erschrocken, daß doch noch so viel Haß in ihm war, als sein Sohn seine Freundin mitbrachte! Das sei Madeleine, mit der werde er sich verloben. Nicht lange, und er hatte Madeleines Schmierenvorstellung durchschaut. Boutique und große Welt. Offensichtlich den reichen Kundinnen der Boutique, in der sie arbeitet, nachempfunden. Gauthiers Augen, wenn sie eine ihrer gespreizten Bewegungen machte. Jedes Wort von ihr ihm wie eine Offenbarung. Er hatte das nicht mehr ertragen können und sich entschuldigt, er habe zu tun. Mitansehen zu müssen, wie sein Sohn in dieser Falle saß. Glücklich zu sein scheint darin. Denn nicht nur verlobt, verheiratet sind die beiden inzwischen. Nichts hatte er dagegen tun können. Aber, das hat ihn gefreut, heute hat Gauthier es ihr gezeigt. Gut, zu schnell, zu unvorsichtig ist er gefahren. Das Wettrennen ist überflüssig gewesen. Gefährlich sogar. Aber wie Gauthier Madeleine, die ihn vom Rücksitz her mit schrillen Zwischenrufen hat dirigieren wollen, mit nur zwei Worten den Schnabel gestopft hat, hat ihn von seiner Angst befreit, Gauthier, ähnlich Grand-pierre, habe nie eine Chance.
Agnus dei, qui tollis peccata mundi:
miserere nobis.
Agnus dei, qui tollis peccata mundi:
miserere nobis.
Agnus dei, qui tollis peccata mundi:
dona nobis pacem.
Jetzt ist sie seine Frau. Auch vor Gott: Jeanne Beaumont-Hautz. Die Hochzeitsreise! Maria hat ihr geholfen. Dank dir, heilige Maria! Wie sie sich freut. Die Großstadt. Andere Menschen. Erich schreibt vielleicht von dort einen Bericht für die Zeitung. Wenn er Lust hat, hat er gesagt. Die wird sie

ihm machen. Daß er dort schreibt. Das ist ihr Plan. Weg von hier. Kämpfen kann sie. Wenn nötig, mit Feuer und Schwert wie ihre Namenspatronin. Auch als Erichs Frau wird sie nicht ihre Träume verlieren, wie Isabelle meint. Im Gegenteil. Er wird ihr helfen, sich dort zurechtzufinden. Arbeit. Sie hat die Kraft. Die spürt sie
Du starker Turm Davids,
du elfenbeinerner Turm,
du goldenes Haus.
Und der Ring fesselt sie nicht, wie Isabelle meint. Das ist ihr Schlagring. Sie schlägt, sie schlagen sich durch. Das weiß sie. Nur weg von hier. Isabelle, das versteht sie, ist traurig. Sie auch, Isabelle nicht mehr täglich sehen, mit ihr sprechen zu können. Aber die Freude ist stärker. Er wird dort schreiben. Sie arbeitet in ihrem Beruf. In der nahen Kleinstadt kann sie nicht viel mehr erreichen: ihre Dekorationen in der Zeitung abgebildet, sie vom Chef persönlich gelobt, was ist das schon. Wenn die anderen nichts oder kaum etwas können, braucht einer nicht viel, der beste zu sein. Was sie braucht: Wettstreit. Reibeflächen. Neue Ideen. Verrückt sein zu können, wie es nur geht. Und das hat ihr Erich gesagt: die vielen Geschäfte, Schaufenster, die riesigen Ausstellungsflächen, da könnte sie zeigen, was sie im Kopf hat. Ihre Einfälle nicht mehr nur kopfschüttelnd belächelt zu sehen wie hier von diesen Nieten, denkt sie. Und das mußte ihr Erich versprechen: kaum sind sie angekommen, geht er mit ihr. Beziehungen hätte er, hat er gesagt. Und sie hat die Hefte mit ihren Ideen, mit ihren Skizzen schon eingepackt. Jahre hat sie daran gearbeitet. Jeden Einfall notiert und aufgezeichnet. Da ist einiges drin. Sie wird kämpfen. Jeanne Beaumont-Hautz. Und Erich hilft ihr, ihr Mann.
Herr, ich bin nicht würdig,
daß du eingehst unter mein Dach,
aber sprich nur ein Wort,
so wird meine Seele gesund.
Selig, die zum Hochzeitsmahl des Lammes geladen sind.
Fügt der Priester hinzu.
Ein Wort. Herrgott. Nur ein Wort. Bittet Yvonne. Aber, ist sie krank? Nur weil sie liebt? Ihn immer noch mehr liebt als sich selbst? Daß er schon einmal verheiratet war, was zählt das. Wenn, dann doch nur die Liebe. Wie sie gelitten hat. Immer noch leidet. Jedesmal der Stich, wenn sie die anderen zum Tisch des Herrn gehen sieht. Und sie nicht. Nur, weil Georges geschieden ist. Und sie ihn geheiratet hat. Gott verzeih ihr, daß sie Georges Frau früher zur Hölle gewünscht hat. Ihr alle Schuld gegeben. Daß sie ausgestoßen ist. Ausgeschlossen von den heiligen Sakramenten. Da hat sie Claudine noch nicht persönlich gekannt. Nur aus den Gesprächen mit Georges. Alles hat sie wissen wollen von ihr, von seiner ersten Ehe. Aber Claudine, die unvermittelt

Die Leidinger Hochzeit, Kapitel II

eines Tages ihr gegenüberstand, war nicht die aus den Gesprächen gewesen.
Die hatte, so Georges, ihn immer gepeinigt, gedemütigt.
Die Überlegene. Und immer nur an sich gedacht. Ihr Leben leben. Ihn mit dem Kind allein gelassen. Nach Afrika. Jahre nichts von sich hören lassen. Kaltherzig. Wie kann eine Frau so sein, eine Mutter, hat sie damals gedacht. Und sie, Gott möge ihr das vergeben, verflucht.
Und dann stand sie vor ihr. Zurück aus Afrika, für eine kurze Zeit, hatte sie ihren Sohn sehen wollen. Aber Georges, dem sie geschrieben, den sie immer wieder angerufen hatte, hatte abgelehnt, sagte sie ihr. Da war sie gekommen. Und sie hat sie hereingebeten. Ihr Kaffee angeboten. Gauthier ist noch in der Schule gewesen. Und sie hat sich mit ihr unterhalten. Zögernd anfangs und unsicher. Sie beide. Aber dann fiel es leicht. Ging es schnell. Und wie aufgeregt Claudine gewesen ist, als Gauthier nachhaus kommen sollte. Und dann hat sie die beiden alleingelassen. Und beim Weggehen haben sie beide geweint. Sie und Claudine. Jede aus einem anderen Grund wahrscheinlich. Aber ab da hat sie die Schuld nicht mehr Claudine allein geben können. Sie hat Georges sogar widersprochen, als er ihr damals vorwarf, sie hätte das niemals zulassen dürfen. Claudine und Gauthier. Strafe muß sein. Rache hätte er auch sagen können, hat sie ihm darauf gesagt. Und Georges ist sprachlos gewesen. Wie sie ihn vorher noch nie erlebt hat.
Wie lange ist das schon her. Vorbei.
Überwunden hat sie aber immer noch nicht, wird sie auch nie, daß sie nicht zur Kommunion gehen darf. Der Schock, als der Pastor sie damals an der Kommunionbank bewußt übergangen hat. Tagesgespräch im Ort. Und sie sich nicht mehr getraut hat. Weder in ihrer Gemeinde noch irgendwo anders. Übergangen. Herrgott, warum.
Gehadert hat sie mit ihm in ihren Gebeten.
Ein Wort nur.
Ein Wort.
Der Priester steht am Altar: –
Lasset uns beten.
Er breitet die Hände aus: –
Barmherziger Gott, du hast uns alle mit dem Brot vom Himmel gestärkt. Erfülle uns mit dem Geist deiner Liebe, damit wir ein Herz und eine Seele werden. Darum bitten wir dich durch Christus unsern Herrn.
Alle: –
Amen.
Der Priester, zur Gemeinde gewandt: –
Der Herr sei mit euch.
Alle: –
Und mit deinem Geiste.

Der Priester: –
Es segne euch der allmächtige Gott
der Vater und der Sohn und der heilige Geist.
Alle: –
Amen.
Mit gefalteten Händen spricht der Priester: –
Gehet hin in Frieden.

Die gnadenlose Moderne auf der Anklagebank

Dostojewskijs Kritik okzidentaler Rationalität

Karl Hahn

Gnadenlosigkeit ist zweifelsohne ein Kennzeichen der von Anonymität, Entfremdung und Egoismus geprägten modernen Leistungsgesellschaft. Bei Georg Simmel kommt dies in seiner treffenden Charakterisierung modernen Daseins sehr deutlich zum Ausdruck:

»Wo unmittelbare persönliche Kräfte gegeneinander ringen, fühlen wir uns eher zu Rücksichten und Reserven veranlasst ... Bei Kämpfen, die durch objektive Leistungen geführt werden, fallen diese ethisch-ästhetischen Retardierungen fort. ... Durch die Wendung auf das Objektive bekommt die Konkurrenz jene Grausamkeit aller Objektivität, die ... gerade darin besteht, dass die subjektiven Faktoren aus der Rechnung ausscheiden. Diese Gleichgültigkeit gegen das Subjektive, wie sie die Logik, das Recht, die Geldwirtschaft charakterisiert, lässt Persönlichkeiten, die absolut nicht grausam sind, doch alle Härten der Konkurrenz begehen – und zwar mit dem sicheren Gewissen, nichts Böses zu wollen. Während hier also das Zurücktreten der Persönlichkeit hinter die Objektivität des Verfahrens das sittliche Bewusstsein entlastet, wird eben dieselbe Wirkung durch den gerade entgegengesetzten Bestandteil der Konkurrenz erreicht, durch die genaue Proportionalität, mit der der Erfolg der Konkurrenz den eingesetzten eigenen Kräften der Subjekte entspricht. Von Ablenkungen abgesehen, die mit dem Wesen der Konkurrenz nichts zu tun haben, sondern aus ihrer Verwebung mit anderweitigen Schicksalen und Beziehungen stammen, ist das Ergebnis der Konkurrenz der unbestechliche Anzeiger des persönlichen Könnens, das sich in der Leistung objektiviert hat. ... Dies ist wohl einer der Punkte, an denen die Beziehung der Konkurrenz zu den entscheidenden Zügen des modernen Daseins hervortritt. Der Mensch und seine Aufgabe im Leben, die Individualität und der Sachverhalt ihres Wirkens erscheinen vor dem

Beginn der Neuzeit solidarischer, verschmolzener, sozusagen in unbefangenerer gegenseitiger Hingabe, als nachher. Die letzten Jahrhunderte haben einerseits den objektiven Interessen, der dinglichen Kultur eine Ausbildung von sonst unerhörter Macht und Selbstständigkeit geschaffen, andrerseits die Subjektivität des Ich, das Sich-selbst-Gehören der individuellen Seele gegenüber allen sachlichen und sozialen Präjudizierungen ebenso unerhört vertieft. Dies scharf differenzierte Sach- und Selbstbewusstsein des modernen Menschen lässt die Kampfform der Konkurrenz wie für ihn geschaffen erscheinen. Hier ist die reine Objektivität des Verfahrens, die ihre Wirkung ausschließlich der Sache und ihren gesetzlichen Wirkungen verdankt, unter völliger Gleichgültigkeit gegen die dahinter stehende Persönlichkeit. Und doch ist hier auch die volle Selbstverantwortlichkeit der Person, die Abhängigkeit des Erfolges von der individuellen Kraft, und gerade weil hier persönliches Können gegen persönliches Können von ganz unpersönlichen Mächten abgewogen wird. Die tiefsten Tendenzen des modernen Lebens, die sachliche und die personale, haben in der Konkurrenz einen ihrer Treffpunkte gefunden, in denen sie unmittelbar praktisch zusammengehören und so ihre Entgegengesetztheiten als einander ergänzende Glieder einer geistesgeschichtlichen Einheit erweisen.« (Soziologie, Berlin 1983, S. 231 f.)

Der Begriff der Gnadenlosigkeit verweist jedoch auf eine noch tiefere Ebene. Eine Gesellschaft ohne Gnade ist eine Gesellschaft, die sich von Christus und vom christlichen Glauben entfernt hat. Wenn sich aber eine Gesellschaft entchristlicht hat, dann stellen sich zwei Fragen:

1. Wodurch wurde dieser Prozess ausgelöst?
2. Was ist das nun dominierende Prinzip?

Beide Fragen führen zu derselben Antwort: Es ist das okzidentale Rationalitätsverständnis. Grund genug sich näher mit dieser zu beschäftigen und dabei einen nach dem Zusammenbruch der Sowjetunion wieder hoch aktuellen Dichter und Denker zu Rate zu ziehen, für dessen Denken sowohl Religiosität wie auch die Auseinandersetzung mit der okzidentalen Rationalität kennzeichnend sind: Fjodor Michailowitsch Dostojewskij.

Der Zusammenbruch des kommunistischen Ostblocks hatte Anfang der neunziger Jahre zunächst offenkundig eine machtpolitische Aufwertung des westlichen Paradigmas zur Folge.

Die anfängliche Euphorie über den Sieg des westlichen Paradigmas gegenüber der sozialistischen Staatenwelt ist mittlerweile jedoch wieder verhaltener geworden, wohl nicht zuletzt deshalb, weil die gewaltigen Erosionen und außenpolitischen Umbrüche in der Weltgesellschaft nicht dauerhaft haben darüber hinweg täuschen können, dass das Selbstverständnis und Selbstverhältnis der rational-liberal verfassten modernen Gesellschaften gebrochen ist.

Dieses wird gerade im Zusammenhang des zunehmenden Verlustes nationaler Identitätsmuster deutlich.

So erklärt selbst Ralf Dahrendorf, der sich in einem Streitgespräch zum Thema: »Wohin steuert Europa?« als liberaler Verfechter des *Projektes der Moderne* bezeichnet:

> »(...) der Aufklärungspuritanismus [ist] noch schwerer durchzuhalten (...) der jugoslawische Krieg macht uns ratlos ob des menschlichen Dranges (...) zur Selbstzerstörung. (...). Die Demokratie in Europa ist heute mindestens so sehr ein inneres Problem der alten Demokratien mit ihren müden, orientierungslosen und zudem oft korrupten Eliten wie eines der neuen Demokratien im Osten und Südosten.« (Dahrendorf 1993, S. 8)

Entgegen der ideologischen und ideologisierenden Annahme,

> »dass sich eine spezifische Kombination von liberalen Freiheitsrechten, demokratischer Repräsentation und wohlfahrtsstaatlich-marktwirtschaftlicher Sozialordnung historisch eindeutig als Antwort auf die Frage nach der gerechtesten politisch-sozialen Grundstruktur durchgesetzt hat«, [ist] ... »öffentlich geworden, dass diese Antwort selbst wieder Anlass für viele Gerechtigkeitsfragen gibt.« (Forst 1996, S. 16)

So stellt also der Zusammenbruch des Kommunismus keineswegs eine zum Triumphieren ermutigende Bestätigung des westlichen Liberalismus und Kapitalismus dar. Er verschärfte vielmehr deren Krise, denn sie können sich nicht mehr wie bisher in positiver Abhebung gegenüber dem totalitären Sozialismus legitimieren. Im Gegenteil offenbart sich eine Zukunftsunfähigkeit der Moderne insgesamt, deren unterschiedliche gesellschaftspolitische Ausprägungen alle quasireligiöse und säkulare Substitute des christlichen Glaubens darstellen.[1] Und Jean-Christophe Rufin konstatiert in »Die Diktatur des Liberalismus«, das liberale Doppelprinzip von Rechtsstaat und Marktwirtschaft habe sich in einer Art liberalen Diktatur verfestigt, und gibt zu bedenken, ob sich ein System überhaupt wird behaupten können, das

1. die natürlichen Lebensgrundlagen der Gesellschaft zunehmend beeinträchtigt, ja zumindest partiell zerstört (Ökologiekrise),
2. die kulturellen und traditionellen Existenzbedingungen der Gesellschaft aufhebt,
3. immer mehr Menschen innenpolitisch und intra-national ausgrenzt,
4. Demokratie, nationale Souveränität und Freiheit illusorisch macht und
5. den »Süden« und auch den neuen »Osten«, kurz: die europäische und globale Peripherie ausgrenzt und sich zu Feinden macht.

Trotz dieser Bedenken halten Jean-Christophe Rufin und die meisten Philosophen, Wissenschaftler und selbstverständlich Politiker an der Zukunftsfähigkeit der Moderne fest und wollen von einem »Exodus aus der Moderne« nichts wissen.

Wie aber ist diese einseitige, so selbstverständliche, die kritische Eigenwahrnehmung weitgehend ausblendende Art der Reflexion im modernen Denken und Urteilen zu erklären, das Paradox einer anthropozentrischen und pragmatisch-funktionalen Vernunft, die einerseits Ordnungs- und Sicherheitszusammenhänge zum Leben, letztlich zum bloßen Überleben schafft und diese institutionell und strukturell etabliert, andererseits jedoch de facto gerade die grundlegenden historischen, politisch-kulturellen, soziomoralischen sowie glaubens- und ideengeschichtlichen Konstituenten des gesellschaftlichen menschlichen Lebens in seinem Vollzug ignoriert, ja destruiert? Gerade die nach Verwirklichung drängende Idee eines zukunftsträchtigen (fähigen?) Europa erfordert jedoch von allen europäischen Völkern einen Verständigungs- und Selbstverständigungsprozess, wollen sie nicht der Versuchung erliegen, die politische Entwicklung den pragmatisch-funktionalen Sachzwängen zu überlassen.

Vor diesem Hintergrund kann m.E. Dostojewskijs Kritik des westlichen Rationalitäts- und Wirklichkeitsverständnisses zur Erhellung der paradoxalen okzidentalen Vernunftpraktiken außerordentlich hilfreich sein.[2] So behauptet Friedrich Nietzsche in der *Götzendämmerung*, Dostojewskij gehöre »zu den Glücksfällen« seines Lebens, sei er doch der einzige Psychologe, von dem er etwas zu lernen gehabt habe (zit. nach Lavrin 1995, S. 160). Sein »Realismus am Rande der Transzendenz« (Frank Thiess) fragt überall nach den Urgründen, nach den menschlichen Quellen der Freiheit, der Notwendigkeit und des Schöpferischen ebenso wie nach den letzten Gründen menschlichen Verschuldens, der geistigen Verführbarkeit und der Machtverfallenheit.

Für unsere Problematik ist es bedeutsam, Dostojewskij als den »höheren Realisten« zu sehen, als der er selbst wirken wollte, denn »das richtige, tiefe Verstehen Dostojewskijs beginnt tatsächlich erst dort, wo man die Gestalten seiner Romane als personifizierte Ideen begreift und die Beziehungen zwischen ihnen als Zusammenhänge im Reiche der Religions- und Geschichtsphilosophie des Dichters deutet.« (Stepun 1961, S. 22) Dieses gilt analog auch für seine zahlreichen Veröffentlichungen als politischer Journalist, Zeitkritiker, namentlich in seinem berühmten »Tagebuch eines Schriftstellers«, in welchem die vertretenen Standpunkte Dostojewskijs nahezu alle um die »Idee Europa« kreisen. Er betont: »Weder die Millionenmassen, noch die materiellen Kräfte, die doch so furchtbar und unerschütterlich scheinen, triumphieren in der Geschichte, auch nicht das Geld oder das Schwert (...)«. (Zit. nach: Stepun 1961, S. 28). Laut

Dostojewskis Kritik okzidentaler Rationalität

Dostojewskijs Überzeugung beherrschen vielmehr die Ideen als welterzeugende und lebendige Kräfte, als transzendentale Realitäten, in deren Wirksamkeit der Mensch lebt, die Geschichte. Für das Schicksal der Völker wie auch für die konstitutiven Zusammenhänge zwischen geistigen Internationalitäten, rationalen Zwecksetzungen und den Herrschaftsformen einer Gesellschaft sind somit die besondere Dialektik und Dynamik, die Widersprüche und die Kämpfe der Ideen bestimmend als transzendentale Entwicklungslinien und Kraftzentren der Geschichte (vgl. Berdjajew 1924, S. 1–5). Hierbei schreibt Dostojewskij den selbst gemachten, lediglich Herrschaftsinteressen legitimierenden Theorien, die ohne jeden Transzendenzbezug an eine bindende Wahrheit zu Ideologien verkommen sind, das größte Zerstörungspotenzial zu.

Das ideelle Drama der menschlichen Freiheit in seiner gesamten individuellen und gesellschaftspolitischen Tragweite stellt deshalb den universalen reflexionslogischen und konzeptionellen Hintergrund seines dichterischen Schaffens dar: die prinzipielle Antithetik von der Idee der Freiheit auf der einen Seite und den ideologischen Freiheitsverständnissen auf der anderen Seite. Ist die erste für Dostojewskij an absolute Wahrheit, namentlich die Wahrheit Christi gebunden und damit wertbezogen, so begreifen die Ideologen Freiheit als gänzlich ungebundene und deshalb in der Gefahr der Willkür stehende Zwecksetzung, die eine apriorische Sinnhaftigkeit des Lebens leugnet. Die Freiheit der Ideologen kann in letzter Konsequenz sogar nur noch die ausschließende Freiheit einiger Übermenschen meinen, welche die Absurdität des Daseins ertragen und der breiten Masse allenfalls zu einem materiell ausgefüllten »Ameisendasein« verhelfen können.[3]

Analog zu den beiden entgegengesetzten Freiheitsdeutungen unterscheidet Dostojewskij die westeuropäische, rational-emanzipative Aufklärung von der russisch-orthodoxen Idee der Aufklärung, die einzig durch das Licht Christi sich vollziehe. Dieses dramatisch-dialektische Beziehungsgefüge unterschiedlicher Bewusstseinsinhalte und -haltungen – hier am Beispiel konkurrierender Freiheits- und Aufklärungsbegriffe aufgezeigt – dominiert seiner Meinung nach auch grundsätzlich das Verhältnis Russlands zu Europa und umgekehrt. In einem fingierten Gespräch mit einem russischen Vertreter des bürgerlichen Liberalismus, gewissermaßen einen »Aufklärungspuritaner«, heißt es im »Tagebuch« von 1800:

> »(...) ein großes Wort (...): ›Aufklärung‹. Erlauben Sie, dass ich Sie frage, was Sie unter diesem Wort verstehen: die Wissenschaft des Westens, die Technik, die handwerklichen Fertigkeiten oder die – Aufklärung des Geistes? Was die ersteren betrifft (...), so müssen wir [Russen, K.H.] die allerdings vom Westen übernehmen; (...). Aber unter Aufklärung verstehe ich (...) das, was das Wort buchstäblich besagt: Erhellung, also das geistige Licht, das die Seele erhellt, im Herzen Klarheit

schafft, den Geist lenkt und ihm den Weg des Lebens weist. Wenn das Wort aber dies bedeutet, dann gestatten Sie mir die Bemerkung, dass wir durchaus keine Veranlassung haben, eine solche Aufklärung aus westeuropäischen Quellen zu beziehen, eben infolge des vollkommenen Vorhandenseins eigener Quellen. (...) Ich behaupte, dass unser Volk schon seit langem aufgeklärt ist, da es Christus und die Lehre Christi in sein Wesen aufgenommen hat. (...) die Hauptschule des Christentums, die das Volk durchgemacht hat, das sind die Jahrhunderte der Bedrückungen und Heimsuchungen, von denen seine Geschichte berichtet (...). Wenn unser Volk schon seit langem aufgeklärt ist, weil es in sein Wesen Christus und dessen Lehre aufgenommen, so hat es mit ihm zugleich natürlich auch die wahre Aufklärung angenommen.« (510f.)

Umgekehrt behauptet Dostojewskij hier die »Halbherzigkeit«, oder besser: Uneigentlichkeit, ja, das Scheitern einer Aufklärung, deren Triebkräfte zum einen in der Dominanz eines negativen Freiheitsbegriffes der radikalen und abstrakten Emanzipation zu sehen sind, das heißt im Aufbrechen jeder Bezugswelt, zu allererst jeder religiösen, und in den relativistischen Aufspaltungen und Gleichsetzungen aller lebensweltlichen Bindungen bestehen. Dem gesellt sich zum anderen der Glaube an die Beherrschbarkeit und Kontrollierbarkeit der umgebenden Weltdinge im Zuge fortschreitender Trennungen, Absonderungen und Ausdifferenzierungen hinzu: eine Entwicklung, die zwangsläufig zur weitgehenden Entfremdung und Befeindung der Um-Welt führen muss. Schließlich entlassen die in der bloßen Negativität der Auflehnung lebenden Menschen nach Dostojewskij sich selbst, und zwar rückhaltlos, in eine sinnlose Welt und berauben sich somit eigens jeder Möglichkeit, das Leben noch als eine gemeinsame Aufgabe annehmen zu können, wobei für den orthodoxen Denker und Dichter Leben immer gleichbedeutend ist mit dem Leben in Gemeinschaft.

> »Der von der Idee des Eigenwillens Besessene wendet sich nicht nur gegen eine sinnlose Existenz, sondern gegen jede Existenz, die nicht seiner eigenen Freiheit entspricht, selbst wenn sie von Gott, d.h. einer absolut sinnvollen Wirklichkeit ausgeht.« (Lauth 1950, S. 255)

In dieser absurden Konsequenz der okzidentalen Rationalität, die von den Romanfiguren Dostojewskijs in den unterschiedlichsten Varianten radikal durchdacht worden ist, bietet sich tatsächlich ein Schlüssel zum Verständnis einer mittlerweile schon zum Allgemeinplatz gewordenen Feststellung: Es habe sich ein grundlegendes, zum Teil unterschwelliges, jedoch nicht weichen-wollendes

> »›Unbehagen in der Moderne‹ eingestellt, und zwar ob der Befürchtung, dass die für unsere moderne Gesellschaft konstitutiv gewordenen, die moderne Identität charakterisierenden Prinzipien, die ›Betonung der Freiheit, Gleichheit, radikalem Neubeginn, Beherrschung der Natur, demokratischer Selbstverwaltung, (...),

über die Grenzen des Machbaren hinaus vorangetrieben werden und uns vernichten werden«.« (Taylor 1994, S. 73)

Zu diesen Vernunftpraktiken, die das bürgerlich-liberale Selbstverständnis einerseits ausmachen und es andererseits gleichzeitig untergraben, gehören beispielsweise auch fortschreitende Rationalisierungs- und Bürokratisierungsmaßnahmen der Selbstverwaltung einer Demokratie, die allerdings – gegenwärtig vor allem spürbar auf europäischer Ebene – zu unüberschaubaren und teilweise hypertrophen Verwaltungsapparaten und -mechanismen geführt haben. Vor diesem Hintergrund sei hier nur kurz an die Konzeption okzidentaler Rationalität von Max Weber und die ihr immanente Kritik erinnert. Denn, so betont Reinhard Blomert in seinem Artikel »Max Webers Russenseele. Die Ostgrenze«, es gäbe in der neueren Weber-Forschung zahlreiche Hinweise darauf, dass Weber mit dem Focus auf die Zusammenhänge von Herrschaft und Bürokratisierung in der Moderne seine Theorie der spezifisch abendländischen Rationalität in Auseinandersetzung mit den russischen Gesellschaftsreformern gewonnen habe, allen voran Tolstoi, Dostojewskij und Solowjow.

Dostojewskijs Skeptizismus gegenüber einer okzidentalen Rationalität, die in ihrem konsequent aufklärerischen Vollzuge beinahe universale Herrschaftspotenzen und Sicherheiten verheißt, wird genährt von der Liebesethik des orthodoxen Christentums. Dessen religiös verankerte Aufforderungen zu einer ethisch durchdrungenen, gemeinschaftlich orientierten Lebensführung sind in der Tat unvergleichlich zu der im Denkzwang der Logik fundierten Gesetzmäßigkeit okzidentaler Ethiken und Rechtstheorien, gegenüber denen sie sich positiv abhebt. So wird nicht nur in den Vertragstheorien von Hobbes u.a. das staatliche Gesetz als funktionale Garantie der Koexistenz der Individuen betrachtet, sondern noch der frühe Fichte bestimmt trotz seiner Theorie der Interpersonalität das Rechtsgesetz als eine Bedingung der Koexistenz von Individuen, das der Logik der Konsequenz zufolge als Zwangsgesetz mittels staatlicher Gewalt realisiert werden müsse. Anhand dieser kurzen Beispiele soll darauf aufmerksam gemacht werden, dass bei den charakteristisch-neuzeitlichen Vertretern eines politischen Denkens, das primär um die vernunftabgeleitete Macht- und Gewaltfrage kreist, die den Gesetzen der Logik korrespondierende Rationalität als Mechanismus fungiert zur Regelung und Organisation und damit zur Beherrschung nicht nur des empirischen Materials, sondern aller den Menschen umgebenden Verhältnisse, auch der sozialen.

Den Ursprung dieser Herrschafts-Rationalität sieht Dostojewskij in der römischen Herrschafts-Idee, in »Roms Weltgedanken, den Menschen auf der ganzen Erde zu beherrschen, moralisch wie materiell« (290). Seine bedeutsamste religiös-kirchliche Ausprägung stelle der römische Katholizismus dar. Seit das Christentum, der Hauptopponent römischen Geistes, im vierten

Jahrhundert als Staatsreligion des Imperium Romanum anerkannt worden sei, habe es dessen Rechts-, Autoritäts- und Herrschaftsverständnis sowie dessen Organisationsstrukturen übernommen. Das religiöse Leben der Kirche werde folglich rechtlichen Zwangsnormen unterstellt, die lebendige spirituelle Wahrheit Christi erhalte als kirchliches Dogmensystem rationalen Charakter und die Form logisch zwingender Normen (vgl. Berdjajew 1925, S. 179). Die Folge dieser Angleichung sei, dass

> »die Kirche des Westens selbst die Erscheinung Christi entstellte, indem sie sich aus einer Kirche in einen neuen römischen Staat verwandelte und in der Gestalt des Papstes verkörperte. Ja, im Westen gibt es (sc. als geschichtsmächtige gesellschaftliche Wirklichkeit, K.H.) wahrlich kein Christentum mehr und ebenso wenig eine christliche Kirche, obschon es dort noch viele Christen gibt, die ja wohl nie ganz aussterben werden.« (512)[4]

Bei der Charakterisierung des römischen Bewusstseins- und Herrschaftsparadigmas spricht Dostojewskij nicht einfach nur singulär von der römischkatholischen Religion, sondern meint umgreifender die römisch-katholische Idee, so weit Nationen unter dieser besonderen machtorientierten geistigen Prämisse gelebt haben und sich die Schicksale von Völkern an ihr entschieden haben. So sei insbesondere Frankreich über Jahrhunderte hinweg von dieser Idee durchdrungen gewesen und stelle dessen reinste Verkörperung dar. Mit diesen Ausführungen erinnert Dostojewskij nachdrücklich an ideengeschichtlich Bekanntes und Anerkanntes, die Tatsache nämlich, dass die Rechts-, Herrschafts- und Rationalitätsüberzeugungen sowie die Organisationsstruktur des Imperium Romanum seit der Konstantinischen Wende und verstärkt durch die Abkoppelung von der Ostkirche und ihrer Spiritualität durch das Schisma von 1054 für die römisch-katholische Kirche und für den in der Neuzeit ihrem Vorbild folgenden französischen Staat konstitutive Bedeutung erlangten, insbesondere für dessen absolutistisch-etatistische Rechtsprinzipien, Handlungs- und Verwaltungsstrukturen.

Das für unsere Problematik Bemerkenswerte ist jedoch, dass Dostojewskij zufolge auch die ideellen Forderungen der bürgerlichen Revolution von 1789 als Manifestation der römischen Idee begriffen werden müssen. Die Erklärung der zugleich abstrakt-individualistischen und abstrakt-universalistischen Menschen- und Bürgerrechte erweise sich als ihr typischer Ausdruck, da hierin der Staat zu derjenigen Gewalt institutionalisiert werde, welche die subjektiven Rechtsansprüche zu gewährleisten habe. Im Gegensatz dazu sei bei den meisten Kulturvölkern der Antike und des Mittelalters die soziale Gemeinschaft und nicht ein formales Staatswesen der Träger der originären Wirklichkeit des Rechts gewesen. Als ein prägnantes Beispiel für die Herauslösung der Rechts- bzw. Gerechtigkeitsverhältnisse aus der sozialen

Beziehungswirklichkeit und deren Transformation hin zu rein formalen, mit Zwangsgewalt geschützten Rechtsansprüchen muss in diesem Kontext das der römischen Rechtsidee zu Grunde liegende Eigentumsverständnis hervorgehoben werden, das Eigentum als Herrschaftsrecht, als *jus re utendi et abutendi* definiert, denn schließlich bildet es die Rechtsgrundlage für die Genese der kapitalistischen Wirtschafts- und Gesellschaftsordnung.[5]

Um es noch einmal im Sinne Dostojewskijs zusammenfassend zu betonen: *Die für den Okzident in der Neuzeit bestimmend gewordenen Rechts-, Staats-, Wirtschafts- und Gesellschaftsstrukturen sowie die ihnen entsprechenden Bewusstseinsformen und Wertordnungen sind folglich insgesamt Ausprägungen der römischen Idee und ihrer universalistischen Herrschafts-Rationalität.*

Dies gelte sogar für den okzidentalen Sozialismus. Dieser sei wie das politische Regime der Französischen Revolution säkularisierter römischer Katholizismus, »eine Transfiguration und Transformation derselben altrömischen Formel der allgemeinen Vereinigung« (Berdjajew S. 125, 126). *Insofern ist auch die sozialistische, materialistische Gedankenwelt und ihr entsprechender Gesellschaftsbegriff für Dostojewskij ein »typisches Produkt bürgerlicher Mentalität«.* (Lavrin 1995, S. 48)

Aus diesen Schlussfolgerungen heraus erklärt sich Dostojewskijs starkes Interesse, die »Hinter- und Untergründe« der Erscheinungen des modernen bürgerlichen Daseins zu erfassen. Dieses verweist darüber hinaus auf die besondere Eigenart und Tiefe seines geschichtshermeneutischen Denkens, das versucht, von innen her, über das Selbstverständnis und dessen rationale Tätigkeitsvollzüge, das Phänomen der modernen bürgerlichen Gesellschaft aufzuhellen und aufzuschließen.

> »Mit fortschreitender Erkenntnis wird ihm das Bürgertum zu der Erscheinungsform des neuzeitlichen Menschentums in Westeuropa überhaupt. Die bourgeoise Weltanschauung ist an die Stelle einer zuvor herrschenden, von den Idealen der Ehre und Heiligkeit und dem Weltbild eines zweckvollen Alls durchdrungenen Lebensanschauung getreten. Die beiden grundlegendsten Ideen der bourgeoisen Welt sind: ›Nutzen und Kausalität‹, ›es gibt nichts Höheres, als nützlich zu sein‹.« (Lauth 1950, S. 275)

Jede Form des Nutzens, also auch jede Form der konsequenten Ausnutzung von Leistungs- und Zeitpotenzialen, Arbeitskräften und -materialien wird letztlich über offizielle und inoffizielle gesellschaftliche Werkmechanismen und Gesetzesmäßigkeiten sanktioniert und deren Befolgung beziehungsweise Maximierung zu einer prinzipiellen Tugend erhoben. Das leitende Ethos des Bürgertums ist dasjenige, eine Leistungsgesellschaft mit höchstmöglichem

Produktivitätsgrad zu sein. »Vor dieser Idee beugen sich die Menschenliebe und der Wahrheitsdurst, selbst Rassenstolz und Nationalismus und Religion« (Lauth 1950, S. 277) und – so ließe sich dieser Gedanke im Sinne Dostojewskijs fortführen – eben auch die Ideale, mit denen die bourgeoise Welt ihre politische Emanzipation angetreten hat: *Liberté, Egalité, Fraternité.*

Konsequenterweise müsse dem Selbst- und Rationalitätsverständnis des bürgerlichen Zeitalters zufolge jeder Mensch »den Vorteil und die Notwendigkeit« als ethische Grundmaximen des Handelns anerkennen und es für seine unumstößliche und ihm persönlich wiederum zu Ansehen verhelfenden Pflicht als Bürger der liberalen Gesellschaft halten, diesen auch zu entsprechen.

Die sittliche Autarkie des nach metaphysischer, aber ihrem Wesen nach negativer Freiheit strebenden, aufgeklärten Bürgers aber endet hiermit tragischerweise in seiner Unfähigkeit, aus bloß pragmatisch-funktionalen Vernunftgründen heraus überhaupt noch ein objektiv gültiges Sollen, ein wirklich sinnvolles Verhalten ableiten zu können. Alles Sollen als ein ideales, wertorientiertes Handeln wird vom bürgerlichen, subjektiven Wollen, also dem gewollten Nutzen oder von der willkürlichen Auslegung der Idee des Nutzens quasi aufgesogen, so zum Beispiel auch im inhaltlichen Kern des angelsächsischen Utilitarismus.

Das im Zuge der Aufklärung mehr und mehr alle gesellschaftlichen Lebensbereiche durchdringende, zur gültigen Norm verallgemeinerte subjektivistische Nutzenkalkül generiert über eine Reihe von Differenzierungs- und Verkehrsprozessen zu einer alles beherrschenden Realität des bürgerlichen Daseins und offenbart in dieser totalitären Tendenz zunehmend die generelle Zerstörungsdialektik der modernen okzidentalen Rationalität: Über den Primat der Selbsterhaltung beziehungsweise Selbstsetzung gegenüber einer umfassenden Selbstverwirklichung des Einzelnen, die wertbezogen und intersubjektiv-kommunikativ grundgelegt ist, werden ethisch-moralische und soziale Intentionalitäten des Guten weitgehend auf zweckrationale, letztlich materielle Güter reduziert. Das ehemals religiös verankerte Gute wird zu einem leeren Platzhalter, der einzig für den Gewinn als solchen steht, das heißt »das Gewinnen wird Selbstzweck« (Lauth 1950, S. 279). Da jeder Gewinn im materiellen Sinne in einer grundsätzlichen Gefährdung steht, muss es notwendig zu einer Verbindung der Idee des Nutzens mit derjenigen der Macht kommen, denn der Gewinn muss machtvoll und letztlich mit Gewalt geschützt werden. Somit gestaltet sich konsequent das Verhältnis von Bourgeoisie und Proletariat als Macht- und Klassenkampf sowie als Gewalt-Verhältnis. Die in der Geschichte der Moderne gewaltig und scheinbar unaufhaltsam sich manifestierende, tödliche Dialektik dieser tragischen Verbindung zweier instrumentalisierter

Herrschaftsideen ist in den Phänomenen des Totalitarismus, des Faschismus als Theorie vom Übermenschen, und des Kommunismus auf grausame, menschenverachtende Weise in Erscheinung getreten; und zwar – in Anlehnung an die Geschichtshermeneutik Dostojewskijs sei dies ausdrücklich betont – als notwendige Ausprägungen der bürgerlichen Gesellschaft. Deren letztendliche Substanzlosigkeit führt zu der gesellschaftlichen Realität eines bloßen Funktionssystems, das sich über die strikte Trennung von Politik und Macht auf der einen und Moral und Gesellschaft auf der anderen Seite erhält. Hieraus erwächst laut Jean-Christophe Rufin in seiner aktuellen Bestandsaufnahme, die für die liberale Kultur so charakteristische »doppelte Gleichgültigkeit des Systems und der Menschen, die ihm angehören« (Rufin 1994, S. 261). Früher oder später, so schon die Überzeugung Dostojewskijs – werde der ethische Nihilismus der bürgerlichen Gesellschaft offenkundig und konfrontiert sie mit ihrem wahren Wesen oder Unwesen, dem Nichts, das als Vernichtung und Selbstvernichtung historisch-politisch Gestalt annimmt. »Der Nihilismus ist die letzte Station der Bourgeoisie«. (Lauth 1950, S. 285) *Der okzidentale Rationalismus scheitert somit an der Frage nach dem Sinn des Lebens* (vgl. Goerdt 1984, S. 442 ff.).

Im Kontext der Auseinandersetzung mit der westeuropäischen Aufklärung gewinnt Dostojewskij demnach eine seiner tiefsten Einsichten, diejenige nämlich, dass der sich von der christlichen Transzendenzbeziehung emanzipierende, sich auf das Diesseits konzentrierende aufgeklärte Europäer gerade die positive Beziehung zur diesseitigen Welt, zur Natur und insbesondere zum Volk verliert. Der Mensch, der ohne Transzendenz auszukommen vermeine, sei in besonderem Maße von der Erde losgelöst und als Folge des Nihilismus immer auf dem Sprung, in das Nichts zu verschwinden. Somit sei eine der grundlegenden Differenzen zwischen Ost und West, dass in der Programmatik und im Prozess der westlichen Aufklärung, die sich unter der Prämisse römischer Herrschaftsrationalität vollzieht, die aufgeklärten, entwurzelten Subjekte eine Sittlichkeit ohne, ja sogar gegen Gott für sich und ihre Zwecke setzten (vgl. Goerdt 1984, S. 442 ff.). Eine gottlose Sittlichkeit funktionaler Normen entsteht, die deshalb akzeptiert werden, weil sie als Maßstab für berechenbare Planungswelten dienen und gesellschaftspolitische, ökonomische und verwaltungstechnische Realitätskonstrukte weitgehend dauerhaft verfügbar machen.

Eine derart nietzscheanische *Umwertung aller Werte,* die de facto das Leben eines Volkes durch und durch beherrsche, gebe es in Russland noch nicht, wiewohl Dostojewskij die in der russischen Intellektuellenschicht in der zweiten Hälfte des 19. Jahrhunderts grassierende Tendenz zum Atheismus bzw. Nihilismus, die bereits zu einer bedenkenswerten Spaltung der russischen Gesellschaft in Volk und Intelligenzija geführt hatte, mit großer Sorge beobachtete.

Mit Hilfe seiner publizistischen Versuche, einer Art politischen Öffentlichkeitsarbeit, und seinen literarischen Beiträgen zur politischen Meinungsbildung für eine integrative und identitätsstiftende Bewusstseinserhellung der Russen, aber auch der Europäer wollte er einer weiter um sich greifenden »Infizierung« des russischen Volkes durch den westeuropäischen Atheismus radikal begegnen.[6] Dennoch hält Dostojewskij dem russischen Volk als Träger der christlichen Aufklärungsidee nach wie vor die Aufrichtigkeit einer ganzheitlichen Lebensführung zu Gute und *benennt hiermit die entscheidende Differenz zwischen dem Westen und dem Osten:*

> »Mag immerhin unserem Volk Tierisches und Sündhaftes anhaften, eines aber hat es zweifellos: dass es wenigstens, als Ganzes genommen (...), seine Sünde niemals für das Richtige gehalten hat, hält oder halten wird, auch niemals den Wunsch empfinden wird, sie dafür zu halten! Es sündigt, aber früher oder später sagt es doch: ich habe gefehlt. (...) Das Volk sündigt und beschmutzt sich jeden Tag, aber in besseren Stunden, in den Stunden Christi verwechselt es nie Recht mit Unrecht. Das ist eben das Wichtige: Woran ein Volk glaubt, worin es die Wahrheit sieht, wie es sich dieselbe denkt, was sein höchster Wunsch ist, was es liebt und um was es zu Gott betet.« (514)

> »Im Westen aber (...) eine Verstockung des Herzens und eine Erbitterung, die schon wirkliche echte Unwissenheit sind, das wahre Gegenteil der Aufklärung. Denn diese ist bisweilen mit einer solchen Gesetzlosigkeit verbunden, wie man es nicht für möglich halten sollte, wird aber dort nicht mehr für Sünde gehalten, sondern gerade für Wahrheit.« (514)

Dostojewskijs Geschichtshermeneutik kann – recht verstanden und auf die Hintergründe der gegenwärtigen historisch-politischen Situation bezogen – durchaus eine bedeutende Wegweisung darstellen in Hinsicht auf unsere Ausgangsproblematik der ideen- und glaubensgeschichtlichen Erhellung des Selbstverständnisses und Selbstverhältnisses der Europäer.

Im Mittelpunkt von Dostojewskijs religions- und geschichtsphilosophisch fundierten Einsichten in das weltpolitische Geschehen und in die Bewusstseinsgeschichte und Handlungsdialektik der Völker steht die Überzeugung, dass es drei *geschichtsmächtige – miteinander und gegeneinander wirkende* – Ideen gebe, die zwar grundsätzlich zu jeder Zeit und überall sich manifestieren können, sich jedoch jeweils bestimmte Hauptrepräsentanten dieser Ideen herauskristallisiert haben, deren Volksleben unbewusst oder bewusst von ihnen bestimmt wird.

I. *Die römische Herrschaftsidee*, die letztlich auf eine gewaltsame, äußere Vereinigung der Menschen hinausläuft und die in ihrer letzten Transformation im völligen Verwerfen der geistigen christlichen Werte in die Französische Revolution mündet; zum Träger dieser Idee ist Frankreich geworden. Diese Ideen sind in ihrer historischen Genese und Entwicklung bereits hinreichend erläutert worden.

II. *Die protestantische oder germanische Idee,* die den Widerstand aus der Freiheit des Geistes heraus bezeichnet und für radikalen Neubeginn steht, wobei jedoch der Protest in seinem Kern immer nihilistischen Triebkräften folgt. Die geistige Auflehnung bleibt deshalb ohne eigenen substanziellen Gehalt, ohne positive und wertgebundene Aussage. Die protestantische Idee kann also nur dann stark und erfolgreich auftreten, wenn sie einen starken Gegner hat, wird jedoch gemeinsam mit ihrem Antipoden zum Untergang bestimmt sein. Diese Ideendialektik ist im Übrigen ein ganz charakteristisches Wesensmerkmal für alle negativen Philosophien, so beispielsweise auch die der Negativen Dialektik der Frankfurter Schule. Als Hauptrepräsentanten dieser idealtypischen Weltanschauung erscheinen Dostojewskij die Deutschen.

III. *Die russisch-orthodoxe oder slawische Idee* verkörpert für Dostojewskij das wahre Erbe des Christentums und ist gleichzusetzen mit der Idee der Allmenschheit und ihrer Vereinigung durch die Liebe. Im Lichte der Vernunft und der Erkenntnis durch die Aufklärung in Christus, durch die Lebendigkeit des Glaubens werden alle Antagonismen, Vorurteile und nationale, egoistische Forderungen einer brüderlich-harmonischen Gemeinschaftlichkeit weichen, die unvergleichlich ist zu derjenigen *fraternité*, die sich allein mit der Guillotine hat durchsetzen können. Dostojewskijs Hoffnungen auf eine russische Mission stützen sich auf eine geistig-moralische Überzeugung und richten sich nicht nur auf die Einheit Europas, sondern auf eine universale menschliche Bruderschaft. Über eine Vollendung der russischen Identität des ganzen Volkes, das seinem tiefsten Bedürfnis nach ein empathetisches, mitfühlendes und dienendes Wesen habe, welches in seiner gläubigen Vernunft den Menschen an die wahre Realität der Dinge und der Welt binde, könne die Idee der Allmenschheit, die harmonische, religiös fundierte Integration des Einzelnen in die natürliche Gemeinschaft mit der Erde und der Menschheit vollzogen werden. Auf unnachahmliche Weise drückt Dostojewskij diese Idee des russischen Wesens über eine seiner Romanfiguren, Versílov, in den »Dämonen« aus:

>»Einzig dem Rußen ist (...) die Fähigkeit verliehen [sc. als eines Typs mit weltweitem Mitempfinden], ganz und gar Ruße zu werden, nur wenn er ganz und gar Europäer ist. Das ist der wesentliche Unterschied zwischen uns Rußen und allen übrigen (...). Für den Rußen ist Europa ebenso wertvoll wie Rußland, (...) Europa ist ebenso sehr unser Vaterland wie Rußland«. (zit. nach Lavrin 1995, S. 124)

Das Lebens- oder besser: Todesgesetz des Westens, die beherrschende okzidentale Rationalität entsteht nach Dostojewskij aus der dramatischen, ja tragischen Dialektik von römischer und germanischer Idee, römischem Katholizismus und deutschem Protestantismus, von römischem Legalismus und deutschem Subjektivismus, von staatlicher Gesetzlichkeit und absolutem Machtanspruch. Des Weiteren erwachse eine besonders gefährliche, die eigene Identität raubende Destruktivität des Westens und damit seine Zukunfts*un*fähigkeit gerade aus der Verallgemeinerung und Globalisierung dieser Rationalität!

Im Osten habe die Wirklichkeit der Gemeinschaft Vorrang, die dem sittlichen Anspruch der Weisheit und der Liebe folgt, die der über allen Rechtssätzen stehenden Idee des Guten (Platon) verpflichtet ist und auf die Konkretheit des Guten und Gerechten in der Vermittlung von Einheit und Vielheit zielt – hier tritt Dostojewskij ganz und gar in die gedankliche Nähe zum russischen Philosophen Solowjow. Die Einheitsstiftungen durch den Verstand und die Gesetze der Zwangslogik, also faktisch gesprochen eine **Einheit ohne Freiheit** oder eine **Freiheit ohne Einheit** können laut Dostojewskij einzig überwunden werden in *der Einheitsstiftung durch eine tätige Vernunft, die Gerechtigkeit, Weisheit und Liebe als eine universale Verwirklichungsform handelnd denken kann.*

Solche Ideenkraft der geistig-realen Wirklichkeiten der Weisheit und Liebe im Ausdruck der Gerechtigkeit als höchste Kategorien für eine politische Philosophie anzunehmen und zur Geltung bringen zu wollen durch die Ermöglichung einer freien, dialogischen Selbstverwirklichung des Einzelnen in der Gemeinschaft – dieses zeichnet beinahe alle **Alternativkonzeptionen** des politischen Denkens aus, die **nicht** der die Neuzeit dominierenden Herrschaftsrationalität einer Trennungs- und Spaltungslogik unterliegen.

An dieser Stelle sei noch einmal explizit und nachdrücklich darauf verwiesen, dass die kritisch erörterte okzidentale Rationalität im Rahmen dieser Ausführungen niemals als ein pauschales Urteil über den Okzident insgesamt angesehen werden darf, sondern okzidentale Rationalität als das **dominante**, das massengesellschaftliche moderne Leben prägende und erschaffende Rationalitätsparadigma in den wissenschaftlichen Blick zu nehmen ist. Es gibt in Bezug auf die okzidentale Bewusstseinsgeschichte auch eine durchgängige Kontinuitätslinie geistiger Haltungen und Entwicklungen und ihrer persönlichen und institutionalisierten Träger, die, vornehmlich in platonischer Tradition stehend, sich gegen die Dominanz des **typisch** westlichen Differenz-, Spaltungs- und Sicherheitsdenkens wenden und sich einem Freiheitspostulat verschreiben, das sich aus einem dramatisch-dialektischen Gemeinschaftsparadigma heraus verantwortet. Stellvertretend seien hier genannt: Nikolaus von Kues, Leibniz, Fichte sowie die originären Vertreter der Romantik, vor allem Friedrich Hölderlin und Friedrich von Hardenberg (Novalis), aber beispielsweise auch Martin Buber oder Gustav Landauer; sie alle stehen in prinzipieller Gegnerschaft zu derjenigen vorherrschenden Traditionslinie politischen Denkens, deren Wirklichkeitsverständnis sich von Machiavelli oder Hobbes, beziehungsweise Hegel oder Marx herleitet, in denen die westliche Rationalität in gewisser Weise kulminiert.

Dostojewskijs geschichtsphilosophischer Blick gibt, zieht man eine vorläufige Quintessenz aus dem Gesagten, vor allen Dingen eines zu bedenken: dass nicht das Projekt der rational-liberalen Aufklärung, sondern die von der Moderne längst verabschiedete christliche Substanz unserer gesellschaftlichen Herkunftswelt die Lösung unserer Gegenwartsprobleme bereit halten könnte. Dabei eröffnet er dieses sozialmoralische, christliche Potenzial in Ergänzung einer harschen Kritik an den Konfessionskirchen hinsichtlich ihrer eigenen Verstrickungen, ja Verursachungen der verhängnisvollen Entwicklung und der Verbreitung des Nihilismus in der Neuzeit.
   Tatsächlich scheint sich gegenwärtig mit zunehmender politischer Ideologiekritik, auch an der bürgerlich-liberalen Ideologie, in gewisser Weise untergründig »eine Rückkehr zur einzigen konstanten Größe der europäischen Identität anzukündigen: dem Christentum« (Dahrendorf 1993, S. 22). Es sei in diesem Kontext nur an Günter Rohrmosers Versuch einer Erneuerung des Freiheitsbegriffes aus der christlich-abendländischen Tradition heraus erinnert.[7] Womöglich könnte eine das dramatische Verhältnis von Moderne und Christentum thematisierende christliche Aufklärung wirklich zur Entdeckung und Revitalisierung von unaufgehobenen Zukünftigkeiten in unserer Vergangenheit beitragen – als Eröffnung von Zukunft!

Welche Bedeutung oder gar konkrete Rolle schreibt Dostojewskij nun aber im Hinblick auf die Idee eines zukünftigen, friedlichen und einigen Europa, eines neuen Europa, das er sich im panhumanistischen Geiste nur mit Russland denken kann, Deutschland zu?
   Die germanische Idee »des freien Geistes und der freien Forschung« sowie der kritischen Rationalität (354) habe zwar durchaus welthistorische Relevanz erlangt, aber Deutschland habe noch nicht, wie Frankreich, zu seiner adäquaten politischen Form gefunden, so dass man nach Dostojewskij – hier nimmt er 1877 Bezug auf die Ereignisse des deutsch-französischen Krieges und der Niederlage Napoleons III. – auf dieses Land unbedingt zu sprechen kommen muss, »auf seine jetzige Aufgabe, seine jetzt verhängnisvolle und zugleich auch alle anderen angehende Weltfrage« (354). Dostojewskijs geschichtsher-

meneutische Analyse ist von prophetischer Weitsicht, die aus diesem Grunde ausführlicher dargestellt werden soll:

Durch die Umgestaltung der westlichen, vom römischen Weltgedanken geprägten Welt

> »unter dem Einfluss der Entdeckung Amerikas, der neuen Wissenschaften und der neuen Grundsätze (…) war der germanische Geist in großer Verwirrung und nahe daran, seine Individualität zu verlieren, mitsamt dem Glauben an sich (...). Der riesige Organismus Deutschland fühlte mehr denn je, dass ihm sozusagen der Körper, die Form für seinen Ausdruck fehlte. Und damals war es dann auch, dass in ihm das Bedürfnis entstand, sich wenigstens äußerlich zu einem einzigen festen Organismus zusammenzufügen, in Anbetracht der herannahenden neuen Phasen seines ewigen Kampfes mit der äußersten westlichen Welt Europas.« (358)

Die Art und Weise, die staatliche Einheit mit Gewalt und kriegerischem Genie (vgl. 362) herzustellen, habe jedoch neue Sorgen und Zweifel aufkommen lassen, zumal selbst Bismarck eingesehen habe, dass mit »Blut und Eisen« zu wenig getan worden war« (361). Außerdem sei es »schwer, anzunehmen, dass eine so alte Gewöhnung der Deutschen an politische Zersplitterung so schnell verschwunden sei (...)« und sehr wahrscheinlich sei gleichfalls, dass die »alte Energie der Opposition« (363) wieder entstehe, so dass es äußerst fraglich sei, ob die politische und bürgerliche Vereinigung wirklich in »Gestalt endgültiger Dauerhaftigkeit« (363) vollzogen worden oder nicht doch vielmehr ein »Trugbild« (360) sei. Zudem seien die Deutschen »von den Erfolgen bestochen und trunken gemacht durch den Stolz und von eiserner Hand der Führer gelenkt« (363), so dass sich in Zukunft die zeitweilig unterdrückten Probleme und Instinkte verbunden mit dem »Bestreben sich abzusondern, sich zurückzuziehen« (363) vielleicht wieder einstellten. Aus diesem Grunde bedürfe das äußerlich so starke mächtige Deutschland eines Bündnisses, und zwar eines mit Russland. Überdies sei »die Abhängigkeit von dem Bündnis mit Russland allem Anschein nach die schicksalhafte Bestimmung Deutschlands« (364). Deutschland, »das in all seinen neunzehn Jahrhunderten seines Daseins nichts anderes getan hat, als eben nur protestieren, [habe] *bisher ein eigenes neues Wort noch gar nicht gesprochen,* sondern die ganze Zeit nur von der Verneinung, vom Protest gegen seinen Feind gelebt« (291). Doch obwohl Deutschlands schicksalhafte Bestimmung die Beziehung zu Russland sei, verachte der Deutsche die slawische Idee wie die römische, »nur mit dem Unterschied, dass er die letztere immer als starken und mächtigen Feind eingeschätzt hat, die slawische Idee dagegen nicht nur für nichts wert hält, sondern sie sogar überhaupt nicht anerkennt, wenigstens bisher« (292).

Hierin scheint Dostojewskij, übersetzt man seine Einsichten freier auf das gegenwärtig nahezu undefinierbare Verhältnis Europas zu Russland, ein nach wie vor gültiges Diktum ausgesprochen zu haben:

Es könne einmal verhängnisvoll sein, für einen friedlichen und erfolgreichen Integrationsprozess in Europa, die russische Frage zu weit außen vor gelassen und praktisch nicht konstitutiv für die europäische Idee mitbedacht zu haben, wie es jedoch von offizieller Seite und von Seiten der Bevölkerungen der west- und mitteleuropäischen Länder her noch überwiegend der Fall ist.

Um die Aktualität und die Brisanz dieser Behauptung zu unterstreichen, sei hier unkommentiert ein Auszug aus dem bereits erwähnten Streitgespräch mit renommierten Vertretern zum Thema »Wohin steuert Europa?« zitiert

> FURET: »Russlands Zugehörigkeit zu Europa ist problematisch. (...). Ich glaube nicht, dass man Rußland als unerlässlichen Bestandteil Europas ansehen kann. Vielmehr denke ich, dass die Grenze Europas bei Polen zu ziehen ist, wo die wichtige religiöse Trennlinie zwischen römischer und orthodoxer Kirche verläuft.« (...)
>
> GEREMEK: »Ihre letzte Äußerung ist (...) besonders beunruhigend. Was die östliche Begrenzung Europas angeht, so hoffe ich, dass Sie es mir nicht übel nehmen, Herr Furet, wenn ich behaupte, dass Sie zwar Polen und die Slawen im Allgemeinen wohl gern mögen, sie zugleich aber wie edle Wilde behandeln. Diese Haltung eines hochmütigen Europa könnte eventuell einen gefährlichen Einfluss auf den europäischen Gedanken nehmen. Mir ist durchaus bekannt, dass es kulturelle Grenzen gibt, die Europa von Asien trennen. (...) Aber ich wehre mich gegen die politische Definition eines östlichen Limes (...). [Europa] darf sich nicht als belagerter Kontinent verstehen, als politisches und strategisches Lager an sich, sondern als Gemeinschaft von Menschen, Völkern und Ländern, die bestimmte Merkmale teilen (...). Zudem müssen Russland und sämtliche Völker der östlichen Randgebiete die Möglichkeit haben, sich als Angehörige dieser kulturellen Gemeinschaft zu fühlen und sich dort einzugliedern, wenn sie das wünschen. Das Schicksal der ganzen Welt hängt in hohem Maße von diesem europäischen Potenzial Russlands ab.« (Dahrendorf 1993, S. 26 ff.)[8]

Des Weiteren hat Dostojewskij meines Erachtens nach zu Recht aus seinem geschichtshermeneutischen Verständnis heraus Deutschland, »immerhin ein Land, das in der Mitte liegt« (363), gewissermaßen eine unproblematische, unauffällige Rolle in Europa abgesprochen, weil Deutschland eine »Normalität« meines Erachtens allein schon aus seiner geopolitischen Lage heraus verwehrt ist, und, so viel sei hier angemerkt, auch in Bezug auf den so genannten deutschen Sonderweg.

Den Deutschen und der deutschen Frage fällt nach 1989 hinsichtlich des weiteren Verlaufs, der Art und Weise des europäischen Einigungsprozesses, eine Schlüsselrolle zu. Da jedoch die Anwendung traditioneller, weitgehend funktionaler Lösungsmodelle und rational-pragmatischer Handlungsmuster auf die immer noch existierende deutsch-deutsche Problematik und die gesamteuropäischen Differenzierungs- und Separierungstendenzen, von der Legitimationskrise der Moderne ganz zu schweigen, keine hinreichende Antwort geben können, wird es meiner Überzeugung nach langfristig weder innenpolitisch, noch europapolitisch zu einer Beruhigung kommen können. (vgl. Hahn 1992, S. 15)

Vor diesem Hintergrund vermag das Werk Dostojewskijs tatsächlich eine unumgängliche Option für uns Heutige zur Bewusstheit zu erheben, nämlich die *Forderung nach einer schöpferischen Politik, die sich ein neues Europa*[9] *zur Aufgabe macht,* was vor allem auch bedeutet, wie Dostojewskij in seinem Schaffen, »keine Beruhigung in der Vergangenheit zu suchen, sondern Beunruhigung durch die Zukunft!« (Stepun 1961, S. 40)

Denn das Unglück sei bei allen tragischen Entwicklungen, die das historisch-politische Leben der europäischen Völker und Russland betreffe, zumeist

> »dass (...) ein großer Teil Europas immer irgendwie nicht realistisch sieht und einschätzt, nicht so, wie es jetzt ist, sondern stets irgendwie veraltet. Man versteht nicht von der Zukunft aus zu sehen, und man urteilt lieber nach dem Vergangenen, sogar nach dem längst Vergangenen!« (351)

Eine beunruhigende und damit zukunftsorientierte Existenzerhellung des eigenen nationalen Daseins einzugehen, das heißt nicht in geschlossenen und abgeschlossenen Selbst- und Fremdbildern zu erstarren, das könnte für Deutschland die Chance bedeuten, zu einem umfassenden, den Osten und den Westen vermittelnden Selbstverständnis zu gelangen, einer selbstbewussten Identität, deren eigentümliche Stärke gerade in der Alternativ-Tradition einer umfassenden, länderübergreifenden Kommunikation der geistig-kulturellen Bündnisse und der exemplarischen Kultur- und Bildungsleistungen vor allem der Kunst und Philosophie liegen könnte.

Dostojewskij, der heute gerade wegen seiner »zwischen Ruhm und Ruin verlaufenden Vita« (Steinacker, 2000, S. 26) junge Menschen fasziniert, kann durch sein Werk helfen die Augen zu öffnen, um so eine Basis für einen verbindenden Austausch zwischen Ost und West zu schaffen.[10] Er, der mit seiner Kritik an dem auf der ersten Weltausstellung 1851 in London errichteten Kristallpalast, den er als Selbstverherrlichung der bürgerlichen Welt und das Leiden als Ursache von Erkenntnis aussperrend empfand, direkt und hochaktuell aus der Vergangenheit in die Diskussionen um Rationalität und Spiritualität, Fortschrittswahn und Sinnsuche unserer Gegenwart eingreift, kann und sollte uns bei einer Neuorientierung des gesellschaftlich-schöpferischen Handelns eine bedeutende Hilfe sein.

Dostojewskis Kritik okzidentaler Rationalität

Literatur:

BERDJAJEW, NIKOLAI: Die Weltanschauung Dostojewskijs. München 1925.
BLOMERT, REINHARD: Max Webers Russenseele. Die Ostgrenze. In: FAZ, 8. Juli 1992, Nr. 156, S. 6.
DAHRENDORF, RALF: Wohin steuert Europa? Ein Streitgespräch / R. Dahrendorf; F. Furet; B. Geremek. Hrsg. von Lucio Caracciolo. Frankfurt a.M. 1993.
DOSTOJEWSKIJ, F.M.: Tagebuch eines Schriftstellers. Wissenschaftliche Buchgesellschaft Darmstadt 1973.
FORST, RAINER: Konzeptionen politischer und sozialer Gerechtigkeit. In: Information Philosophie. Jg. 24, Heft 3, 1996, S. 16–24.
GOERDT, WILHELM: Russische Philosophie. Zugänge und Durchblicke. Freiburg 1984
HAHN, KARL: Die Aktualität von Fichtes »Reden an die deutsche Nation« – oder: Was müssen wir befürchten? – Was dürfen wir hoffen? In: ders. (Hrsg.) u.a.: Wege der Deutungen. Kaposvár 1992, S. 6–21.
HAHN, KARL: Die Bedeutung der Philosophie als exemplarischer kultureller Leistung für die Integration Europas. In: Zágorsêková, Martha B. u.a. (Hrsg.): Human Identity. Bratislava 1993, S. 33–35.
HAHN, KARL: Rußlands Verhältnis zum Westen im politischen Denken russischer Philosophen und Schriftsteller. In: Wenturis, Nikolaus: Föderalismus und die Architektur der europäischen Integration. München 1994, S. 193–212.
HUTTER, FRANZ-JOSEF, SPEER, HEIDRUN und TESSMER, CARSTEN: Bürgergesellschaft und Nationalismus im »gemeinsamen Haus Europa«. Eine Einführung. In: dies. (Hrsg.): Das gemeinsame Haus Europa, Menschenrechte zwischen Atlantik und Ural, Baden-Baden 1998, S. 7–30.
LAUTH, REINHARD: »Ich habe die Wahrheit gesehen«. Die Philosophie Dostojewskijs. München 1950.
LAVRIN, JANKO: Dostojewskij. rororo-Bildmonografie. 23. Auflg., Reinbek bei Hamburg 1995.
ROHRMOSER, GÜNTER: Der Ernstfall. Die Krise unserer liberalen Republik. Berlin 1994.
ROHRMOSER, GÜNTER: Emanzipation oder Freiheit. Das christliche Erbe der Neuzeit. Berlin 1995.
RUFIN, JEAN-CHRISTOPHE: Die Diktatur des Liberalismus. Reinbek bei Hamburg 1994.
SIMMEL, GEORG: Soziologie. Untersuchungen über die Formen der Vergesellschaftung. Berlin 1983.
STEPUN, FEDOR: Dostojewskij und Tolstoi. Christentum und soziale Revolution. München 1961.

STEINACKER, HANS: Rausch am Roulettetisch. Dostojewskij – Der russische Dichter erlebt eine Wiedergeburt. In: Rheinischer Merkur, 28. April 2000, Nr. 17, S. 26.
TAYLOR, CHARLES: Die Unvollkommenheit der Moderne. In: Honneth, Axel (Hrsg.): Pathologien des Sozialen. Frankfurt a.M. 1994, S. 73–102.

Anmerkungen:
1   Vgl. auch Rohrmoser, Günter: Der Ernstfall. Die Krise unserer liberalen Republik. Berlin 1994.
2   Hier sei auf die Stellungnahmen von D. Merschowenskij, N. Berdjajew, P. Natorp, H. Hesse, R. Lauth, St. Zweig, André Gide u.a. zu Dostojewskijs Bedeutung für die Philosophie und politische Ideengeschichte verwiesen.
3   In ebenso genialer wie radikaler Weise durchdenkt Dostojewskij – Einsichten Nietzsches und des Existenzialismus des 20. Jahrhunderts vorwegnehmend – diese Problematik in der berühmten »Legende vom Großinquisitor« in dem Roman »Die Brüder Karamasow«.
4   Auf die Frage, ob und inwieweit Dostojewskijs Beurteilung der römisch-katholischen Kirche als einer zweifelsohne ambivalenten Synthese von katholischem Christentum – das Christentum ist von seinem Wesen her katholisch – und römischem Katholizismus, d.h. römischem Zentralismus und Imperialismus als Ausprägung römischer Herrschafts-Rationalität gerechtfertigt ist, kann im Rahmen dieses Beitrages nur gestellt, aber wegen ihrer Vielschichtigkeit und Komplexität nicht beantwortet werden (s. hierzu Lauth 150, 277 ff. u. Goerdt 1984, 430 ff.).
5   Zur Kritik des römischen Eigentumsbegriffs vgl. K. Hahn: Fichtes und Proudhons Begriff des Eigentums als Recht auf Arbeit. In: Instituto Italiano per gli Studi Filosofici (Hrsg.): Das Geistige Erbe Europas. Neapel 1994.
6   Die beinahe berühmt-berüchtigte, intellektuelle und politisch-programmatische Auseinandersetzung zwischen Westlern und Slawophilen ist einerseits von solcher Komplexität und andererseits über zwei Jahrhunderte hinweg für das gesellschaftliche Klima in Russland von derart prägender Bedeutung, dass hier jeder Versuch, Dostojewskijs Stellungnahme und Motivationshaltung in dem beinahe undurchdringlichen Meinungsgeflecht kurz zu referieren, wohl die tatsächlichen Zusammenhänge verfälschen würde. »Die Frage: Rußland oder Europa?« wird nicht völlig gelöst werden können von der anderen: »Rußland und Europa?« (...) Die absolut festgehaltene Realität des »Entweder-Oder« ist beinahe undenkbar und auch historisch an den einzelnen Denkern kaum nachweisbar. (...) Das bedeutet, dass die Termini »Westler« und »Slawophile« flüssig und unbestimmt werden. (...) Die inhaltliche »Manipulierbarkeit« (...) ist exorbitant. (...) So sind sie Ordnungsschemata, lebendige Chimären ohne (viel) philosophischen Erkenntniswert« (Goerdt 1984, 264 ff.). Deshalb sei zu Dostojewskij nur angemerkt, dass er sich selbst als »potschvenniki« bezeichnet hat, als der die »Verwurzelung in Volk und Boden Suchende«, um damit der Gefahr atheistischer, entwurzelter Emanzipationstendenzen und der Isolation der russischen Intellektuellen entgegenzuwirken; eine Einstellung, die grundsätzlich

einen versöhnlichen Mittelweg zwischen den westlichen und slawophilen »Lagern« anstrebte (vgl. Lavrin 1995, 49 f.).

7 Vgl. Rohrmoser, Günter: Emanzipation oder Freiheit. Das christliche Erbe der Neuzeit. Berlin 1995.
8 Zu einer ausführlichen kritischen Abwägung der verschiedenen Optionen eines Europa, ob ohne, ja sogar gegen Russland oder aber unter Einbeziehung Russlands und der Ukraine bzw. in genereller Auseinandersetzung auch mit den restlichen Sowjetrepubliken kann es an dieser Stelle selbstverständlich nicht kommen, aber es sei noch einmal betont, dass eine solche Diskussion für die Stellung Deutschlands im zusammenwachsenden Europa von immenser innenpolitischer und internationaler Wichtigkeit ist.
9 Vgl. zur Thematik eines neuen Europa, das sich von festgefahrenen Vorstellungen befreien und den Osten (einschließlich Russland) als Teil von sich selbst erkennen muss: Hutter, Franz-Josef, Speer, Heidrun und Tessmer, Carsten: Bürgergesellschaft und Nationalismus im »gemeinsamen Haus Europa«. Eine Einführung. In: Hutter, Franz-Josef, Speer, Heidrun und Tessmer, Carsten (Hrsg.): Das gemeinsame Haus Europa, Menschenrechte zwischen Atlantik und Ural, Baden-Baden 1998, S. 7–30.
10 Vgl. Steinacker, Hans: Rausch am Roulettetisch. Dostojewskij – Der russische Dichter erlebt eine Wiedergeburt. In: Rheinischer Merkur, 28. April 2000, Nr. 17, S. 26.

Zur Hermeneutik des Einen mit vielen Namen

Eine religionsphilosophische und -wissenschaftliche Studie

Ram Adhar Mall

»Ich denke, es ist richtig, dass die persönliche religiöse Erfahrung ihre Wurzel und ihr Zentrum in mystischen Bewusstseinszuständen hat; ... Ob meine Behandlung mystischer Zustände mehr Licht oder mehr Dunkelheit verbreiten wird, weiß ich nicht, denn meine eigene Konstitution schließt mich von ihrem Genuss fast vollständig aus und ich kann von ihnen nur aus zweiter Hand berichten. Doch wenn auch ich dadurch gezwungen bin, den Gegenstand von außen zu betrachten, will ich so objektiv und einfühlsam wie möglich sein; und ich denke, ich werde Sie wenigstens von der Realität der fraglichen Zustände und ihrer überragenden Bedeutung überzeugen können.«

William James

I. Ein Wort zuvor

Die de facto Pluralität der Religionen hat es seit Menschengedenken gegeben, trotz der oft apologetisch bedingten religionsphilosophischen und -wissenschaftlichen Ansätze. Weder der Gott der Philosophen in der Gestalt des Transzendentalen, des absoluten Geistes, der absoluten Idee, des unbewegten Bewegers u. dgl. noch der der Theologen als das höchste weltschaffende, allwissende, allmächtige Wesen ist rational-theologisch und argumentativ überzeugend beweisbar. So kann ein Religionsphilosoph und -wissenschaftler dem Phänomen der Religion gegenüber sowohl eine bejahende als auch eine verneinende Haltung besitzen, ohne dabei den Vorwurf auf sich nehmen zu müssen, entweder ein Apologe zu sein oder das Phänomen Religion gar nicht zu verstehen.

Eine Renaissance der Kulturen und Religionen ist zwar heute unbestreitbar, aber das »Wohin« dieses Aufbruchs ist nicht so eindeutig und gibt daher Anlass zu großen Hoffnungen, enthält aber auch Risiken. Die zentrale These meiner Ausführungen hier ist, dass das Ethos der Interkulturalität und Interreligiosität einer Zukunftsgestaltung dient, die falsche und oft gefährliche Traditionalismen und Exklusivismen vermeidet und die eine Wahrheit, auf welchem Gebiet auch immer, niemandes Besitz allein sein lässt. Im »Weltalter« der Kulturbegegnungen können wir heute nicht mehr vermeiden, uns dem interkulturellen und interreligiösen Gespräch zu stellen. Diese de facto hermeneutische Situation ist uns einfach widerfahren, und wir erleben hautnah, dass die einzelnen theologischen Erklärungen des Welträtsels als exklusivistische Angebote zu eng geworden sind. Daher ist jede religionsphilosophische und -wissenschaftliche Behandlung des Themas »Religion« heute mehr denn je dazu verpflichtet, die pluralistische Hypothese ernst zu nehmen. Denn es gibt immer noch Menschen, die die multikulturelle und multireligiöse Situation als beängstigend, verwirrend, ja sogar als verworren empfinden. Dies rührt daher, dass sie die anderen, ihnen fremden, alternativen Standpunkte nicht als Alternative wahr- und ernstnehmen. Sie verwechseln Andersdenken mit falschem Denken und folgen einer Entweder-oder-Logik anstelle einer Sowohl-als-auch-Logik.

Es ist eine Ironie des expansionistischen Geistes, der, zwar auf Vereinheitlichung angelegt, pluralistisch endet. Der theologische Pluralismus lag nicht im Sinne des Erfinders. Die Priorität der interreligiösen Hermeneutik vor der intrareligiösen kann heute nicht mehr geleugnet werden. Analoges gilt auch für die Kulturbegegnungen.

Das intrakonfessionelle hermeneutische Gespräch ist schwirig genug. Heute bedürfen wir jedoch einer Hermeneutik der Interreligiosität, die offen, tolerant und schöpferisch genug ist, die Vielfalt der Religionen/Theologien nicht als einen Hinderungsgrund für die Wahrheit der eigenen Religion zu empfinden. Der heutige interkulturelle bzw. interreligiöse Dialog besitzt eine schicksalhafte Notwendigkeit.

Die eine *religio perennis* (Hindus mögen sie *sanatana dharma* nennen) ist niemandes Besitz allein. Sie trägt viele Gewänder, spricht viele Sprachen und zeigt keine Vorliebe für ein bestimmtes Volk, für eine bestimmte Kultur und Tradition. Eine solche Überzeugung hilft uns, nicht nur unseren eigenen Glauben besser zu verstehen, sondern auch den des anderen, ohne sich ihn zu Eigen zu machen oder machen zu müssen. Die *religio perennis* ist wie der eine Mond, der in verschiedenen Gewässern erscheint.

Es gibt ein Bekenntnis vor allen Bekenntnissen, einen Glauben vor allen Glauben. Die Interreligiosität, die in einem solchen Bekenntnis zur *religio perennis* zum Ausdruck kommt, beschreibt und verbindet die orthafte Ortlosigkeit der *religio perennis*. So zu verfahren, ist sowohl methodisch als auch normativ von Bedeutung. Darüber hinaus stellt die *religio perennis* eine religiös-spirituelle Erfahrung dar.

Die eine göttliche Wahrheit, die die *religio perennis* darstellt, ist insofern orthaft, als sie sich in den unterschiedlichen Religionen zeigt; sie ist jedoch auch ortlos insofern, als sie in keiner einzigen Religion dergestalt restlos aufgeht, dass sie deswegen in keiner anderen Religion sein kann. Die *religio perennis* ist, mit anderen Worten, das unendliche Reservoir religiöser, ethisch-moralischer Inspirationen und Auslegungen. Daher wurzelt das uns alle verbindende Ethos in der *religio perennis*. Dieses Ethos schafft Gemeinsamkeiten und ermöglicht interreligiöse Kommunikation und hilft uns, die je eigene Religion nicht für alle in den absoluten Stand zu setzen.

Die Aporie in der unvermeidlichen Begegnung der Religionen und Kulturen in dem heutigen Weltkontext besteht darin, dass sie sowohl eine offensichtliche Nähe als auch eine mit Spannung beladene Distanz in dieser Nähe signalisiert. Diese Lage deutet schon im Ansatz auf einen Umbruch hin, dem ein Abbruch der Tradition vorausgeht. Die unendliche Tiefe der *religio perennis* ermöglicht Wandel mit Bestand; denn sie befindet sich zwar im Wandel, geht in ihm jedoch nicht ganz auf und behält so ihre unverfügbare Transzendenz.

Interreligiosität, wie noch zu zeigen sein wird, ist jedoch nicht selbst eine Religion, der man angehören könnte. Sie ist der Name einer Haltung, Einstellung, die man kultivieren sollte. So ist Interreligiosität der Name eines Ethos, das alle Religionen verbindet. Zu diesem Ethos gehört wesentlich die Überzeugung, dass es nicht nur viele Wohnungen im Hause des Vaters, sondern auch viele Wege dorthin gibt. Interreligiosität als eine alle positiven Religionen transzendierende, diese zugleich wie ein Schatten begleitende Haltung verhindert Fundamentalismen und erzeugt Bescheidenheit, Demut, Toleranz, Respekt und Offenheit.

II. Paradigmatisches Beispiel eines interreligiösen Gesprächs

Als Musterbeispiel eines interkulturell angelegten philosophischen Gesprächs möchte ich die in der Weltliteratur bekannt gewordene philosophische Diskussion zwischen dem philosophisch interessierten und in der Kunst der Disputation ausgebildeten griechisch-baktrischen König Menandros und dem indischen buddhistischen Mönch und Philosophen Nâgasena (um ca.

120 v. Chr.) kurz erwähnen, um den Geist der interkulturellen Philosophie zu verdeutlichen.

In der Schrift »Die Fragen des Milinda« (Milindapanha) heißt es:

Der König sprach: »Ehrwürdiger Nâgasena, wirst du noch weiter mit mir diskutieren?«
»Wenn du, großer König, in der Sprache eines Gelehrten diskutieren wirst, dann werde ich mit dir diskutieren. Wenn du aber in der Sprache des Königs diskutieren wirst, dann werde ich nicht mit dir diskutieren.«
»Wie, ehrwürdiger Nâgasena, diskutieren denn die Weisen?«
»Bei einer Diskussion unter Weisen, großer König, findet ein Aufwinden und ein Abwinden statt, ein Überzeugen und ein Zugestehen; eine Unterscheidung und eine Gegenunterscheidung wird gemacht. Und doch geraten die Weisen nicht darüber in Zorn. So, großer König, diskutieren die Weisen miteinander.«
»Wie aber, Ehrwürdiger, diskutieren die Könige?«
»Wenn Könige während einer Diskussion eine Behauptung aufstellen und irgendeiner diese Behauptung widerlegt, dann geben sie den Befehl, diesen Menschen mit Strafe zu belegen. Auf diese Weise, großer König, diskutieren Könige.«[1,2]

In seiner unverwechselbaren, aber doch vergleichbaren Weise beschreibt Nâgasena hier die notwendigen Bedingungen für die Möglichkeit einer »herrschaftsfreien Diskussion« (Habermas), auch wenn er nicht verschweigt, dass herrschaftsfreie Diskussion ein Ideal benennt und sehr rar ist. Er begreift darüber hinaus das interkulturelle und interreligiöse Gespräch auch als eine geistige, ja sogar geistliche Übung, die darin besteht, dass die Gesprächspartner Selbstbeherrschung lernen und gute moralische Gewohnheiten entwickeln. Das interkulturelle und interreligiöse Gespräch soll also nicht nur eine intellektuelle Tätigkeit sein, sondern es soll auch zu einem Lebensweg führen. Wer die Wahrheit niemandes Besitz allein und exklusiv sein lässt, belegt, dass Verstehen und Kommunikation möglich sind auch ohne einen Konsens, und das heißt trotz Differenzen und Dissens.

III. Religionen und Theologien gestern und heute

Eine umfassendere Definition der Religion könnte lauten: Religion ist erstens eine innerlich erlebte, mystisch-spirituelle Erfahrung und zweitens eine alle Bereiche des Verhaltens hinsichtlich der Mitmenschen, der Gesellschaft und der gesamten Natur beeinflussende und bestimmende Lebensform des Menschen. Da die spirituelle Dimension der Religion eine ethisch-moralische, friedensstiftende, humanistisch-solidarische Funktion hat, in der Praxis verbunden mit Werten wie Toleranz, Anerkennung, Offenheit, Verzichtleistung auf einen exklusivistischen Absolutheitsanspruch, kann jede Religion an ihrer Haltung zu diesen Werten gemessen werden. Die meisten Fehler der Religionen bestanden und bestehen im Nichtbeachten oder gar im Bekämpfen dieser Werte. Beispielhaft in diesem Zusammenhang war ein errichtetes Ministerium für religiöse Angelegenheiten (Dharmamantralaya) während der Regierungszeit des buddhistischen Königs Ashoka (ca. 3. Jh.v.Chr.), beauftragt mit der Legislative und Exekutive, was die gegenseitige Anerkennung der verschiedenen Religionen betraf.

Für eine lange Zeit behielt die Religion in der Geschichte der Menschheit in ihren verschiedenen Formen bei der endgültigen Lösung des Rätsels der Welt, der Schöpfung und des Menschen eine dominierende, ehrwürdige Stelle. Heute ist es aus vielerlei Gründen nicht mehr so. Darüber hinaus wird der Religion nahegelegt, sich als eine der Erklärungsformen neben anderen zu begreifen. Also geht es nicht nur um die Pluralität der Religionen, sondern um die der Welterklärungen. Man kann heute religiös sein, einen theistischen Glauben haben, um ein Mensch zu sein; man muss dies jedoch nicht. In diesem Man-muss-jedoch-nicht steckt ein Unbehagen des religiösen Gefühls, welches stets davon ausging, dass das Menschsein wesentlich mit dem Religiössein verbunden ist. Dieses Unbehagen darf man jedoch nicht verwechseln mit den religionspsychologischen, -soziologischen und ähnlichen Erklärungen des Phänomens Religion. Es ist auch nicht ein Unbehagen, das aus der Angst resultiert, Religion könnte eines Tages überflüssig gemacht werden. Das Unbehagen, das die heutige Umbruchsituation der Religionen besonders kennzeichnet, ist ein allmählicher Verlust des religiös-gläubigen Urvertrauens zwischen dem Menschen und Gott.

Das Verhältnis Mensch–Gott ist immer ein fragiles, und es bedarf der täglichen Übung. Die weltlichen Verhältnisse und Ungerechtigkeiten lassen diese Beziehung Mensch–Gott auch als unsicher erscheinen. Es mag hierin wohl auch der Grund zu suchen sein, dass die kritischen Schriften hinsichtlich der Religion nicht so sehr die Gläubigen erschrecken, als sie eher verunsichern.

Das Bedürfnis nach Erklärung, Rechtfertigung, Sinn, Zweck, Verstehen und dgl. scheint der menschlichen Gattung angeboren zu sein. Die Mythen, Religionen, Philosophien, Ideologien und sogar Wissenschaften gehören zu den Versuchen, die der menschliche Geist unternimmt, um dieses Urbedürfnis zu befriedigen.

Die Religionen/Theologien leben heute in einer von den modernen Wissenschaften und den technologischen Formationen gestalteten Welt; ihre Normen jedoch rühren noch von dem »Alten Bund« her, der ungebrochen nicht aufrechterhalten werden kann. Hiobs Klage vor dem richtigen Gott und gegen den falschen erscheint heute in unterschiedlichen modernen Formen.

Die religiöse, theologische Not in dem Übergang von der Moderne zur Postmoderne, d.h. von der Einheit zur Vielheit, deutet auf eine Paradoxie hin: Theodizeen müssen uns gelingen; sie wollen uns jedoch nicht gelingen. Der Mensch begreift sich heute eher als jemand, der notwendigerweise in der großen Demokratie alles Seienden, in dem Haushalt der kosmischen Natur eingebettet ist. Der Mensch spürt dabei hautnah, dass die große kosmische Natur ihm keine Sonderbehandlung zukommen lässt. Am Rande des Universums musiziert der Mensch wie ein Zigeuner nach Jacques Monod. Er erfährt dabei kein Privileg. Auch der Mensch hat den Gang der Dinge zu gehen, freilich in seiner Weise mit seinen Religionen, Theologien, Ethiken, Moralsystemen, Ideologien und anderen Produkten seiner Reflexionen. »Die Geschichte des Menschen und die des Kosmos sind darin vereint, als gehorchten sie beide den gleichen ewigen Gesetzen.«[3] Gestern noch waren die Religionen und Theologien sich einig und nannten diese ewigen Gesetze Gott; heute sind sie nicht so sicher. Die *religio perennis* lässt sowohl theistische als auch atheistische Auslegungen offen. Was jedoch beide Auslegungen verbindet, ist das ethisch-moralische Moment, das zum Wesen des Verständnisses von der *religio perennis* gehört. Darüber hinaus erscheint es heute nicht abwegig zu sein, wenn davon ausgegangen wird, dass die große kosmische Natur von einer Unparteilichkeit beseelt ist, die alle drei Welten: Pflanzenwelt, Tierwelt und Menschenwelt gleich behandelt. Der Himmel weint nicht, der Himmel lacht nicht, heißt es bei Lao Tzu.

Betrachtet man den kosmischen Lauf der Dinge, so widerfährt einem die Einsicht: Es gibt etwas, wovon und woraus wir Menschen sind, und nicht umgekehrt. Dies ist der Urgedanke der Transzendenz, der mit den menschlichen Kompensationskonstrukten nichts zu tun hat. Diese Transzendenz kann mit verschiedenen Namen benannt werden. Der Bezug zur Transzendenz ist jedoch wesentlich.

In seiner allzumenschlichen Kurzatmigkeit und Verblendung hat der Mensch oft diese Transzendenz mit Namen und Eigenschaften belegt, was nicht an sich abwegig ist, was aber nicht bedeuten darf, dass diese Transzendenz in ihrem Namen aufgeht. Name ist auch hier, und gerade hier, Schall und Rauch (Goethe). Und Lao Tzu meint, dass der Name, wenn er genannt werden kann, nicht der ewige Name ist. Das indische rigvedische Eine (ekam) mit vielen Namen, die *una religio in rituum varietate* des Cusanus und die Parabel von den drei Ringen Lessings deuten auf eine Überlappungsbasis unter den Religionen hin, die weder totale Kommensurabilität noch völlige Inkommensurabilität nach sich zieht. Der negativ-theologische Ansatz ist eine notwendige Korrektur und eine ständige Mahnung an den Übermut der Religionen, sich exklusiv zu verabsolutieren. Dass meine Religion für mich absolut wahr ist, heißt lange nicht, dass sie deswegen auch für alle absolut wahr sein muss.

IV. Zur Konzeption der Interreligiosität

Unabhängig von den Unterschieden unter den Religionen scheinen alle sich darin zu treffen, dass sie ein spirituelles Unbehagen in der Begegnung mit den Dingen der Welt, ja, mit der Welt schlechthin empfinden und auf eine Befreiung, Erlösung aus sind, die das Unbehagen überwindet mit etwas Höherem, sei dies nun Gott, Gesetz, das kosmische Bewusstsein oder Leerheit. Eine für einen Dialog der Religionen tragfähige Konzeption der Interreligiosität lässt sich negativ und positiv folgendermaßen charakterisieren:

Was Interreligiosität nicht ist

Interreligiosität ist erstens nicht der Name einer spezifischen Religiosität irgendeiner bestimmten Religion, sei diese christlich, hinduistisch, buddhistisch, islamisch o. ä.

Interreligiosität ist zweitens auch nicht ein Eklektizismus der verschiedenen Religionen, denn dann wäre sie ein Kunstgebilde ohne Fleisch und Blut.

Interreligiosität ist drittens auch nicht eine bloße Hilfskonstruktion angesichts der de facto multireligiösen Situation.

Interreligiosität ist viertens auch nicht eine bloß dem Wissenschaftstheoretischen dienliche meta-religiöse Kategorie.

Ferner ist Interreligiosität fünftens auch nicht eine bloße Ästhetisierung, eine Modeerscheinung, ein dilettantischer Erklärungsversuch, denn dafür ist die multireligiöse Situation heute zu ernst und schicksalhaft. Die heutige multireligiöse Situation verspricht viel, birgt jedoch auch große Gefahren.

Was Interreligiosität ist

Interreligiosität ist erstens der Name einer tiefen ur-religiösen, der menschlichen Natur vor aller spezifischen Religiosität innewohnende Tendenz, Überzeugung, die, wie schon erwähnt, das eine göttlich Wahre der *religio perennis* in vielen positiven Religionen hörbar macht.

So begleitet die Interreligiosität **zweitens** die vielen konkreten Religionen wie ein Schatten und verhindert, dass diese sich in den exklusiv-absoluten Stand setzen.

Interreligiosität ermöglicht daher **drittens** einen befreienden Diskurs unter den Religionen, indem sie die hausgemachte und unbegründete Angst mancher Religionen zurückweist, die Angst nämlich, dass Interreligiosität die Begriffe wie Religion, Gott, Erlösung, Offenbarung, Schuld, Sühne und dgl. dekonstruiere.

Interreligiosität plädiert **viertens** für eine Gleichberechtigung der Religionen, die sich in ihren Komplexitätsgraden und unterschiedlichen kulturellen Sozialisationen unterscheiden. Die These einer Gleichberechtigung der Religionen ist jedoch nicht notwendigerweise mit einer Wertgleichsetzung verbunden. So wie meine Mutter für mich die schönste, die beste und die liebste ist, so ist deine Mutter für dich.

Interreligiosität lehrt uns **fünftens** zwischen dem religiösen Gegenstand der Interpretation und den Interpretationen des religiösen Gegenstandes zu unterscheiden. Wäre dies nicht so, wie könnten wir das Eine mit vielen Namen belegen?

Interreligiosität ist **sechstens** die Einsicht in die Notwendigkeit, die Vielfalt der Religionen, Glaubensformen und Theologien nicht nur als säkulare humanistisch-friedliche Angebote, sondern auch als eine gottgewollte Angelegenheit zu sehen.

Interreligiosität ist **siebtens** eine Einheit des Glaubens ohne Einheitlichkeit, wobei unter Einheit jenseits aller spekulativ-metyphysischen und bloß theologischen Vorstellungen die pragmatisch höchst willkommene regulative Idee gemeint ist. Hinzu kommt, dass hierbei im Sinne einer religiös-spirituellen Erfahrung die interreligiöse Einstellung als eine religiöse Überzeugung gemeint ist.

So bewirkt die Interreligiosität **achtens**, dass jeder Gläubige in seiner jeweiligen Glaubensform die unmittelbare, sichere und absolute Präsenz des einen Numinosen erfährt, ohne Angst und Groll darüber zu empfinden, dass es Andersgläubige gibt, die das eine Göttliche ebenso erfahren. So wird vor einer voreiligen Typisierung der Religionen gewarnt.

Interreligiosität wird so **neuntens** von einer spirituellen Erfahrung der *religio perennis* gespeist, die das eine Wahre in verschiedenen Religionen wehen lässt.

Interreligiosität hilft uns **zehntens**, die fiktive und selbstverschuldete Suche nach einer exklusivistischen Absolutheit zu überwinden.

Konflikte sind vorprogrammiert, wenn ein bestimmtes Offenbarungszeugnis sich in einen exklusivistischen Stand setzt, eine totale und ebenso exklusive Adäquatheit beansprucht und eine Theorie der *revelatio specialis* vertritt. Wer aus einer solchen Gesinnung missioniert, führt interreligiöse Gespräche bloß lippenbekenntnishaft und übt im Grunde genommen Gewalt aus.

V. Hermeneutik und die Idee einer *religio perennis*

Was wird eigentlich verstanden, wenn gesagt wird: Wir verstehen, dass wir uns nicht verstehen? Es liegt etwas Äquivokes in dem Ausdruck Fremdverstehen. Zu einer interreligiösen Hermeneutik gehört wesentlich die Überzeugung: Verstehenwollen und Verstandenwerdenwollen gehören zusammen und stellen die beiden Seiten derselben hermeneutischen Münze dar. Meine Überlegungen laufen auf die These hinaus, dass eine interreligiöse Hermeneutik weder Einheit noch Differenz überbewertet. Sie sieht die verschiedenen Religionen als unterschiedliche, jedoch nicht radikal unterschiedliche Wege, sucht und findet, beschreibt und erweitert die vorhandenen Überlappungen unter ihnen. Die *religio perennis* ist die Urquelle der Überlappungen unter den Religionen.

Obwohl das religiös-hermeneutische Anliegen so alt ist wie das menschliche Denken selbst, ist die Hermeneutik als eine Art der *ars interpretandi* erst im 17./18. Jh. entwickelt worden infolge der Bemühungen um die Auslegung der theologischen, philosophischen, literarischen und juristischen Schriften. Wenn wir heute von Hermeneutik reden, so haben wir ihre Wurzeln und Dienste nicht vergessen, aber doch hinter uns gelassen. Die Begriffe Tradition, Religion, Kultur, Philosophie haben eine nie gekannte Horizonterweiterung erfahren. Wir gehen vom Faktum der Pluralität der religiösen Traditionen aus, welches weder im Sinne einer absolutistisch orientierten Religion reduziert noch als bloße Pluralität missverstanden werden darf. Jedes religiöse hermeneutische Gespräch unter den Religionen hat davon auszugehen, dass die Andersheit ein Faktum ist. Wem die Existenz des Anderen, des Fremden als Bedrohung des Eigenen erscheint, der möge von der ihm liebgewordenen Gewohnheit, die eigene Tradition, die eigene Religion zum Paradigma zu erheben, Abschied nehmen; denn auch die religiös hermeneutische Wahrheit zeigt keine Vorliebe für eine bestimmte Tradition, für eine bestimmte Religion, für einen bestimmten Ort. Das Neue an der Ortlosigkeit unserer orthaften religiösen Hermeneutik ist nicht die Forderung nach der Abschaffung von Religion und Tradition, sondern die Absage an jede Gestalt der Verabsolutierung. Die *religio perennis* lässt sich nicht domestizieren.

Die hermeneutische Methode als Auslegungskunst religiöser Texte, ob im Sinne der Apologie oder als bloße Kritik anderer Religionen, kann nur dann ihren reduktiven Charakter überwinden, wenn sie in der heutigen hermeneutischen Situation dem interreligiösen Verstehen dient und im Namen des Verstehens das zu Verstehende weder gewaltsam einverleibt noch restlos ignoriert. Unser Ansatz geht von einem hermeneutischen Bewusstsein aus, welches die in dem Akt des Deutens und Verstehens sinnverleihenden Strukturen als sedimentierte ansieht. Das, was die hermeneutische Reflexion grundsätzlich ermöglicht, verneint nicht die Historizität, Zeitlichkeit und Sprachlichkeit, geht jedoch in ihnen auch nicht ganz auf. Es liegt etwas Metonymisches in dem hermeneutischen Geschäft des gegenseitigen Verstehens, Deutens und Respektierens.

Die Theorie einer offenen religiösen Hermeneutik geht von einem Begriff von Religiosität aus, der das zu Verstehende nicht einverleibt, nicht der eigenen Denkform anpasst. Da dieser alternative Religionsbegriff die Ideologie der Identität durchschaut, wird das andere in seiner Andersartigkeit geachtet und gedeutet. Verstehen ist nicht unbedingt Einverstandensein; denn dann müsste eine Gemeinsamkeit der Empfindungen angenommen werden. Die Religionen, Kulturen und Lebensformen sind die verschiedenen Reaktionsweisen der Menschen auf gemeinsame Probleme und Bedürfnisse. Nicht so sehr die Gemeinsamkeit der Antworten, sondern die der Bedürfnisse ist das Leitmotiv unserer Hermeneutik.

Folgende fünf Verstehensmodelle können hier aufgeführt werden:

1. Verstehen im Sinne der Identität der Ansichten
2. Verstehen im Sinne des Erkennens/Nachvollziehens der Bedingungen für das Herstellen/Erreichen eines Sachverhalts, einer Lösung
3. Verstehen als die Fähigkeit, sich in die Situation des anderen versetzen zu können
4. Verstehen im Sinne des Sich-zurücknehmen-Könnens
5. Verstehen im Sinne der Toleranz und des Respekts, auch dem Nichtverstandenen oder Nichtverstehbaren gegenüber. Die Grenze des Verstehens in diesem Sinne ist nicht die Grenze der Kommunikation. Kommunikatives Verstehen ist analogisch verankert.

Gegenseitige Anerkennung geht dem Verstehen voraus und nicht umgekehrt. Es gilt, den unvermeidbaren Hiatus zwischen Selbst- und Fremdverstehen als Phänomen zu respektieren, ein Phänomen übrigens, das ebenso beim Selbstverstehen zu beobachten ist.

Wir bedürfen im heutigen Weltkontext eines hermeneutischen Modells, das die Einsicht »Wir alle sind Menschen« ernster nimmt, als es je geschehen ist. Es gibt intra- und interreligiöse Verstehensprobleme. Es gibt in uns aber auch ein tief verankertes Gefühl der Bezogenheit auf eine ewige Mitte, welches nicht aufhört, uns zu sagen: Trotz aller unterschiedlichen Formen in Kultur, Ritus und Glauben gibt es das verbindende Eine, das Vielheit zwar zulässt, aber auch Einheit ohne Einheitlichkeit stiftet. Es geht um die Hermeneutik des Einen mit vielen Namen.[4]

Um einen Dialog zwischen den Weltreligionen im Geiste der oben erwähnten Hermeneutik in Gang zu bringen, muss der Geist des Dialogs zwar von der absoluten Richtigkeit des eigenen Glaubens (Absolutheit nach innen) getragen werden, ohne jedoch von der absoluten Falschheit des anderen Glaubens auszugehen (Absolutheit nach außen)[5]. Eine an diesem Geist des Dialogs orientierte Ökumene der Religionen gibt gern den Anspruch auf die Alleinvertretung Gottes auf und reiht sich in die große Gemeinschaft der Weltreligionen ein.

Es gibt zwei Formen des monotheistischen Denkens, die auseinander gehalten werden müssen: Erstens ist da die Urreligiosität, die allen positiven Religionen und Glaubensformen vorausgeht und sich durch die Einsicht definiert, dass das eine Wahre unzählige Namen kennt. Damit verbunden ist zweitens die Überzeugung, dass die Richtigkeit des eigenen Glaubens nicht die Falschheit des anderen Glaubens impliziert. »Aufklärung durch Religion?« lautet die Überschrift eines Aufsatzes des bekannten Theologen und Religionswissenschaftlers Heinz Zahrnt, versehen mit einem Fragezeichen. Das Wörtchen »durch« in der Überschrift ist sehr wichtig. Die Religion, die die geforderte und gewünschte Aufklärung leisten soll, kann nur eine sein, die das eine Wahre für sich zwar beansprucht, aber es auch von den anderen beanspruchen lässt. Glauben und glauben lassen! lautet daher die Devise. Ansprüche, die sich in dem orthaft ortlosen Einen vertragen, erlauben uns, zu glauben und glauben zu lassen.

Die heutige interreligiöse Situation ist über die engen Grenzen einer ausschließenden Auslegung der Botschaft Gottes hinausgewachsen. Dass dies die Offenbarungsreligionen härter trifft, braucht nicht besonders hervorgehoben zu werden. Wer von der Überzeugung ausgeht, dass nur ein Buddhist einen Buddhisten, ein Christ einen Christen usw. verstehen kann, liebäugelt mit einer Identitätshermeneutik, die die Bekehrung dem Verstehen vorausgehen lässt. Eine solche Hermeneutik macht das interreligiöse Verstehen redundant. Eine Hermeneutik der totalen Differenz dagegen verunmöglicht das interreligiöse Verstehen.
Eine Hermeneutik des einen Wahren mit vielen Namen wird der Tatsache der theologischen Pluralität gerecht; sie trägt nicht einen gattungsmäßigen, sondern einen analogischen Charakter. Eine gattungsmäßige religiöse Hermeneutik beansprucht das eine göttliche Wahre für sich allein und behandelt die anderen Religionen höchstens im Sinne einer *revelatio generalis*. Die analogische Hermeneutik, für die hier plädiert wird, lässt dagegen die eine *religio perennis* in vielen Religionen erscheinen. Multireligiosität ohne die

Interreligiosität – so könnte man, Kant kontextuell variierend, sagen – ist blind, und Interreligiosität ohne die Multireligiosität ist leer.

VI. Elf Thesen zum Dialog im Geiste der Interreligiosität

1. Nicht so sehr wir haben die Notwendigkeit und die Aktualität des heute so mit Recht als lebensnotwendig empfundenen interreligiösen Dialogs gesucht; sie sind uns eher widerfahren.
2. Dies verdanken wir in diesem Ausmaß in erster Linie dem groß angelegten Versuch der christlichen Missionierung im Gefolge und auch im Verbund mit dem europäischen Expansionismus.
3. Es ist vielleicht eine Ironie des expansionistischen Geistes, dass er, auf dem Gebiet der Religion zwar auf Einheit angelegt, pluralistisch endet. Der religiöse und auch theologische Pluralismus waren nicht im Sinne des Erfinders.
4. Das hermeneutische Anliegen ist so alt wie das menschliche Leben selbst. Gerade die Tradition der religiösen Hermeneutik weist ein ehrwürdiges Alter auf. Unsere heutige Rede von der Hermeneutik im Hinblick auf den Dialog der Religionen jedoch hat eine Horizonterweiterung erfahren, die in dem Desiderat der Pluralität der Religionen und auch Glaubensformen angelegt ist. Es geht heute nicht nur um eine intrareligiöse, sondern um eine inter-religiöse Hermeneutik.
5. Das hermeneutische Geschäft innerhalb der gleichen Religion ist schwierig genug. Heute bedürfen wir aber einer Hermeneutik der Interreligiosität, die offen, schöpferisch und tolerant genug ist, ohne Angst vor Aufgabe des eigenen Glaubensanspruchs das Fremde das sein zu lassen, was es ist, nämlich nicht bloß ein Echo meiner selbst.
6. Das Weltethos des Religiösen ist niemandes Besitz allein. Es gibt nicht die eine Religion, den einen Glauben, die eine Kultur und die eine Philosophie. Keine Hermeneutik darf diesen Grundsatz verletzen.
7. Die eine *religio perennis* (Hindus mögen sie *sanatana dharma* nennen) trägt viele Gewänder, spricht viele Sprachen und zeigt keine ausschließliche Vorliebe für eine bestimmte Tradition, Religion und Kultur. Kein bestimmtes Volk wird von ihr bevorzugt. Auch im interreligiösen Dialog gilt, dass man den Glauben des anderen verstehen und respektieren lernen kann, ohne ihn sich zu Eigen zu machen oder ihn sich zu Eigen machen zu müssen. Der Satz: Man versteht nur den Glauben, dem man anhängt, ist genauso wahr, wie er leer und bar jeder Information ist.

8. Der interreligiösen Hermeneutik im Kontext der Weltreligionen heute obliegt die Aufgabe, nicht reduktiv zu sein; denn eine reduktive Hermeneutik ist eigentlich dadurch gekennzeichnet, dass sie erstens eine bestimmte Religion, eine bestimmte Glaubensform und eine bestimmte Offenbarung zu der einzig wahren macht und zweitens alle anderen Glaubensformen höchstens im Geiste der *revelatio generalis* akzeptiert. Die *revelatio specialis* beansprucht sie für sich selbst.
9. Keine Hermeneutik kann Gott selbst sprechen lassen. Es sind wir, die diesen Anspruch in unserer Unkenntnis und Kurzatmigkeit erheben. Je absoluter wir diesen Anspruch erheben, desto schwieriger wird es mit dem Dialog der Religionen. Es ist offensichtlich, dass mehrere solche Ansprüche sich gegenseitig neutralisieren und einen Relativismus oder gar Skeptizismus heraufbeschwören.
10. Wer zu monistisch denkt, kann nicht vermeiden, anstelle zulässiger Differenzierungen unzulässige Diskriminierungen vorzunehmen. In diesem Sinne kann man den Geist des Polytheismus von seinem abwertenden Beigeschmack befreien und für den Dialog der Religionen nutzen. Die verschiedenen theistischen Religionen sind verschiedene Wege zu dem einen wahren Theos, zu dem einen wahren Gott, der orthaft und doch ortlos ist.
11. Das Studium der Religionen aus interreligiöser Sicht weist auf Gemeinsamkeiten hin, die grundsätzliche Ähnlichkeiten und erhellende Differenzen zeigen. Interreligiosität ist der Name eines alle Religionen verbindenden Ethos. Zu diesem Ethos gehört wesentlich nicht nur der Glaube an die Wahrheit des eigenen Weges, sondern auch die Überzeugung, dass es andere Wege zum Heil geben kann, die mir fremd, aber die nicht falsch sind. Nur ein solches interreligiöses Ethos ist in der Lage, den viel zu engen dogmatisierten hermeneutischen Zirkel zu durchbrechen. Denn es muss wohl möglich sein, dass ein Christ einen Nichtchristen und umgekehrt verstehen kann. Interreligiöse Freundschaften mit tiefem Verstehen sind häufiger als gemeinhin zugegeben wird. Die Übernahme der Religion des anderen kann nicht zur Bedingung der Möglichkeit des Verstehens der anderen Religion gemacht werden.

VII. Zur interreligiösen Hermeneutik des Einen mit vielen Namen[6]

Eine Hermeneutik des einen Wahren mit vielen Namen trägt nicht einen gattungsmäßigen, sondern einen analogischen Charakter. Eine gattungsmäßige Hermeneutik beansprucht das eine wahre Göttliche nur für sich allein, d.h. für eine bestimmte Religion, und behandelt andere Religionen höchstens im

Sinne einer *revelatio generalis*. Die interreligiöse analogische Hermeneutik, für die hier plädiert wird, lässt dagegen die eine *religio perennis* in vielen Religionen erscheinen.

Im Sinne einer gottgewollten Pluralität der Wege schreibt der Dichter, Philosoph und Neohinduist Rabindranath Tagore:

> »Wenn je eine solche Katastrophe über die Menschheit hereinbrechen sollte, dass eine einzige Religion alles überschwemmte, dann müsste Gott für eine zweite Arche Noah sorgen, um seine Geschöpfe vor seelischer Vernichtung zu retten.«[7]

Möge ein solches Schicksal der Menschheit erspart bleiben.

In einem verwandten Geist heißt es bei dem Dichter-Philosophen Goethe in dem Gespräch zwischen Gretchen und Faust in Martens Garten:

FAUST: Mein Liebchen, wer darf sagen:
Ich glaub an Gott!
Magst Priester oder Weise fragen,
Und ihre Antwort scheint nur Spott
Über den Frager zu sein.
GRETCHEN: So glaubst du nicht?
FAUST: Misshör mich nicht, du holdes Angesicht!
Wer darf ihn nennen? ...
Nenn es dann, wie du willst:
Nenn's Glück! Herz! Liebe! Gott!
Ich habe keinen Namen
Dafür! Gefühl ist alles;
Name ist Schall und Rauch,
GRETCHEN: Das ist alles recht schön und gut;
Ungefähr sagt das der Pfarrer auch,
Nur mit ein bisschen anderen Worten.
FAUST: Es sagen's allerorten
Alle Herzen unter dem himmlischen Tage,
Jedes in seiner Sprache:
Warum nicht in der meinen?«[8]

Das hier kurz skizzierte Verständnis der *religio perennis* hilft uns, die Wirklichkeit als Einheit zu erfahren, was dem Dialog der Religionen dienlich ist. Nicht die *religio perennis* ist in den Religionen, sondern die Religionen sind in ihr verankert.[9]

Zur Theorie und Praxis der Interreligiosität und der Toleranz möchte ich den bekannten Brief des siamesischen Königs an Ludwig XIV. zitieren. Ludwig sandte durch seine Missionare einen Brief an den siamesischen König mit der Aufforderung, sich der einzig wahren Religion, der katholischen Religion, anzuschließen. Mit überwältigender Schlichtheit, Gelassenheit, Gläubigkeit, Offenheit und Humor schreibt der siamesische König an Ludwig: »Ich muss mich darüber wundern, dass mein guter Freund, der König von Frankreich, sich so stark für eine Angelegenheit interessiert, die Gott allein angeht. Denn hätte nicht der allmächtige Herr der Welt, wenn er den Menschen Körper und Seelen von ähnlicher Art gab, ihnen auch die gleichen religiösen Gesetze, Anschauungen und Verehrungsformen gegeben, wenn er gewollt hätte, dass alle Nationen der Erde sich zu demselben Glauben bekennen sollten.«[10] Worauf der siamesische König hier hinweist, ist das gottgewollte Ethos der Interreligiosität, ein Ethos, das die göttliche Botschaft liest und lesen lässt und auf einen Absolutheitsanspruch im Sinne einer Einförmigkeit verzichtet. Gerade eine solche Verzichtleistung ist der Urboden für die Möglichkeit und Wirklichkeit interkultureller und interreligiöser Gespräche.

VIII. Zur Konzeption einer pluralistischen Theologie

Eine recht verstandene interreligiöse Einstellung lässt die eine *religio perennis* niemandes Besitz allein sein. Und dies zu Recht. Die Hermeneutik des Einen mit vielen Namen ist eine Ergebnis einer solchen interreligiösen Einstellung. Dies hat wiederum zur Folge, dass zwischen der Absolutheit der Wahrheit und der Absolutheit des menschlichen Anspruchs auf sie unterschieden werden muss. Es ist nicht so sehr die Absolutheit der Wahrheit, sondern nur die Absolutheit des menschlichen Anspruchs auf sie, die im Wege eines friedlichen Dialogs der Religionen steht.

Die Konzeption einer pluralistischen Theologie und die einer negativen Theologie scheinen eine Wesensverwandtschaft aufzuweisen. Diese besteht darin, dass beide sich von der Grundeinsicht leiten lassen, dass das eine Göttliche zwar der Sprache, der religiösen Traditionen und Institutionen bedarf, aber in ihnen restlos nicht aufgeht. Es besteht anscheinend ein metonymisches Verhältnis zwischen dem einen namenlosen Wahren und seinen vielen Namen. Diesem einen Wahren kommt eine Unverfügbarkeit zu, und das bedeutet, dass das eine Wahre als ein unendliches Reservoir der unterschiedlichen, aber sich nicht gegenseitig ausschließenden Auslegungen fungiert. So wird die gefährliche Funktion eines absoluten Textes und einer absoluten Interpretation als Lüge enttarnt. Dies hat wiederum zur Folge, dass eine recht verstandene Konzeption einer pluralistischen Theologie auf dem Gebiete der interreligiösen Verständigung zur Herrschaft der Werte wie Pluralismus, Toleranz,

Anerkennung, Offenheit, Verzichtleistung auf einen Absolutheitsanspruch führt. Eine solche pluralistisch-theologische Haltung ist sowohl religionswissenschaftlich ein methodologisches Postulat als auch ein interreligiöses Ziel. Eine pluralistische Theologie kommt auch den unterschiedlichen religiösen Bedürfnissen entgegen.

Die Idee einer pluralistischen Theologie pluralisiert nicht die Idee einer *religio perennis*, der einen *una religio* (Cusanus), des einen Wahren (*ekam sat* der Veden), sondern nur die der Religion(en), deren Vielfalt zugleich auch eine theologische Vielfalt impliziert. Pluralistische Theologie ist diesseits der einen *religio perennis* angesiedelt und jenseits derselben. Daher gilt: Wo der Geist einer pluralistischen Theologie weht, da gehen Lesen und Lesenlassen, Interpretieren und Interpretierenlassen und Glauben und Glaubenlassen zusammen.

Wenn Theologie eine mehr oder minder systematische und wissenschaftliche Rede über Gott, über das eine Numinose sein soll, dann gibt es mehr als eine solche Rede über Gott. So ist die mündliche Rede in der Tradition der amerikanischen Indianer über den großen Geist, den sie »Nabitu« nennen, ernst zu nehmen und stellt demzufolge auch eine Gotteswissenschaft (Theologie) dar. Wenn aber eine bestimmte Theologie sich in einen exklusivistisch-absoluten Stand setzt und die ureine religiöse Wahrheit, die niemandes Besitz allein sein kann und darf, nur für sich in Anspruch nimmt, dann verfährt sie reduktiv, tut der einen *religio perennis* Gewalt an und diskriminiert anstelle zu differenzieren.

Unsere hier kurz umrissene Konzeption einer pluralistischen Theologie muss die Frage ernstnehmen, ob es nicht doch Religionen und Theologien gibt, die in ihrem ureigensten Selbstverständnis exklusivistisch-absolutistisch angelegt sind. Wenn es sie in der Tat gibt, dann müssen sie im Namen einer interreligiösen Kultur ihr Selbstverständnis dahingehend modifizieren, ja sogar verändern, dass sie einer gottgewollten pluralistischen Theologie Rechnung tragen.

IX. Der neo-hinduistische indische Mystiker Ramakrishna Paramhansa, seine spirituelle Reise über die Religionsgrenzen und seine Idee von der Bruderschaft aller Religionen

Ramakrishna Paramhansa (1836–1886) wurde in einem Dorf als Sohn eines Brahmanenehepaars ca. hundert Kilometer nördlich von Kalkutta geboren. Ursprünglich hieß er Gadadhar (Träger des Zepters), bevor er den Ehrennamen Paramhansa (großer Schwan) von einer Nonne (Sannyasin) bekam. Er war ein Priester im Kali-Tempel von 1857 bis fast zu seinem Tode.

Zur Hermeneutik des Einen mit vielen Namen

Indien ist eines der wenigen Länder in der Welt, in dem die mystische Tradition seit Urzeiten beheimatet ist unter den Namen der Yoga-Disziplin. Unterschiedlich ausgefeilte Techniken, angefangen von Ernährungsvorschriften über körperliche, geistige, ethisch-moralische Übungen bis hin zu mystischen Erfahrungen von einem Einheitsbewusstsein, belegen das oben Gesagte. Die religiöse mystische Literatur der Welt kennt eine bunte und reiche Vielfalt der Formen: asketische, dualistische, monistische, personalistische, kosmische, a-kosmische, pantheistische, um nur einige zu nennen. In den hauptsächlich theistisch orientierten Religionen geht es um eine Mystik der Vereinigung mit Gott, so z.B. in der islamischen, christlichen und in der Tradition der Bhakti-Mystik im Hinduismus. In einigen Upanishaden finden wir eine Form der Mystik, die die Unzweiheit (a-dvaita) zwischen Atman und Brahman betont.[11] Es geht anscheinend um eine intuitiv-mystische Erfahrung (Prajnana) von dem Eingebettetsein des Menschen im großen Haushalt der kosmischen Natur, denn Brahman ist überall. In allen diesen Formen scheint das Überlappende zu sein, dass irgendetwas Übersinnliches, Bedeutsames geschieht oder uns widerfährt. Es sind Visionen, Entrückungen, Inspirationen, Offenbarungen und Erlebnisse, von denen Mystiker entweder sprechen oder die sie verschweigen.

Mit Ramakrishnas Werken beginnt die so genannte Renaissance des Hinduismus in der Begegnung u.a. mit dem Christentum. Ramakrishna ist einer der bekanntesten Neo-Hinduisten. Die Erneuerung ist spirituell orientiert und bezieht sich hauptsächlich auf den Weg der Gottesliebe (Bhakti-Marga). Ramakrishna war nicht bloß ein gläubiger Mensch, sondern eigentlich ein Mystiker. Während ein gläubiger Mensch in erster Linie glaubt, weiß ein Mystiker aus eigener spiritueller Erfahrung, was und woran er glaubt. Hierin liegt der größere Erkenntniswert der mystischen Erfahrungen.

Ramakrishna wird oft von seinen Verehrern zu einer Inkarnation (Avatara) Gottes hochstilisiert. Dies hat jedoch zur Folge, dass seine Lehre kaum die Verbreitung erfahren hat, die sie verdient, gerade in einer Zeit, in der eine religiös-spirituelle Erfahrung für den Frieden unter den Weltreligionen vonnöten ist. Selbst sein bekanntester Schüler Vivekananda hat ihn zu einer Gottesinkarnation gemacht.

Im Kontext unseres interreligiösen Dialogs geht es hier weder um eine Vergöttlichung Ramakrishnas noch um eine Menschwerdung Gottes in ihm. Es geht in der Hauptsache darum, religionswissenschaftliche, theologisch grundlegende An- und Einsichten Ramakrishnas für einen Dialog der Religionen im Geiste einer interreligiösen Hermeneutik des Einen mit vielen Namen zu verdeutlichen.

Ramakrishna hatte oft Visionen des Göttlichen. Seine mystische Schau beinhaltete u.a die gottgewollte und von Menschen spirituell erfahrbare Gewissheit, dass es mehrere Wege zur Gottesrealisation gibt. Er sagt: »Wer in seinem Innern gesammelt lebt, kann innerhalb aller Religionen (Dharma) Gott erreichen … Die Mohammedaner und die Christen, die werden ihn auch erreichen.«[12] Im Jahre 1866 ließ Ramakrishna sich durch einen orthodoxen Muslim in den Islam einführen, fing an, wie ein gläubiger Muslime zu leben, und erlebte die Vision, in der er Mohammed und den formlosen Gott (Allah) erkannte. Fast acht Jahre später, 1874, sah er eine italienische Darstellung der Madonna mit dem Kind. Tief beeindruckt fragte er einen bengalischen Bekannten nach Maria und Christus und ließ sich in das Christentum einführen. Drei Tage lang lebte er Tag und Nacht in einer Christus-Kontemplation und Meditation. Während er eines Tages am Ganges entlang wanderte, hatte er eine Christusvision. Er hörte, so berichtet er, eine innere Stimme, die da sagte: Siehe hier Christus, der das Blut seines Herzens vergossen hat für die Erlösung der Welt, der durch ein Meer der Angst geschritten ist aus Liebe zu den Menschen.

Auf die Einheit der spirituellen Erfahrung des Göttlichen hinweisend heißt es:

> »Ich habe alle Religionen (Dharma) einmal ausüben müssen: Hinduismus, Islam, Christentum … Ich habe gesehen, es gibt den einen Gott; zu ihm kommen wir alle, auf verschiedenen Wegen.«[13]

In seiner spirituellen Laufbahn erlebte er sehr früh Visionen des Göttlichen, geriet in Verzückungen, fiel zu Boden, wurde bewusstlos und versuchte später dann, seine Erfahrungen zu beschreiben. Otto Wolf nennt solche Zustände »prophetische Besessenheit«.[14]

Es gab Menschen, selbst Vivekananda gehörte am Anfang dazu, die ihn für »verrückt« hielten und durch Ärzte und Exorzisten heilen lassen wollten. Ramakrishna beschreibt oft und sehr deutlich die Veränderungen, die er in der Ekstase erlebte. Er praktizierte auch den Tantra-Yoga, auch Kundalini-Yoga genannt. Die zentrale Lehre des Tantrismus geht von einer geistig-mystischen »Schlangenkraft« aus. Diese ruht als kosmische Energie am unteren Ende der Wirbelsäule. Sie bleibt dem Menschen im normalen Bewusstseinszustand verborgen. Sie wird jedoch durch bestimmte Yoga-Übungen geweckt und zum Aufsteigen durch die verschiedenen Zentren (Chakras) bis zum Scheitel (dem tausendblättrigen Lotus) gebracht. Ramakrishna übte und erlebte diesen Aufstieg der uns normalerweise verborgenen Energie. Wo Es war, soll Ich werden, war das Motto Sigmund Freuds. Die Samadhi-Erfahrung Ramakrishnas ist die völlige Bewusstwerdung der kosmischen göttlichen Energie in den Menschen. Daher wird die letzte Stufe dieses Selbstbewusstseins des göttlichen Prinzips in uns der Sprache unverfügbar bleiben. Sprachlosigkeit ist hier nicht irgendeine Unfähigkeit. Ramakrishnas religiös-spirituelle Erfahrungen gingen mit körperlichen Erfahrungen einher, die er so beschreibt:

»Irgendetwas steigt mit einer prickelnden Empfindung von den Füßen zum Kopf. Solange dieses Etwas das Gehirn noch nicht erreicht hat, bleibe ich meiner bewusst, doch im Augenblick, da es geschieht, bin ich der Außenwelt abgestorben. Selbst die Funktionen von Gesicht und Gehör hören auf, und sprechen ist mir unmöglich. Wer sollte sprechen? Selbst die Unterscheidung zwischen ›ich‹ und ›du‹ schwindet ... Ich bereite mich wohl, euch zu erzählen, was ich fühle, wenn Kundalini über die Kehle hinaussteigt, wenn ich noch überlege, wie ich es ausdrücken soll, überschreitet der Geist eine Grenze, und es ist aus.«[15]

Die letzte Stufe der Samadhi stellt die ewige Vereinigung des Menschlichen mit dem Göttlichen dar. Diese *unio mystica* bedarf zwar der sprachlichen Formulierung, aber sie ist und bleibt der Sprache nicht ganz verfügbar. Daher die Notwendigkeit des negativ theologischen Ansatzes in allen Religionen.

Es mag sein, dass gehirnphysiologische Untersuchungen im Hinblick auf solche Erfahrungen auf Anomalien hinweisen wie z.B. Epilepsie, Halluzinationen u.a. Worauf es uns hier ankommt, ist die friedenstiftende Wirkung solcher sog. »Verrücktheiten«. Daher sollte man spirituelle Erfahrungen, mögen sie noch so unerklärlich und unverständlich sein, nicht negativ besetzen. Denn eine spirituelle Erfahrung von der Bruderschaft aller Religionen (Ramakrishna) ist ein unschätzbarer Wert im Vergleich zu dem Unwert von der alleinigen Wahrheit nur der eigenen Religion. Ramakrishnas Mystik mit den spirituellen Erfahrungen vermittelt zwischen einer Reihe verschiedener religiöser und theologischer Standpunkte.

X. Zur Konzeption einer »unparteiischen« Religionsphilosophie und -wissenschaft

Die Disziplinen der Religionsphilosophie und -wissenschaft bringen die tieferen Gefühle, die religiösen Erfahrungen nicht hervor; sie setzen diese als eigentliche Quelle der Religion voraus. Daher sind alle religionsphilosophischen und -wissenschaftlichen Urteile über das Religiöse reflexiv-kritische Tätigkeiten zweiter Ordnung, vergleichbar der Übertragungspraxis aus einer Sprache oder Kultur in eine andere. Dies hat zur Folge, dass der Anspruch der Philosophie und auch der Religionswissenschaft, die religiösen Wahrheiten durch überzeugende Argumente beweisen zu können, ein Wunschdenken bleibt. So bemerkt James richtig:

> »Ich glaube, wir müssen uns mit der traurigen Wahrheit abfinden, dass der Versuch, auf dem Wege der reinen Vernunft die Echtheit religiöser Befreiungserlebnisse zu demonstrieren, absolut hoffnungslos ist.«[16]

Unsere hier kurz dargestellte Konzeption der Interreligiosität mag manchen vielleicht ein wenig dürftig erscheinen, aber sie ist das gemeinsame Minimum und bildet den Kern aller Religionen. Sie gibt ferner eine solide Basis ab, und die verschiedenen konkreten, individuellen Glaubensüberzeugungen können miteinander ins Gespräch kommen, trotz der Differenzen in den Beschreibungen und Auslegungen. In seiner klassischen Schrift über Religionsphilosophie und -wissenschaft »Die Vielfalt religiöser Erfahrungen« entwirft James im Kapitel XVIII die Konzeption einer »unparteiischen Religionswissenschaft«, die in ihrer engagierten, aber keine bestimmte Religion bevorzugenden Darstellung erst die Möglichkeit für gerechte Vergleiche unter den Religionen schafft. Eine unparteiische Religionswissenschaft macht das *tertium comparationis* nicht an einer bestimmten Religion fest.

Religionswissenschaft kann eine lebendige Religion nicht ersetzen, und ein Religionswissenschaftler soll sich bemühen, im Geiste der Interreligiosität einen lebendigen Glauben anzunehmen, ohne dabei durch irgendeine willkürliche und egoistische Einteilung der Religionen andere zu diskriminieren. Der indische Neo-Hinduist und Mystiker Ramakrishna weist mit seinen spirituellen Erfahrungen die Möglichkeit und die Praktikabilität einer solchen Position nach.

Das Eine mit vielen Namen untermauert die James'sche Theorie von dem »Über-Glauben«, von einem »Mehr«, an dem alle religiösen Menschen teilhaben.

> »Alle stimmen darin überein, dass das »Mehr« wirklich existiert, wenn auch einige behaupten, es existiere in Gestalt eines persönlichen Gottes oder Götter, während andere sich damit zufrieden geben, es sich als eine geistige Strömung vorzustellen, die in das ewige Weltgefüge eingebettet ist.«[17]

Freilich treten stellenweise fast unüberbrückbare Schwierigkeiten in den konkreten Beschreibungen der Erfahrung dieses »Mehr« auf. Unsere Hermeneutik des Einen mit vielen Namen bietet einen geeigneten Weg, mit diesen Schwierigkeiten fertig zu werden, denn sie ermöglicht sowohl in der Theorie als auch in der Praxis, von einem ausschließenden Absolutheitsanspruch Abstand zu nehmen. Auch die oben kurz dargelegte Konzeption einer pluralistischen Theologie erlaubt uns, die Vereinigung mit diesem »Mehr« nicht an einer bestimmten Theologie festzumachen, sei diese christlich, islamisch, hinduistisch oder auch buddhistisch. »Das wäre«, schreibt James mit Recht, »anderen Religionen gegenüber unfair.«[18] Wenn der Über-Glaube, der mich

Zur Hermeneutik des Einen mit vielen Namen

als ein gläubiger Mensch begleitet, so geartet ist, dass ich neben meinem Weg zum Göttlichen, zu dem »Mehr«, keinen weiter zulassen kann, dann ist ein solcher Über-Glaube abzulehnen, denn er ist nicht offen, nicht tolerant und voller Diskriminierungen. Die Interreligiosität erzeugt jedoch einen Über-Glauben, der tolerant, anerkennend und voller Verständnis für die Vielfalt religiöser Erfahrungen ist. Daher gilt: Will man wissen, was für ein religiöser Mensch jemand ist, dann soll man ihn nach seinem Über-Glauben fragen.

Es ist immer wieder die Frage nach der Wahrheit, nach der Authentizität und nach der Überprüfbarkeit religiöser, spiritueller Erfahrungen gestellt worden. Mystiker fast aller Traditionen weisen frappierende Ähnlichkeiten in ihren Beschreibungen des Erlebnisses des Göttlichen oder des »Mehr« auf. Wir haben oben einige Beispiele der Übersetzung mystischer Erfahrungen in die Sprache aus dem Leben Ramakrishnas gegeben. Hier seien zum Zwecke eines Vergleichs einige weitere Beispiele aus anderen religiösen Traditionen hinzugefügt. Johannes vom Kreuz spricht von der »Vereinigung der Liebe« und der »dunklen Kontemplation«, wenn er versucht, seine mystischen Erfahrungen zu beschreiben. Er stellt fest, dass keine Vergleiche, keine Mittel und keine Ausdrücke zur Verfügung stehen.

> »Wir empfangen diese mystische Erkenntnis Gottes nicht in irgendeiner bildlichen Form, nicht in die sinnlichen Vorstellungen gekleidet ... Man denke an einen Mann, der ein bestimmtes Ding zum ersten Mal in seinem Leben sieht. Er kann es erkennen, benutzen und genießen, aber er kann es nicht benennen und auch keine Vorstellung von ihm vermitteln ... Das ist die Eigenart der göttlichen Sprache: je tiefer sie eingedrungen ist, je intimer, spiritueller und übersinnlicher sie ist, desto mehr übersteigt sie die inneren wie die äußeren Sinne und legt ihnen Schweigen auf ...«[19]

Den Widerfahrnischarakter betonend heißt es bei der heiligen Theresa:

> »Eines Tages wurde mir im Gebet plötzlich wahrzunehmen gewährt, wie alle Dinge in Gott gesehen und enthalten sind ... Die Schau war so fein und zart, dass der Verstand sie nicht fassen kann.«[20]

Ähnlich der negativen Beschreibung der Atman-Brahman Identitätserfahrung in der Vedanta Philosophie und der Gnosis ist die Mystik von Dionysius Areopagita ausschließlich durch Unaussprechbarkeit charakterisiert.

> »Die Ursache aller Dinge ist weder Seele noch Verstand, noch besitzt es Einbildungskraft oder Meinung oder Vernunft oder Einsicht, noch ist es Vernunft oder Einsicht; noch ist es Sprache oder Gedanke ... Es ist weder Erkenntnis noch Wahrheit. Es ist auch nicht Herrschaft oder Weisheit, nicht Eines, nicht Einheit; nicht Göttlichkeit oder Güte; auch nicht Geist, wie wir ihn kennen ...«[21]

Die unmittelbar spirituell erfahrene Gewissheit von der Präsenz des Göttlichen ist so überzeugend, dass jeder Versuch einer positiven Beschreibung die eigentliche Tiefe verfehlt. Al-Ghasali, der persische Philosoph, Theologe und Mystiker, legt auf die spirituelle Erfahrung den Hauptwert und betont das eigentlich gemeinsame Merkmal aller Mystik, nämlich die Nichtmitteilbarkeit der Entrückung.

> »Wer die Erfahrung«, so schreibt Al-Ghasali«, der Entrückung nicht gemacht hat, kennt von der wahren Natur der Sachlage nur den Namen. Er kann trotzdem von dessen Existenz überzeugt sein, nicht nur auf Grund seiner Erfahrung, sondern auch durch das, was er von den Sufis hört ... Dieser Zustand ist der Schlaf. Würde man einem Menschen, der selbst keine Erfahrung mit diesem Phänomen hat, erzählen, dass es Leute gibt, die zu gewissen Zeiten so bewusstlos werden, dass sie toten Menschen gleichen, und dennoch (in ihren Träumen) verborgene Dinge wahrnehmen, würde er dies bestreiten (und Gründe dafür angeben können). Seine Argumente würden jedoch durch die tatsächliche Erfahrung widerlegt ...«[22]

In dieser, zumindest für die Mystiker, unmittelbar erlebten Gewissheit der spirituellen mystischen Erfahrung liegt die Unangreifbarkeit der Mystiker, ohne dass damit die allgemeine Akzeptanz dieser Erfahrung verbunden wäre.

Auf die Frage: Worum geht es eigentlich bei den mystischen Erfahrungen?, möchte ich Folgendes sagen: Es geht nicht so sehr um das Erlebnis als vielmehr um die Versprachlichung, Beurteilung und Interpretation. Um dies verständlicher zu machen, möchte ich zwischen Urteilen, in denen das Prädikat bestimmt, ob ein Urteil wahr oder falsch ist, wie z.B. diese Tulpe ist gelb, es regnet, und Urteilen, die in uns einen Eindruck entstehen lassen, dass es so ist, wie ausgesagt wird, z.B. dieses Bild ist schön, diese Ikone ist heilig. Das Gelbsein der Tulpe beruht auf einer Korrespondenztheorie der Wahrheit, während die Wahrheit des Heiligseins der Ikone selbst der Grund für die Tatsache der Versprachlichung ist. Es sind hier zwei ganz unterschiedliche Konnotationen der Wahrheit am Werke. Das Heiligsein dieser Ikone ist nicht wie das Gelbsein der Tulpe, sondern es besteht in dem Gefühl, in dem Eindruck, die die Ikone bewirken. Dennoch ist und bleibt die Interpretation spiritueller und mystischer Erfahrungen und Urteile problematisch. Es sind zwei Seiten, die beim Erzählen und Verstehen solcher Urteile beteiligt sind: diejenigen, die solche Erfahrungen haben, und diejenigen, die das so Erzählte mit ihrem je eigenem Wissen und Temperament kombinieren und ein Urteil fällen.

Mystische Erfahrungen sind im Ganzen für unser sog. gewöhnliches Bewusstsein so unbegreiflich, dass sie oft als Ekstasen angesehen werden, deren Ursachen krankhafte Zustände, Selbstsuggestionen, Illusionen, Halluzinationen usw. sein sollen. Visionen können sowohl göttlicher als auch teuflischer Natur sein. So unterscheidet James mit Recht zwischen der klassischen religiösen und der diabolischen Mystik. Die religiöse Mystik ist, so James, »nur die eine Hälfte der Mystik. Die andere Hälfte verfügt über keine gesammelte Tradition, außer über das, was uns die psychiatrischen Lehrbücher überliefern.«[23] Wir können James folgend von einer wohltuenden, friedfertigen und einer unruhigen schädlichen Mystik sprechen. Mystische Erfahrungen, die den Mystikern Ruhe, Frieden, Selbstzufriedenheit, Heiterkeit u. dgl. schenken und der Welt im Geiste der Toleranz, der Anerkennung der Vielfalt, der ethisch-moralischen Gesinnung begegnen, sind zu bejahen und zu fordern. Die »niedrige Mystik« (James), die dem Mystiker Unruhe, Unfrieden und der Welt Gewalt, Intoleranz und Fanatismus zuteil werden lassen, gehören abgeschafft, sei es auf dem Wege der medizinischen Kunst oder/und der gesellschaftlichen Institutionen. Die hier vertretene Ansicht könnte man als eine »pragmatische Sicht der Mystik« bezeichnen, weil die Frage nach der Wahrheit solcher Erfahrungen sich letzten Endes nur an ihrer gesellschaftlichen Verträglichkeit entscheiden lässt.

Nicht alle Menschen sind Mystiker, und dies aus unterschiedlichen Gründen: das Fehlen einer bestimmten Neigung, eines bestimmten Temperaments, einer bestimmten Anlage, einer bestimmten Sozialisation oder einer bestimmten Berufung. Es ist zwar richtig, dass das Bezeugen mystischer Zustände das alleinige Existenzrecht nichtmystischer Zustände zurückweist, und dies nicht zu Unrecht, dennoch bleibt der Anspruch der Mystiker auf die allgemeine Akzeptanz solcher Zustände unbegründet. Hiermit wird nicht die Hypothese von der Richtigkeit und Zustimmigkeit solcher Zustände bestritten, insofern sie Inspirationen wahrhafter Solidarität unter den Menschen, Kulturen und Religionen hervorrufen und die moralische Entwicklung befördern. Solange spirituelle, mystische Erfahrungen solch wohltuende Wirkungen hervorbringen, haben wir kein Recht, sie als unwirklich oder gar schädlich abzutun. Wir vermögen zwar die eigentlich unsichtbare Region der Mystiker nicht aus eigener Erfahrung bestätigen, aber ihre Wirkungen in der Region der sichtbaren Welt legen Zeugnis von ihrer Wirklichkeit und Wahrhaftigkeit ab. Daher ist der Test für die Echtheit einer mystischen, spirituellen Erfahrung eher empirisch, weil es um sichtbare Wirkungen in der natürlichen Welt geht.

Fazit: Geht man davon aus, dass die eine *religio perennis* verschiedene Gewänder in unterschiedlichen Religionen und Theologien trägt und dass sie keine (nur eine) Muttersprache besitzt, dann kann man sehr wohl die schicksalhafte Notwendigkeit eines Dialogs, sogar eines Trialogs und eines Polylogs der Religionen befürworten. Die spirituellen Zeugnisse Ramakrishnas befürworten einen Polylog der Religionen aus der mystischen Tiefe einer religiösen Erfahrung, die die falsche und hausgemachte Angst und Sorge mancher

Religionen und Theologien, angesichts der Vielfalt der Religionen ihre eigene Identität zu verlieren, überwinden hilft. Die folgenden Worte Ramakrishnas über die Bruderschaft aller Menschen und Religionen sind weltbekannt:

»Ein großer Teich besitzt mehrere Ghats (Landestelle mit Stufen). Wer auch immer eines dieser Ghats benutzt, um zu baden oder seinen Krug zu füllen, gelangt zum Wasser, und es ist zwecklos zu streiten und zu behaupten, das eigene Ghat sei besser als das eines anderen. So gibt es auch viele Ghats, die zum Quellwasser der ewigen Wonne führen. Jede Religion in der Welt ist eines dieser Ghats ... Behaupte nicht ..., deine Religion sei besser als die eines anderen.«[24]

XI. Wider einen exklusivistischen Absolutheitsanspruch

Es gibt im Wesentlichen zwei Feinde, die einem interkulturellen Dialog im Wege stehen: der Absolutheitsanspruch und die Intoleranz. Mit dem Absolutheitsanspruch ist es so eine Sache. Dieser Anspruch weist mehrere Aspekte auf: Erstens ist da derjenige, der diesen Anspruch erhebt, zweitens ist da dasjenige, woraufhin der Anspruch erhoben wird, und drittens ist da schließlich das Bewusstsein als die Quelle des Anspruchs. Ein Bewusstsein, das diesen Anspruch erhebt und die Wahrheit der eigenen Ansicht mit der notwendigen Falschheit anderer Ansichten zusammendenkt, ist absolutistisch, fanatisch und fundamentalistisch.

Es gibt vielerlei Gründe, warum Konflikte in der Gesellschaft bestehen, unter den Menschen, ihren Anschauungen und Verhaltensweisen. Einer dieser Gründe ist zweifelsohne der exklusivistische Absolutheitsanspruch, der wiederum aus politischen, religiösen oder ideologischen Motiven erhoben und legitimiert wird. Es ist eine Ironie dieser Ansprüche (man muss ja wohl den Plural gebrauchen), dass mehrere Absoluta im Raume stehen und sich gegenseitig relativieren. Wer Toleranz und Pluralismus als Werte bejaht, muss auch bereit sein, den erkenntnistheoretischen Relativismus ernst zu nehmen.

Die Menschheitsgeschichte ist von ihren Anfängen her eine Kulturbegegnungsgeschichte gewesen. Die Begegnungsmodelle, deren Ausgänge und Gründe machen eines deutlich: immer wo und immer wenn Absolutheitsansprüche – ob implizit oder explizit – am Werke gewesen sind, waren friedliche Kulturbegegnungen zum Scheitern verurteilt. Die Ansicht, man könne seine Überzeugung nicht glaubhaft vertreten, ohne diese für absolut wahr halten zu müssen, ist falsch. Ich möchte hier von zwei Formen des Absolutheitsanspruchs sprechen: 1. Absolutheit nach innen und 2. Absolutheit nach außen. Der Absolutheitsanspruch nach außen beinhaltet einmal die absolute Wahrheit der eigenen Überzeugung für sich und für die seinen, und zum anderen impliziert er die Falschheit anderer Überzeugungen. Der Absolutheitsanspruch nach innen hingegen vertritt zwar die absolute Wahrheit der eigenen Überzeugung, ohne jedoch damit notwendigerweise die Falschheit anderer Überzeugungen zu verbinden. Unser Toleranzmotto lautet daher: Mein Weg ist wahr, ohne dass dein Weg deswegen falsch sein muss. Der Absolutheitsanspruch nach innen ist dem Absolutheitsanspruch nach außen vorzuziehen; denn er erlaubt uns, mit völliger Gewissheit für die eigene Überzeugung einzutreten, ohne uns innerlich zu relativieren. Ein solcher methodologischer Standpunkt bildet den Ausgangspunkt aller unserer interreligiösen und interkulturellen Diskurse und hilft uns, die Wahrheit zu vertreten, ohne dabei Konflikte zu produzieren.

Die lange noch andauernde Begegnungsgeschichte spricht jedoch keine eindeutige Sprache; denn es gibt Begegnungen, die ein erträgliches, freilich kein völlig harmonisches Miteinander ermöglichen; andere jedoch nur noch ein spannungsgeladenes Nebeneinander; andere wiederum bloß ein Aus- und Gegeneinander. Die schlechteste und tragisch-traurigste Begegnungsform ist jedoch diejenige, die zur Auslöschung einer oder mehrerer Kulturen führt. Vereine mit Bezeichnungen wie »Hilfe für bedrohte Völker« machen deutlich, dass es sich keineswegs nur um Vergangenheit handelt.

Auf die Frage, wo die Konflikte herrühren, möchte ich antworten: Nicht die Wahrheit produziert Konflikte, sondern nur unser absolutistischer Anspruch auf sie. Daher ist es eine hausgemachte Angst, wenn behauptet wird, die Absolutheit der Wahrheit ginge verloren, wenn man den absoluten Anspruch auf sie aufgibt. Wer jedoch immer noch so denkt, redet und handelt, verwechselt die Absolutheit der Wahrheit mit der Absolutheit seines Anspruchs auf sie.

XII. Wider die Intoleranz

Von der Generalversammlung der Vereinten Nationen ist das Jahr 1995 zum Jahr der Toleranz erklärt worden. Tolerant ist derjenige, der erstens seine eigene Position hat und zweitens der festen Überzeugung ist, dass es auch andere anzuerkennende, aber nicht unbedingt zu übernehmende Standpunkte gibt. Derjenige ist intolerant, der den zweiten Punkt missachtet. Intoleranz ist mit anderen Worten die selbstgefällige Überzeugung, die absolute Wahrheit – sei es in der Philosophie, Kultur, Religion oder Politik – allein und ausschließlich zu besitzen. Je nach dem Feld der Überzeugung kann es sich dabei um eine Politisierung der Kultur und Religion oder um eine Theologisierung der Kultur und Politik handeln. Kann man einem Absolutheitsanspruch gegenüber neutral sein? Karl Jaspers verneint diese Frage zu Recht. Der Absolutheitsanspruch ist aus dem einfachen Grunde abzulehnen, weil er einen Kommunikationsabbruch erzeugt.[25]

Der Absolutheitsanspruch und die Toleranz sind wie Feuer und Wasser, weil der Absolutheitsanspruch mit Intoleranz Hand in Hand geht. Der bekannte vergleichende Religionswissenschaftler Gustav Mensching unterscheidet zwei Arten von Toleranz: eine formale und eine inhaltliche. Zur formalen Toleranz gehört das Unangetastetseinlassen fremder Glaubensüberzeugungen. Der Andersgläubige kann in diesem Falle von Glaubensfreiheit sprechen. Die formale Toleranz kann jedoch von der alleinigen Richtigkeit dennoch überzeugt sein.

Die inhaltliche Toleranz geht weiter und erblickt in der Vielstimmigkeit der Glaubensformen eine natürliche, eine gottgewollte Vielfalt, die den verbindlichen roten Faden durch die Überzeugung erhält: Es ist das eine an sich namenlose Wahre, das unterschiedlich benannt wird.

Den beiden Toleranzformen entsprechend gibt es auch zwei Formen der Intoleranz: die formale und die inhaltliche. Am schlimmsten verhält sich die inhaltliche Intoleranz, weil sie andere Glaubensformen nicht nur bloß formal, sondern auch mit allen Machtmitteln bekämpft. Formale Intoleranz ist schlecht, aber sie ist weniger schädlich als die inhaltliche. Es muss die inhaltliche Intoleranz gewesen sein, die im Namen Gottes Religionskriege führte.

Trotz der eher negativen und indifferenten Konnotation des Toleranzbegriffs verwende ich diesen Ausdruck im positiven Sinne einer reziproken Achtung unter den Religionen. Es ist immer wieder die Frage nach den Grenzen der Toleranz gestellt worden. Kann und soll man im Namen der Toleranz alles tolerieren? Wenn ja, wird nicht dabei der Toleranzbegriff verwässert? Wenn nein, was bedeutet dann die Toleranz? Ist die Toleranz verpflichtet, grenzenlos zu sein und auch das zu tolerieren, wodurch sie selbst gefährdet wird? Ist Toleranz ein Wert, was sie zweifelsohne ist, so ist sein Gegenstück, nämlich die Intoleranz, ein Unwert. Meine Verpflichtung zur Toleranz beinhaltet unter anderem, dass ich in irgendeiner Form gegen den Unwert Intoleranz protestiere. Die diversen Protestformen können, angefangen mit denen von Jesus, Gandhi und Martin Luther King bis hin zu den gewalttätigen Auseinandersetzungen reichen.

Toleriere die Toleranten! – so könnte die Forderung einer recht verstandenen Toleranz lauten. Dass die Intoleranten meine Toleranz nicht verdienen, liegt weder an ihrer Intoleranz, die schlimm genug ist, noch in meiner persönlichen Willkür, sie nicht tolerieren zu wollen, sondern wesentlich darin, dass erstens ein Wert, dem sich meine Toleranz verpflichtet weiß, in Gefahr ist, durch meine eigene Toleranz Schaden zu nehmen, und zweitens derselbe Wert von der Intoleranz zerstört wird. Den Wert einer verbindlichen Pluralität gilt es zu verteidigen. Eine Toleranz, die dies nicht tut, wird sich selbst gegenüber untreu.

Ist es ein Verdienst, fragt die Intoleranz sehr trickreich, wenn die Toleranz intolerant wird? Ist es nicht ein größeres Verdienst, Feindesliebe zu praktizieren und auch das Intolerante zu tolerieren? Jesus, Gandhi, Buddha u.a. werden hier zu Kronzeugen. Was hier jedoch vergessen wird, ist folgendes: Es ist nicht wahr, dass diese Personen nicht gegen die Intoleranz protestiert haben. Nur ihre Weise des Protestes war anders, d.h. friedlich. Für Gandhi galt z.B. bei jedem Protest, die Kunst des Sterbens und nicht die Kunst des Tötens zu praktizieren.

Wer eine heilige Schrift liest und lesen lässt, der gefährdet nicht die tolerante Vielfalt. Wer jedoch die eigene Lesart zu der einzig möglichen und wahren deklariert, ist intolerant und zerstört Kommunikation. Jenseits aller Exklusivitäten und Inklusivitäten, auch jenseits aller synkretistischer Versuche à la Buchbinderkunst und außerhalb aller Lippenbekenntnisse zum religiösen Pluralismus unter dem Druck der de facto-Präsenz vieler Religionen, muss heute anerkannt werden, dass die faktische Pluralität der Religionen nicht nur vorhanden ist und immer war, sondern wohl auch gottgewollt ist. Wer im Namen des einen Gottes Absolutheit, nicht nur für sich, sondern für alle beansprucht, bespiegelt sich selbst und betreibt eine Anthropozentrik fern von aller Theozentrik. Das heutige Angesprochensein der Religionen und Kulturen macht deutlich, dass die Zeit der hermeneutischen Monologe, die einige Religionen, Kulturen und politische Ideologien betrieben haben, vorbei ist. Und es ist gut so.

Dass es Grenzen der Toleranz gibt, daran besteht wohl kein Zweifel. Wo diese Grenzen jedoch in einzelnen konkreten Fällen liegen, kann zwar im Prinzip, aber nicht prinzipiell im Voraus entschieden werden. Es ist eine weit verbreitete irrige Ansicht, man müsse im Besitze der absoluten Wahrheit sein, um diese Grenzen festlegen zu können. Fundamentalismus in seiner negativen Prägung liegt z.B. jenseits der Grenze dessen, was tolerierbar ist, weil er die Richtigkeit des eigenen Standpunkts mit der Falschheit aller anderen Standpunkte verwechselt oder gar beide stets zusammen denkt. Wer so denkt und fühlt, aber noch nicht handelt, ist schon fundamentalistisch und fanatisch. Nennen wir dies den theoretischen Fanatismus.

Die Aufgabe aller Kulturwissenschaften ist, zunächst einmal diesen theoretischen Fanatismus theoretisch-argumentativ durch Gespräche und andere pädagogische Maßnahmen zu beseitigen. Denn ist der theoretische Fanatismus praktisch geworden, dann ist es für die Theorie zu spät.

Auf die Frage eines Journalisten: Wenn es nur Präferenzen und keine absoluten Wahrheiten gibt, worauf kann man dann die Behauptung nach den Grenzen der Toleranz gründen, die alle am Gespräch beteiligten Personen als solche anerkennen, trotz der Vielfalt der Kulturen, Interessen, religiösen und politischen Überzeugungen?, antwortete Umberto Eco, dass es immer um eine Ethik unter dem Aspekt der Rechte des Körpers, des Leibes und seiner Beziehungen zur Welt, Gesellschaft usw. geht.

Eco sagte:

> »Auf die Achtung vor dem Körper. Man kann eine Ethik auf die Achtung vor den körperlichen Aktivitäten gründen: Essen, Trinken, Pinkeln, Scheißen, Lieben, Sprechen, Hören und so weiter. Jemanden daran zu hindern, sich nachts schlafen zu legen, oder ihn zu zwingen, mit dem Kopf nach unten zu leben, ist eine Form nicht zu duldender Folter. Andere daran zu hindern, sich zu bewegen oder sprechen, ist ebenfalls nicht zu dulden. Bei der Vergewaltigung wird der Körper des anderen missachtet. Alle Formen des Rassismus und des Ausschließens sind letzten Endes Arten, den Körper des anderen zu negieren.«[26]

In dieser deutlichen und derben Sprache formuliert Eco hier das überlappende, ethisch-moralische Minimum, das im wohlverstandenen, aufgeklärten Selbstinteresse aller Menschen, aller Staaten, Kulturen und Religionen liegt. Jeder interkulturelle und interreligiöse Dialog hat dieses Minimum zur Voraussetzung.

XIII. Schlussbemerkung

Interreligiosität als eine innere Überzeugung und Einstellung zeichnet sich dadurch aus, dass sie die beiden Fiktionen einer totalen Kommensurabilität und einer völligen Inkommensurabilität unter den Kulturen und Religionen zurückweist mit der Begründung, dass, während eine totale Identität ein reziprokes Verständnis fast überflüssig macht, eine radikale Differenz es verunmöglicht. In beiden Fällen misslingt uns die gerechte Konstruktion des Anderen, weil es entweder völlig einverleibt oder restlos abgelehnt wird. Eine zu große Neigung zum Konsens schadet mehr, als sie hilft.

So ist die Interreligiosität durch die ständige Suche nach Überlappungen gekennzeichnet. Ferner geht es um eine Strukturanalogie, die es uns erlaubt, auch das Fremde zu tolerieren und anzuerkennen. Die Rede von einer multikulturellen, multireligiösen Gesellschaft bleibt ein Gerede, solange es uns nicht gelingt, uns die innere Kultur der Interkulturalität, der Interreligiosität anzueignen.

Toleranz ist keine wertneutrale Kategorie, und sie kann nicht jede beliebige inhaltliche Bestimmung gutheißen. Aus der Selbstverpflichtung der Toleranz resultiert, dass es eine Grenze der Toleranz gibt, und dies umso mehr, wenn es um interkulturelle und interreligiöse Kommunikation geht. Eine recht verstandene Toleranz plädiert für einen verbindlichen Pluralismus. Wer die eigene Tradition durch die Wahrheit und die Wahrheit durch die eigene Tradition definiert, begeht nicht nur den Fehler der *petitio principii*, sondern öffnet dem Absolutismus, Fundamentalismus und Fanatismus Tür und Tor.

Tolerant zu sein, ist ein ständiger, zum Teil auch schmerzlicher Prozess. Eine recht verstandene Toleranz vermeidet zwei Dinge: erstens sich selbst keine Grenze zu setzen und so alles tolerieren zu wollen. Dies führt zu einer Verwässerung der Idee der Toleranz in der Theorie und zu einer Gleichgültigkeit in der Praxis. Zweitens kann die Toleranz sich selbst zu enge Grenze setzen, was dazu führt, dass man neben der eigenen Ansicht keine anderen Ansichten duldet, anerkennt und respektiert. Das interkulturelle und interreligiöse Ethos befähigt uns, im Sinne einer Anerkennung und Respektierung der anderen Ansichten tolerant zu sein.

Es besteht eine unüberbrückbare Spannung zwischen der exklusivistischen Absolutheit und der Toleranz- und Anerkennungsfähigkeit. Wer eine bestimmte Anschauung für absolut richtig hält, zumindest für sich und für die seinen, braucht nicht andere Ansichten auszuschließen. Der Satz: Nichts soll ausgeschlossen werden, ist nicht präzise genug, denn das, was alles ausschließt, verdient ausgeschlossen zu werden, und dies im Namen eines interkulturellen und interreligiösen Ethos. Werden die interkulturellen Dialoge in der Zukunft von einem solchen Ethos geleitet und gelenkt, »werden sich die Religionen der Zukunft vermutlich viel weniger auf eindeutige Behauptungen und absolute Wahrheiten versteifen können als bisher«.[27] Toleranz, Anerkennung und Verstehensfähigkeit, trotz der nicht ganz aus der Welt zu schaffenden Differenzen, sind nicht nur säkulare, humanistische, demokratische Werte und Tugenden, sondern sind ebenso in religiösen, spirituellen und mystischen Erfahrungen verankert, wenn diese ihre friedenstiftenden Wirkungen zeigen.

Auch hier gilt: An ihren Früchten werdet ihr sie erkennen.

Anmerkungen:

[1] Mehlig, J. (Hrsg.): Weisheit des alten Indien, Bd. 2, Leipzig 1987, S. 347f. In »Menon« 75c-d erläutert Sokrates Menon die Merkmale einer Diskussion unter Freunden, d.h. unter freundlichen Gesprächspartnern, die redlich sind und nicht auf Sieg aus sind. Der indische Philosoph Caraka spricht von einem ähnlichen Gespräch von miteinander befreundeten Gelehrten (sandhaya sambhasa). Vgl. Caraka – Samhita, ed. by Yadava Sharma, Bombay 1933, S. 303 ff.

[2] Vgl. Mall, R. A.: Interkulturelle Verständigung – Primat der Kommunikation vor dem Konsens? In: Ethik und Sozialwissenschaften. Streitforum für Erwägungskultur. Jg. 11/2000, Heft 3.

3 Monod, J.: Erkennen und Ethik, in: Lust am Denken, hrsg. von K. Piper, München 1987, S. 107.
4 Vgl. Mall, R. A.: Wahrheit und Toleranz als hermeneutisches Problem. Religionsphilosophische Reflexionen zum Dialog der Religionen, in: Dialog der Religionen, 3.Jg., Heft 1, 1993, S. 20–36.
5 Vgl. Mall, R. A.: Der Absolutheitsanspruch – Eine religionsphilosophische Meditation, in: Loccumer Protokolle, 7/1991, S. 39–53.
6 Hier seien einige Publikationen erwähnt, in denen dieses Thema in unterschiedlichen Kontexten und mit unterschiedlicher Akzentuierung behandelt wurde: Mall, R. A.: Der Hinduismus. Seine Stellung in der Vielfalt der Religionen, Darmstadt 1997; Philosophie im Vergleich der Kulturen. Interkulturelle Philosophie – eine neue Orientierung, Darmstadt 1995; Some Reflections on Interculturality and Interreligiosity and Man's Place in Nature, in: Intercultural Attitudes, ed. by H. Paetzold, Maastricht 1997; Religiophilosophical Meditations on the Rig Vedic Dictum ›Ekam sat vipra vahudha vadanti‹, in: Relativism, Suffering and Beyond. Essays in Honour of Bimal Krishna Matilal, ed. by P. Balimoria and J. N. Mohanty, New Delhi 1997; Interreligiosität und Toleranz, in: Edith Stein Jahrbuch 2000; Die Weltreligionen, Bd. 1, Würzburg 2000. Intercultural Philosophy, New York/Oxford 2000; Zur interkulturellen Theorie der Vernunft. Ein Paradigmenwechsel, in: Vernunftbegriffe in der Moderne, hrsg. von H. F. Fulda und R.-P. Horstmann, Stuttgart 1994; Metonymic Reflections on Shankara's Concept of Brahman and Plato's Seventh Epistle, in: Journal of Indian Council of Philosophical Research, 9, No. 2, 1992.
7 Zit. in G. Mensching: Toleranz und Wahrheit in der Religion, S. 178.
8 Goethe, J.W.: Faust I. Goethes Werke, hrsg. von G. Stenzel, Bd. 2, Salzburg 1951, S. 731 f.
9 Vgl. Mall, R. A.: Interkulturalität und Interreligiosität. In: Verantwortlich leben in der Weltgemeinschaft, hrsg. von J. Rehm, Gütersloh 1994.
10 Zit. in: Glasenapp, H. v.: Die fünf Weltreligionen, Köln 1967, S. 7.
11 Vgl. Dasgupta, S. N.: Indische Mystik, Delhi 1992.
12 Sri Ramakrishna. Ein Werkzeug Gottes sein. Aus dem Bengalischen übersetzt, ausgewählt und mit einer Einleitung herausgegeben von Martin Kämpchen. Benziger Verlag, Zürich u. Düsseldorf 1997, S. 51.
13 Ibid., S. 133.
14 Wolf, O.: Indiens Beitrag zum neuen Menschenbild. Reinbek, 1957, S. 23.
15 Zit. in: Becsi, K.: Das indische Zeitalter. Perspektiven und Profile. Europaverlag, Wien 1973, S.107.
16 James, W.: Die Vielfalt religiöser Erfahrungen. Eine Studie über die menschliche Natur. Übersetzt von E. Herms und C. Stahlhut, mit einem Vorwort von P. Sloterdijk. Frankfurt/M. und Leipzig 1997, S. 447.
17 Ibid., S. 489.
18 Ibid., S. 490.

[19] Zit. in: James, W.: Die Vielfalt religiöser Erfahrungen, S. 405.
[20] Zit. Ibid., S. 408.
[21] Zit.: Ibid., S. 413.
[22] Zit.: Ibid., S. 403.
[23] James, W.: Die Vielfalt religiöser Erfahrungen, S. 421.
[24] Zit. in: Becsi, K.: Das indische Zeitalter, S. 111.
[25] Vgl. Jaspers, K.: Der philosophische Glaube, München 1981, S. 134.
[26] Eco, U.: Die Zeit, Nr. 45, 5. Nov. 1993, S. 61.
[27] Von Brück, M.: Wunschbilder der Hoffnung. In: Süddeutsche Zeitung, Serie: Die Gegenwart der Zukunft (18), 8/9. Mai 1999.

ÄSTHETIK DER ABWESENHEIT

Albert von Schirnding

Überlegungen zu Gedichten von Bertolt Brecht, Werner Bergengruen, Marie Luise Kaschnitz, Paul Celan und Reiner Kunze.

Die beiden ersten Gedichte sollen als Beispiele für eine Lyrik mit eindeutig religiöser bzw. antireligiöser Stoßrichtung dienen und in ihrer Gegensätzlichkeit eine gemeinsame Kontrastfolie bilden, auf der sich die Gebrochenheit moderner religiöser Lyrik umso deutlicher abzeichnet.

Bertolt Brecht: GEGEN VERFÜHRUNG

> Laßt euch nicht verführen!/ Es gibt keine Wiederkehr./ Der Tag steht in den Türen/ Ihr könnt schon Nachtwind spüren:/ Es kommt kein Morgen mehr.
> Laßt euch nicht betrügen!/ Das Leben wenig ist./ Schlürft es in vollen Zügen!/ Es kann euch nicht genügen/ Wenn ihr es lassen müsst!
> Laßt euch nicht vertrösten!/ Ihr habt nicht zu viel Zeit!/ Laßt Moder den Verwesten!/ Das Leben ist am größten:/ Es steht nicht mehr bereit.
> Laßt euch nicht verführen./ Zu Fron und Ausgezehr!/ Was kann euch Angst noch rühren?/ Ihr sterbt mit allen Tieren/ Und es kommt nichts nachher.

Werner Bergengruen: FRAGE UND ANTWORT

> »Der die Welt erfuhr,/ faltig und ergraut,/ Narb an Narbenspur/ auf gefurchter Haut,/ den die Not gehetzt,/ den der Dämon trieb –/ sage, was zuletzt/ dir verblieb.«
> »Was aus Schmerzen kam,/ war Vorübergang./ Und mein Ohr vernahm/ nichts als Lobgesang.«

Bertolt Brechts 1918 entstandene Verse stehen in einer lyrischen Tradition, die mit Namen wie Heinrich Heine und Gottfried Keller bezeichnet werden kann. Bei Heine (›Deutschland. Ein Wintermärchen‹, Januar 1844) singt ein kleines

Harfenmädchen »das alte Entsagungslied,/ Das Eiapopeia vom Himmel,/ Womit man einlullt, wenn es greint,/ Das Volk, den großen Lümmel«. Und Keller hat sich – nach seinem Feuerbach-Erlebnis in Heidelberg – das »Trugbild der Unsterblichkeit« »ganz aus dem Sinne« geschlagen; er identifiziert das eigene Dasein mit dem Flüchtigen der Rosen:

»Zu glühn, zu blühn und ganz zu leben,
Das lehret euer Duft und Schein,
Und willig dann sich hinzugeben
Dem ewigen Nimmerwiedersein!«
(›Aus dem Leben I‹, 1849)

Diese Sprache ist so verführerisch wie der Brecht'sche Hauspostillenton, der aber als Mittel gegen Verführung eingesetzt wird. Der Titel lässt sich, wie Walter Benjamin gezeigt hat (›Versuche über Brecht‹, Frankfurt am Main 1966, S. 57 f.), in zweifacher Bedeutung auslegen. Einerseits meint er die Devise der Geistlichen, mit denen Brecht in Augsburg ja seine persönlichen Erfahrungen gemacht hat.

Sie warnen vor der Verführung durch diesseitige Freuden, weil sie die Leute dem Jenseits, als dessen Agenten sie auftreten, entfremden könnten. Andrerseits richtet sich die lyrische Unterweisung gegen die Verführung durch das Eiapopeia vom Himmel, das Trugbild der Unsterblichkeit. Der Unsterblichkeitsglaube betrügt uns um das endliche, das einzig wirkliche Leben. Wenn wir es als Trugbild durchschauen, haben wir (in Nietzsches Redeweise) mit der wahren Welt auch die scheinbare abgeschafft. Erst jetzt wird es möglich, »zu glühn, zu blühn und ganz zu leben«, das Leben »in vollen Zügen« zu schlürfen.

Die Jenseitshoffnung entwertet das Diesseits aber nicht nur, sie rechtfertigt auch seine Misere. Denn die Verheißung einer Erlösung im Jenseits, vor allem einer ausgleichenden Gerechtigkeit »drüben«, macht duldsam gegen die als »Fron und Ausgezehr« erfahrene konkrete Ungerechtigkeit. Wenn nicht die Not des Irdischen, so kann doch die irdische Not abgeschafft werden – aber erst dann, wenn kein jenseitiges Morgen mehr das diesseitige Heute verklärt. Insofern enthält der Appell, das Jetzt und Hier als das ganze Leben zu nehmen, auch die Aufforderung zur Revolution.

Hervorzuheben ist das Motiv der Angst in der drittletzten Zeile. Es erinnert an einen sehr alten Topos der Jenseitsleugnung: die Befreiung der gequälten Seele vom bösen Zauber religiöser Knechtschaft. Schon Lukrez feiert Epikur als den Überwinder der mythischen Gespenster, die, solange sie nicht als Hirngespinste entlarvt sind, dem unaufgeklärten Menschen mit den Drohungen jenseitiger Vergeltung Furcht und Schrecken einjagen.

Das Gedicht von Bergengruen ist das Schlussstück eines umfangreichen Lyrikbandes, dessen Titel ›Die heile Welt‹ Bände spricht. In ›Frage und Antwort‹

Ästhetik der Abwesenheit

wird eine Art Bilanz gezogen nicht nur des eigenen Lebens, sondern auch der Zeit: ›Die Heile Welt‹ erschien 1950. Man kann den »Lobgesang« also nicht abstrahieren von den Entsetzlichkeiten, die der Zweite Weltkrieg und der Holocaust mit sich brachten. Und nun: »Was aus Schmerzen kam« – das ist nur vergängliche Oberfläche, hinter der die ewige Herrlichkeit, Güte, Gerechtigkeit Gottes zum Tönen kommt. Die drei Strophen können als lyrische Theodizee angesichts von Auschwitz gelesen werden. Der Tübinger Philosoph O. F. Bollnow registrierte denn auch in Bergengruens Lyrik »nach all den Erfahrungen des Schreckens ein neues Gefühl der Seinsbejahung ... eine freudige und dankbare Zustimmung zum eignen Dasein des Menschen, so wie es ist, und zur Welt, wie sie ihm begegnet«. Das hat Adorno in seinem Essay ›Jargon der Eigentlichkeit‹ (Frankfurt am Main 1964, S. 23 f.) aufgegriffen: »Der Band von Bergengruen ist nur ein paar Jahre jünger als die Zeit, da man Juden, die man nicht gründlich genug vergast hatte, lebend ins Feuer warf, wo sie das Bewusstsein wiederfanden und schrien.« Adorno sieht in Bollnows bzw. Bergengruens »Lob der Positivität« eine verbrecherische Beschönigung dessen, was tatsächlich passiert ist.

Merkwürdig ist seine zusätzliche Kritik:

> »Schmach widerfährt nicht nur dem Gedanken sondern auch der Religion, die einmal den Menschen die ewige Seligkeit verhieß, während die Eigentlichkeit resigniert mit einer ›im letzten Grund heilen Welt‹ sich abfindet.« (S. 24)

Die Kritik besteht darin, dass mit der »heilen Welt« die Zäsur zwischen Diesseits und Jenseits weitgehend aufgehoben wird, was einer Beleidigung der christlichen Jenseitshoffnung gleichkommt.

Die beiden Gedichte sollten die These illustrieren, dass es in der Lyrik (um nicht zu sagen: in der Kunst) von heute (oder vielleicht schon wieder von gestern?) mit der anti- wie proreligiösen Eindeutigkeit von gestern bzw. vorgestern vorbei ist. An die Stelle eines ungeteilten lyrischen Ichs, das sich dezidiert gegen Gott und Unsterblichkeit ausspricht oder im Gegenteil die Welt sei es als Schöpfung rühmt, sei es als bloßes Durchgangsstadium zu einer ewigen Seligkeit verharmlost, ist die paradoxe Rede von der Anwesenheit des Abwesenden getreten, eine indirekte, in sich gebrochene Weise des Sprechens über religiöse Erfahrung, in der sich Nein und Ja bis zur Ununterscheidbarkeit durchdringen.

Das folgende Gedicht von Marie Luise Kaschnitz findet sich in dem 1972, zwei Jahre vor ihrem Tod, erschienenen Band ›Kein Zauberspruch‹:

Albert von Schirnding

NICHT MUTIG

Die Mutigen wissen,/ Dass sie nicht auferstehen/ Dass kein Fleisch um sie wächst/ Am jüngsten Morgen/ Dass sie nichts mehr erinnern/ Niemandem wiederbegegnen/ Dass nichts ihrer wartet/ Keine Seligkeit/ Keine Folter/ Ich/ Bin nicht mutig.

Sieben Verneinungen, die auf die Tendenz des Brechtgedichts hinauslaufen: Es kommt nichts nachher. Die Artikel des christlichen Credos werden, soweit sie die Auferstehung der Toten betreffen, negiert. Das Ich des Gedichts begibt sich weitestgehend auf das Terrain eines aufgeklärten Wissens von der Unhaltbarkeit der christlichen Glaubensverheißung, ohne dass Argumente angeführt würden. Diese stecken im Wissen selbst: Auf der rationalen Ebene widerspricht dem Gedanken eines Lebens nach dem Tode die naturwissenschaftliche Erkenntnis, auf der psychologischen erklärt und erledigt er sich als Wunscherfüllung. Das Wissen, dass die christliche Auferstehungshoffnung Illusion ist, erfordert Mut. Hier klingt das alte ›Sapere aude!‹ an. Moderne naturwissenschaftliche Erkenntnis führt zu unerfreulichen, unserem Lebensinteresse zuwiderlaufenden Tatsachen. Also braucht es Mut, ihnen ins Auge zu sehen.

Auffällig ist die Umkehrung des Motivs der Befreiung von der Angst durch Aufklärung. Eigentlich müsste die Vorstellung von Höllenstrafen, wie sie z.B. bei Dante geschildert sind, quälende Furcht erregen. Bei der Kaschnitz gehört jedoch die »Folter« (der Hölle) mit der »Seligkeit« (des Himmels) zusammen, weil beide ein Leben nach dem Tod verheißen und die Existenz einer göttlichen Gerechtigkeit anzeigen. Auf diesen Glauben, auch auf die mit ihm verbundene Angst, zu verzichten, ist gerade das Mutige.

Die überraschende Pointe des Gedichts liegt in seinen beiden letzten Zeilen. In einem äußersten Lakonismus (»Ich/bin nicht mutig«), der sich als Negation der Negation präsentiert, wird der Inhalt der vorausgehenden, im Ton der Unwiderleglichkeit vorgetragenen Deklarativsätze aufgehoben. Das heißt aber nicht, dass an die Stelle der zurückgewiesenen Wissens-Gewissheit auch nur die bescheidenste Glaubens-Gewissheit träte. Dem Anti-Credo entspricht kein Anti-Anti-Credo. Das Festhalten am religiösen Trost hat seinen Halt allein in der Schwäche des hier sprechenden Ichs, das auf diesen Trost nicht zu verzichten vermag. Religion ist ihm im wahrsten Sinn des Wortes not-wendig. Eine solche Verteidigung eines christlichen Glaubensinhalts würde, wenn sie (etwa von einem Theologen) in diskursiver Rede vorgetragen würde, nur Achselzucken hervorrufen können. Im Gedicht, dem Ort radikaler Subjektivität, wird sie möglich.

Bei den Anmerkungen zu Paul Celans ›Tenebrae‹-Gedicht (aus dem Band ›Sprachgitter‹ von 1959) stütze ich mich auf die großartige Interpretation, die Hans-Georg Gadamer unter dem Titel ›Sinn und Sinnverhüllung bei Paul Celan‹ vorgelegt hat (Poetica. Ausgewählte Essays. Frankfurt/Main 1977, S. 119–134).

Ästhetik der Abwesenheit

Tenebrae

Nah sind wir. Herr,/ nahe und greifbar.
Gegriffen schon, Herr,/ ineinander verkrallt, als wär/ der Leib eines jeden von uns/ dein Leib, Herr.
Bete, Herr,/ bete zu uns,/ wir sind nah.
Windschief gingen wir hin,/ gingen wir hin, uns zu bücken/ nach Mulde und Maar.
Zur Tränke gingen wir, Herr.
Es war Blut, es war,/ was du vergossen, Herr.
Es glänzte.
Es warf uns dein Bild in die Augen, Herr./ Augen und Mund stehn so offen und leer, Herr.
Wir haben getrunken, Herr./ Das Blut und das Bild, das im Blut war, Herr.
Bete, Herr./ Wir sind nah.

Die Überschrift zitiert die Passionsgeschichte:

> »A sexta autem hora tenebrae factae sunt super universam terram usque ad horam nonam. Et circa horam nonam clamavit Jesus voce magna, dicens: Eli, Eli, lamma sabacthàni?« (Matth. 27, 45 f.)

›Tenebrae‹, die lateinische Übersetzung von griechisch ›skotos‹, ruft also die Erinnerung herauf an das von Jesus zitierte Wort aus dem 22. Psalm: »Gott, mein Gott, warum hast du mich verlassen?« Damit weitet sich die Himmelsverfinsterung, die ›tenebrae‹ zunächst meint, zur Metapher für Gottesferne, Gottverlassenheit, Weltverfinsterung.

Das Gedicht hat die Form eines Gebets, wie schon aus dem Vokativ »Herr« hervorgeht. Es ist selbst so etwas wie ein Psalm. Aber er enthält die paradoxe Aufforderung an Jesus, nicht zu Gott, der ihn ja verlassen hat, zu beten, sondern zu »uns«: den Menschen. Sie sind im Gegensatz zum abwesenden Gott nah und greifbar. Die Nähe ist bedingt durch die gemeinsame Todesverfallenheit, wie sie in der Klimax greifbar-gegriffen-ineinander verkrallt zum Ausdruck kommt – man denkt an das verzweifelte Sichaneinanderklammern der Opfer in einer Gaskammer. Das Gedicht imaginiert eine bis zur Verschmelzung gehende Nähe zwischen dem gekreuzigten Jesus und den Menschen unter dem Gesichtspunkt der Unausweichlichkeit des Sterbens. Ab Vers 10 wird eine Geschichte erzählt, die Vorgeschichte zu der finalen Situation des Ineinanderverkralltseins. »Windschief gingen wir hin«: Das Bild erinnert an ein Ährenfeld, wenn der Wind alle Halme in eine bestimmte Richtung beugt. Wir haben diesen Wind im Rücken. Der uns verfolgende Tod treibt uns vor sich her, von sich weg zu »Mulde und Maar«: zur »Tränke«, zu den Wassern des Lebens. Aber an der Stelle des Wassers ist Blut, eine Pfütze aus schillerndem Blut, in der sich das Gesicht des toten Jesus spiegelt. Der Lebenstrank, den uns

Jesus beim letzten Abendmahl spendet, ist also in Wirklichkeit ein Todestrank. Unser Lebensdurst wird auf eine tödliche Weise gestillt.

Entweder ist das Gedicht, da es ja die Form eines Gebets hat, als unerhörte Blasphemie zu lesen, oder die Form übersteigt hier den Inhalt: Der uns aus leeren Augenhöhlen, mit offenem Mund aus seinem Blut entgegenstarrende Jesus hat immer noch die Macht, einen Dichter »ins Gebet zu nehmen«. In diesen ambivalenten Zusammenhang gehört auch die Uneindeutigkeit der 16. Zeile: »Es glänzte«.

Das fünfte Gedicht ist das jüngste; es stammt aus Reiner Kunzes 1998 erschienenem Band ›ein tag auf dieser erde‹.

> IN BLAUEM FELD
> Der baum, ein schräges segel,
> wirft den schatten sich
> als boot

Dass im »blauen feld« ein einzelner Baum sich abzeichnet, der einen scharf umrissenen Schatten wirft, bleibt durchaus im Rahmen unserer Wahrnehmungsgewohnheiten – sieht man von dem Adjektiv ›blau‹ ab, das den Rahmen öffnet in Richtung Himmel oder Wasser. Die Überraschung liegt in der Umkehrung des Verhältnisses von Segel und Boot. In der Wirklichkeit, in der wir uns auszukennen glauben, ist der Schatten gegenüber dem Ding, das ihn wirft, etwas Abgeleitetes, Sekundäres, Defizientes, auf der ontologischen Skala Nachgeordnetes. Im Gedicht dagegen ist es so, dass das Leichtere das Schwerere trägt, ja, dass dieses Tragende von dem, das seiner bedarf (ein Segel ohne Boot kippt ja um, treibt ziellos dahin) erst hervorgebracht wird. Vielleicht ist dieses Schattenboot eine Metapher für das Gedicht, in dem es vorkommt, und nicht nur für dieses. Wären Gedichte nichts als die mehr oder weniger kunstvollen Machwerke ihrer Verfasser (und viele sind freilich eben das, hängen gleichsam als Sprechblasen am Mund ihrer Produzenten), hätten sie uns wohl mancherlei mitzuteilen, aber nichts zu sagen. Weder ihren Verfasser noch ihren Leser brächten sie einen Schritt weiter. Das gelungene Gedicht enthält eine Wahrheit, die im Wissen des Dichters nicht aufgeht, eine Botschaft, die das *animal rationale* über sich selbst hinausbringt. Der Dichter darf über den eigenen Einfall staunen, er hat ihn zu einem nicht gewussten Ufer gebracht, die Umrisse eines unbekannten Kontinents zeichnen sich ab. Die großen Verse sind die, an deren Ende Schiffe ankern, wie ein anderes Gedicht des Bandes sagt, Schiffe, die den Autor und den Leser forttragen in ein fremdes Meer oder gar über den Weltrand hinaus.

Der Vieldeutige

Aspekte der Jesus-Rezeption in der deutschsprachigen Literatur seit der zweiten Hälfte des 20. Jahrhunderts

Hans-Rüdiger Schwab

> »(...) weder Christus noch die Geschichte sind etwas Fertiges.«
> (Friedrich Georg Jünger, 1956)[1]
> »Unwahrscheinlicher als Jesus Christus ist nichts.«
> (Botho Strauß, 1997)[2]

In sehr vielfältiger Weise ist Jesus Zeitgenosse der neueren deutschsprachigen Literatur. Kaum ein Autor von Rang, bei dem man hier nicht in irgendeiner Hinsicht fündig würde. Ihn allein deshalb schon als die »große, manchmal offene, manchmal geheime Bezugsgestalt« des literarischen Diskurses zu bezeichnen (wie Theologen dies tun),[3] läuft freilich auf eine entschieden zu euphorische Einebnung der komplexen Relationalität dieses Phänomens hinaus.

Was die zahlreichen Spuren Jesu vielmehr illustrieren, ist die noch immer nachhaltige Ausstrahlung des Christentums selbst in einer sich fortschreitend rascher und tiefer säkularisierenden Gesellschaft. Sein Reservoir an Symbolen zur Artikulation bestimmter Entwürfe und Befindlichkeiten scheint weithin konkurrenzlos zu sein. Bedacht werden muss dabei ferner, dass erst die zunehmende Auszehrung der christlichen Gehalte von lebensweltlicher Prägkraft zum bloßen kulturellen Ferment die Voraussetzung für jene freie Verfügbarkeit christlicher Motive, Bilder und Vorstellungen ist, mit der wir es zu tun haben.[4]

Höchst unterschiedlich nämlich stellen sich die Formen der Präsenz Jesu in den literarischen Texten[5] dar: explizit oder in sparsamen Andeutungen und verschlüsselten Verweisen als Rede über ihn; als Assoziation, Zitat oder Auseinandersetzung mit seiner Botschaft; als fiktionale Transfigurationen oder kontrastive Spiegelungen, in denen Charaktere, Handlungsmuster, Situationen auf den

Mann aus Nazareth hin durchsichtig werden; schließlich auch als auftretende Person, in ihrem historischen wie unserem zeitgenössischen Umfeld, die gesamte Lebensgeschichte umfassend oder ausschnitthaft beschränkt, unter Rückbezug auf die Quellen oder als Kunstfigur. Dem entsprechen ebenso ungleichartige Herkünfte und Haltungen der Autoren, die Gläubige sein können (insofern für sie Jesus das Zentrum ihrer religiösen Identität bildet) und Skeptiker, Neugierige und Spötter, Ästheten und Kritiker, Mystiker und Indifferente, Christen und Juden und anderes mehr. Nicht minder vielgestaltig sind dementsprechend die Tonlagen wie Intentionen der Darstellung: nüchtern und pathetisch, verschwiegen und verfremdend, zweifelnd und bekennend, provokativ auf Verkrustungen in Kirche und Gesellschaft ausgerichtet oder bloß am spielerischen Gehalt interessiert. Hinzu kommen noch unterschiedliche Grade von Informiertheit und medialer Vermittlung, vom Neuen Testament über Kirchenlehre, Theologie und anderen Prä-Texten der Auslegungsgeschichte bis hin zu freien assoziativen Anverwandlungen. All dies gälte es demnach für eine interdisziplinäre Forschung, die über respektable Prolegomena hinausgelangen möchte, füglich einzubeziehen und in eine systematisierende Ordnung zu bringen.

Der Diskurs, in den wir uns begeben, hat außerdem teil an den großen zeitgeschichtlichen und kulturellen Strömungen seit dem Ende des Zweiten Weltkriegs. Historisch entspricht das, grob vereinfacht, einem Bogen von der Nachkriegs-Restauration über die reformerischen Aufbrüche der 70er und Ängste der 80er Jahre bis hin zu einer allen großen Erzählungen überdrüssigen, utopiefernen Akzeptanz ökonomischer und technologischer Eigendynamik in der Gegenwart; literarisch dem von der nachgeholten Avantgarde über das sozialkritische und neosensible Paradigma bis zu den Wucherungen multioptionalen Nebeneinanders, das man mit dem Etikett der Postmoderne zu versehen pflegt.

Wenn es gleichwohl (oder gerade deswegen) wenigstens eine gemeinsame Grundlage der Texte aus dem fraglichen Zeitraum gibt, so besteht diese nicht von ungefähr in einer sich beschleunigenden Deutungsoffenheit dessen, was mit Jesus in Verbindung gebracht zu werden vermag. Wie man weiß, können die verschiedenen Entwicklungsschübe der Modernisierung, ihre Prozesse von Individualisierung und Ausdifferenzierung, zumal auch innerhalb des gesellschaftlichen Teilsystems Literatur als wachsende Entfernung von institutionellen Verbindlichkeits- und Bindungsansprüchen des Christentums beschrieben werden. Selbst kirchenintern bestätigen empirische Untersuchungen längst das Eigenrecht, ja, den Vorrang religiöser Autonomie des einzelnen gegenüber der normierenden Kraft kollektiver Bekenntnisformeln.

Auch im Hinblick auf die Wahrnehmungsgestalt des Nazareners erodieren vormalige Deutungsmonopole. Vielmehr laufen arbiträre Bilder und Bildsplitter persönlichen Zuschnitts von ihm parallel zu den im permanenten Wandel begriffenen Welt-, Lebens- und Selbstwahrnehmungen der Individuen.⁶ Die Literatur hat teil an diesen Prozessen, mitunter nimmt sie vorweg.

Angesichts der umfangreichen und differenziert zu erschließenden Stoffmassen, die einzubeziehen wären, sind im Folgenden also Beschränkungen mancherlei Art angesagt. Dabei soll eine plausible Gliederung den unvermeidlichen Mangel an Breite und Vollständigkeit etwas mildern. Der Mensch – Das Kreuz – Die Verneinung – Der Mythos: Die gewählte Kapitelabfolge ist bewusst auch als eine Art Achterbahnfahrt höchst gegensätzlich akzentuierter Thematisierungen Jesu konzipiert. Natürlich wären andere Anordnungen allemal denkbar, die vorgenommene scheint, wie sich zeigen wird, indes durchaus ergiebig.

Ausdrücklich wird hier nicht mehr zu leisten beansprucht als eine motivgeschichtliche Recherche. Wenn dieser methodischen Vorentscheidung entsprechend die Frage nach der spezifisch ästhetischen Vermittlung notgedrungen in den Hintergrund treten muss, darf daraus in keinem Falle geschlossen werden, dass die angesprochenen Texte lediglich als eine Art Agentur von Botschaften zu betrachten sind. Ferner konzentrieren sich die Ausführungen allein auf eine Bestandsaufnahme aus philologischer Perspektive: Die Diskussion der Inhalte im Hinblick auf ihre theologische Dignität unterbleibt mit Bedacht, nicht zuletzt deshalb, weil bisher viel zu oft der Filter konzeptioneller Voreingenommenheit die dingfest zu machende Pluralität der Motive ausdünnt.

I. Der Mensch und seine Botschaft

»Ein Mensch war er«, und wenn auch: »Ein reiner, gütiger, heiliger Mensch in überhohen Gedanken« (545),⁷ so steht doch fest: »er geht in keiner Tat und in keinem Gedanken übers Menschenmaß hinaus« (587). Was hingegen die Kirchen von Jesus lehren, beinhalte Verzerrung, Übermalung, gewaltsame Erhöhung, die entscheidend von Paulus betrieben worden sei, der ihn zu »einem ewigen Gotteswesen« (578) machte, das in irdischer »Verkleidung auf der Welt« (584) gewesen.

Während somit der Christus des Dogmas verabschiedet wird, richtet sich der Blick desto intensiver auf den historischen Menschen Jesus als eine über die Zeiten hinweg inspirierende Persönlichkeit mit unerledigtem Erbe. Aufgabe der Gegenwart sei es deshalb, auf dem Wege der historischen Kritik den authentischen »Glauben« Jesu freizulegen, um ihn fortzusetzen und zu erfüllen, genauer: den Weg zu dem wunderbar hohen Ziel zu beschreiten, auf das die Rede vom »Reiche Gottes« (587) in zeitgenössischer Applikation verweist.

Von der leicht angestaubten Patina einmal abgesehen, muten solche Gedanken heute völlig zeitgemäß an, und doch stammt der Text, dem sie entnommen sind, aus dem Jahr 1905. Sein Autor: Gustav Frenssen, ursprünglich Pastor der ehemaligen schleswig-holsteinischen Landeskirche, bedeutender Vertreter der Heimatkunstbewegung, dazu einer der meistgelesenen deutschen Autoren der ersten Jahrhunderthälfte überhaupt. Sein Titel: *Hilligenlei*. Sein Inhalt: die Suche nach einer heiligen Wirklichkeit auf Erden, die der Protagonist, Kai Jans, in (von den Schlacken der traditionellen Kirchenlehre gereinigten) Leben und Botschaft Jesu gefunden zu haben meint, »nach langjährigen Studien« und »mit gewissenhafter Benutzung der Ergebnisse der gesamten wissenschaftlichen Forschung« (616).

Wenn es sich eingangs anbietet, so weit auszugreifen, dann eben deshalb, weil dieser scheinbar entlegene Schmöker im deutschen Sprachraum früh den bei weitem vorherrschenden Verständnishorizont Jesu für die Literatur einer entsakralisierten Moderne absteckt,[8] der im Einzelnen freilich auf unterschiedliche Weise ausgefüllt wird: Der Nazarener erscheint als Mensch mit hohen Vorbildqualitäten, wobei Konvergenzen mit jeweils positiv besetzten intellektuellen oder politischen Strömungen *à l'ordre du jour* jeweils sehr erwünscht sind – im Falle Frenssens übrigens der völkisch-»deutschen Wiedergeburt« (484).

Dieses Programm der suggestiven Humanisierung findet in allen literarischen Vergegenwärtigungsformen Jesu seinen Niederschlag, auch im Genre der romanhaften Anverwandlung seiner Lebensgeschichte vor biblischer Kulisse, das in den 80er Jahren überraschenderweise kurz hintereinander gleich drei Wiederbelebungen erfuhr.

»Er war ein Mensch, wie es ihn nur einmal geben kann auf unserer Erde.« (72)[9] So charakterisiert die Ich-Erzählerin aus Luise Rinsers *Mirjam* (1983), einer Art »Evangelium Sanctae Mariae Magdalenae«[10] mit beträchtlicher Resonanz, den verehrten Jeschua, zu dessen Jüngerin sie wurde. Der große Verkünder des »Friedensreichs« (331) und der Liebesbotschaft repräsentiert hier eine universalistische Religion der »Einheit alles Lebendigen« (215) und des langsamen »Aufstiegs der Menschheit« zur »Befreiung«, deren »Werk« mit ihm selbst »erst begonnen« habe (331).

Zwar schillert seine Person (in Anlehnung an entsprechende Evangeliums-Perikopen) zuweilen esoterisch uneindeutig als Ort göttlicher Gegenwart (vgl. 164 f., 199 f., 294) – verstanden als »die Ur-Energie, die unendliche Sympathie«, die man auch Liebe nennen kann (205 f.) –, doch gilt, unterfüttert durch aktuelle feministische, pazifistische und ökologische Diskurse, das Hauptaugenmerk der Autorin auf dem Weg zu dem verheißenen Ziel eindeutig Jesus als dem Prototyp des neuen Menschen schlechthin, dessen identifikatorische Solidarität sich auf jedes »lebende Wesen« erstreckt (167). Der Versuch, zwischen neutestamentlichem Geschehen und eigenem Erkenntnisstand zu vermitteln, bekundet sich in einer forcierten Entmythologisierung. Den zahlreich vergegenwärtigten Wundern eignet im Roman deswegen nurmehr symbolischer, ja pädagogischer Charakter im Hinblick auf die Bestimmung der Menschen als »Kindern des Lichts, (...) des ewigen Geists« (2001), und eine neue, bessere Ordnung der Gesellschaft.¹¹

Auch wenn Gertrud Fussenegger (*Sie waren Zeitgenossen*, 1983) und Werner Koch (*Diesseits von Golgatha*, 1986), anders als Luise Rinser, kein unmittelbares Porträt Jesu entwerfen, sondern die Möglichkeit wie auch die Angemessenheit eines solchen im Gegenteil verneinen, stehen in ihrer perspektivisch aufgesplitteten Darstellungsweise nicht minder Botschaften für die menschliche Entwicklung im Mittelpunkt. Durch diesen »Mann (...), der im ganzen Land für Unruhe sorgt« (146),¹² wird bei Koch (durch Gott?) die herrschende Sozialordnung in Frage gestellt, obschon seine Predigt keineswegs in deren Kritik aufgeht. Doch kann etwa einer seiner Jünger wie die Anarchisten gegen den staatlichen Schutz des »Besitzes« reden, nur eben unter religiösem Vorzeichen. Vor allem aber wird Jesus zum Katalysator ganz unterschiedlicher Ideen – und darin besteht kein unerhebliches Problem:

> »Ihr habt ihn gehört, aber anscheinend habt ihr alle etwas anderes gehört. Und was er wirklich gemeint hat, habt ihr entweder falsch verstanden oder nicht begriffen.« (179)

Koch ist keineswegs der Einzige, der die irritierende Deutungsoffenheit zum Thema macht, die Jesus zur Projektionsfolie jeweils eigener Hoffnungen und Bedürfnisse der Menschen geeignet erscheinen lässt. Noch deutlicher artikuliert findet sich diese Skepsis in *Durcheinandertal* (1989), dem späten Roman des »merkwürdigen Protestanten«¹³ Friedrich Dürrenmatt. Inmitten eines unauflöslich labyrinthischen Weltzustands, den der Titel dieser sozusagen theologischen Groteske anzeigt, richtet Moses Melker (halb ein sektiererischer Missionar, halb ein Mörder aus Lust und Kalkül),¹⁴ angeregt von der Bergpredigt (vgl. 16, 52 ff.) im Emmental ein Reservat für Ganoven ein, die er zur »Gnade« der Armut (17) bekehren will.

Natürlich ist dieses Projekt zum Scheitern verurteilt. Während sich im brennenden Ostturm des Kurhauses zu Weihnachten seine finale Katastrophe ereignet, rechnet die letzte Predigt des zwielichtigen Helden mit dem »Gott der Theologen« ab, der »mit allen Attributen der Vollkommenheit derart ausgestattet« gewesen sei, »dass er unvorstellbar wurde.« (171). Just aus diesem Grund »suchte« Melker dezidiert »einen Menschen, Gottes Sohn. Doch wieder spielte ihm die Theologie einen Streich«, da sie Jesus zum völligen Abstraktum jenseits aller Sinnlichkeit »idealisierte«:

> »Die Huren und Zöllner wurden ihm weggedacht, bei denen er sich wohlgefühlt, deren Witze und Zoten er gehört und auch darüber gelacht hatte, er wurde nie als Mensch ernst genommen, sondern nur als Gott, der den Menschen spielte, weil er ein Gott war, der nie bei Weibern liegen durfte.« (172)

In vertrackter Dialektik, durch eine eigenwillige ›Christologie von unten‹, gelingt es Melker schließlich doch noch, sich den Gott zu schaffen, den er haben möchte, weil er ihm selbst mit seinen Vorstellungen und Bedürfnissen entspricht. Er findet ihn in jenem »Juden aus Galiläa«, den er

> »durch all die Legenden und Wundergeschichten hindurch ahnte (...), Sohn eines Zimmermanns, zerlumpt, mit dreckigen Füßen, einen Menschen, der so war wie er, dick wie er, mit wulstigen Lippen und krausem Bart, sündig wie er, der ihn erkennen würde, seine Gier nach Reichtum und seine Scham über den Mordweg, den er einschlagen musste, um reich zu werden, der ihm sagen würde, denk dir keinen Gott mehr aus, dann brauchst du dir auch keine Hölle auszudenken. Der Mensch braucht den Menschen und keinen Gott, weil nur der Mensch den Menschen begreift.« (172 f.)

Was aber, wenn auch diese Vorstellung nur eine Projektion ist? So die unausgesprochene Frage in Dürrenmatts Text. Mit der Reaktion seines Helden auf eine spekulative Theologie, die »in die Falle ihrer Begriffe (...) tappte« (174), kehrt sich das klassische Argument der neuzeitlichen Religionskritik jedenfalls auch gegen den innerweltlichen Hoffnungsträger Jesus als mögliches Konstrukt menschlicher Spiegelungen.

Unangefochten durch solche Bedenken erinnert (mit dem Höhepunkt in den 70er Jahren), eine Reihe namhafter, wie die bisher genannten ebenfalls christlich sozialisierter Autoren (gegen Missverständnisse oder gar Verfälschungen in dessen Namen) unter Verweis auf Jesus an ein großes Versprechen, dessen Einlösung noch ausstehe. Ganz einer unseresgleichen, ist er auf Grund seiner in Wort und Tat manifesten Andersheit gegenüber dem schlechten Bestehenden (wie niemand sonst) bei ihnen nicht nur zugleich Symbol und Maß unverkürzten Menschseins, sondern auch Gewährsmann für die Sehnsucht danach sowie (in immer neuen Konkretionen appellierbare) Berufungsinstanz gegen alles, was dem widerspricht.[15] Mit euphorischem Gestus leitet man aus dieser Denkfigur das Wunschbild »differenzierten« koalitionären Einklangs *»von kritischer Literatur und kritischer Theologie«* (gar »kritischer Zeitgenossen«-schaft überhaupt) »im Kampf um die Menschwerdung des Menschen« ab.[16]

Den Resonanzraum, der sich hier auftut, verdichtet beispielhaft das Gedicht *jesus* (1980) von Kurt Marti, das sich teilweise wie eine versifizierte politische Befreiungstheologie liest: »privilegien der klasse der bildung galten ihm nichts«, heißt es dort etwa,

> »die gewalt von gewalthabern verachtete er(...)/ sein thema: die zukunft gottes auf erden/ das ende von menschenmacht über menschen«,

oder:

> »in einer patriarchalischen welt blieb er der sohn/ und ein anwalt unmündiger frauen und kinder«, auch: »anstatt sich verstummt zu verziehen ins bessere jenseits/ brach er von neuem auf in das grausame diesseits«,

schließlich:

> »und also erzählen wir weiter von ihm/ die geschichten seiner rebellischen liebe/ die uns auferwecken vom täglichen tod –/ und vor uns bleibt: was möglich wär noch«.[17]

Von ähnlichen Assoziationen durchsetzt sind die Romane von Heinrich Böll.[18] Die Figuren, durch die dort die (buchstäblich) wunderbare Kraft des befreienden Impulses jesuanischer Zärtlichkeit behutsam transparent wird, sind nicht von ungefähr von den politisch und religiös Mächtigen Bedrückte in mannigfachem Sinn, unscheinbare Menschen mit der Sehnsucht nach einem anderen Leben. Aus dieser speist sich zugleich die Kraft zum Widerstand gegen autoritäre Anmaßungen aller Art sowie zum Einsatz für andere in der Nachfolge Jesu. (In *Gruppenbild mit Dame*, 1971 etwa, wäre dies nicht nur am Beispiel der Titelfigur präzise dingfest zu machen.)

Vorstellungen, bei denen man sich in gesellschaftskritischer Hinsicht abstützen kann, üben aber auch auf Autoren, die dem Christentum ansonsten fern stehen, beträchtliche Faszination aus. Noch 1997 hat Günter Grass einer konservativen Verkrustung der Politik den »Sozialrevolutionär« Jesus entgegengehalten.[19] Als solcher gehört er auch für marxistische Intellektuelle wie Wolf Biermann (*Rotgefärbter Tatsachenbericht vom wahren Leben und Tod des Jesus Christus*, 1978)[20] oder Stephan Hermlin in die vorbildliche Gemeinschaft der Kämpfer für eine Befreiung des Menschen quer durch alle Zeiten, Räume und Weltanschauungen: »In der Tat«, äußerte letzterer gesprächsweise, sei

> »ein kommunistischer Schriftsteller ein Sohn aller nach vorn und nach rückwärts gewandten Utopien, ein Sohn von Ketzern und heilig gesprochenen Märtyrern. Die vor ihm haben die zehn Gebote geschrieben und die Bergpredigt (...)«[21]

Uneindeutiger gelagert ist demgegenüber das jesuanische Erkenntnisinteresse von Uwe Johnson. Erzählte Lebensgeschichte wird bei ihm grundsätzlich zum Medium ethischer Reflexion.[22] In seiner *Jahrestage*-Tetralogie (1970/83) wendet er dieses Verfahren sehr nachdrücklich auf die bewusstseins- und wirklichkeitsverändernde Kraft neutestamentlicher Weisungen an, sofern man diese »ernst« (525) nimmt.[23] Letztlich geht es hierbei um die Frage nach der Geltung des Nachfolgeanspruchs vor dem Horizont politischer Verwerfungen.

Virulent wird sie zunächst im Hinblick auf den Weg der Mutter der Ich-Erzählerin im nationalsozialistischen Deutschland. Diese, Lisbeth Cresspahl, ist, fast müsste man sagen: völlig konditioniert durch eine streng altlutherische Erziehung (88, 129, 364f., 526, 720; vgl. 1402, 1605). Aus den »Vorschriften« (365) der Bibel bezieht sie ihre kompromisslos handlungsleitenden Orientierungen wie »die Liebe (...) zur Wahrheit« (57) und ein »Empfinden« für »Gerechtigkeit« (142). Selbst ihre Hochzeitspredigt stellt sie bewusst unter Lk 9, 62: die Aufforderung an die Jünger zur radikalen Nachfolge (112). Zu den Stellen, an denen sie ihr eigenes wie das Gewissen der Kinder in der »Christenlehre« schärft (508), zählt neben Röm 5, 1–5 (571, 579) auch Mt 10, 34–42: die Aufforderung zum furchtlosen Bekenntnis und zur Kreuzesnachfolge (604; vgl. 644, 761; auch 989).

Für Lisbeth ist derlei keineswegs bloße Rhetorik. »Ein jeder«, fordert sie, »muss für seinen Glauben einstehen.« (427). Dieser wird denn auch zum Anlass, gegen das, was sie als Unrecht der Nazis wahrnimmt, aufzustehen (525) und dort einzuschreiten, wo andere schweigen, ohne Schonung ihrer selbst. Angelpunkt dafür ist eine doppelt motivierte Identifikation mit der verfolgten Minderheit: »Lisbeth Cresspahl sagte: Christus war auch ein Jude. Dann sind wir auch welche.« (547; vgl. 645). Und am Tag, an dem sie als Zeugin vor Gericht aussagen muss, wo (durch ihre Mitschuld) zwei Bekannte wegen »heimtückischer Angriffe auf Staat und Partei« angeklagt sind (600), findet sie als Tageslosung des Mecklenburgischen Christlichen Hauskalenders Mt 10, 47: Jesu Wort über seine Ineinssetzung mit den »Geringsten« (605), zu denen ihr unter den obwaltenden Umständen die Juden werden.

Zugleich aber helfen ihre Werte zum Umgang mit dem, was sie als ihre höchst private Schuld empfindet (der Familie gegenüber etwa), offensichtlich nicht. Im Gegenteil verstrickt sie sich hier mehr und mehr in Depressionen, die sie nicht anders aufzulösen vermag als durch die problematische Unbedingtheit des Opfergedankens. In einem Akt pervertierter Liebe dehnt sie ihn auf ihr Kind aus, das sie umzubringen versucht, um es vor der unentrinnbaren allgemeinen »Schuld« zu retten (618; vgl. 512).

Nachdem Lisbeth in der Pogromnacht, wo sie Zeugin der brennenden Synagoge und des Mordes an einem jüdischen Mädchen geworden ist (721, 724), öffentlich einen Parteifunktionär ohrfeigt, nimmt sie sich in ihrer Auswegslosigkeit das Leben (was sie durch die Bibel nicht unter Verbot gestellt sieht) und ruiniert dabei noch die berufliche Existenz ihres Mannes – sie verbrennt sich, indem sie seine Werkstatt anzündet. Für diesen hat sie aus ihrer religiösen Erziehung daher lediglich »gelernt (...), zu Grunde zu gehen« (829).[24]

Als Ergänzung (vielleicht auch Gegenmodell) zu Lisbeth fungiert die Figur des Pastors Brüshaver. Ursprünglich »deutschnational« (XIV) und obwohl er nichts dabei findet, dass sein Sohn in Spanien als Pilot auf der Seite der Fa-

Der Vieldeutige

langisten kämpft (471), hält er sich von Anfang an von der Anpassung seiner Kirche an die braunen Machthaber fern (244 f.).

Was er predigt, nach dem ersten »Judenboykott«, von der »christlichen Pflicht zur Nächstenliebe« (425) oder während des Hitler'schen Kirchenkampfes im Sinne »von Niemöllers Pfarrernotbund«, wird von der Gestapo mitprotokolliert (643; vgl. auch 426, 703). Wenngleich Brüshaver »gern mutig gewesen, tapfer geblieben« wäre, redet er sich, von einem dieser politischen Besucher zu Joh 8 befragt (der Predigtvorlage für den Sonntag Judica), wo es (erneut!) um die Nachfolge des »Lichts der Welt« geht (8, 12), auch um die befreiende, gegebenenfalls aber lebensgefährliche Kraft der Wahrheit (8, 32.36), unverbindlich heraus (644).

Seine entscheidende Bewährung leistet er dann jedoch nach dem Freitod Lisbeths. Jetzt endlich ist er, wie im Neuen Testament gefordert, dazu bereit, kein Risiko für sich (und seine Frau) zu scheuen (757, 765). Von der Kanzel herab, wo er Lisbeth unter die Opfer der Nationalsozialisten einreiht, bekennt er sich zu seinem eigenen Versagen und nennt dasjenige der Mitbürger offen beim Namen. Diese »Aufzählung« wird zur »Grundlage des Urteils gegen Brüshaver« (760 f.), den man in das Konzentrationslager Sachsenhausen abtransportiert (763, 805), von wo er, »ausgemergelt« (999; vgl. 1400) und mit Spuren der Misshandlung (1600), erst nach Kriegsende wieder zurückkommt.

Im Zwiegespräch mit ihrem agnostischen Vater lässt Johnsons Ich-Erzählerin diesen über den Mut des Pfarrers rückblickend sagen: »Es war, als ob er aufgewacht wäre.« Und auf die Nachfrage, nicht mit Anspielung auf Adorno, sondern auf Mt 16, 24ff.: »Weil er nun aufgehört hatte, falsch zu leben?«, antwortet er: »Lass doch den theologischen Quatsch, Gesine. So war er mir recht.« Ein *understatement*, das unverkennbar zugleich Respekt und Zustimmung beinhaltet. Die Überwindung des falschen Lebens ist in dieser Optik eine genuin religiöse Kategorie, genauer: der letzte Anspruch, auf den die Botschaft Jesu zielt (vgl. XIV).

Andere Passagen des Romans erhärten diesen Befund. Unter den Verhältnissen der frühen DDR spiegelt Johnson in zwei Figuren noch einmal die Leitbildlichkeit evangeliumsgemäßer Ethik. Einmal ist da Gesines ebenso fromme wie hochintelligente Freundin Anita, die selbst ihren Vergewaltigern, ja »*allen Russen*« überhaupt, zu vergeben im Stande ist (1609), und dann, eine Art *alter ego* des Autors selbst, der Schüler Lockenvitz, der sich gleichfalls nicht mit der »Gewalt, die über alles Recht hinweggeht« und der »inneren Unwahrhaftigkeit« im neuen Staat (1612) abfindet. Gerade bei letzterem lässt Johnson durchblicken, dass selbst die säkularisierte Welt unter dem Anspruch eines eigentlichen, eines wahrhaftigen Lebens steht, notfalls gegen äußere Bequemlichkeit und Erfolg, einem Anspruch, wie er in der Verkündigung Jesu vorgegeben ist.

»Matthäus XVI.26. Ja, Schiet!« (1733) So knapp (doch hervorgehoben durch eine eigene Zeile), kommentiert Gesine die oppositionellen Aktivitäten des Klassenkameraden, welche ihn schließlich vor Gericht bringen. Dem gegenüber, was das Jesus-Wort beinhaltet, kann sie nicht gleichgültig bleiben, mag sie es im Bewusstsein ihrer Feigheit auch vordergründig abwehren. Wie generell bei Johnson, konkretisiert sich erst in den Leerstellen und Zwischenräumen des Erzählens das eigentlich Gemeinte.[25] An einer deutlichen Interpretationshilfe lässt er es jedoch nicht fehlen: Es »(...) war uns unheimlich, dass ein Junge von 18 Jahren für irgend welche Wahrheit, sei sie eine erwiesene Tatsache, eine Zukunft riskiert (...)« (1805). Selbst wenn sie hier nur indirekt christlich besetzt ist, kehrt damit offensichtlich jene Semantik wieder, die schon für Lisbeth Cresspahl und Brüshaver handlungsleitend wurde.

Welch harten Proben und Widersprüchlichkeiten man dadurch auch ausgesetzt wird: Johnsons Figuren stehen für die Notwendigkeit, alledem zum Trotz einen Lebensentwurf unter dem Anspruch der Wahrheit zu realisieren. Und auch wenn – oder gerade weil! – der Zeugnis- und Nachfolgeanspruch mit ihnen in die unauflösliche Ambivalenzstruktur der Wirklichkeit hineingenommen wird, bleibt festzuhalten, dass es gerade das Wort Jesu ist, das den Blick gegen ein falsches Leben zu öffnen und einen verwandelnd zu treffen vermag.

II. Das Kreuz

Vom bloßen Lehrer eines richtigen Lebens unterscheidet sich Jesus am eindringlichsten durch die Art und Geste seines Todes. So ist denn auch das Kreuz von Anfang an folgerichtig zu Mitte und Bezugspunkt christlichen Glaubens geworden, zum großen Schlüsselsymbol, in dem die Bedeutung sich verdichtet, die man ihm beimisst. Drei in sich ausdifferenzierte Verhaltensmuster dazu kehren in der neueren Literatur wieder.[26]

Da ist zum einen das Kreuz ein Zeichen, von dem Jesus in lebensdienlicher Absicht buchstäblich abgenommen werden muss, um eine dieser Fixierung und ihren Implikationen gegenüber anderen Botschaft Raum zu geben. Bei Ernst Meister verweist dieser Gedanke auf die intensive Konfrontation mit der Theologie Rudolf Bultmanns zurück, die zur Entfernung von der Welt seiner protestantisch-pietistischen Herkunft führt. Während der Schatten Gottes in Meisters Lyrik, deren zentrales Thema die unausweichliche Existenz zum Tode ist, in Art einer *theologia negativa* stets gegenwärtig bleibt, betreiben gerade die Passions-Gedichte der frühen 50er und 60er Jahre eine zunehmende Verabschiedung des Golgatha-Geschehens unter dem Vorzeichen erfüllter Diesseitigkeit.[27]

Der Vieldeutige

Schon im *Gründonnerstags*-Monolog Jesu (1953) transformiert er die Elemente des biblischen Berichts so, dass der vergängliche Glanz und die Fruchtbarkeit des Irdischen das letzte Wort behalten: »Mein Gott, mein Gott, wie schön die Mandelblüten von Zion, meinem Traum!« Nicht von Bereitschaft zum Leiden ist die Rede, sondern von einer positiven Utopie, die dem »Ergraut und erblindet« gewordenen Gott entgegengeschrien wird.[28]
Während aber Jesus hier immerhin noch als Überwinder der Ängste (vor dem Jenseits wohlgemerkt!) zum Vorbild für andere taugt, geht diese Weltbejahung im Zyklus *Jenseits von Jenseits* (1962) einher mit seiner Beerdigung, die nachgerade Bedingung dafür ist, dass ein positiver Gegenmythos des Lebens Platz greifen kann:

»Wir gingen hin/ zu dem Kreuz,/ lockerten ihn, machten/ ihn frei,/ führten ihn/ zu/ den Höhlen,/ (...) Wir gingen auf Christus zu ... Zeit,/ wo den Muscheln nach/ Rosenblättern/ zumut war,/ einem Duft, einer/ Geburt/ aus der See.«[29]

Der Leidende wird beiseite geschafft, damit die vorhandene Erotik des Daseins sich entfalten kann, auf die Meister hier mit der Geburt der Aphrodite anspielt. Das Erscheinen der Göttin, die für eine Ahnung heidnischer Leichtigkeit des Existenzvollzugs steht, kontrastiert zur Todeswelt Christi.
Mehr noch: Der vom »Kreuz« Befreite wird an einen der Offenbarungsorte Aphrodites gebracht (»Höhlen«), in ihr Mysterium eingeweiht (»es war dort/ von bunten Steinen die Rede«)[30] und so in einem Akt der Erlösung, deren Objekt er selbst ist, zum Adepten des neuen, lebenszugewandten Mythos gemacht.

Aus völlig anderen Rückbezügen, dem Geist der antiautoritären Protestbewegung, argumentiert Günter Herburger in seinem »Zukunftsroman« *Jesus in Osaka* (1970) ganz ähnlich. Sein Held, mit dem der Autor sich einem Ideal des neuen Menschen anzunähern versucht, ist der Prototyp des Nonkonformisten in einer kapitalistischen Leistungsgesellschaft, fantasievoller Vorkämpfer und Befreier zu einem Leben voller Glück, Freiheit und Liebe als in der Menschheit selbst enthaltenem Potential irdischer Vollendung (182).[31]
Quer dazu steht insbesondere das Kreuz als Symbol einer lästigen wie destruktiven Erinnerung an Gegenläufiges. In dem zentralen Kapitel des Romans wird daher eine Art ritueller Kreuzvernichtung inszeniert. Sämtliche Schuldgefühle und auf ein Jenseits verschobene Erlösungshoffnungen sollen ein für allemal aus den Köpfen verschwinden. Herburgers Pop-Jesus, ein ganz gewöhnlicher Mensch, weigert sich, weiterhin die Lasten zu tragen, die man seit zwei Jahrtausenden auf ihn abgeladen hat. Er wehrt sich gegen den Missbrauch, der bisher mit seiner Figur getrieben wurde, »will kein blutiges Symbol mehr sein« für Gehorsamsansprüche und Einschüchterung (»Angst«: 185), ebenso wenig

zur Legitimation von Herrschaft und psychischer Deformation (»Demut«: 304) dienen, die den aufrechten Gang verhindern.

Eine Art sanfte Version der Kreuzabnahme-Thematik stellt Wolfdietrich Schnurres Erzählung *Eine schwierige Reparatur* (1976) dar. In leichtem Ton plädiert sie für die Verlebendigung Jesu »auf der Erde« (88)[32], etwa durch solidarische Aufmerksamkeit für die konkreten Nöte der Menschen (79, 108; vgl. 80, 114, 117). Deswegen muss man, wie es durch den Akt der Restauration eines wurmstichigen Kruzifixes in einer Berliner Kirche zum Ausdruck kommt, sich seiner an-nehmen wie eines Patienten auf dem Operationstisch, »dem vielleicht doch noch geholfen werden konnte« (wobei er zugleich in seiner »Zerbrechlichkeit« entdeckt wird: vgl. 93 f., 103 f.). Selbst wenn das Kreuz nämlich »auch das Zeichen des Lebens« ist, was der atheistische Restaurator (84) ausdrücklich »akzeptiert« (112), herrscht doch eine Diskrepanz der Bedeutung vor, sofern man notorisch einen Sterbenden (oder Toten) daran belässt (112)[33] – weshalb es selbst der Pfarrer, wenn auch »heiser«, einen »einleuchtenden Vorschlag« findet (114), dass am Ende der Reparatur ein »schwebender« Jesus ohne Kreuz neu in die Wand eingelassen wird.

In einem umfassenden Sinn kritisiert hingegen, um noch ein letztes Beispiel für dieses Deutungsmodell zu erwähnen, Stefan Heyms Roman *Ahasver* (1981) die Wirkungslosigkeit der Haltung, die sich mit dem Kreuz verbindet. Was Jesus (der hier Reb Joshua heißt) und den Titelhelden von Anfang an eint, ist die Liebe zur Menschheit und die Hoffnung auf Veränderung der Welt zum Guten; was sie trennt, ist die Art und Weise, wie diese Veränderung erreicht werden soll. Statt sich in der Auflehnung den herrschenden Zuständen zu verweigern, will Reb Joshua als das Lamm Gottes die Schuld der Welt auf sich nehmen.

Gegen diese Bereitschaft, passiv in sein von Ewigkeit her vorbestimmtes Schicksal einzuwilligen, trumpft Ahasver auf, der Gott selbst (»dein Vater«: 43)[34] für die desolaten Zustände auf Erden verantwortlich macht:

> »Glaubst du, den da oben kümmert's, wenn sie dir Nägel treiben werden durch deine Hände und Füße und dich stückweise absterben lassen am Kreuz? Er hat doch die Menschen gemacht, wie sie sind, und da willst du sie wandeln durch deinen armseligen Tod?« (96)

Erlösung, so argumentiert er, wird nicht erlitten, sondern erkämpft; sie ist keine Gnade, sondern eine Frucht der Tat. Das Lamm, das sich fressen lässt, stärkt nur die Ordnung der Wölfe (vgl. 136).

Auch Reb Joshua, der dennoch gehorsam den ihm vorbestimmten Weg in den Kreuzestod geht, beginnt (wie vorher schon Lucifer: 136), als er Ahasver in einer raum- und zeitlosen Dimension wiederbegegnet, allmählich am Sinn seines Opfers zu zweifeln (161 f.). Angesichts der fortbestehenden Ordnung eines taten- oder machtlosen Gottes, die »ein stinkender Sumpf« ist, in dem, was der Alte »weiß«, »alles, was lebt, nur danach trachtet, einander zu fressen« (218 f.), wird er am Ende zur Rebellion gegen den Vatergott bekehrt, »der ihn in den Tod getrieben für nichts und wieder nichts (...)« (220).

Das Kreuz und die Mentalitätsmuster, für die es steht (wie Hingabe, Demut, Schicksalsergebenheit), sind also der falsche Weg für die Menschheit.[35] Es gibt keine (gar auf den Jüngsten Tag verschobene) stellvertretende Erlösung von der Qual des Lebens. Vielmehr muss der Mensch selbst sich aus dem irdischen Jammertal herausziehen und an der Stelle des alten Gottes »einen neuen Himmel schaffen und eine neue Erde« (242). Dies ist der schmerzliche Lernprozess, den Reb Joshua durchläuft.

Dieser aktivistisch gestimmten Lebensfreundlichkeit gegenüber in ihren verschiedenen Spielarten repräsentiert das Kreuz anderswo die Kontinuität der Erfahrung des gemarterten Menschen, als Bezugspunkt ganz persönlicher »Schmerzensfreitage«[36] wie gerade auch vor dem Hintergrund der politischen Katastrophen des Jahrhunderts. Zumal die Lyrik liefert dafür Anschauungsmaterial.

So erscheint etwa in Gedichten von Nelly Sachs oder Paul Celan (*Zürich. Zum Storchen*, 1963; *Tenebrae*, 1969)[37] Jesus als identifikatorisches Emblem, das die Ohnmacht aller in den Konzentrationslagern erniedrigten, einem qualvollen Tod ausgelieferten Opfer einbegreift, die mit ihm ihr »*Genug*« zum Himmel schreien.[38] Verbunden mit einer kabbalistischen »Licht«-Mystik des Sehens wird seine äußerste Leidensverlassenheit hier aber auch mit der verzweifelten Liebe Jesu in Zusammenhang gebracht oder als ein kosmisch umgreifendes Geschehen gedeutet, das vielleicht ein sinnvolles Geheimnis in sich birgt. Mit der Hoffnung »auf/ sein höchstes, umröcheltes, sein/ haderndes Wort –«[39] der Gottverlassenheit ist (bei Celan), wenn auch nicht der Glaube an, so doch das Verlangen nach Erlösung in diesem Geschehen anwesend.

Hilde Domins (ebenfalls sehr bekanntes) *Ecce homo*-Gedicht (1967) zeigt »den gekreuzigten«[40] auf doppelte Weise als Stellvertreter einer menschlichen Ur-Befindlichkeit. In der Situation ungeschützten Ausgeliefertseins bezeichnen die am Marterholz ausgebreiteten Arme zugleich die Geste vorbehaltloser Zugewandtheit zu den Menschen. Insofern ist Jesus bleibende Präfiguration auch einer Hoffnung, die genauso zum Dasein gehört wie die Leiderfahrung selbst.[41]

Als Signatur für die Wunde(n) der Kontingenz und die Verheerungen der Geschichte bleibt das Kreuz eine Herausforderung für jeden Optimismus im Hinblick auf die gesellschaftliche Fortentwicklung. Offen oder versteckt vermögen sich mit ihm vielmehr kritische Implikationen diesem gegenüber zu verbinden, wie zwei etwas ausführlicher vorgestellte Beispiele erhellen sollen.

Christa Wolfs Roman *Nachdenken über Christa T.* (1969) erzählt die unruhige Lebensgeschichte einer Frau, die mit 35 Jahren an Leukämie stirbt. Ihre »letzte und einzige große Reise« (109)[42] führt die Protagonistin nach Südbulgarien, wo sie auch das Rila-Kloster besucht. Bei einem Spaziergang unter den mit Darstellungen von »Martyrien der Heiligen, der Apokalypse« geschmückten Arkaden sinniert sie über das kurz zuvor stattgefundene Gespräch mit einem ihrer ehemaligen Schüler, einem Mediziner, der sie daran erinnerte, dass sie damals als Lehrerin von der »halb realen, halb fantastischen Existenz des Menschen« (110) gesprochen hatte. Dies beschäftigt sie mehr als jene Ikonologie, »die uns nicht mehr betrifft« (112; allenfalls, dass man »so, eines Tages (...) unter unseren Martyrien spazieren« werde). Ganz entschieden besitzt für sie demgegenüber der Anspruch »unserer moralischen Existenz« Geltung – »Und die ist allerdings sonderbar genug. Fantastisch sogar«–, vor deren Anspruch ein Mann wie der Mediziner versagt, der darauf pocht, dass er sich für nichts »verantwortlich« fühle, durch nichts berührbar, »was es auch sei ...« (112).

Dann heißt es umstandslos (und einigermaßen rätselhaft) weiter:

> »Das hohe hölzerne Kreuz auf dem Westgrat über dem Gebirgstal hebt sich schwarz vom gelben Abendhimmel ab. Wir können wohl nur, sagt Christa T., in aller Ruhe damit rechnen, dass nicht verloren gehen wird, was so dringend gebraucht wird.« (112)

Weshalb diese Anleihe? Warum ist gerade an dieser Stelle ausgerechnet das christliche Symbol eingeführt?[43] Strukturell befinden wir uns im Roman hier an einem Wendepunkt: Kurz zuvor endet die wiederholte Erwähnung jener Martyrien der Menschen und Tiere, die Christa T. als Heranwachsende verstörten, in der Erinnerung fortgesetzt begleiten und »Trauer« (108) zurücklassen: des an die Stallwand geschleuderten Katers (25); des im Schnee liegengelassenen toten Jungen (26 f.); der fast ausgebrüteten Vogeleier, die die Schüler gegen den Feldstein schleudern (35); der Kröte, der ein anderer den Kopf abbeißt. Und kurz danach stellt sich heraus, dass Christa T. bereits todkrank ist, d. h. »einem dummen, bösen, sinnlosen Zufall« ausgeliefert, mit dem man eigentlich »nicht leben« kann (177). Ihr ist, lesen wir bündig, »nicht zu helfen« (129), womit das (sozialistische) »Versprechen«: »Allen soll geholfen werden, gleich« (129), definitiv an seine Grenzen gelangt (vgl. auch 124, 128).

Als unerledigte Provokation wird das Kreuz in der Welt der Leiden und der Utopien wahrgenommen. Dort, wo etwas Notwendiges nicht abhanden kommen soll, vermag es (auch jenseits des Glaubens) wie kein anderes Zeichen, an den »fantastischen« Anteil der menschlichen Existenz zu erinnern, an eine Wahrheit, die über den jeweiligen *status quo* hinausgeht. Das Kreuz ist Chiffre für eine andere, noch nicht gewonnene Realität, für etwas Unabgegoltenes, das die Werte und Vergeblichkeiten des Individuums über die eigene Lebenszeit hinaus transzendiert. Denn obschon es trotz (oder sogar wegen?) der sich immer wiederholenden »Martyrien« die Aussicht auf einen Fortschritt des Menschen auf dem Weg zu sich selbst gibt, kann Christa T. ja an dieser Hoffnung selbst nicht mehr teilhaben.

Noch an einer anderen Stelle beerbt Christa Wolf die Semantik des neutestamentlichen Passionsgeschehens. Im Zusammenhang mit der Befindlichkeit der jungen Sozialisten ist von der Disposition eines Glaubens an scheinbar »Unmögliches« (55) die Rede: »Die Idee der Vollkommenheit hatte uns erfasst«, und es »kam die Ungeduld dazu: Wahrlich, ich sage dir, heute noch wirst du mit mir im Paradiese sein!« (54).

Entgegen der hier evozierten Gleichsetzung von Paradies und erfülltem irdischen Leben (vor dem Horizont der Verheißungen einer neuen Gesellschaft) insinuiert die intertextuelle Anspielung allerdings Leiden und Tod als Vorbedingung für den Eintritt in das Paradies. Auch von daher ist es plausibel, dass in *Nachdenken über Christa T.* die Metaphorik des Kreuzes als Möglichkeit genutzt wird, sinnstiftende Überzeugungen – und zumal deren Erschütterung – mit einer quasi-geschichtstheologischen Tiefendimension auszustatten (wobei, ob beabsichtigt oder nicht, der Intertext sich durchaus subversiv zu der optimistischen Bedeutungskonzeption des Romans verhalten mag).[44]

Einer völlig anderen Perspektive als der Christa Wolfs begegnen wir in den Erzählungen und Dramen von Thomas Hürlimann. Inspiriert besonders von der Kulturkritik Nietzsches und Heideggers, spürt er Absurditätserfahrungen inmitten einer Gesellschaft nach, die in ihrem Wohlstand auf den ersten Blick wie »die perfekte Ausführung eines utopischen Entwurfs« anmutet.[45] Gleichwohl überschatte, wie er diagnostiziert, eine uneingestandene »große (...) Angst (...) die gesamte (...) Zivilisation« (27). ›Endspiel‹-Stimmung ist daher in seinen Arbeiten angesagt, die späte Zeit der vordergründig selbstgewiss ihrem Untergang entgegensteuernden »Titanic« (S 46, 119).

Etwas muss da »gekippt« (L 208) sein, in den Seelen wie in der Natur, wo es »nach Fäulnis, nach Verwesung« stinkt (L 195). Von den »frustrierten Psycholeichen des Abendlandes« ist in der Novelle *Das Gartenhaus* (1989) die Rede (G 71). Lust- und schmerzvoll stellt man (und frau) die eigenen »Wunden« (G 43, 73) aus, in denen man befangen bleibt.

Kontrastiv zu dieser leerlaufenden Traurigkeit wird in der Komödie *Der letzte Gast* (1990) an die noch in Sinnzusammenhänge eingebettete *tristitia* der frühchristlichen »Säulenheiligen« erinnert:

> »Nachmittags um drei war die Hitze am schlimmsten, die Zeit lang, der Durst groß, da versanken die Heiligen in eine tiefe Traurigkeit. Ist diese Traurigkeit, fragte Thomas von Aquin, eine Sünde? Schließlich sind wir erlöst, Gott hat uns

erlöst, also haben wir nicht traurig zu sein, nicht depressiv. Nein, entschied der Aquinat. Gott ist um die dritte Nachmittagsstunde verstorben, und so dürfen wir annehmen, dass die Traurigkeit des Säulenheiligen ein Akt des Mitleidens ist, ein Akt der Trauer über den Tod am Kreuz.« (L 207)

Der Verdacht, dass dieser entlegene theologiegeschichtliche Vergleich keineswegs bloß einer geistreichen Laune entspringt, bestätigt sich in der Geschichtensammlung *Die Satellitenstadt* (1992). Hier nämlich wird die These des Scholastikers vom »Mit- und Nachleiden des großen Todes am Kreuz« wiederholt (S 95 f.) und zugleich in grotesker zivilisationskritischer Brechung variiert. Im Leben der Gegenwart hingegen herrschen »Langeweile«, »hoffnungslose Sehnsucht« (G 14), das Aufrechterhalten von Verleugnungs- und Abwehrstrategien einer vernunftlos gewordenen Aufklärung, deren zukunftsgerichtetes Pathos in höchst reale Zukunftslosigkeit umgeschlagen ist. Provozierend hält Hürlimann all dem frühere Denkformen entgegen, die sich mit dem Kreuz verbinden, auch wenn letztlich dem Gesetz der Vergänglichkeit, des Absterbens, wenn »dem Tod (...) keiner den Stachel ziehen« könne: »Der am Sabbatmorgen weggewälzte Grabstein rollt immer wieder an den Ausgangspunkt zurück« (H 31). Jesus wachsen auf diese Weise Züge eines absurden Helden zu, Sisyphos vergleichbar.

Mit sparsamen Andeutungen gerät er zuweilen auch als Identifikationsfigur der menschlichen Leiderfahrung in den Blick: »Erst wenn man selber dran glauben müsse, begreife man, wie sie's dem Heiland gemacht hätten«, sinniert der Lehrer in der Erzählung *Die Tessinerin* (1981, T 129). Das alte Ehepaar im *Gartenhaus*, das den Sohn verloren hat, trinkt »täglich um drei, zur Stunde des Karfreitags, im Herrenzimmer (!)« seinen Tee (G 10). Und in der Lärmhölle der Satellitenstadt der prototypischen Ausgeburt einer Epoche ohne Kontinuitätsbewusstsein und mit verdrängten Sinnfragen – Kirche und Friedhof fehlen –, explodiert just »um drei Uhr nachmittags, zur Stunde des Karfreitags, die letzte, die alles auslöschende Bombe« (S 84). Gleich zweimal erscheint dieses Datum der »Todesstunde des Herrn« ferner im Roman *Der große Kater* (1998, K 18, 190). Das Leben, so insinuieren diese Passagen, könnte eine Passion ohne Aussicht auf Erlösung sein. Jesus selbst fragt im »Kreuzlied« des *Einsiedler Welttheaters* (2000, E 53 f.) nach dem Sinn seines langen Martyriums. Indessen durchzieht Hürlimanns Arbeiten auch eine skeptische Sehnsucht nach dem Wunder, nach der Verwandlung, in der »das Unglaubliche, das Unerhörte« geschieht, wie es den Kern gerade der biblischen Religion bildet (H 73, 76).

Auch der Agronom Carleton (im gleichnamigen Stück von 1996), der als Ernährer Amerikas während ökologischer und ökonomischer Krisen selbst arm bleibt, erlebt am Ende im Urwald von Peru zeichenhaft seine »Schädelstätte, (...) Kalvaria total« (L 438). Hier wächst der biblischen Assoziation freilich eine neue Bedeutung zu: die eines Menetekels für jenen hybriden Wahn, der die Katastrophenrotation der Moderne erst hervorbringt (die, durch Gottfried Benns Projektion eines »Führers« und »Erlösers« mit einem »überlebensgroßen (...) Kreuz«, auch in ihrem politischen Delirium gegenwärtig ist: L 432). Sie macht die Verblendungen des technokratischen Kapitalismus mit seiner fixen Idee eines »achten Schöpfungstags« transparent (L 414; vgl. 391, 441f.), als deren Phänotyp Carleton erscheint. Aus diesem Grund trägt er auch keine Dornen-, sondern eine »Narrenkrone« (L 421). Passionssymbolik erhält bei Hürlimann zuletzt also den Rang eines kritischen Kommentars zu den gegen- (oder post-) christlichen Expansions-Mythen des 20. Jahrhunderts (L 394, 438, 440), einem Befreiungs-, das zum Untergangsprojekt zu mutieren droht.

Wie aber steht es neben alledem um den soteriologischen Aspekt, um die Deutung des Kreuzes Jesu als heilbringendes Opfer für die Menschen? Auch sie ist in der neueren Literatur vorhanden, wenngleich nicht häufig. Die Schwierigkeiten, vor denen die Texte bei dem Versuch stehen, sich an diesen Inhalt kirchlichen Glaubensbewusstseins heranzutasten, werden ihnen nicht von ungefähr selbst zum Thema.

Diskurse unterschiedlicher Art verschränkt Anne Dudens Prosa *Das Judasschaf* (1985) miteinander: die Lebensangst der Protagonistin (die wechselweise »Ich«, »die Person« oder »die Frau« genannt wird), die Schuld des Weiterlebens nach dem Holocaust, diverse Formen von Wahrnehmung und Gedächtnis, den labilen Zustand weiblicher Identität und anderes mehr. In diesem Ensemble spielen Gemälde eine tragende Rolle. Die besondere Leidenschaft der Erzählerin gilt dabei zwei alten Tafelbildern des venezianischen Meisters Vittore Carpaccio um 1500. Deren Gegenstand aber ist der Tod Christi, der in dieser historisch-ästhetischen Vermittlung den Blick so unmittelbar gegenwärtig affiziert, als sollte durch die dargestellten Körper und Gesten ein lebenswichtiges »Wissen« vor dem Vergessen bewahrt werden, »das anders in unserer Kultur kaum oder gar nicht mehr erschließbar ist.«[46] Um die Beschaffenheit dieses Wissens kreist insbesondere die Beschreibung des ersten der beiden Gemälde, einer *Meditation über die Passion Christi*.

Die Leinwand zeigt den toten Christus auf einem »Bröckelthron« (72) sitzend, zur Linken von Hieronymus, zur Rechten von Hiob flankiert, »an der Schwelle zwischen schrecklich Vergangenem und Nichts« (95), wie es heißt.[47] Diese Darstellung löst einen inneren Aufruhr in der Betrachterin aus, der erhebliche Energien freisetzt, um den vorgefundenen Code zu entschlüsseln. Was aber das Bild für sie so anziehend macht, hat offensichtlich mit der Gestalt in der Mitte zu tun, von der ihr beim ersten Hinsehen erscheint, »als habe er (= Jesus) noch nicht gewusst, dass er nie wieder aufwachen werde« (72).

Dann gleitet die Protagonistin mehr und mehr in eine halluzinative Zweideutigkeit der Wahrnehmung ab, die sich ungefiltert dem Leser mitteilt: Lebt der

Tote nun tatsächlich nicht mehr, oder doch? Einerseits erweckt die Mittelpunktfigur für sie den Anschein eines »zu Tode Entspannten« (104; vgl. 72), andererseits jedoch kann ein »Unterschied« zwischen »Lebendem und Totem« (93) nicht ohne weiteres festgestellt werden. Was immer auch vorbei sein mag: Geblieben sind eine Gelöstheit, die täuscht, eine Schönheit, die sich entzieht, und eine Hingabe, die so befremdlich ist wie das Lob, das ein Zitat aus dem Eingangs-Chor von Bachs Matthäus-Passion heraufbeschwört: »*Sehet! Was? Seht die Geduld!*« (95; dem dort jener Choral folgt, der auch hier mitbedacht werden muss: »O Lamm Gottes unschuldig/ Am Stamm des Kreuzes geschlachtet«).

Schließlich entdeckt die Frau Worte von irritierender Unvertrautheit auf dem brüchigen Sitzblock Christi: sie »zerfallen (...), bersten (...), verwittern, verflachen« (101): Zeugnisse geborstener Gewissheit, die kaum noch zu dechiffrieren sind.

> »Die hebräischen Inschriftreste an dem Thron des Umgebrachten – Experten können sie noch entziffern – bedeuten KRONE ... ISRAEL ... MIT EINEM SCHREI ... Am Steinblock, auf dem Hiob sitzt, ist zum Lesen übriggeblieben, DASS MEIN ERLÖSER LEBT und die Zahl Neunzehn.«

Die »fremden, verzerrten« (101) Zeichen verweisen darauf, dass es keine unmittelbar einleuchtende Botschaft mehr gibt: Diese muss nachgerade aus den fragmentierten Einheiten »mühsam« (102) zusammengesetzt werden. Topoi der Medientheorie, der Kunst- und Religionsgeschichte überlagern sich dabei ebenso spannungsvoll wie die übriggebliebenen Bedeutungssplitter selbst:

> »in den Stein eingemeißelte kopflose Aussage und mundtotes ort- und grenzenloses Wissen. Dass mein Erlöser lebt – ich weiß. Blindgeworden füreinander steht beides da oder geht aneinander vorbei. An ein Zusammentreffen ist nicht mehr zu denken.« (103)

Das Auseinandergesprengte will sich für die Betrachterin nicht mehr zu einer bedeutungsträchtigen Ganzheit zusammenfügen (vielleicht auch deshalb, weil das für Sprache allemal unmöglich ist, die notwendigerweise nur auf gebrochene Formen zu verweisen vermag). Jede Behauptung, die zu wissen vorgibt, würde demnach im Unsicheren gründen. Hier aber scheint es darüber hinaus auch um bestimmte Inhalte vor dem intellektuellen Horizont der Gegenwart zu gehen:

> »Gedanke, den niemand mehr denkt, Aussicht, die keiner sieht, Hoffnung, die von niemand getragen und von keinem Körper mehr ausgedrückt wird. Dass mein Erlöser lebt (...). Die Schatten werden lang und das Herz könnte einem entfallen.« (103)

Indem es die Imagination freisetzt, ist es nun aber gerade das Bild, das die Erzählerin, trotz aller Skepsis,[48] nicht »untröstlich« zurücklässt (96).

Der Vieldeutige

»Unausgesprochen bewahrt es (= Carpaccios Gemälde) den Hauptsatz auf in den sprachlosen Figuren. Ich weiß. Der Inhalt ihres Wissens jedoch kann nicht abgefragt werden. In lichten Augenblicken stellt er sich vielleicht von allein dar (...)«

oder ist »von den toten Lippen« ablesbar. (104). Im Zustand einer traumhaft-klaren, quasi-mystischen Entrückung, fällt ihr die Ahnung einer Fraglosigkeit zu, die sich jedoch in einem unabschließbaren Prozess »stets aufs neue (...) verliert«, auch wenn sie als »weit entfernte Erinnerung, wie in einem Traum« (104) nachglüht.

Wie auch immer: in paradoxer, enigmatischer Komplexität entwirft Anne Duden das Suchbild eines verlorenen Wissens, das mit dem Tod Jesu und einem lebenden Erlöser sowie deren Aufeinanderbezogenheit zusammenhängen könnte. Weshalb aber wählt sie ausgerechnet ein solches Motiv für ihren vielschichtigen (Gedächtnis-, Bedeutungs- und Begehrens-)Diskurs aus? Nicht, dass eine soteriologische Frage bekenntnishaft beantwortet, dass sie gestellt und (als etwas Dringliches) offengehalten wird, ist hier das Spannende.

Ebenfalls an den Grenzen des Unartikulierbaren, fast als wolle sie jene entschwundene Gewissheit vor dem Auf-den-Punkt-Gebracht-Werden durch die Sprache schützen, vollzieht die Frau beim zweiten Passions-Bild des Textes, einer *Grabbereitung Christi*, gar eine Bewegung der Einswerdung auf den feminin wirkenden Schmerzenskörper des »Gehängten, Durchschlagenen, Erstochenen« hin (130), der »merkwürdig lebendig, wie schlafend« aussieht: »Ein Träumender, der uns, wenn er aufwacht, etwas berichten, erzählen kann, und sei es einen Traum.« (129). Worin dieser bestehen mag – gar bis hin zur Auferstehung, mit deren historischer Bildlichkeit Anne Duden sich an anderer Stelle beschäftigt?[49] – bleibt ganz den Assoziationen des Lesers anheim gestellt.

Einem ähnlichen Umweg über Zitate der kulturellen Tradition, um Vorstellungen von Jesus als dem leidenden Erlöser angesichts einer aufgeklärten Zeitgenossenschaft zur Sprache zu bringen, begegnet man bei Tankred Dorst. Sein Stück *Korbes* (1988)[50], allegorisches Mysterienspiel und derbes Volkstheater in einem, führt die (Leidens)Geschichte eines grobschlächtigen, naturwüchsig bösen Menschen vor, die immer wieder durch Szenen von Händels Passion (Der) *Für die Sünde der Welt/ Gemarterte und Sterbende Jesus* von Barthold Hinrich Brockes (1712) durchbrochen wird.

Unbestreitbar besteht ein wechselseitiger Querverweis zwischen den beiden Handlungssträngen, den zu lösen dem Rezipienten aufgegeben ist. Verschiedene Antworten sind denkbar, etwa: Die Qual Christi, wie sie die barocke Passion darstellt, »hat einen Sinn, die des Korbes hat keinen.« Im Text nach dem vierten Evangelium verheiße, so Dorsts Mitarbeiterin Ursula Ehler weiter, das Leiden »Erlösung«, während Korbes (ob nun verdientermaßen oder nicht)

»im Schlamm seiner schrecklichen Existenz« bis zuletzt sitzen bleibe.[51] Oder wird nur die hoffnungslose Gespaltenheit unseres Bewusstseins zwischen Lebenspraxis und ethisch-religiösem Überbau kritisch beleuchtet? Kümmert sich (ein abwesender) Gott, der (den Worten des Autors zufolge), in der Brockes-Passion zweifellos der Gegenspieler von Korbes ist,[52] nicht um dessen Hölle, so wie auch die heilsgeschichtlichen Personen des Stücks ganz gleichmütig in ihr umhergehen? (Einmal sehen sie Korbes einfach zu, wie er tobt: 281).[53] Handelt es sich gar um einen Wink, dass das christliche Heilsgeschehen in seinem traditionellen Verständnis als Sühneopfer, als gottgewollter Mord am Gottessohn zur Rechtfertigung einer sündigen Menschheit, ohne das Böse nicht auskommt, es als Werkzeug zur Überwindung des Bösen braucht, also nicht wirklich den Kreislauf der sich fortzeugenden Bosheit durchbricht?[54]

Oder aber läuft das Verhältnis der beiden Spielebenen vor allem darauf hinaus, wofür in der Tat gewichtige Indizien anzuführen wären, dass die Brockes-Passion den religiös völlig unsensiblen, unansprechbaren Protagonisten kritisieren soll? Ihre Figuren schreiten durch sein wüstes Leben, aber er nimmt sie und das, was sie ihm zu sagen haben könnten, nicht wahr. Der in seiner lustvoll gewalttätigen Materialität befangene Mensch (für den der fränkische Kleinbürger Korbes steht) ist nicht nur im physischen Sinne blind: »Da kann ich meine Augn aufreißen und siech trotzdem nix« (270), sagt er, während Evangelist und Tochter Zion ihre Botschaft vom heilbringenden Blut Christi verkünden. Dass Jesus »dir zu gut« gestorben ist, wie der barocke Text immer wieder betont, kommt bei ihm nicht an, weil er über keine metaphysischen Rezeptoren mehr verfügt. Folgerichtig gleicht sein permanent aggressives Verhalten dem der »Ungläubigen« bei Brockes (vgl. 251). Nur einmal hört Korbes einen fremden Ton »in der Leitung«, zu dem er aber, weil er letztlich nur auf sein eigenes »Geschrei« zu achten pflegt (290), selbst die Kommunikation verunmöglicht. Einem plötzlichen Anflug von religiöser Erinnerung gibt er eine grotesk-blasphemische Wendung, indem er sich selbst als »leidenden Christus« verspottet: »o Haupt voll Blut- und Leberwörschd« (271).

»Herr Jesu deine Wunden rot/ die werden mich erhalten«, singt die »Gläubige Seele« (275). Oder auch: »Kann ich durch deine Qual und Sterben/ nunmehr das Paradies erwerben« (295). Ganz selbstverständlich ist Jesus in solchem Bewusstsein das »Heil der Welt« (287, 290): Die Gesänge brechen im Stück freilich immer wieder auch ab. Dennoch: wie in einer sprechenden Verborgenheit konfrontieren sie uns mit Nachrichten von unserer Erlösung durch den Gekreuzigten aus kulturell akzeptierten Nischen. Ob wir noch im Stande sind, sie zu begreifen, ist eine andere Frage.

Neben der historisch-ästhetischen Vermittlung, dem Zitat, gibt es in der Gegenwartsliteratur noch eine andere Möglichkeit, die fremd gewordenen Heilsbedeutung der Passion Jesu zur Sprache zu bringen, nämlich das Mittel schnoddriger Verfremdung. Dieses wäre abschließend etwa mit einem kurzen Seitenblick auf das (1999 im Schauspielhaus Zürich uraufgeführte) Debüt des 29-jährigen Dramatikers Andreas Erdmann zu erläutern, den Monolog Schädelstätte oder Die Bekehrung der heiligen Maria.

Ein zentrales Motiv ist hier die Unbegreiflichkeit der Annahme des Kreuzes aus der Perspektive wohlmeinender menschlicher Beschränktheit, die der Autor (mit einer, um seinen Inhalt in ungewohntem Licht erscheinen zu lassen, bewusst vorgenommenen Profanierung) die *mater dolorosa* einnehmen lässt. Komisch ist das zwischen Tadel und Fürsorge, zwischen Verärgerung und Panik, Verzweiflung und Ohnmacht, Auflehnung und Resignation heftig ausschlagende Unverständnis ihrer (salopp vorgetragenen) mütterlichen Sorge. Die verstörende Andersheit aber, die hinter diesem Tod sichtbar wird, das eigentliche Ärgernis besteht in der Annahme und Sinngebung des Kreuzes durch Jesus: »Da wärst du ja pervers, hättest du dir das hier ausgesucht« (18)[55]. Oder:

> »Wen sollst du retten?/ Das Volk von Israel?/ Dieses undankbare Pack?/ Die geschrieen haben: kreuzigt ihn?/ Du bist ja wirklich nicht mehr ganz bei Trost!/ (...) Und überhaupt: Sie retten!/ Durch dein Blut!/ Wie soll das funktionieren, hä?/ Du bist offensichtlich noch nicht alt genug geworden, um das Eine zu kapieren:/ Andre Menschen kann man nun einmal nicht retten./ Jeder kann sich selber retten, damit ist er schon genug beschäftigt!/ Nur Bauernfänger geben vor, sie wollten andere Menschen retten.« (25)

Unverkennbar ist es die Mentalität der nicht nur strategisch Bescheid wissenden Ellbogengesellschaft, der das Kreuz zutiefst unverständlich bleibt. Nicht minder die Begründung,

> »damit sich irgendeine blöde Schrift erfüllt./ (...) Der Herr will ganz bestimmt nicht, dass du das erleidest./ Der will höchstens, dass du endlich aufhörst mit dem ganzen Blödsinn./ Dass du da herunter (...) kommst.« (17)

Dass der Vater den Sohn, der sich dazu noch aus freien Stücken seinem Willen unterwirft, leiden lässt, leuchtet, als das Widersinnige schlechthin, heute niemandem mehr ein. Weit eher schon wohlmeinende Appelle wie diese: »Du hast doch dein ganzes Leben vor dir!« (19) Oder:

> »*Was* willst du erkaufen?/ Himmelreich?/ Und daran glaubst du?/ (...) Es gibt kein Himmelreich!/ Nach dem Tod ist Schluss!/ (...) Und Sterben (...) ist einfach sinnlos./ Sogar sinnloser als leben!« (29 f.)

Ein sehr dialektischer Spott wird hier getrieben, der weniger auf augenzwinkerndes Einverständnis mit dem aufgeklärten Zuschauer setzt als diesen kritisch aufspießt.

255

Das Motto von Erdmanns Stück lautet: »Wahre Liebe kennt keine Zuneigung«. In welcher Bedeutung genau dies gesagt ist und wer sich so verhält, bleibt offen: Jesus seiner Mutter gegenüber? Oder umgekehrt? Gott im Verhältnis zum leidenden Jesus? Das Wort des chinesischen Weisen Dschuang Dsi lässt jedenfalls auch eine Lesart des Abstands zu, den unsere rationale und pragmatische Denkweise von der Idee der Radikalhingabe, gar in Form eines blutigen Sühneopfers des Gottessohnes für die Menschheit, trennt. Auf vertrackte Weise wird der Text hier zur nonkonformen Erinnerung.

III. Die Verneinung

»Ich fand«, schreibt der Theologe Karl-Josef Kuschel noch 1997 als Summe seiner sich über mehr als zwei Jahrzehnte erstreckenden Recherche: »Wenn es einen Topos der literarischen Auseinandersetzung mit Jesus bei Schriftstellern unserer Zeit gibt, dann den der *Schonung Jesu*, was im Klartext heißt: Bei aller oft noch so bitteren Kirchen- und Religionskritik – Jesus selbst wird in den allermeisten Fällen von der Kritik ausgespart (...)«[56] Sich dermaßen festzulegen setzt indes die Nichtbeachtung von Zeugnissen voraus, die einen anderen Befund spiegeln. Und solche finden sich massiv immerhin auch bei Autoren, die zu den intellektuell einflussreichsten und meistgelesenen des hier zu behandelnden Zeitraums gehören.

Arno Schmidt, der vielleicht wichtigste Repräsentant der literarischen Avantgarde in den Jahrzehnten nach dem Zweiten Weltkrieg, hat sich von seinen Anfängen an als dezidierter Atheist zu erkennen gegeben. Und wenngleich Zeit- und Religionskritik bei ihm einander durchdringen und sich wechselseitig stützen:[57] Auf eine bloße Form von Destruktion der geistigen Grundlagen der frühen Bundesrepublik, jener von ihm gehassten »Christlich-Abendländischen Kultur GmbH« der Wiederaufbau-(und Aufrüstungs)-Gesellschaft (F 41)[58] ist seine fundamentale Ablehnung gerade auch der Gestalt Jesu ebenso wenig zu reduzieren wie auf einen Rest an Betroffensein, gegen den er sich nur durch Aggression habe wehren können (so oft dies auch sonst ein Motiv für Blasphemie sein mag).[59] Die Schärfe und Grundsätzlichkeit seiner Kritik gestattet keine Immunisierung dieser oder irgendwelcher anderer Art.

Zumeist selbstexplikativ erzählend, d.h. aus der Perspektive von Personen, die mit dem apodiktischen Überlegenheitsgestus der Wissenden triumphierend ihre A-Religiosität zur Schau stellen, bedient sich Schmidt unterschiedlicher Stilmittel zur Bloßstellung des Christlichen. Gezielte Verschreibungen und

Der Vieldeutige

Sprachspiele stellen dabei noch die sanfteste Variante dar. Besonders in den Typografie-Büchern des Spätwerks setzt er, seiner »Etymtheorie« gemäß, gern die fonetische Polyvalenz der Worte zur Erzeugung kompromittierender Subtexte ein: So liest man in der »Novellen=Comödie« *Die Schule der Atheisten* (1972) etwa von »Chri*stuß*« (S 208) oder dem »Christen*tumb*« (S 225). Lustvolle Anzüglichkeiten und »artigste Ketzereien« (P 73) wechseln mit aggressiven Verulkungen, Schmähungen oder Bekundungen von Abscheu. Allemal sollen es jedoch Brüskierungen in persuasiver Absicht sein,[60] weshalb seine Anklage bisweilen bewusst die Grenzen zum Maß- und Geschmacklosen streift.

Wurzel und Antrieb von Schmidts Kritik ist der Anspruch intellektueller Ehrlichkeit. Da das Christentum diesem gegenüber als Form kruder Autoritätshörigkeit erscheint, die sich »maaßgebend« auf solche »Sächelchen« beruft, was »›Jesus selbst‹ gesagt hat« (P 129), stellt es einen Affront für jeden denkenden Menschen dar. Zumal »Kristus« keineswegs ein »höchstes Ideal« repräsentiert (K 253).

»Die Persönlichkeit des Mannes, nach dem sich immerhin 30% der Menschheit nennen, genügt mir nicht!«, heißt es im Essay *Atheist?: Allerdings!* (1956, A 320). Warum dies so ist, erläutern seine literarischen Arbeiten vorher schon zuhauf. In *Seelandschaft mit Pocahontas* (1955), einem Text übrigens, dessentwegen Schmidt auf Grund einer Strafanzeige wegen Gotteslästerung (und Verbreitung unzüchtiger Schriften) als erster deutscher Schriftsteller der Nachkriegszeit gerichtlich verfolgt wurde, wird Jesus jegliche intellektuelle Legitimation bestritten:

> »›Was würdn wa denn heute sagn, wenn der Junge vom Tischler-Josef drüben, eben issa aus der Volksschule, uns über Gottundewelt belehren wollte? Der hat doch nischt gelernt! Kann keene Sprachen, hält de Erde fürn Pfannkuchen, weeß bloß Kreisklatsch. Kunst und Wissenschaft, Mattematiek, oder wie die Brüder alle heeßen: keene Ahnung! Gelebt oder 'n Beruf ausgeübt hat er ooch nich, also ooch keene menschliche Erfahrung weiter; nischt durchgemacht-‹ (...): ›was hat Der mir groß zu sagen?!‹« (P 44)

Bloße Charismatik ohne die fundierte Auseinandersetzung mit dem kulturellen Wissen der Menschheit reicht nicht aus: »Was ein solcher Mann behauptet«, zieht Schmidt im *Atheismus*-Essay die Linie weiter, »ist für mich von vornherein undiskutabel!« (A 320) Das gleiche Argument kehrt in *Kosmas oder Vom Berge des Nordens* (1955) im Hinblick auf die Arroganz des Christentums dem vermeintlich »eitlen Götterpack« der Antike gegenüber wieder: »Aber wenn sich ungelernte Tischlerjungen Haar und Bart salben und kräuseln, was?« (P 142).

Dass »der Herr Christus: nur ganz einfache Leute (...) zu Verkündern und Aposteln genommen« habe, »die nich Lesen und Schreiben konntn«, wird spöttisch gegen ihn wie sie gewendet: »›Da halten sie ja immer ganz streng drauf‹, sagte ich angeekelt« (F 33). Seines geistigen Niveaus wegen hält Schmidt denn auch Buddha für die Jesus weit überlegene Figur: »(...) de tribus imposoribus (= also von den drei Betrügern, wie Friedrich II. die ihm bekannten Religionsstifter nannte); einzig Gautama war von Denen ein großer Mann, gebildet.« (B 34; vgl. L 35, 38). Was bei diesen mangelhaften Dispositionen ihres Begründers herauskommt, könne nur eine Religion aufgeplusterter Unkenntnis sein (ganz zu schweigen von fantastischen Glaubensinhalten wie Inkarnation und Auferstehung Christi oder seinem eschatologischen Richteramt: L 35, K 298, 27; vgl. S 208).

Auch Maximen der Botschaft Jesu sind in Schmidts Bestreitung einbegriffen. Zwar sei das Liebesgebot »wahrhaft schön«, aber »nicht originell« (L 33; vgl. B 14; P 68 f.). Durch seine Herkunft werde es überdies entwertet, bestehe doch »ein unheilvoller Riss zwischen der anerkannten Notwendigkeit gütiger Menschenliebe, und jener unentwegten schamanenhaften Begründung dafür« – nämlich einer theologischen, sich auf die Verkündigung einer Person berufenden –, »die vor 2.000 Jahren dem geistigen Mittelstande gerade noch angemessen war.« (F, 146 f.; A 325). Davon abgesehen erscheint die Ethik Jesu inhaltlich ebenso insuffizient[61] wie ihre intellektuelle Begründung. So sieht es Schmidt jedenfalls im Verhältnis zu seiner eigenen, vom pessimistischen Humanismus Schopenhauers grundierten Position, deren zentraler Impuls das Mit-Leid gegenüber den Leiden nicht allein der Menschen, sondern jeder Kreatur ist. Gerade hier aber versagt Jesus für ihn, ist er (entgegen dem Pathos der Theologie) kein Vorbild.

»Um die Lückenhaftigkeit der von ihm verkündeten, angeblich so übermenschlich hohen, Moral zu demonstrieren« vergleicht Schmidt die Geschichte vom

> »›Fischzug Petri‹, den der Heiland durch ein ausdrückliches Wunder dermaßen segnet, dass die Boote mit der Beute fast bis zum Sinken gefüllt werden – mit dem Verfahren des großen Heiden Pythagoras, der den Fischern ihren Zug, während das Netz noch unter Wasser liegt, abkauft: und allen geängstigten Tieren die Freiheit schenkt!!: *Wen von diesen Beiden* könnte man mit mehr Recht einen ›Sohn Gottes‹ nennen? (von denen es mir überhaupt viel zu viele gibt: im Altertum kam das in jeder besseren Familie vor!) Wenn Christus bei solch unvergleichlicher Gelegenheit – wo das Wahnsinnsprinzip einer Welt, deren lebende Wesen dadurch existieren, dass sie einander auffressen, handgreiflich vor Augen lag! – wenigstens bedrückt gemurmelt hätte: ›Wenn ein Gott diese Welt geschaffen hat, so möchte ich dieser Gott nicht sein: ihr Jammer würde mir das Herz zerreißen‹ – dann ja!« (A 320)

Weitere Defizite beziehen sich auf den Bereich der Sexualität, die bei Schmidt, als vitaler Befreiungsakt des in vielfache Zwänge und Konventionen eingepferchten Ich, stets positiv konnotiert ist: »*Christus?*« hingegen, heißt es im

Roman *Aus dem Leben eines Fauns* (1953), sei in dieser Hinsicht kein voller Mensch gewesen

> »›hat sich selbst kastriert!‹; das war wieder Schönert, der prononciert Matthäus XIX Vers 12 vorlas (...) (Aber an sich gar nich so abwegig, wie?)« (F 22)

Ungleich gravierender allerdings ist die Rede von »Ewiger Höllen«, die der Autor mit einem »KZ, vor allem für abweichend Denkende«, vergleicht; derlei hält er für von »jedem anständigen Menschen« verabscheuenswert. (A 321; vgl. H 68). Befreiendes eigne den »fanatischen Gottheiten« (L 33) des Christentums jedenfalls nicht im geringsten!

Ein *dégoût* anderer Art verbindet sich mit den eucharistischen Einsetzungsworten: »›Das ist mein Leib und Blut‹–«, die zum Anlass für kannibalistische »Schmierereien« gedient hätten (P 48; vgl. F 132, 158). Am Ende des Romans *Aus dem Leben eines Fauns* (1953) wird das Abendmahl zu »*The Ladies's Supper*« travestiert (F 159), als die Geliebte des Erzählers die Leberwurst zur letzten gemeinsamen Mahlzeit vor dem apokalyptischen Inferno auspackt. Eschatologische Verheißungen erklärt Schmidt aus der Anmaßung der vergänglichen »Stinkbombe« Mensch, »ewig sein« zu wollen (F 39), die narzistischen Kränkungen im Hinblick auf den Tod geschuldet sei: Eben »deshalb« hätten die Christen »Anhänger« (L 29). Selbst wenn es sie aber gäbe, hätte die Teilhabe an einer solchen »Hallelujah (...) ewigen Liedertafel« (P 118) für ihn nichts Reizvolles: »Wenn ich tot bin, mir soll mal Einer mit Auferstehung oder so kommen: ich hau ihm Eine rein!« (B 28 f.).

Nicht zuletzt ist für Schmidt auch das Gottesbild Jesu, sind die darauf bezogenen, ihm im Neuen Testament in den Mund gelegten Worte – die »Evangelien«, sagt er, sind voller ungeklärter »Widersprüche« (P 142) – angesichts des Horrors der Welt verharmlosend, ja unwahr. So etwa im Hinblick auf Mt 10, 29:

> »Der ›Herr‹, ohne dessen Willen kein Sperling vom Dache fällt oder 10 Millionen im KZ vergast werden: das müsste schon ne merkwürdige Type sein – wenn's ihn gäbe!« (P 7)[62]

Die Wirklichkeit spreche solcher Verkündigung eines gütigen, fürsorgenden und bergenden Gottes, dem man vertrauen könne, grausam Hohn. Gott, den Schmidt zuweilen nach Art eines gnostischen All-Dämons von boshaft-raffinierter Intelligenz denkt, dessen Manifestation die Welt ist (L 28 ff.; P 80, 133; B 40; F 150), trage vielmehr die Verantwortung für deren unermessliches Grauen. (Entsprechend nimmt der Autor eine Verfremdung der Perikope von der Bekundung des Vaters bei der Taufe Jesu [Mk 1, 11] vor, die bei ihm auf die ›leviathanische‹ Bosheit der Menschheit schon von Kind an bezogen wird: L 27).

Da das Christentum also von Anfang an, mit seinem Namensgeber selbst, unheilbar korrumpiert ist, kommt es in der Erzählung *Schwarze Spiegel* (1951) parenthetisch-beiläufig zur Verabschiedung vom »werten Nazarener«, der ganz und gar entbehrlich ist: »nee (...): Du bist kein Problem! Gott hab Dich selig, da das nach eurer Ansicht ja einmal Gottes Aufgabe ist.« (L 81)

Ein solcher Scheidegruß mag sich in der Literatur der Gegenwart auch anderer Artikulationsweisen zu bedienen, des Prinzips Nonsens beispielsweise, das meisterhaft zu beherrschen Robert Gernhardt nachgesagt wird. Wie man weiß, handelt es sich dabei aber nicht einfach um bloße Albernheiten, vielmehr um die bewusste Zersetzung von Sinn-Behauptungen. Auch Gernhardts Nonsens wird dadurch zum radikalen Projekt, dass er Verhältnisse und Autoritäten, die er als abwegig empfindet, Glaubensartikel jeglicher Art, dem Säurebad subversiven Witzes unterzieht.

So stoßen wir etwa in seinem Gedicht *Lokal-Bericht* (1981) dort, wo bei ihm sonst die Protagonisten »unserer« (d.h. der progressiv angegrauten) »Kreise« sitzen, mit deren Lebenswelten und Überzeugungen er gern selbstironisch spielt, in der Kneipe also, unvermutet auf jemand anderen:

> »Dichter Dorlamm tritt in ein Lokal/ und er sagt sich: Na, dann wolln wir mal!/ Na, dann wolln wir mal – hier stockt er schon,/ denn am Tresen steht der Gottessohn./ Steht am Tresen und bestellt ein Bier,/ und der Wirt schiebt ihm eins rüber: Hier./ Hier das Bier. Der Gottessohn ergreift es./ Da ertönt ein Lied. Und Dorlamm pfeift es./ Pfeift das Lied ›O Haupt voll Blut und Wunden‹./ Oh, sagt Jesus, danke, sehr verbunden./ Wirklich freundlich, sind Sie etwa Christ?/ Nein, sagt Dorlamm da, weil er's nicht ist./ Bin es nicht, sagt er, bin's nie gewesen./ Jesus zieht ihn lächelnd an den Tresen./ Zieht ihn, um zugleich dem Wirt zu winken:/ Dieser Herr will sicher auch was trinken!/ (...) Einen Wein? Der Wirt füllt den Pokal./ Na, sagt Jesus, Prost. Dann wolln wir mal!«[63]

Diese Verse einer überraschenden Konfrontation sind nun beim besten Willen nicht bloß Parodie einer allzu zeitgenössischen Version des Sündermahls (Mk 2, 15; Mt 11, 19) oder einer gewissen Art von abgesunkener Theologie, die den lieben Gott ganz buchstäblich einen guten Mann sein lässt, mit dem man auf familiärem Fuß steht, und in der Jesu Menschlichkeit zum netten Kerl von nebenan schrumpft, der einem so leicht nichts krumm nimmt.[64] Was Gernhardt hier durchführt, zielt vielmehr auf die Banalisierung und Ridikülisierung jedes besonderen Anspruchs dieser Figur, die total in eine unernste Situation einbezogen ist und sich ihr entsprechend verhält. In vorausgesetztem Einverständnis mit dem (ver)lachbereiten Leser wird lustvoll gegen die überlieferte Aura eines hohen Symbols verstoßen. Der Kern solcher Komik ist Aggression durch Bedeutungsvernichtung.[65]

Dass die schulterklopfende Dekonstruktion des *Lokal-Berichts* umfassend dem Sinn von Person und Botschaft Jesu gilt, wird durch ein anderes Gedicht aus demselben Jahr bestätigt. *Plädoyer* (1981):

> »Dass er die Kindlein zu sich rief,/ dass er auf Wassers Wellen lief,/ dass er den Teufel von sich stieß,/ dass er die Sünder zu sich ließ,/ dass er den Weg zum Heil beschrieb,/ dass er als Heiland menschlich blieb –/ ich heiße Hase, wenn das nicht/ doch sehr für den Herrn Jesus spricht.« (88)

Der das sagt, entlarvt sich allemal selbst in seiner Beschränktheit. Er glaubt Bescheid zu wissen (wie der Hase läuft), gibt sich aber nur als Ignorant zu erkennen (sein Name ist Hase), der eben nichts weiß. Dem *Grimmschen Wörterbuch* kann man entnehmen, dass der Hase vielfach als Metapher der Narrheit dient, der Inkompetenz, die hier (wie übrigens schon in *Ich sprach*, 1976: 52 f.), der puren Fiktionalität des inhaltlichen Bezugs entspricht. Was da als wirklich ausgesagt wird, gibt es eigentlich gar nicht (oder ist doch in jeder Weise höchst fragwürdig). Auf der formalen Ebene korrespondieren dem Reime, die die verrückte Zwanghaftigkeit dieses Wunschdenkens abbilden.

Nein, auch im Hinblick auf Gernhardt gibt es theologisch nichts zu ›retten‹. Wie um diesbezüglich selbst letzte Zweifel zu beseitigen, wertet er in der schwärzesten seiner Travestien – in einer anderen mutiert die Anrede »Gotteslamm« übrigens zu »O Gott, du Schaf« (506) – legendenhaft archaisierend die Geschichte des Heils, die mit Weihnachten begonnen hat, zu einer des Unheils, der Negativität, des Bösen um. *Die Geburt* (1997):

> »Als aber in der finsteren Nacht/ die junge Frau das Kind zur Welt gebracht,/ da haben das nur zwei Tiere gesehn,/ die taten grad um die Krippen stehn./ Es waren ein Ochs und ein Eselein,/ die dauerte das Kindlein so klein,/ das da lag ganz ohne Schutz und Haar/ zwischen dem frierenden Elternpaar./ Da sprach der Ochs: ›Ich geb dir mein Horn./ So bist du wenigstens sicher vorn.‹/ Da sprach der Esel: ›Nimm meinen Schwanz,/ auf dass du dich hinten wehren kannst.‹/ Da dankte die junge Frau, und das Kind/ empfing Hörner vorn und und ein Schwänzlein hint./ Und ein Hund hat es in den Schlaf gebellt./ So kam der Teufel auf die Welt.« (486)[66]

IV. Der Mythos

Zuweilen begegnet man immer noch dem wenig präzisen Begriff der ›traditionellen christlichen Literatur‹, deren öffentliche Resonanz sich bis in die 60er Jahre hinein erstreckte. Gemeint sind dabei weniger die ästhetischen Rückbezüge (auf Spätrealismus und teilweise Expressionismus) der meisten hierunter subsumierten Autoren als ihre bekenntnishafte Haltung. In der neueren Theologie hat man getadelt, es würde hier, was unser Thema betrifft, »letztlich nur« auf den »Christus des Dogmas« rekurriert, »in der Rolle eines Mysteriengottes«.[67] Dass dieser Vorwurf zumindest der Relativierung bedarf, wäre im Detail vielfach nachzuweisen.

So enthält etwa ein *König aller Zeit* überschriebener kurzer Text Reinhold Schneiders (nach 1945) zwar durchaus die gläubige Reflexion (wenn man so will) ›vertikaler‹ christologischer Hoheitstitel, ohne diese indes gegen den ›horizontalen‹ Aspekt auszuspielen. Im Gegenteil entwirft der Autor eine Ethik der rigorosen Solidarität, die der Inkarnierte (vor-)»gelebt hat«. »Wir sind«, fügt Schneider ausdrücklich hinzu,

> »in Gefahr, wenn wir den Ehrfurcht gebietenden Escorial unserer Dogmatik betreten, zu vergessen, dass in der innersten Kammer das Feuer brennt, das auf die Erde zu werfen Jesus Christus gekommen ist.«[68]

Dennoch steht natürlich außer Frage, dass dieser eben auch der endzeitlich Wiederkehrende und Richtende ist, den der Glaube bezeugt, eine rein historischer Seinsweise enthobene, transzendente Majestät.

Wie immer das Selbstverständnis Jesu von Nazaret gewesen sein mag: epochale Wirksamkeit erlangte er jedenfalls erst durch die Typologie der Evangelien und die paulinischen Briefe, wo neben den in der jüdischen Bibel kursierenden Heilserwartungen gleichermaßen die religiösen Verständnishorizonte des Hellenismus auf ihn bezogen werden. Gewisse Analogien zu dieser Verfahrensweise in der Literatur sollen den Schlussteil der vorliegenden Ausführungen bilden. Gemeinsam ist ihnen der spekulative Zugang zu der Person Jesu Christi (um diesen Doppelnamen jetzt ganz bewusst zu gebrauchen), weniger mit Anleihen bei der klassischen Dogmatik allerdings (die parziell gleichwohl mit einfließen kann), als aus dem weiten Spektrum philosophisch-theologischer Esoterik.

Ein solcher Ansatz zieht sich bei Ernst Jünger, zumal in seinen Tagebüchern, von den 1949 erschienenen *Strahlungen* bis in die letzten Notate des fast Hundertjährigen durch (*Siebzig verweht V*, 1998).[69] Empirische Realität in jedweder Form ist für ihn Ort der Anwesenheit jener überzeitlichen, numinosen ›Grundmächte‹, die allem Leben vorausgehen. Im Widerspruch zu der Mobilmachung eines entmythologisierenden, szientifisch verkürzten Bewusstseins der Moderne an diesen latenten Geheimniszustand der Welt zu erinnern, bleibt wesentlich der Autorschaft vorbehalten (vgl. 4/100, 257),[70] der damit, als Instanz eines zu schreibenden »Dritten Testaments« (II/144, 5/144), ausdrücklich inkarnationstheologische Analogien zuwachsen (II/502).

Neuplatonisch-gnostisches Denken und Stilprinzipien des Surrealismus konvergieren bei Jünger so im Sinn für eine literarisch vermittelte, spirituelle Transparenz der Wirklichkeit und gegen deren wissenschaftlich-technische Vergleichgültigung. Er insistiert darauf, dass mythisches Bewusstsein nicht als Regression der abendländischen Vernunft, sondern als Aufhebung von deren Grenzen zu begreifen sei. Von der »modernen Physik«, als der Leitwissenschaft unserer Epoche, erwartet er, dass ihre »gleichnishafte Kraft« zunehmen und »das Senfkorn der Bibel zeitgemäß zur Anschauung bringen« werde (III/594; vgl. IV/253; S 81,16).

Ursprünglich bedeutet ›Mythos‹ (aus phänomenologischer Perspektive jedenfalls), ja so viel wie »Botschaft« oder »Rede von dem, was *ist*, (...) im emphatischen Sinn von Sein.«[71] Dessen verstreute Kundgebungen versucht Jünger aufzuspüren, denn: »Im Sichtbaren sind alle Hinweise auf den unsichtbaren Plan.« (I/19). Auf jedoch nicht ausschließliche Weise erkennt er diesen auch in der Bibel wieder, die er während der Kriegsjahre seit 1941 zweimal vollständig liest, mit dem Ziel einer »Exegese zu meinem persönlichen Gebrauch« (II/342). In den späten Schriften, die seine Theologie einer möglichen Wiederkehr der Götter im Zeitalter der Titanen umreißen, lässt die Häufigkeit der Referenzen zwar nach, das Neue Testament bleibt gleichwohl stets gegenwärtig.

Jünger ist überzeugt von den Erfordernissen einer qualitativ neuen Auslegung »im Sinne des 20. Jahrhunderts« (I/12; vgl. II/213), um den »heiligen Urtext« freizulegen, »der sich im Wort offenbart«. Von diesem jedoch verstünden die Experten, die »Schriftgelehrten« wenig, deren Betriebsblindheit vielmehr »auf immer feineren Wegen ins Leere führt.« (II/586). »Die Textkritik des 19. und 20. Jahrhunderts« gebe, polemisiert er,

> »keine größere Einsicht in die Bibel als der Darwinismus in das Tier. Beide Methoden sind Projektionen auf der Ebene der Zeit – wie hier der Logos im Zeitlichen aufgelöst werden soll, so dort die Spezies (...). Die Bibel wie die Tierwelt sind Offenbarungen, und darin liegt ihre gewaltige« – und das heißt bei ihm: auf die zentralen Daseinsmächte verweisende –, »gleichnishafte Macht.« (II/230; 209).

Im Verhältnis zu dieser interessiert ihn eine auf pure Faktizität fixierte Methode deshalb weniger, weil sie grundsätzlich unangemessen ist:

> »Paradox gesprochen, würde das Christentum auch mit einer anderen Geschichte möglich sein. Daher sind alle Versuche, das Ereignis zu historisieren, verfehlt, schädlich sogar.« (S 77).

Keineswegs redet der leidenschaftliche Naturforscher, der Jünger auch ist, damit dem Irrationalismus das Wort. Als Ziel gibt die Vorrede zu den *Strahlungen* eine Verschmelzung der »Hieroglyphensprache (...) mit der Sprache der

Vernunft« an (I/19). Sarkastisch greift er jedoch die Borniertheiten des »exakten Realismus und Positivismus« an, in dessen Geist er selbst erzogen wurde:

> »Die Religionslehrer waren meist langweilig, bei manchen hatte ich ein Gefühl, als geniere sie der Stoff. Holle, der klügste unter ihnen, ließ durchblicken, die Erscheinung Christi auf dem Wasser sei durch eine optische Täuschung zu erklären; die Gegend sei für ihre Bodennebel bekannt.« (II/271)

Jünger hingegen spricht von dem »Fürsten des Lichtes« (II/50, 209), »der von oben kommt und durch die Tatsachen hindurchschreitet« (II/531). Der gnostischen Idee vom göttlichen Selbst im Menschen verwandt (das nicht Teil der empirischen Welt ist), »erkennt sich (...) Christus« bei ihm

> »als der Ewige Mensch, und als solcher weist er sich aus als von göttlicher Herkunft, als Gottes Sohn. Er überwährt den Kosmos, der geistige Schöpfung ist.« (II/212, vgl. 299)

Herkunft und Ziel des Menschen liegen jenseits der Welt unseres Wachbewusstseins. Hier nimmt Jesus eine zwar nicht exklusive, aber doch paradigmatisch herausgehobene Stellung ein (II/72). Seine Botschaft betrifft den »unsterblichen Menschen« (II/209; 144), der als solcher (II/155, 28) allerdings keiner stellvertretenden Rechtfertigung gemäß der Kirchenlehre bedarf:

> »›Heute noch wirst du mit mir im Paradiese sein.‹ Das gilt auch für den bösen Schächer – man darfs nur nicht laut sagen.« (I/402; vgl. 2/497f.)

Als »Mittler, der die Menschen der metaphysischen Verbindung fähig« mache, deutet Jünger Christus in einer Reflexion über eine Stelle aus dem 1. Korintherbrief (15,22):

> »Die Möglichkeit lag in ihnen seit Anbeginn: so werden sie durch das Opfer auch nicht neu geschaffen, sondern vielmehr ›erlöst‹, das heißt in höhere Aktivität versetzt. Diese war immer, als Potenz der Materie.« (II/232)

Mithin wirke er als eine Art Katalysator, der das eigentliche Wesen der Menschen freisetze, als Präfiguration der großen Verwandlung nach dem Tod (I/307), bei der Durchbrechung der »Zeitmauer« (S 176; vgl. 16) oder eben der »›Auferstehung‹«, an der der Autor »kaum je einen Zweifel« hatte: »im Gegenteil« (2/16; 204).[72]

Auch die Idee der zwei Wirklichkeiten, des ›Hier‹ und »Drüben« (4/253) oder ›Oben‹ und ›Unten‹, ist gnostisch grundiert. Zwischen beiden bestehen geistige Verbindungen und Wirkzusammenhänge, von denen in Christus etwas sichtbar wird. Er vollbringt (zumeist keine »magischen«, sondern »charismatische«: II/381) Wunder (II/209, 213, 219; auch 161f.; 2/484, 605), die erkenntnisstiftende »Gleichnisse« sind. »(...) in der Materie vorgebildet und enthalten«, stellen sie deren höchste Verwirklichung« dar (I/427). Ein Einbruch dieser anderen, verhüllten Realität (für die unsere geläufigen Kategorien fehl am Platze seien), vollziehe sich erst recht in den Erscheinungen des Auferstandenen, die Jünger einem Erkenntnismodus zuordnet, welcher der »Vorderseite (...) des Spiegels« entspreche, der nicht »durchsichtig« sei und daher lediglich »Bilder« produziere (3/483; vgl. 4/ 419; 5/122f.; S 105, 173, 175).

Mit seiner Aufforderung zum Gebet insbesondere wird der Nazarener zum Lehrer metaphysischen Wissens (II/354). Das Gebet nämlich unterbreche den »kausalen Tagesverlauf« und schaffe eine »Lücke (...), die höheren Einfluss möglich macht.« (II/353). Um sich »der Normung, an der auch die Technik ununterbrochen mitwirkt, zu entziehen«, empfiehlt Jünger deswegen mit Nachdruck

> »das Gebet. Hier ist auch für den Geringsten der Punkt gegeben, an dem er nicht zu Teilen des Getriebes, sondern zum Ganzen in Beziehung tritt. Von dort strömt unerhörter Gewinn, auch Souveränität. Das gilt auch außerhalb jeder Theologie.« (II/302; vgl. auch 316)

Christus ist bei diesem Autor also ein Bürge für die jederzeit mögliche Epiphanie des Numinosen (2/507)73 – und auf solche »gründen« sich Religionen, »nicht auf Vernunft und Absicht« (S 65; vgl. 104) – was andererseits aber keine definitiven Rückschlüsse über sein Wesen zulässt, ebenso wenig wie über die anderer »Götter«, deren ›Erfindung‹ »nichts gegen ihre Realität (...) besagt« (S 149).74 Unter dem 1. Juni 1992 verzeichnen die nachgelassenen Tagebücher den folgenden Eintrag:

> »Dass die modernen Entmythisierer Christus nicht für einen Gott halten, ist richtig, doch was haben sie dafür zu bieten, und (...) auf welchem Niveau? Das rennt seit Nicäa offene Türen ein, langt aber noch zu ›Bestsellern‹.« (5/72)

Wofür Jünger selbst, im Abstand zu der Konzilsdefinition von 325 (»wesenseins mit dem Vater« und von Ewigkeit her existent) zu optieren scheint, ist deren Kontrastfolie, die Lehre des Arius, in welcher die Legitimität der Gottesprädikation Jesu bestritten wird, der als ein »vollkommenes Geschöpf« »außerhalb der Zeit« gezeugt worden sei. So »schwärt« für Jünger tatsächlich

> »eine Streitfrage wie die des Arianismus (...) immer noch (...). Im Grunde ist der Arianismus (›Gott ähnlich‹ statt ›Gott gleich‹) leichter als sein Gegensatz zu verdauen (...). Wie von vielen Dogmen ist der triftige Kern zunächst verredet und dann zerstritten worden; auch zurzeit fehlt es nicht an Beispielen.« (5/124)

Freilich auf andere Implikationen als bei Jünger abzielend, steht die Revitalisierung christlichen Mysterienwissens auch in der *Christus-Trilogie* von Patrick Roth mit ihren effektvollen Inszenierungen menschlicher und göttlicher

Rätsel im Vordergrund. Ihr Auftakt, die »Christusnovelle« *Riverside* (1991), kulminiert in dem wahrhaft ›unerhörten Ereignis‹, dass ein Aussätziger wieder rein wird, indem er sich im leidenden Knechtsgott wiedererkennt. Dieser Heilungs- und Wundergeschichte aus biblischer Zeit folgt zunächst, angesiedelt in den Vereinigten Staaten unserer Tage, *Johnny Shines oder Die Wiedererweckung der Toten* (1993), danach, erneut in neutestamentlichem Gelände, *Corpus Christi* (1996). Im einen Falle geht es um einen sonderbaren Zeitgenossen, der Jesu Weisung bei Matthäus (10,8) wörtlich nimmt und Verstorbene ins Leben zurückzurufen versucht, im anderen um Thomas, den Skeptiker unter den Aposteln, der nach zwingenden Fakten für die Auferstehung seines Herrn verlangt, dessen Leichnam aus dem Grab verschwunden ist. Und beide Male geht es, wie schon im ersten Band der Trilogie, vor allem und sehr direkt um den Einbruch eines Göttlichen in die menschliche Wirklichkeit.

Unverkennbar beschreiben die drei Bücher in ihrer Abfolge eine Bewegung. Von der Höhle am diesseitigen Flussufer (wo in *Riverside* der Aussätzige Diastasimos haust), führt diese durch die Wüste, das ›waste land‹ des verzweifelten Gottesnarren Johnny Shines, bis hin zur Kundgabe eines ganz Anderen, im leeren Grab Christi (der Gegen-Höhle). Diese real geschilderten Örtlichkeiten verlangen nach symbolischer Ausdeutung: Inmitten der eingeschränkten menschlichen Wahrnehmung steigen suggestive Bilderwelten auf, die aber auch schmerzhaft mit den eignen Dunkelheiten, Obsessionen und Leiden konfrontieren und schließlich in das ansatzweise Aufblitzen einer (sich mit Christus verbindenden) numinosen Gewissheit münden können: nicht als dauerhafter Besitz, sondern Anlass für eine unabschließbare Weiterarbeit. Was Roth gestaltet, sind sozusagen verwandelnde Seelenreisen in die biblische Topografie unseres Inneren, Expeditionen in den fremden Kontinent des Seelengrundes, dorthin, wo, der Logik dieser Texte zufolge, das Christus-Ereignis als Archetyp zeitlos eingeschrieben ist.

Zu den Spuren dieser verschütteten Tiefen-Hieroglyphik gilt es demnach in immer neuen Anläufen vorzustoßen, ihre Lektüre zeitgemäß und überraschend einzuüben, einen authentischen Zugang dazu zu finden und ihn im praktischen Vollzug wirksam werden zu lassen. Mit den Protagonisten von Roths Büchern wird ihr Leser zu jener existenzerhellenden Wieder-Holung provoziert, auf die es dem Autor ankommt, dass nämlich (mit Kierkegaard) alles Erkennen letztlich ein Erinnern in zukünftiger Hinsicht ist. Am Ende der Trilogie steht daher die Zielperspektive der heilenden Selbstfindung (C 34, 128)[75] als Identifikation mit der Auferstehungsbotschaft in einem mehr als nur übertragenen Sinn. Durch die Innewerdung Christi in sich selbst (C 159), als Wesensmitte der eigenen Existenz, wird diese erst »ein Ganzes« (C 70), in dem Immanenz und Transzendenz zusammenfallen. Was hier vorliegt, ist ein alter mystischer Topos in neuer Gestalt.

Nicht von ungefähr gehen alle drei Bücher des Triptychons von der Situation des Zweifels aus, des Widerspruchs, der der Existenz ihrer Hauptpersonen, wie aller Realität, eingeätzt ist – und den Jesus in den apokryphen Legenden, die Roth einbaut, bis zur äußersten Konsequenz selbst annimmt. Durch rätselhafte Begegnungen werden sie, wie widerstrebend auch immer, allmählich an jene Grenze geführt, an der sie entdecken, dass authentische Menschwerdung stets Überschreiten bedeutet, einigendes (Für)Einander durch einen Ganz Anderen sozusagen, der in einer großen ›coincidentia oppositorum‹ alle diese Widersprüche umgreift und erlösend aufhebt – was sich schließlich auf die gesamte Geschichte erstreckt: So lässt Tirza, das weibliche Gegenüber in der Seelenrede des Thomas, diesen an ihrer endzeitlichen Allversöhnungs-Vision (des ehedem Einen) teilhaben, wo Christus sogar den großen »Entzweier«, »Töter« und »Lügner« »umarmt«: »Als Bruder, als den verlorenen Sohn empfängt er ihn, der Herr des Fests.« (C 155 f.)

Existenzielle Erkenntnis solcher Art kommt aber nur dann zu Stande, wenn man »altgelernte« (R 68), verfestigte Gewissheiten aufs Spiel zu setzen bereit ist. Diese Lektion wird den Figuren Roths immer wieder erteilt. Er stiftet sie (und damit seine Leser) an, sich verwundern zu lernen, die Eigen-Wahrnehmung über das Gewohnte hinaus zu schärfen. Der Leser soll auf diese Weise zum Detektiv in eigener Sache werden, zu einer Art Spion Gottes in ihm selbst. Darin besteht der letzte Sinn seiner virtuosen *suspense*-Technik.

Dichtung als eine Art Archäologie der inkommensurablen innersten Verfasstheit des Menschen: darin besteht Roths literarisches Konzept – und dass derlei jedes aufgeklärte Psychologisieren weit übersteigt, versteht sich; so sehr der Autor andererseits Wert darauf legt, es in Form einer Tiefen-Anamnese seiner Figuren zu beglaubigen.

Die Verwandlung ist sowohl Gegenstand als auch Funktion der Geschichten, die Roth erzählt. Unvermutet wächst der christologischen Suchbewegung bei ihm damit Aktualität auch im Hinblick auf das Selbstverständnis des kreativen Prozesses an sich zu, dessen (im Vollsinne) Medium und Ziel sie werden kann. Nicht zuletzt scheint hierbei zugleich jener Horizont auf, vor dem sich diese scheinbar so gesellschaftsferne Literatur kritisch absetzt: Die radikale Diesseitigkeit einer technologisch gestützten Zurichtung der Welt, die keine religiöse Erfahrung mehr zulässt – die sich (wie es in dem unlängst erschienenen Roman-Debüt des 1965 geborenen Autors Jan Lurvink wahlverwandt heißt), mit ihren »Aufräumkommandos (...) Mut macht« und ihre Banalität als Errungenschaft feiert.[76] Eben diese entzauberte Welt versucht sie durch ein Sprechen zu unterlaufen, das die umgestaltende Kraft der heilsgeschichtlichen Tradition aufruft, welche das Versprechen einer von Grund auf verwandelten Wirklichkeit wach zu halten vermag. »Kaum abzuwaschen«, so erfahren wir jedenfalls in *Johnny Shines* über die Befindlichkeit der Menschen, mit denen

Patrick Roths Protagonist in Berührung kommt, »kaum zu entfernen sind diese *hope-stains*, die Hoffnungsmale, an denen sie ein Leben lang zu tragen haben.« (J 87).

Anmerkungen:

1 Friedrich Georg Jünger: Zwei Schwestern. Roman. Frankfurt a. M./Hamburg 1966, S. 43.
2 Botho Strauß: Die Fehler des Kopisten. München 1999, S. 136.
3 Geprägt wurde diese Formel 1980 von Paul Konrad Kurz (Über moderne Literatur VII. Zur Literatur der späten siebziger Jahre, 2. Teil. Frankfurt a. M. 1980, S. 119), zuletzt von ihm aufgegriffen in: Identifikations- und Projektionsgestalt Jesus. Neue literarhistorische Studien und Romane, in: Geist und Leben 68 (1995), S. 455–469. Vgl. auch Karl-Josef Kuschel (Hrsg.): Der andere Jesus. Ein Lesebuch moderner literarischer Texte. Zürich/Einsiedeln/Köln/Gütersloh 1983, S. 12; ferner Josef Imbach: Jesus – Die geheime Bezugsgestalt. Ein Überblick über das Jesusbild in der modernen Literatur, in: Diakonia 23 (1992), S. 54–58.
4 Vgl. Gerhard Kaiser: Christus im Spiegel der Dichtung. Exemplarische Interpretationen vom Barock bis zur Gegenwart. Freiburg i. Br./Basel/Wien 1997, S. 16 f.
5 Grundlegend für das Thema sind insbesondere Karl-Josef Kuschel: Jesus in der deutschsprachigen Gegenwartsliteratur. Zürich/Köln/Gütersloh 1978; ders.: Im Spiegel der Dichter. Mensch, Gott und Jesus in der Literatur des 20. Jahrhunderts. Düsseldorf 1997; ders.: Christopoetik. Spurensuche in der Literatur der Gegenwart, in: Theologie und Glaube 85 (1995), S. 499–517; ders./Georg Langenhorst: Jesus, in: Heinrich Schmidinger (Hrsg.): Die Bibel in der deutschsprachigen Literatur des 20. Jahrhunderts. Mainz 1999. Bd. 2, S. 326–396; Georg Langenhorst: Jesus ging nach Hollywood. Die Wiederentdeckung Jesu in Literatur und Film der Gegenwart. Düsseldorf 1998; Carsten Peter Thiede (Hrsg.): Christlicher Glaube und Literatur. Bd. 5: Jesus-Interpretationen in der modernen Literatur. Wuppertal/Zürich 1991; Hye-Sook (Hanna) Kim: Die Jesus-Gestalt in der modernen deutschen Prosa. Diss. Köln 1994; Birgit Lermen: Das Bild Jesu in der Gegenwartsliteratur, in: Theologie der Gegenwart 30 (1987), S. 73–88; Walter Weiss: Jesus in der modernen Literatur, in: Heinrich Schmidinger (Hrsg.): Jesus von Nazaret. Graz/Wien/Köln 1995, S. 99–115.
6 Vgl. Klaus-Peter Jörns: Die neuen Gesichter Gottes. Was die Menschen heute wirklich glauben. München 1997, S. 220.
7 Gustav Frenssen: Hilligenlei. Berlin 1905 (Seitenzahlen in Klammern). Neuere Forschungsbeiträge dazu bieten Manfred Karl Adam: Vom Prediger des Evangeliums zum Gegner der Kirche. Gustav Frenssens Position in der Theologie seiner

Der Vieldeutige

Zeit, in: Kay Dohnke/Dietrich Stein (Hrsg.): Gustav Frenssen in seiner Zeit. Von der Massenliteratur im Kaiserreich zur Massenideologie im NS-Staat. Heide 1997, S. 182–219, und Max Friedrich Jensen: »... ein Feuer- und Wahrzeichen für den Weg in eine neue Zeit«. Hilligenlei – ein Aufsehen erregendes Buch in der historischen Kontroverse, in: ebd., S. 285–315. Zur Situation vor 1945 insgesamt vgl. Elisabeth Hurth: Der literarische Jesus. Studien zum Jesusroman. Hildesheim/Zürich/New York 1993. (Zu Frenssen: S. 82 ff.).

8 Wie er sich auch im Alltagsbewusstsein durchgesetzt hat: vgl. die Emnid-Umfrage in: Der Spiegel 25/1992, oder die DataConcept-Umfrage, in: Focus 14/1999; auch Jörns, S. 176, 203 f.

9 Luise Rinser: Mirjam. Frankfurt a. M. 1983 (Seitenzahlen in Klammern).

10 Hans Mayer: Brief an Luise Rinser vom 31. 12. 1983, in: Hans-Rüdiger Schwab (Hrsg.): Luise Rinser: Materialien zu Leben und Werk. Frankfurt a. M. 1986, S. 276.

11 So wird etwa die Brotvermehrung durch die Bereitschaft der Menschen zum Teilen hervorgebracht, die sich aus dem Glauben an die mögliche Verwirklichung von Geschwisterlichkeit und Gerechtigkeit speist: vgl. ebd., S. 133.

12 Werner Koch: Diesseits von Golgatha. Roman. Frankfurt a. M. 1986 (Seitenzahlen in Klammern).

13 Emil Weber: Friedrich Dürrenmatt und die Frage nach Gott. Zur theologischen Relevanz der frühen Prosa eines merkwürdigen Protestanten. Zürich 1980.

14 Friedrich Dürrenmatt: Durcheinandertal. Roman. Zürich 1939 (Seitenzahlen in Klammern). Vgl. dazu Gerolf Fritsch: Labyrinth und großes Gelächter – die Welt als »Durcheinandertal«. Ein Beitrag zu Dürrenmatts grotesker Ästhetik, in: Diskussion deutsch 21 (1990), S. 652–670.

15 Weswegen für Kuschel (Anm. 5; 1978), der diese Traditionslinie kenntnisreich verfolgt, dahinter deshalb möglicherweise doch »Gottes Jenseitigkeit« hindurchschimmert (bes S. 310 ff., vgl. ders., 1997, S. 305 f.; auch Lermen ›Anm. 5‹, bes. S. 87).

16 Kuschel, 1978, S. 319; ders., 1997, S. 305.

17 Kurt Marti: Abendland. Gedichte. Darmstadt/Neuwied 1980, S. 45 f.

18 Vgl. Volker Garske: Christus als Ärgernis. Jesus von Nazareth in den Romanen Heinrich Bölls. Mainz 1998.

19 Zit. n. Frankfurter Allgemeine Zeitung vom 25. 2. 1997. Ansonsten ist aus der Literatur der letzten eineinhalb Jahrzehnte, die ganz überwiegend keine Inspiration mehr aus dem politischen Engagement bezieht, das Motiv vom »Rebellen aus Nazareth« (Otto F. Walter, in: Silja Walter: Die Fähre legt sich hin am Strand. Ein Lesebuch. Hrsg. v. Klara Obermüller. Zürich/Hamburg 1999, S. 153) bezeichnenderweise so gut wie verschwunden. Ein (allerdings nicht politisch getönter) Nachklang aus jüngster Zeit von Jesus als Zuflucht für an den Rand gedrängte Existenzen findet sich bei Johanna Walser: Versuch da zu sein. Prosa. Frankfurt a. M. 1998, S. 102 ff.

[20] In: Wolf Biermann: Preußischer Ikarus. Lieder – Balladen – Gedichte – Prosa. Köln 1978, S. 95 ff.
[21] Stephan Hermlin: Äußerungen 1944–1982. Berlin/Weimar 1983, S. 386. Ungleich radikaler verfährt Heiner Müller, wenn er den als Dionysosgestalt gedeuteten Christus mit dem geschichtsphilosophischen Hoffnungsbild der Revolution kontaminiert, welche das Selbstopfer fordert. Vgl. dazu Horst Domdey: Produktivkraft Tod – Das Drama Heiner Müllers. Köln 1998, S. 11 ff.
[22] Vgl. Hille Haker: Moralische Identität. Literarische Lebensgeschichten als Medium ethischer Reflexion. Mit einer Interpretation der Jahrestage von Uwe Johnson. Bern 1999.
[23] Uwe Johnson: Jahrestage. Aus dem Leben von Gesine Cresspahl. 4 Bde. Frankfurt a. M. 1970/83 (Seitenzahlen in Klammern). Zu den folgenden Ausführungen vgl. auch Wolfgang Wittkowski: Zeugnis geben: Religiöses Helden- und Pseudo-Heldentum in Uwe Johnsons »Jahrestagen« (Bd. 2), in: Internationales Uwe-Johnson-Forum 4 (1996), S. 125–142.
[24] Auch Johnson selbst beschreibt die Rigorosität der Tat und die Norm, von der aus sie sich legitimiert, kritisch: »die Mutter (...), die die Bibel oder vielmehr die protestantische Religion so streng auslegt und vergleicht mit den Taten der Nazis, dass sie sich gleich aus dem Leben ganz und gar verzieht, ohne darauf zu achten, dass sie ein Kind zurücklässt (...)« (Zit. n. Jürgen Grambow: Uwe Johnson. Reinbek bei Hamburg 1997, S. 98).
[25] Vgl. Stefanie Golisch: Uwe Johnson zur Einführung. Hamburg 1994, S. 90.
[26] Ohne systematisierend-ausdifferenzierenden Anspruch der Textauswahl dazu etwa Wolfgang Frühwald: Die neunte Stunde. Passionsthematik in der deutschen Gegenwartsliteratur, in: Wilhelm Achleitner/Ulrich Winkler (Hrsg.): Gottesgeschichten. Beiträge zu einer systematischen Theologie. Für Gottfried Bachl. Freiburg/Basel/Wien 1992, S. 140–152; Karl-Josef Kuschel: Ecce Homo. Der Gekreuzigte in der Gegenwartsliteratur, in: Hubert Irsigler/Godehard Ruppert (Hrsg.): Ein Gott, der Leiden schafft? Leidenserfahrungen im 20. Jahrhundert und die Frage nach Gott. Frankfurt a. M. 1995, S. 59–75; Georg Langenhorst: Die Absurdität von Kreuz, Kreuzigung und Gekreuzigtem. Auf den Spuren der Gegenwartsliteratur, in: Renovatio 53 (1997), S. 39–51.
[27] Vgl. dazu insbesondere Reinhard Kiefer: Text ohne Wörter. Die negative Theologie im lyrischen Werk Ernst Meisters. Aachen 1992, bes. S. 119 ff. u. 201 ff., sowie Christian Soboth: Todes-Beschwörung. Untersuchungen zum lyrischen Werk Ernst Meisters. Frankfurt a. M. 1989, bes. S. 126 ff. und 149 ff.
[28] Ernst Meister: Unterm schwarzen Schafspelz (1953). Aachen 1986, S. 12 f.
[29] ders.: Flut und Stein (1962). Aachen 1988, S. 91 u. 94.
[30] Ebd., S. 91.
[31] Günter Herburger: Jesus in Osaka. Zukunftsroman. Berlin 1970 (Seitenzahlen in Klammern).

32 Wolfdietrich Schnurre: Eine schwierige Reparatur, in: W. Sch.: Als Vater sich den Bart abnahm. Erzählungen. Aus dem Nachlass hrsg. v. Marina Schnurre. München/Zürich 1997, S. 73–121 (Seitenzahlen in Klammern). Vgl. auch Iris Bauer: »Ein schuldloses Leben gibt es nicht«. Das Thema »Schuld« im Werk von Wolfdietrich Schnurre. Paderborn 1996, S. 159–165.

33 Ludwig Harig (Reise mit Yoshimi. Japanische Reportagen. Lüneburg 2000) spielt diese Diskrepanz kritisch gegen das religiöse Zentralsymbol des Ostens aus, den entspannt meditierenden Buddha: »(...) warum ist die christliche Botschaft von der Liebe mit so viel Hässlichkeit und einem ans Kreuz genagelten Mann verbunden?« Vor Matthias Grünewalds Kreuzigungsbild des Isenheimer Altars empfindet der so fragende japanische Gesprächspartner des Autors geradezu »Ekel« (S. 50f.).

34 Stefan Heym: Ahasver. Roman. Frankfurt a. M. 1983 (Seitenzahlen in Klammern).

35 Den Bann der Deformation einer im Zeichen des Martyriums eingeübten Unterwürfigkeit, die ein eigenes Leben verunmöglicht, vermag nur der Bruch mit dem Todessymbol eines abwesenden Gottes zu lösen, nach dessen Gegenwart gleichwohl Sehnsucht besteht: Davon handelt Christine Lavants Gedicht Kreuzertretung, das auch in diesen Zusammenhang gehört (in: Ch. L.: Die Bettlerschale. Gedichte. Salzburg 1956, S. 72).

36 So bei Arnold Stadler: Ich war einmal. Roman. Salzburg/Wien 1989, S. 7. In ironischer Brechung der »Flucht zum Kreuz« vgl. auch ders.: Mein Hund, meine Sau, mein Leben. Salzburg/Wien 1994, S. 26f. In diesen Zusammenhang gehört auch das Stück Golgatha (Frankfurt a. M. 2000) von Werner Fritsch. Hauptfigur ist hier ein politisch engagierter Geistlicher, der des Mordes an seiner Frau angeklagt ist. Auf bewusst uneindeutige Weise wird das Kreuz zum Verweis für das Elend seiner gescheiterten Existenz wie für die Erniedrigung in der Gefängniszelle. Auch in anderen Stücken greift Fritsch wiederholt auf das Zentralsymbol des Christentums zurück, wobei diesem durch insbesondere archaische und surreale Imaginationszusammenhänge irritierende Konnotationen zuwachsen. Lustvolle, aggressive oder zwanghafte Fixierungen können so mit Anspielungen auf den »Tod« Gottes nach Auschwitz wechseln. (Vgl.: Es gibt keine Sünde im Süden des Herzens. Stücke. Frankfurt a. M. 1999, S. 25, 155ff., 212, 223, 241, 248, 260, 268ff., 272; Die lustigen Weiber von Wiesau. Stück und Materialien. Frankfurt a. M. 2000, S. 44, 77, 138). »Es geht darum«, führt der Autor in einem Werkstattgespräch (in: Die lustigen Weiber von Wiesau, S. 170) grundsätzlich aus, »mit Symbolen zu arbeiten, die seit mehreren tausend Jahren da sind und ebenso lang zur Unterdrückung des Denkens, der Empfindungen und der Sexualität eingesetzt werden. Durch meine Arbeit will ich gleichzeitig von ihrer Energie profitieren, sie jedoch umpolen. Andererseits gehen wir allmählich dieses Symbolkosmos verlustig. Nennen wir meine Verwendung die Reinigung der Symbole von dem, was der jahrhundertelange Missbrauch derselben an Schlacke abgelagert hat. Sie sollen purgiert werden durch eine poetische Verwendung.« Allerdings legt er Wert darauf, dass dieser selbst im Falle »inhärenter Komik

nichts Blasphemisches anhaften sollte.« (Es gibt keine Sünde im Süden des Herzens, S. 155).

37 Zum Kontext vgl. (mit weiterführenden Literaturhinweisen) u.a. etwa Heinz Michael Krämer: Eine Sprache des Leidens. Zur Lyrik von Paul Celan. München 1979, oder Lydia Koelle: Paul Celans pneumatisches Judentum. Gott-Rede und menschliche Existenz nach der Shoah. Mainz 1997.
38 Nelly Sachs: Fahrt ins Staublose. Gedichte. Frankfurt a. M. 1988, S. 204 (aus: Immer noch Mitternacht auf diesem Stern, 1957).
39 Paul Celan: Gedichte. 2 Bde. Frankfurt a. M. 1975. Bd. 1, S. 214.
40 Hilde Domin: Gesammelte Gedichte. Frankfurt a. M. 1987, S. 345.
41 Thematisch verwandte Beispiele von Erich Fried, Reiner Kunze, Kurt Marti und Eva Zeller interpretieren Kuschel und Langenhorst (Anm. 26).
42 Christa Wolf: Nachdenken über Christa T., München 1993 (Seitenzahlen in Klammern).
43 Vgl. dazu Peter Sänger: Spiegelbild. Interpretationsversuche, Stellungnahmen, Thesen zum Thema »Kirche und Kunst«. Berlin 1983, S. 116f.; Wolfram und Helmtrud Mauser: Christa Wolf: »Nachdenken über Christa T.« München 1987, S. 66.
44 Dazu mehr bei Ricarda Schmidt: Religiöse Metaphorik im Werk Christa Wolfs, in: Ian Wallace (Hrsg.): Christa Wolf in perspective. Amsterdam/Atlanta 1994, S. 73–106, bes. S. 78 u. 98.
45 Thomas Hürlimann: Das Erwachen der Steine. Zu den Fotos von Nicolas Faure, in: Nicolas Faure: Switzerland On the Rocks. Zürich 1992, S. (10f.). Im weiteren Text werden folgende Abkürzungen für die Werke Hürlimanns verwendet (Seitenzahlen in Klammern): D = (Dankrede zur Verleihung des Marieluise-Fleißer-Preises 1992), in: Marieluise Fleißer-Preis 1992. Reden aus Anlass der Verleihung. Ingolstadt 1992, S. 21–28; E = Das Einsiedler Welttheater. Nach Calderón de la Barca. Zürich 2000; G = Das Gartenhaus. Novelle. Zürich 1989; H = Das Holztheater. Geschichten und Gedanken am Rand; K = Der große Kater. Roman. Zürich 1998; L = Das Lied der Heimat. Alle Stücke. Frankfurt a. M. 1998; S = Die Satellitenstadt. Geschichten. Zürich 1992; T = Die Tessinerin. Geschichten. Frankfurt a. M. 1984. Vgl. auch Hans-Rüdiger Schwab: Thomas Hürlimann (*1950). Der Scholastiker und die Psycholeichen, in: Joseph Bättig/Stephan Leimgruber (Hrsg.): Grenzfall Literatur. Die Sinnfrage in der modernen Literatur der viersprachigen Schweiz. Freiburg (CH) 1993, S. 575–587.
46 Anne Duden/Sigrid Weigel: Schrei und Körper – Zum Verhältnis von Bildern und Schrift. Ein Gespräch über ›Das Judasschaf‹, in: Thomas Koebner (Hrsg.): Laokoon und kein Ende. Der Wettstreit der Künste. München 1989, S. 120–148, zit. S. 121. Vgl. zum Folgenden auch Johanna Bossinade: Sprache, Bild und Wissen in Anne Dudens ›Das Judasschaf‹, in: Irmela von der Lühe/Anita Runge (Hrsg.): Wechsel der Orte. Studien zum Wandel des literarischen Geschichtsbewusstseins. Festschrift für Anke Bennholdt-Thomsen. Göttingen 1997, S. 158–170.

47 Anne Duden: Das Judasschaf. Hamburg 1994 (Seitenzahlen in Klammern).
48 »Aber wissen sie, dass ihr Erlöser lebt? Das ist und bleibt die Frage. Also, dieser automatisch mitgedachte, im eigenen Denken mitzitierte Hauptsatz und der dort eingemeißelte Nebensatz, die kommen an keiner Stelle des Bildes zusammen.« (Duden/Weigel ›Anm. 46‹, S. 128).
49 Anne Duden: Der wunde Punkt im Alphabet. Hamburg 1995, S. 111–118.
50 Vgl. dazu Paul Gerhard Klussmann: Die Passion des bösen und gewalttätigen Menschen. Über Tankred Dorsts Drama ›Korbes‹, in: Hans-Jürgen Diller/Uwe-K. Ketelsen/Hans Ulrich Seeber (Hrsg.): Gewalt im Drama und auf der Bühne. Festschrift für Günter Ahrends zum 60. Geburtstag. Tübingen 1998, S. 85–95; auch Frühwald (Anm. 26), S. 146ff.
51 Ein Gespräch über ›Korbes‹ zwischen Tankred Dorst, Ursula Ehler, Jaroslav Chundela und Günther Erken, in: Bayerisches Staatsschauspiel Heft 37, 1988/89: ›Korbes‹ von Tankred Dorst, S. 7–12, zit. S. 7.
52 Ebd., S. 11.
53 Tankred Dorst: Wie im Leben wie im Traum und andere Stücke. Mitarbeit Ursula Ehler. Werkausgabe 5. Frankfurt a. M. 1990 (Seitenzahlen in Klammern).
54 So die Rezension von Hans Krieger in der Bayerischen Staatszeitung vom 23. 12. 1988, in: Günther Erken (Hrsg.): Tankred Dorst. Frankfurt a. M. 1989, S. 211.
55 Andreas Erdmann: Schädelstätte oder Die Bekehrung der heiligen Maria. Fassung 25. 1. 99 (Bühnenmanuskript. Seitenzahlen in Klammern).
56 Kuschel (Anm. 5, 1997), S. 306. Ausnahmen von »den allermeisten Fällen« nennt er keine.
57 Dazu näheres bei Georg Guntermann: »In unserer Bestjen der Welten ...« Zeit- und Religionskritik im Werk Arno Schmidts, in: Michael M. Schardt/Hartmut Vollmer (Hrsg.): Arno Schmidt. Leben – Werk – Wirkung. Reinbek b. Hamburg 1990, S. 216–235. Vgl. ferner Jürgen von Stenglin: Die Verteidigung der maßlosen Vernunft. Philosophie, Wissenschaft und Atheismus im Frühwerk Arno Schmidts, in: Michael Matthias Schardt (Hrsg.): Arno Schmidt. Das Frühwerk I. Erzählungen. Interpretationen von »Gadir« bis »Kosmas«. Aachen 1987, S. 185–201.
58 Für die Werke Arno Schmidts werden folgende Abkürzungen verwendet (Seitenzahlen in Klammern): Atheist?: Allerdings!, in: A. Sch.: Essays und Aufsätze 1. Bargfeld 1995, S. 317–326 = A; Brand's Haide. Frankfurt a. M. 1974 = B; Aus dem Leben eines Fauns. Kurzroman. Frankfurt a. M. 1973 = F; Das steinerne Herz. Historischer Roman aus dem Jahre 1954 nach Christi. Frankfurt a. M. 1967 = H; KAFF auch Mare Crisium. Frankfurt a. M. 1970 = K; Levianthan und Schwarze Spiegel. Frankfurt a. M. 1974 = L; Seelandschaft mit Pocahontas. Erzählungen. Frankfurt a. M. 1966 = P; Die Schule der Atheisten. Novellen-Comödie in 6 Aufzügen. Frankfurt a. M. 1972 = S.
59 Vgl. Magda Motté: Auf der Suche nach dem verlorenen Gott. Religion in der Literatur der Gegenwart. Mainz 1997, bes. S. 72ff. u. 118ff.

⁶⁰ Vgl. Wolfgang Martynkewicz: Arno Schmidt. Reinbek bei Hamburg 1992, S. 41.
⁶¹ Vor dem Hintergrund seines Plädoyers für die Legitimität individueller Lebens-»Steigerung« sieht Rolf Dieter Brinkmann dies ähnlich. Gegen »Christus« wendet er ein, dieser habe »ne Gemeinschaft gewollt« und damit ebenfalls den fatalen »Zwang zur Auslöschung des Einzelnen« befördert (Rom, Blicke. Reinbek bei Hamburg 1979, S. 133).
⁶² Dieses Wort veranlasst auch Uwe Johnson (Anm. 23), S. 775 u. 1612, zu krassem Widerspruch.
⁶³ Robert Gernhardt: Gedichte 1954–1997. Vermehrte Neuausgabe. Zürich 1999 (Seitenzahlen in Klammern).
⁶⁴ Einen satirischen Reflex solcher Schwundstufen-Verkündigung findet man bei Andreas Erdmann (Anm. 55), S. 7: »Predigst du den Menschen nicht, sie sollten nett sein zueinander?«
⁶⁵ Und geht damit über die von Gernhardt erwähnten kindlichen »Scherzgedichte« (675 f.), die Jesus zum Inhalt haben, weit hinaus. Ganz direkt verfährt demgegenüber Joseph von Westphalen in seiner Verhöhnung der »Hochstaplerkarriere« Jesu (in: Die Wahrheit der Anbetung. Eine Enthüllung. Zürich 1999, S. 44) als des »Nazarener Scharlatans« (50) oder »Schaumschlägers« (51), der »einen auf Sohn Gottes machte (...) und sich mordsmäßig wichtig tat.« (49; vgl. 46, 48). Auch über das Ziel seiner Attacke erteilt er recht rabiat Auskunft: Mit dem »Image ihres geliebten Herrn Jesus« soll der gesamte »Christenquatsch« blamiert werden (57 f., einschließlich der Bergpredigt übrigens, die einer doppelten Travestie unterzogen wird: 50). Dekonstruktivistisch Jesus und seiner Botschaft gegenüber verhält sich schon Ernst Jandl (vgl. lechts und rinks. gedichte statements peppermints. München 1997, S. 45, 56, 60, 62 f., 66 f.
⁶⁶ Das Motiv von der todbringenden Heilsbotschaft findet sich auch bei Josef Winkler: »Während einer Auferstehungsfeier in der Osternacht in Kalabrien, wo ein mannsgroßer Kruzifix in der Karwoche verschleiert an den Stufen des Altars lag und von den Gläubigen an den zusammengenagelten Füßen geküsst wurde, stürzte der Christus, als bei der Wiederaufrichtung das Seil ausglitt, zu Boden und erschlug drei Menschen.« (Friedhof der bitteren Orangen. Roman. Frankfurt a. M. 1990, S. 31).
⁶⁷ Kuschel (Anm. 5, 1978), S. 87; vgl. ebd., S. 32.
⁶⁸ Reinhold Schneider: Das Unzerstörbare. Religiöse Schriften. Nachwort v. Peter Meinhold. Frankfurt a. M. 1978, S. 58.
⁶⁹ Eine umfassende Darstellung des (höchst ergiebigen) theologischen Denkens von Jünger steht noch aus. Teilaspekte dazu behandeln Peter Koslowski: Die verborgenen Türen des Palastes. Motive der Gnosis bei Ernst Jünger, in: Études Germaniques 51 (1996), S. 693–716, und Jörg Sader: »Im Bauche des Leviathan«, Tagebuch und Maskerade. Anmerkungen zu Ernst Jüngers »Strahlungen« (1939–1948). Würzburg 1996, S. 255 ff.
⁷⁰ Für Ernst Jüngers Werke werden folgende Abkürzungen verwendet (Seitenzahlen in Klammern): Strahlungen I. Gärten und Straßen. Das erste Pariser Tagebuch. Kauka-

sische Aufzeichnungen. München 1988 = I; Strahlungen II. Das zweite Pariser Tagebuch. Kirchhorster Blätter. Die Hütte im Weinberg. München 1988 = II; Siebzig verweht II. Stuttgart 1981 = 2; Siebzig verweht III. Stuttgart 1993 = 3; Siebzig verweht IV. Stuttgart 1995 = 4; Siebzig verweht V. Stuttgart 1998 = 5; Die Schere. Stuttgart 1990 = S.

[71] Hermann Timm: Remythologisierung? Der akkumulative Symbolismus im Christentum, in: Karl Heinz Bohrer (Hrsg.): Mythos und Moderne. Begriff und Bild einer Rekonstruktion. Frankfurt a. M. 1983, S. 432–456, zit. S. 437.

[72] Dass in der Geschichte Jesu »die großen Symbole« zu finden sind, die »sich täglich von neuem (...) erfüllen«, auch in politischer Hinsicht (II/50; vgl. 299, 200, 309; I/278; 2/563), sei immerhin am Rande erwähnt.

[73] Ähnlich verhält es sich übrigens bei Peter Handke: Versuch über den geglückten Tag. Ein Wintertagtraum. Frankfurt a. M 1991, S. 71 u. 82.

[74] Eine Denkfigur mythischer Gleichrangigkeit spricht neuerdings auch Werner Fritsch an: »Alles, was wahr ist, passt nicht in diese Welt (...) Eine Wahrheit, die für Dionysos genauso zutrifft wie für Christus.« (Die lustigen Weiber von Wiesau ›Anm. 36‹, S. 167).

[75] Für Patrick Roths Werke werden folgende Abkürzungen verwendet (Seitenzahlen in Klammern): Corpus Christi. Frankfurt a. M. 1996 = C; Johnny Shines oder Die Wiedererweckung der Toten. Seelenrede. Frankfurt a. M. 1993 = J; Riverside. Christusnovelle. Frankfurt a. M. 1991 = R.

[76] Jan Lurvink: Windladen. Roman. Köln 1998, S. 59. Gegen die Entmythologisierung der Moderne (und in Widerspruch zu der kirchlichen Routine im Umgang mit dem Unerhörten dieser Verheißung, die »wie Fusel verschüttet werde«: S. 17; vgl. 25, 111, 113 f., 147, 156; auch 95, 100), gilt das Interesse des Autors nachgerade dem sotér, dem einst geglaubten »Überwinder« des Todes (115). Die Erinnerung daran wach zu halten, ist (wie bei Roth) genuine Aufgabe der Kunst: »Ein Traum noch der Heiland. Aber von Menschheit geträumt. Erträumtes, zu dem eine Stiege führt, nämlich Dichtung.« (139).

Prolegomena zu Sprache und Reflexion ›religiöser Erfahrung‹

Philosophische Meditationen

Harald Seubert

Reinhard Slenczka, dem theologischen Lehrer, zum siebzigsten Geburtstag als Zeichen vielfältigen Dankes.

> »Gott ist das Leichteste und Schwerste, so zu erkennen;
> das Erste und Leicheste in dem Lichtweg, das Schwerste und Letzte
> in dem Weg des Schattens.«
> (Leibniz)[1]

Spuren der Religion in gegenwärtigem Denken aufzuweisen, das bedeutet, wenn wir in der Reflexion einen Schritt zurücktun, nicht dem einfach Präsenten, sondern dem in seiner Parousie Verdeckten nachzufragen. Die Spur ist in neuester Zeit, nicht zuletzt im Ausgang von dem jüdisch kabbalistischen Verständnis, zu einem Emblem für das nur von ferne noch und nicht allgemein Lesbare geworden. Gegenwärtig mag das Denken werden, indem es sich seine Herkunft so vor Augen rückt, dass es seine eigenen Spuren liest. Diese Spuren sind, das hat Derrida in seinen besten Texten und wohl auch in seinem Lebensethos gelehrt, Spuren am eigenen Leib des Denkenden. Wenn solche Spuren gebahnt werden, ist implizit stets von der Gottesfinsternis jener blutigen Kennzeichnung die Rede. Sie hält Nietzsches Wort vom ›Tod Gottes‹ erst als eine Wunde offen, der keinerlei Apologetik angemessen antworten kann.[2] Und wenn von ›Religiöser Erfahrung‹ gehandelt wird, dann immer als von einem – durch die Fragerichtung sich selbst transzendierenden Platzhalter für ein gradewegs nicht auszusprechendes Arkanum, das gleichwohl im ›Wie des Bewusstseins‹ und seiner Phänomenstruktur aufzuweisen bleibt.

Von dem skizzierten Vorverständnis her wird im Folgenden versucht, im Sinn einiger Prolegomena zur Religionsphilosophie den Zusammenhang der ›fides quaerens intellectum‹ noch einmal nachzubuchstabieren,[3] nicht mit der eindeutigen Zielrichtung auf den die ›fides‹ überformenden und eben so rettenden Begriff, sondern wechselbegrifflich und damit in einem doppelten Richtungssinn. Zunächst ist reflexiv auf die Schwierigkeit und Mittelbarkeit des Verhältnisses von religiöser Erfahrung und ihrer Sprachwerdung zu verweisen, und von daher ist die überkommene Topologie des Problems, wonach jene Erfahrung an die Grenzen der Vernunft führt oder die Vernunft ihr Grenzbegriff ist, in Frage zu stellen (I). Die religionsphilosophische Denkform wird sodann an vier Grundstellungen umrissen, die zugleich formale Anzeigen für Wahrheiten religiöser Erfahrung sind – im Ausgang von Kants Geheimnisbegriff, von der Cusanischen ›coincidentia oppositorum‹, von Heideggers und Schleiermachers Aufhellung des (glaubenden) Selbstbewusstseins als eines sich selbst auslegenden Daseins (II–IV). Sodann werden zwei Momente namhaft gemacht, die unbefragt in dieser formalen Anzeige antizipiert wurden, Zeitlichkeit und Absonderung als Grundzug religiösen Bewusstseins (V–VI). Die Überlegungen schließen mit einem doppelten Verweis auf das Sagbare und Nicht-Sagbare: auf die strahlende claireté, in der Pascal die Differenz begrifflich und methodisch durchmessen hat und auf die Hermetik möglichen dichterischen Sprechens von dem arkanen Grund im Bewusstsein (VII–VIII).

Unser Versuch ist – in dem von Heinrich Rombach erörterten Sinn[4] – hermetisch, dass er das im Sinn des Leibniz-Wortes Schwere leicht, das Leichte als schwer sehen lässt.

I. Religion, Scheu und Philosophie

Entscheidend für unsere Verständigung ist, dass die Mystik[5] (zuletzt der Cusaner) von dieser Unaussagbarkeit, die alle Prädikationen insofern als sie im disjunktiven Schematismus der Andersheit sich artikulieren, immer wieder und in verschiedenen Modifizierungen spricht. Das große Verdienst von Kurt Flaschs Cusanus-Buch besteht darin, auf solche Genealogien und die mitunter sehr rasch wechselnden Optionen und Gedankenfiguren hingewiesen zu haben. Auch mit dem höchsten Gipfel der Betrachtung (de apice theoriae) war das Letzte nicht gesagt; lediglich der eigene Lebensweg war abgeschnitten. In allen ihren Wegen bleibt jene Redeweise unterscheidend, indem sie Nicht-Unterschiedenheit anzeigt. Sie bleibt also wesentlich auf eine Logik der Differenz bezogen, wenn sie von dem Einen spricht.

Prolegoma zu Sprache und Reflexion religiöser Erfahrung

Derartige Sprach-Sachverhalte als Paradoxien zu bezeichnen, ist in keinem Fall hinreichend. Paradoxien sind – in einer weiten Fluchtlinie des Platonismus[6] ohnedies und ›immer schon‹ – im Streit mit der ›Doxa‹ und sind als eine ›Katharsis‹ zu verstehen, die jenseits des in der Doxa Strittigen führt. In einer strittigen Stellung verhalten sich die Redeweisen vielmehr auch zu einer reflexiven Denk- und damit Sprachform, deren sie sich doch bedienen, und die weiter an die Klarheit des Einen heranzuführen scheint, als ein doxologisches Sprechen in vielen und verschiedenen Tönen.

Nicht in ein ununterschiedenes Eines zu ›springen‹, so wie dies nach Nietzsche dem östlichen Buddhismus gemäß ist, ist der cusanische Weg, sondern die Differenzen so weit zu führen, dass sie ineinander fallen, ohne dass die große religiöse Narration von Schöpfung und Erlösung eingeführt werden müsste. Dies kann freilich gar nicht anders geschehen, als dass die Differenz bestehen bleibt. Sie gibt dann aber plötzlich zu sehen und lässt sagen, was zu sehen ist, so dass dieses sich ›wie mit einem Mal‹ zeigt.

Dabei ist nicht nur das Verhältnis von Erfahrung zur Sprachwerdung opak. Opazität eignet bereits dem Ausgang von der Erfahrung selbst. Deshalb ist auch Klaus Heinrichs destruierender Blick auf einen Mythos vom Ursprungspunkt der Erfahrung erinnernswert.[7] Heinrich weist darauf hin, dass der Ursprung ›in concreto‹ immer strittig bleibt, und dass es erst einer in den Religionen sich äußernden Reflexionskraft bedarf, um diesen Widerstreit von erstanfänglicher Unmittelbarkeit und Dunkel in eine Reflexion zu überführen. Wenn Kant die ›Kritik der reinen Vernunft‹ als einen ›Tractat‹ verstand und darin den Grundsinn eines ›Friedensvertrags‹ mithörte – in dem Sinn, dass der Aufweis möglicher Erkenntnis erst Frieden in den divergierenden Schulauffassungen stiften könne, hat er in einer ähnlich ursprünglichen Weise von ›Reflexion‹ gesprochen. Klaus Heinrich verweist darauf, dass es der Erfahrung des ›Bündnisses‹ bedürfe, um zu einer solchen Ausgleichs- und Gleichgewichtsbewegung qua Reflexion zu kommen. Bemerkenswert dabei ist, dass Heinrich auch die Erfahrung als ›bedingt‹ denkt.

> »Denn Erfahrung, anders als der Naturalismus des Märchens uns weismachen will, ist niemals nur die dessen, der sie macht, sondern hat eine bis in die Konstitution der Gattung zurückreichende,[8] mit Uraltängsten aufgeladene, den Kampf und die Gewaltteilung der Geschlechter phantasmatisch transportierende Struktur‹.[9]

Die ›unendliche Annäherung‹ scheint als ein sich in der Schwebe haltender Zustand nicht zu genügen. Gerade in der sprachlichen Anzeige, etwa im dichterischen Wort, wird dies offensichtlich. Aus solchen Erwägungen hat sich schon der junge Rilke notiert:

»Mir genügt nicht das steigende Lied./ Einmal muß ich es mächtig wagen,/ weithin sichtbar auszusagen,/ was im Ahnen kaum geschieht«.

Klaus Heinrich hat die Voraussetzung des Bündnisses in einem weiten Rückgang hinter die Lukrezianischen ›foedera naturae‹ und hinter die lateinische Verortung von ›Religio‹ in der Sakralsprache expliziert, indem er fragt, was in griechischem Zusammenhang für den ausfallenden Begriff der Religion eintreten kann – und er kommt zu dem Begriff der ›theosebeia‹, die auf ein Grundwort für Scheu verweist und später, im Zusammenhang der Auseinandersetzung Platons mit der Sophistik steht, besonders prominent im ›Gorgias‹ (›aischyné‹). Heinrich konstatiert zutreffend:

»Alles mögliche kann nämlich ›sebas‹ erregen: der tote Leib des Patroklos; die Brüder der Hekuba (die sie entblößt, weil sie nicht will, dass ihr Sohn Hektor in den Kampf zieht); die Schönheit der Nausikaa«.[10]

Und Heinrich hat weiterhin, in Anknüpfung an Bemerkungen von Karl Kerenyi, darauf verwiesen,[11] dass ›sebein‹ meine, ›in Scheu zurück(zu)treten‹, und zwar mit einem Wortspiel: vor dem stürmischen Geschehen eines Gescheuchtwerdens (sobein) durch die Urmächte der ›Moira‹. Dieses hält sich im Unterschied zur Theoria, einer von der Affektenwirklichkeit denkbar weitgehend Abstand nehmenden reinen Schau, die, nach außen ›unbewegt‹, im Inneren reiner ›actus‹ ist, in einem Geschehen-Lassen. Wenn man sich auf solchen Spuren der vorklassischen Antike nähert, gelangt man gleichsam in eine zweite Tiefenschicht der ›Wiedergewinnung des antiken Bodens‹, der noch einmal weiter zurückreicht als Nietzsches kühne Volte. Man kommt nämlich auf die Blickbahn von lange Verdrängtem: so auf die ›Ge protomantis‹ (die große Mutter Erde), an deren Stelle Apoll tritt, die jedoch in seinem Orakel dadurch, dass es von Pythia erteilt wird, noch weiter gegenwärtig bleibt. Sie ist auch in dem gegenwendig zur Nietzsche'schen Figurierung des Apollinischen stehenden Beinamen des Apoll bei Herodot als des ›Loxias‹ (des Krummen) präsent. Und Heinrich deutet von hierher das Heraklitische Fragment »harmonié aphanes phaneres kreitton« (die unsichtbare Harmonie ist mächtiger als die sichtbare) mit dem fragmenthaften Rätselwort: von der ›palintropos (palintonos) harmonia‹ von Bogen (nämlich das Geschoss) und Leier zusammen. Die unsichtbare Harmonie ist allererst auszulegen, und fraglich ist, ob dies dem in der Sebie bleibenden homo religiosus möglich ist oder erst dem ein Eidos gewinnenden Philosophen. Wenn Letzteres der Fall wäre, wäre eine erste Figurierung der ›Flucht in den Begriff‹ gewonnen. Denn die Zwienatur der Apollonfigur fordert die Ausmessung der Divergenz. Einerseits ist er Pestgott, der tödliche Pfeile schießt, andrerseits sanfter Musaget. Apollo vermag seine Wirksamkeit als Rachegott allererst zu sichern, indem er mit der widerstreitenden weiblichen Göttin, die er verdrängt hat, ein Bündnis eingeht. Mit Kerenyi und Heinrich kann man zudem in dem ›gnothi seauton‹ eine Form des Sich-Erkennens wahrnehmen, die von der Verbündung mit Schicksal und Götterwelt abhängig bleibt. Dies wird sich von Grund auf erst im Epikureismus ändern, wenn die in sich ruhende selige Kreisbewegung der Götter in den Intermundien zum Paradigma einer eudaimonischen Lebensweise wird, die der philosophischen Gemeinschaft genuin eigen ist. Der Garten ist das Intermundium des Einzelnen, und ihm entspricht der Grundsatz »Lebe im Verborgenen!« (lathe biosas).

Ob also das Urbild einer ›religiösen Erfahrung‹, das versprachlicht werden müsse, selbst einen Kern trifft oder nur auf einem breiten pragmatischen Fundament religiöser Lebensformen spricht, so wie William James' Rede von religiöser Erfahrung, ist fraglich. In jedem Fall ist ein Unmittelbarkeitsverhältnis von hier her nicht zu gewinnen, denn neben der Erfahrung ist auch die ›religio‹ als eine Anbindung an die religiöse Übung der Befragung bedürftig.

Und damit ist noch gar nicht der Schelling'sche Gedanke eines Unbedingten erreicht, der sich aller Bedingtheit und damit auch der eines symbolischen oder kultischen Aussprechens entzieht.

Ein Anderes ist die nicht-unmittelbare Grundstruktur von Erfahrung.[12] Heidegger hat auf sie zumindest insofern paradigmatisch hingewiesen, als er den Erfahrungssinn des Daseins erst auf der Grundlage einer ›Destruktion‹ meinte freilegen zu können, und Konrad Cramer hat, in einer ingeniösen Untersuchung des ›Erlebnis-Begriffs‹ zwischen Reflexivität und Nicht-Reflexivität in der nachHegel'schen Philosophie, darauf verwiesen, dass Selbstbewusstsein als Selbstobjektivierung sich an der Wirklichkeit abzuarbeiten hätte. Mithin kann Selbstbeziehung nicht formal sein, nicht »monotone(r) Tanz der Oszillation von der einen Stellung in die Andere«, so dass ihre Bedeutung »in der Unbestimmbarkeit dieses Oszillierens untergeht.«[13] Cramer hat aus diesem sachlichen Interesse heraus gemeint, die Folgerung ziehen zu müssen, dass »der systematische Ort von Hegels Theorie des Selbstbewusstseins« nicht die ›Phänomenologie des Geistes‹ sei, sondern die Logik, in der Selbstbewusstsein doch nicht explizit thematisch wird. Begründet wird dieser (von der Tektonik Hegel'scher Philosophie her wohl bestreitbare) Gedanke damit, dass die »Problematik des Gedankens der Selbstbeziehung die Ausformulierung des vollständigen Systems der Gedankenbestimmungen erforderlich macht und die Form erzwingt, die diesem System eigentümlich ist«. Das vermeintlich Unmittelbarste erweist sich also als ›experimentum crucis‹ systematischer Philosophie.

Harald Seubert

II. Kant und das Geheimnis am Abgrund der Vernunft

Kants späte Religionsschrift begreifen wir als eine zweite, gegenläufige Ausprägung. Sie ist keineswegs frei von den das ›Opus postumum‹ bestimmenden Erwägungen über die Abschlussgedanken einer Systemform, die alle Leistungen der Vernunft überschauen lassen sollte.[14] Auf diesen Zusammenhang weist die in der Religionsschrift, vor allem ihren »Allgemeinen Anmerkungen«, leitfadenhaft begegnende Rede von dem ›Geheimnis‹ hin, das heilig ist, insofern es »von jedem gekannt« und Mysterium bleibt, da es »nicht allgemein mitgeteilt werden« kann. Ob – und nach welcher Hinsicht – sich von einem solchen Geheimnis sprechen lasse, ist nur »in dem Innern, dem Subjektiven unserer moralischen Anlage« auszumitteln. Diesen Ansatzpunkt im sololoquialen Bereich präzisiert Kant durch den Hinweis auf die in ihrem Erkenntnis- und Existenzgrund nicht aufweisbare Freiheit. Freiheit als Bestimmung des Willens (der Willkür) durch das Sittengesetz ist in die Erkenntnis zu überführen, nämlich in den Formeln des kategorischen Imperativs. Woher solche Freiheit rührt, das ist aber der Erkenntnis entzogen. Damit ist an das Begreifen des Unbegreiflichen erinnert, mit dem Kant die Erkennbarkeit des ›moralischen Imperativs‹ umschreibt. Und bis zu dieser ›Unbegreiflichkeit‹ vorzudringen, dies ist nach Kant in der ›Grundlegung‹ »alles, was billigermaßen von einer Philosophie, die bis zur Grenze der menschlichen Vernunft in Prinzipien strebt, gefordert werden kann« (AA IV, S. 463). Die Moraltheologie, die von Gott, Freiheit und Unsterblichkeit der Seele als den Postulaten der reinen praktischen Vernunft handelt, ist insofern, wie die Religions-Schrift zu verstehen gibt, keinesfalls Geheimnis. Und die trinitarische Grundprädikation Gottes selbst, als die Kant die ›Beisätze‹ des allein Heiligen, allein Seligen, allein Weisen exponiert, da aus ihr in moralischer Hinsicht die Heiligkeit des Gesetzgebers (und Schöpfers),[15] des gütigen Regenten (und Erhalters) und des gerechten Richters ›fließen‹, enthält auch kein Geheimnis. Denn sie drückt »lediglich das moralische Verhalten Gottes zum menschlichen Geschlechte« aus (Religionsschrift A und B 212). Dass es damit nicht sein Bewenden haben kann, wird gleich aufgewiesen werden müssen.

Der Einsatzpunkt in der ›Kritik der reinen Vernunft‹ ist nicht minder sprechend. Im Anschluss an den Aufweis der Unmöglichkeit des ontologischen Arguments (und daher aller Gottesbeweise) bemerkt Kant – und weist damit der Gottesbeweiskritik allererst ihren Ort zu:

»Die unbedingte Notwendigkeit, die wir als den letzten Träger aller Dinge so unentbehrlich bedürfen, ist der wahre Abgrund für alle menschliche Vernunft. Selbst die Ewigkeit, so schauderhaft erhaben sie auch ein Haller schildern mag, macht lange den schwindelichten Eindruck nicht auf das Gemüth; denn sie misst nur die Dauer der Dinge, aber trägt sie nicht. Man kann sich des Gedanken nicht erwehren, man kann ihn aber auch nicht ertragen, dass ein Wesen, welches wir uns auch als das höchste unter allen möglichen vorstellen, gleichsam zu sich selbst sage: Ich bin von Ewigkeit zu Ewigkeit, außer mir ist nichts ohne das, was bloß durch meinen Willen etwas ist; aber woher bin ich denn? Hier sinkt alles unter uns, und die größte Vollkommenheit, wie die kleinste schwebt ohne Haltung bloss vor der speculativen Vernunft, der es nichts kostet, die eine so wie die andere ohne die mindeste Hinderniß verschwinden zu lassen.« (AA III, S. 409).

Dies weist aber nur darauf hin, dass die ›spekulative Vernunft‹ über den transzendenten Gegenstand nichts aussagen kann, und es kommt die in einen Taumel ziehende, aber der Mitteilbarkeit entzogene Erwägung ins Spiel, die das Ich-Sagen des Gottes zur Frage erhebt, und zwar so, dass es nicht wie die theophanen Götterstimmen seit dem Lehrgedicht des Parmenides an einen Adressaten gerichtet ist, sondern Selbstverhältnis bleibt. Kant lässt den abgründlichen Gedanken freilich zu, und er weist auf, dass er von der Notwendigkeit Gottes her nicht als Anthropomorphismus abzutun sei. Hier bricht seine Fragebewegung ab – am Nicht-Sag- noch -Denkbaren, und an der Stelle, an der das EGO des Gottes durch Spinozas eine Substanz abgewehrt und in den pantheistischen Spinoza-Auslegungen von Moses Mendelssohn und Lessing wieder eingetragen werden wird.

Nicht zu Unrecht hat Klaus Heinrich darauf aufmerksam gemacht, dass die von Kant angemahnte Trennung zwischen ›transzendent‹ und ›transzendental‹ sich gegenüber der Tradition der Transzendentalienlehre des Mittelalters querstellen muss, da ihr eine Künstlichkeit anhaftet. Kant selbst wurde sich dessen bewusst, wenn er System und Abschlussgedanke nicht nur als ›Naturanlage der Menschenvernunft zur Metaphysik‹ begriff, sondern in seinen späten Aufzeichnungen ausdrücklich das Ganze der Philosophie zu umgreifen versuchte.

Und diese Problematik zeigt sich offenkundig auch im Charakter der Postulate reiner praktischer Vernunft. Denn sie sind theoretische, in theoretischer Hinsicht aber nicht zu erweisende Sätze. Deshalb können sie von der praktischen Vernunft nur hypothetisch genommen, also ›vorausgesetzt‹ werden (AA V, S. 237 f.). Dabei formiert sich, im Hinblick auf eine Urstiftung der Reihe, also auf den transzendenten Gedanken der Freiheit und das transzendentale Ideal Gottes, zunehmend die Frage nach dem reinen Ursprungsort des Faktums von Freiheit. Dies zeigt sich in der Geheimnislehre des dritten Stücks der Religionsschrift explizite. Geheimnis bleibt der Grund der »moralischen Lebensgeschichte jedes Menschen«:

»wie es nämlich zugeht, dass ein sittlich Gutes oder Böses überhaupt in der Welt sei, und (ist das letztere doch in allen und zu jeder Zeit) wie aus dem letztern doch das erste entspringe und in in irgend einem Menschen hergestellt werde«.

Und dies heißt, dass die Ursachen

> »aus welchen eine freie Handlung auf Erden geschehe oder auch nicht geschehe, in demjenigen Dunkel gelassen (bleibe), in welchem für menschliche Nachforschung alles bleiben muss, was, als Geschichte, doch auch aus der Freiheit nach dem Gesetze der Ursachen und Wirkungen begriffen werden muss« (B 219).

In der ›Kritik der praktischen Vernunft‹ ist dieser letztendliche Abgrund lediglich formal angezeigt, indem angemerkt wird, dass die Ideen der spekulativen Vernunft durch die Apodiktizität des Sittengesetzes einen Gegenstand bekämen. Dabei wird zugegeben, dass die theoretische Vernunft dadurch eine Erweiterung erfahre.

III. Das Heraussehen von Einheit aus der Vielheit

1. Die zuerst genannte Sprach- und Denkproblematik mag man sich an der Cusanischen Koinzidenz der Gegensätze etwas näher verdeutlichen. Der Cusaner hat sie als Denkzeichen vergleichsweise früh entwickelt, sie in ihrem Status rein aufscheinen zu lassen, macht die Windungen des späteren Denkweges aus. Wenn er in *De docta ignorantia* (1440) anmerkt, es sei der Punkt jener Einheit zu erreichen, in der die Widersprüche zusammenfallen (»ubi contradictoria coincidunt«),[16] so antwortet er darauf 18 Jahre später in einer zweiten Selbstauslegung, die festhält, die ›coincidentia oppositorum‹, von der er gesprochen habe, gehe von einer Argumentation auf Grund intellektualer Anschauung aus, die über den Bereich der ›ratio‹ hinausgreife: »iuxta intellectualem visionem, quae excedit rationis vigorem, concludere«. Und, wie er wiederum fünf Jahre später festhält, jenes aus intellektualer Anschauung resultierende Koinzidenz-Wissen lässt alle Jagdzüge der Erkenntnis zur Ruhe kommen. Man tut wohl recht, wenn man eine Tektonik des Denkens nach immer wieder neu ausholenden Jagden rekonstruiert und nach den komplexen mathematiko-theologischen Erwägungen in der 1450 in wenigen Augusttagen niedergeschriebenen Laienphilosophie einen Ausbruch insofern erkennt, als dort die Leichtigkeit der schweren Dinge (miranda facilitas difficilium) beschworen wird, die Wahrheit, die auf den Straßen schreit.[17]

   Sie hatte sich schon immer lichthaft gezeigt. Doch erst spät hatte Cusanus dem Selbstzeugnis nach eingesehen, dass sie nicht im Dunkel zu vermuten und zu suchen sei. Einen solchen Weg, auf dem das seit je Gedachte auf das Wie seines Denkens hin transparent gemacht wird, muss man als

Zeugnis für eine Reflexionsbewegung nehmen, dem sich – auf einer den Westen mit dem Osten verbindenden Denkbahn – die Oberfläche so sehr vertieft hat, dass das Tiefste an der Oberfläche zum Aufscheinen kommt.[18] Die intellektuale Anschauung bringt das ›exemplar‹, die Urbildlichkeit, zur Erscheinung, die in der Sinnenwelt nicht erreicht werden kann, und ›mensura‹ (Maß, wobei man auch das Wort für ›mens‹: Geist mithören muss) selbst für das Messen und für alle Urbildlichkeit ist. Quantitäten (und Qualia) fallen in diesem ›exemplar‹, das kein ›größer‹ und kein ›kleiner‹ kennt, in dem deshalb Minimum und Maximum koinzidieren, so in eins, dass sie Urbild (exemplum absolutum) der Qualia und der Quantitäten sind. Und das macht, dass die dem Gespräch beiherspielend geübte ›ars‹ (griech.: techne)[19] ihre Vorzeichnung in der Ars der göttlichen Mens, also der Vorzeichnung der Dinge im göttlichen Geist, findet, und mithin unmittelbar auf diese verweist. Der Basso continuo ist, vom früheren Cusanus her, das Wissen des Nicht-Wissens, illustriert durch das mit Meister Eckhart geteilte Leitmotiv der Armut, die in solchem intellektualen Wissen, also der Weisheit, inhärent ist. Doch wenn in der einzelnen Ars die formgebende göttliche Ars berührt wird, in jeder Begriffsbildung das ›exemplar‹ von Begriffsgebung, so ist ein »modus universalis ad omnes quaestiones de deo formabiles« eröffnet (de summa sapientia n. 32, 5–7). Dies ist nicht auf dem Boden einer negativen Theologie möglich, es führt aber auch nicht auf positive Theologie zurück, und es negiert nach ausdrücklichem Hinweis des Cusaners auch die ›Copulatio‹ von negativer und positiver Theologie. Gestalt gewinnt auf diese Weise nämlich das nicht sinnliche »Berühren des Nicht-Berührbaren«. Und dies ist, wie Cusanus kritisch gegen seine eigenen Denk-Anfänge bemerkt, nicht Mühe am Gegensätzlichen (sie wird nur der Ungeübte erfahren), sondern »gaudisissima incomprehensibilitas comprehensibilitas« (ibid., n. 11, 18 ff.). Es ist ein Absolutpunkt der Beglückung erreicht, eine Freude an dem Verstehenkönnen des Nicht-Fasslichen, weil Unendlichen.

Dabei zeigt sich vordergründig zweierlei: Die Cusanische ›visio intellectualis‹ transponiert das Denken. Sie fundiert damit aber allererst die ›theoria‹ und führt keinesfalls aus deren Blickkreis heraus.

Und (ergänzend, nicht gegenläufig zu verstehen): Die Coincidentia oppositorum ist von hierher nicht als Lehrgefüge (Dogma) zu begreifen, sondern als Optik. Dies wird, um den beiden gewonnenen Beobachtungen hier nur einige knappe Hinweise nachzuschicken, in der an die Tegernseer Mönche gerichteten Einleitungsschrift ›Vom Beryll‹ (1454) expliziert. Die Koinzidenz ist Brille, die die verzerrenden Sehweisen des Intellekts zu korrigieren hat. Und entscheidend ist dabei auch, dass der göttliche Geist als ›facies‹ (als Gesicht und sich Zeigen) gefasst wird, sodass die Leichtigkeit und Evidenz der Erkenntnis, der Grundzug der Laien-Philosophie, fortgeschrieben wird.

Ontologisch und gnoseologisch wurden deren Implikationen von Cusanus im Weiteren expliziert und zugleich abgeschattet. Es ist augenfällig, dass die Relation zwischen endlichem und absolutem Geist beim Cusaner nicht als ›creatio-creatum‹-Verhältnis verstanden wird, sondern als Spiegelung. Insofern hat er in *De mente*, dem Mittelstück der Laienphilosophie, festgehalten, dass der Geist (mens) »das Bild Gottes (sei), aber zugleich das Urbild aller nachgeordneten Bilder«.[20] Und dies heißt: »Dei notitia seu facies non nisi in natura mentali, cuius veritas est obiectum, descendit, et non ulterius nisi per mentem, ut mens sit imago dei et omnium dei imaginum post ipsum exemplar.« Ontologisch buchstabiert das die Mitte der Fünfziger Jahre des fünfzehnten Jahrhunderts entstehende Schrift über das ›Poss-Est‹ (Können-Ist) weiter aus. »Im *Possest* ist alles. Es ist das Können schlechthin, *posse simpliciter*, und darin liegt, dass es alles Können ist« (*De Possest*, n. 16, 1–8).[21] Der Schulbegriff der ›omnitudo realitatis‹ ist hier gleichsam verflüssigt, und darin liegt, dass der Gegenakzent des Nicht-Berührens, Formans der intellektualen Anschauung, erneut akzentuiert werden muss. Die Welt erscheint von der Folie des ›Können-Ist‹ her als die Sichtbarkeit Gottes, während dagegen Gott als die Unsichtbarkeit der Welt aufscheint. Dass nur ohne zu berühren, das Nicht-Fassliche fasslich ist, ist vom Ort der endlichen Mens her unmittelbar einsichtig. Denn in einer wenig späteren Schrift wird Cusanus das ›Possest‹ als das ›non aliud‹, das nicht in einer unterscheidenden Reihe begriffene Andere zu aller Andersheit, fassen. Und er wird in der wohl im Jahr vor seinem Tod 1463 verfassten kleinen Schrift ›Compendium‹ über das ›Poss-Est‹ hinausgehen, indem er nur noch ›posse‹ schreibt. Dies bedeutet systematisch: Das Sein eigens als separatum zu setzen, das hieße, dem reinen Ursprungspunkt des ›Könnens‹ ein Prädikat nebenzuordnen, das doch eingefaltet (implicatum) in ihm ist, und um die ontologische Exposition weiterzuführen, versteht der Cusaner das Posse als ›ostensio sui‹, Wesen eines Ursprungs, das sich zeigt in der letztendlichen Gleichheit mit allem, einer nicht singularisierten ›aequalitas‹.

Von der Verortung und Einschränkung negativer Theologie aus dem Umkreis des ›Poss-Est‹ ist damit nichts zurückgenommen. Sie kulminiert in der Bemerkung, dass das ›Poss-Est‹ forma formarum, also Schatzhaus des Seins selbst sei (›essendi thesaurus‹). Und dies meint, dass bei allem Negieren oder negativ bzw. paradox prädizieren das Negatum, also das Sein, vorausgesetzt werden muss.

2. Ein wesentliches Theoriemoment des Cusaners ist die *Visio Dei*. In ihr fallen Sehen und Gesehenwerden zusammen. »Visus tuus, domine, est facies tua« (*De visione Dei* c 6, n. 20,5). Subjektive Sehweisen des Gottes werden

deshalb, wie der Cusaner in Korrektur der Xenophanischen Mythenkritik anmerkt, als je spezifische Bilder des göttlichen Sehens erkennbar, und obwohl die Einheit von Sehen und Gesehenwerden darauf verweist, dass nur Eines ist, macht sich daran doch eine Differenz fest. Denn Cusanus unterstreicht, dass »der mitwandernde Blick Gottes *quasi* erscheint, als hätte ihn unsere Kunst und nicht die Formverhältnisse in der göttlichen Mens etabliert«. Äußerlich wird dies aus der Unmöglichkeit eines fundamentalen Selbsthasses begründet. Der göttliche Blick wird in dem uns jeweils Ähnlichen gefunden. Und wie Kurt Flasch scharfsichtig bemerkt hat: Es »ist kein bloßer Schein (...), dass Gottes Blick mit dem Betrachter mitgeht«. Denn »wir schaffen seine *similitudo*, und die weiterführende Reflexion zeigt, dass diese menschengeschaffene *similitudo* die Wahrheit ist, die uns hervorgebracht hat«.[22]

An dieser Stelle ist nur anzumerken, dass die Cusanische Reflexion zwei Problemata hinter sich lässt. Zum Einen die von Falk Wagner in seiner großen Studie ›Was ist Religion?‹ erwogene ›Aufhebung‹ des religiösen Bewusstseins in einen Logos vom absoluten Geist. Es wäre dies die Verortung der Religionsphilosophie bei dem Hegel des Enzyklopädie-Systems.[23] In diesem Sinn bemerkt Wagner:

> »Damit ist nicht geleugnet, dass das Absolute nur als Gedanke des Absoluten gedacht werden kann. Jedoch ist vom Gedanken des Absoluten zu zeigen, dass seine begriffliche Qualifizierung auf der Selbstauslegung des Absoluten selber beruht.«

Falk Wagner möchte diese Folgerung nicht ziehen. Er geht nur so weit, die *Antinomie* religiösen Bewusstseins als eine *Aporetik* aufzuweisen, in der »das Bedingte und das Unbedingte als Glieder einer vom religiösen Bewusstsein getätigten Beziehung erscheinen«.[24] Des Begriffs des sich selbst auslegenden absoluten Geistes bedarf das religiöse Bewusstsein mithin als seiner Begleitstimme. Sie bleibe religiösem Bewusstsein aber fremd. »Die Religion basiert dann auf der Behauptung, das Unbedingte gehe in der vom religiösen Bewusstsein getragenen Beziehung nicht auf«, was – wie phänomenologisch gegen Wagner zu sagen wäre, nicht nur eine Behauptung bleiben muss, sondern auch, zum Beispiel kultisch, bezeugt werden kann. Die cusanische Denkform führt auch in actu die Aufhebung dieser Differenz vor Augen.

Zum Anderen hat Georges Bataille die religiöse Erfahrung auf eine Logik des Alogischen gründen wollen, die im Augenblick souveränen Selbstbewusstseins sich nicht wissen kann, sondern in ein Nichtwissen zurücksinkt.

»Aber nur in gewissem Sinne wird dies das klare Bewusstsein sein. Erst in der Nacht wird es zur Intimität zurückfinden. Hierfür wird es zuerst den höchsten Grad an deutlicher Klarheit erreicht haben, doch die im Menschen oder im Lebendigen wird es so vollenden, dass es deutlich zur Nacht des intim zur Welt gehörenden Tieres zurückfindet – in die es eingehen wird.«

Die Coincidenz entgeht diesem Regress. Und einer so perspektivierten Fassung des gereinigten, gegenstandslosen religiösen Selbstbewusstseins, das nur in Formlosigkeit möglich ist.

Jener auf die Schau bezogenen Spezifizierung des Koinzidenzgedankens antwortet aus der Ferne der Zeiten Niklas Luhmann in seiner späten, nachgelassenen Religionssoziologie. Sie orientiert sich, sehr im Unterschied zu säkularen Deutungsformen, nicht an einer ›Radikalen Anthropologie‹, die Luhmann aus soziologischer Sicht als eine realitätslose Fiktion begreift;[25] sie orientiert sich auch nicht, wie die Selbstbeschreibungen des Kulturprotestantismus, an einer säkularen Gesellschaft, die zu ihrer Kompensation einem ›Sinnbedarf‹ folgt, sondern sie nimmt ihren Ausgang von Gott als dem Beobachter zweiter Ordnung, der alle mundane Beobachtung und ihre Unterscheidungen beobachte, da er an deren Leitdifferenzen nicht gebunden ist. Er ist von ihnen *ab-solvent*. ›Gott‹ ist also als »Einheit der Differenz« zu denken, und dies schließt ein, dass »er sich (…) von allem unterscheiden muss«,[26] wofür nach Luhmann eine sprechende Implikation die Metapher des Bildes abgibt, das den Beobachter anblickt, von woher immer er es anblickt.[27] Dann aber zeigt sich, dass Gott als Unterschiedener »auch an der Welt nicht beobachtet werden« kann. »Die Gottesbeweise geraten in Widerspruch zu dem, was sie beweisen wollen«; und es kann daraus im strengen Sinn nur einen Weg ins Offene geben, nämlich die Cusanische und mystische Spekulation, »Gottes Auge ist mein Auge«. Von daher ist religiöse Erfahrung transzendent zu dem Versuch einer Fixierung von Offenbarung in einem Lehrsystem. Dass dies auch für ein Narrationsgeflecht gelten würde, mag man vermuten. Luhmann rührt an vermeintliche Selbstverständlichkeiten mit der Bemerkung, dass es keineswegs ausgemacht sei, »dass religiöses Handeln, zum Beispiel kultisches Handeln, sich gleichsam als ›angewandte Selbstbeschreibung‹ des Systems versteht«.[28] Sagen zu können, was ich sehe, dieses vollkommene irdische Glück,[29] wäre erst an diesem Punkt möglich.

IV. Faktizität, Distentio und der Grund des Selbstbewusstseins

Ich nehme eine weitere Einsatzstelle auf, die durch Schleiermachers Aufweis des Heiligen als eines ›Grundes im Bewusstsein‹ und durch den Aufweis einer Phänomenstruktur religiöser Erfahrung markiert ist, so wie sie der junge Heidegger im Anschluss an Augustinus umrissen hat. Heidegger legt bekanntlich in seiner ebenso dichten wie verrätselten, das Labyrinth eines noch nicht ins Offene gegangenen Denkwegs verratenden Auslegung das ›curare‹ (Bekümmertsein) als den Grundcharakter faktischen Lebens aus Augustins Betrachtung der ›deformatio‹ und ›distentio‹ seiner selbst frei. Die Defluxion seiner selbst führt gerade auf den Kern der Frage nach dem Grund des ›Ich bin‹. Die Augustinische Frage heißt: »Numquid tunc ego non sum«. In der negatorischen Fassung gerät das Ich vor seinen eigenen Gerichtshof und ist sich fraglich: »Wie ist es mit meinem Sein?« (GA 60, S. 212) paraphrasiert Heidegger diese Erwägung. Das ›Ich‹ wird, wenn sich eine Befragung seiner selbst ›in foro interno‹, in der ›Memoria‹ auf es richtet, auf die ihm genuin eigene Seins-weise verwiesen, an der sich das freigelegte Grundverhältnis des Selbst noch einmal so bricht, dass die eigene Suche nur im Bewusstsein, aber dieses Bewusstsein transzendierend, ihren Ruhepunkt finden kann. In diesem Sinn hat Heidegger Augustins Frage nach der ›via beata‹ und dem ›gaudium veritatis‹ als Transposition von einem intentional gerichteten ›Was‹ der Suche auf ein ›Wie‹, als den Form- und Vollzugssinn des Hörens, umgezeichnet. Sehr zu Recht findet Heidegger diesen Auslegungssinn schon in der Struktur der Memoria vor, die Staunen erregt, da in ihr, als Bild und Gedanke, ein Infinitum beschlossen ist, das »zu mir selbst (gehört), und ich fasse es nicht selbst. Um sich selbst zu haben, ist der Geist zu eng« (ibid., S. 182). Es wird also als Phänomen aufweisbar, dass blinder Fleck in meiner als erinnernde verfassten Bewusstseinsstruktur bleiben muss, wovon ich rede, während ich doch nicht davon reden könnte, wenn ich es nicht, implizit, »in denselben ungeheuren Dimensionen in mir sähe« (Conf., X, 8, 15).

In kleinere Münze zerschlagen, zeigt sich das Problem des ›Ich bin‹ in der Befragung der Memoria angesichts von erfahrener Versuchung. Der Übergang (transire) zwischen Traum und Wachen, von Augustin im Ausgang von der Wiederkehr der Konkupiszenz exponiert (Conf., X, 30, 41), führt vor Augen, dass es solches gibt, »was nicht von uns vollzogen ist«, was aber doch in uns und als unser Ich sich ereignet hat: »etwas, was in uns ist, was wir selbst ›sind‹ und doch nicht sind« (GA 60, S. 213). Heideggers Augustin-Auslegung nimmt, von hier aus gesehen, mit gutem Grund einen doppelten Ausgang. In der Ausarbeitung ist auf die ›molestia‹ gezielt, die Beschwernis für das Leben.[30] Sie expliziert sich als ein umso lastenderes Schwergewicht, je mehr das Dasein sich in seiner Faktizität, seinem Bekümmerungscharakter gemäß, vor sich selbst bringt. Dies ist augustinisch nicht anders denn als Indexierung auf Gott zu fassen, und es wird von dem frühen Heidegger als eine »Objektivität« begriffen, »dagegen die der ›Allgemeinheit‹ eine Spielerei ist« (ibid., S. 241).³¹

Je deutlicher das Leben vor sich selbst kommt, desto schwerer wiegt jene Molestia. Doch zeigt sich, recht verstanden, gerade an ihr das Schauspiel des ›gaudium veritatis‹: »Quaestio mihi factus sum. Quid amo? (...) ›Leben‹ – ein Wie des Seins, und zwar Erfahren der tentationes. Es ist eine tentatio, bildet die Möglichkeit des Sich-Verlierens und -Gewinnens. ›Leben‹: ein Wie des Seins bestimmter Struktur und kategorialen Ausdrucks« (ibid., S. 246). Die Nachschrift von Oskar Becker bringt eine essenzielle Ergänzung ins Spiel, denn sie legt die Betonung auf die Phänomenstruktur des ›Frui‹: als des Mündungspunktes der erschöpfenden Suche endlichen Suchens, als eines Bleibens in dem Genuss, der sich nicht verringert. Derart akzentuiert sich auch die Exposition des ›Seins des Selbst‹ anders, nämlich von dem Inbild der Trinität in der Struktur des Ich-Seins und -Wissens her.

»1. Sumus: wir *sind* (esse)
2. Wir *wissen* um uns, als solche (nosse)
3. Wir *lieben* das Wissen um das eigene Sein (amare)« (ibid., S. 298)

Dies wird im Licht von ›De trinitate‹ und ›De civitate Dei‹ als Gewissheit und Phänomen-Evidenz ausgesprochen. Doch ist diese Gewissheit, wie Heidegger deutlich macht, stricto sensu von einer Gewissheit nach Art des Cartesischen Ego cogito zu unterscheiden. Sie kann nicht axiologisiert werden. Mithin ist sie nur »aus dem faktischen Sein«, also der ›molestia‹, zu interpretieren. Als solche ist sie mit einem Male offenkundig, im Sinn des Platonischen ›exaiphnès‹ aus dem VII. Brief, das von sich her ist und andere Flammen nährt, aber nicht vorbereitet werden kann. Der Sinn des Selbstseins, der hier angedeutet ist, fragt hinter die Unterscheidung zwischen Körper und Geist selbst zurück, denn die Phänomenalität erschließt sich auf diesem Weg nicht. Dazu ist vielmehr erforderlich, das Selbstsein »in seiner vollen Faktizität« (ibid., S. 213) zu bestimmen, was Heidegger näher so charakterisiert, dass dessen Erfahrungen in dem »Wie, in dem ich die Welt und mein Leben habe« wahrgenommen werden (ibid., S. 214).

Die nicht-axiologische Erstfundierung im faktischen Leben führt nach Heidegger auf die folgende Unentschiedenheit: »Obwohl wir eine Selbstgewissheit haben von unserem Sein, sind wir trotzdem unsicher, wie lange wir noch leben werden (quamdiu futurum sit), ob das Sein nicht einmal nachlassen wird.« (ibid., S. 298 f.) Unentschieden bleibt damit aber auch, ob die beatitudo, das nicht-geminderte ›frui‹ wahrgenommen und gewusst werden kann; es ist die Aporetik eines Wissens um die Eudaimonia, das sich von Aristoteles' Nikomachischer Ethik herschreibt. Die tiefdringenden Erwägungen zur Eschatologie, die Heidegger in seinen Paulus-Studien im gleichen Zusammenhang angestellt hat, durchmessen diese Spannung weiter. Deren Wie-Sein hat Heidegger im Wintersemester 1920/21 im Blick auf die Paulinische Kreuzespredigt charakterisiert: »Mitwelt als ›empfangende‹, in die das Evangelium einschlägt. Wie soll sie empfangen, aufnehmen, ›re-agieren‹? Mitwelt: jeder einzelne.« (ibid., S. 143) Und von hierher wird die Problematik der Parousia von der Gottwidrigkeit, also dem Symbol des Antichrist her, belichtet.[32] Den Sinn des katechontischen Moments, das Wie des Versuches, den Antichrist niederzuhalten, verortet Heidegger also im Auge des Sturms: in der Ankunft des Antichrist. Und hier tut sich die Schere zwischen einem auf das ›Wann‹ gerichteten Fragen und der Entzifferung der Zeichen der Zeit auf, die hoffend auf die Parousie, als Wiederbringung des Verlorenen, gerichtet ist. Letzteres entfaltet, wie in einer scharfen Akzentuierung des Antichrist-Bildes verdeutlicht wird, nur aus der Gottwidrigkeit seinen Zeichensinn. Heidegger fasst von hierher das eschatologische Moment nicht als »umgreifend, (…) gemeinsam, sondern vollzugsmäßig *durchherrschend*« (ibid., S. 148). Es belangt die Gemeinde als je einzelne. Ihre ›ichliche‹ Einzelheit und ihre (von Heidegger massiv betonte) Historizität (später wird er von ›Geschichtlichkeit‹ sprechen), verbinden sich dabei.

In dieser Historizität und Ich-Bestimmtheit unterscheidet sich die christliche Hoffnung (elpis) grundsätzlich von aller Erwartung auf ein künftiges (etwa ein besseres) Leben.

Heidegger hat diese Überlegungen im Blick auf Schleiermacher in der gleichen Zeit weiter ausgezogen. Die Charakterisierung der Frömmigkeit als »Bestimmtheit des Gefühls oder des unmittelbaren Selbstbewusstseins« (GA 60, S. 330) ist dabei auf eine Explikation des Bewusstseins hin weitergeführt, die in keiner Weise am Paradigma der Natur orientiert werden soll. Das Schleiermacher'sche Wort von der »schlechthinnige(n) Abhängigkeit« (ibid., S. 331) sieht Heidegger deshalb als eine naturale, nämlich Dependenzverhältnisse annehmende Verkürzung. Und er setzt den Schleiermacher'schen Gedanken der »wechselnden Bestimmtheit unseres Selbst« dagegen; »unser lebendiges Bewusstsein ist ein stetiges Sichfolgen und Sichdurchdringen von Situationen« (ibid., S. 331). Von hierher wird Bewusstsein als »Urkonstitutivum« der religiösen Erfahrung überhaupt erst ausweisbar. Heidegger hat in einer Bemerkung erläuternd hinzugefügt, es müsse »das Urverhältnis als von Seele zu absolutem Geist und umgekehrt schwingend gedeutet werden« (ibid.). Wenn Faktizität in diesem Sinn präziser bestimmt ist, so kann eine reflektierende, denkerische Verhaltung zu dieser Faktizität offensichtlich nicht ›Flucht in den Begriff‹ sein.

Heidegger hat, mit Verweis auf einen anderen Exponenten, an dem die Phänomenologie religiösen Lebens Anhalt haben kann, auf die ›*Sermones Bernardi in canticum canticorum*‹, die Maxime ausgesprochen, dass »immer das Innerste und Ganze der Burg zu sehen« sei,[33] nicht das bloße »Nach- und Nebeneinander der Zimmer« (ibid., S. 337). Die plötzliche und totale Schau ist zugleich Inbegriff von Verstehen.

All dies illustriert jenen Gedanken, den Schleiermacher als die Crux des Selbstseins erwogen hat: Bedingung des Ich ist sein Grund, die »Verausgabung an das Andere«.[34] Das ›religiöse‹ Gefühl der ›schlechthinnigen Abhängigkeit‹ ist sich gerade dadurch selbst erhellt, dass es sich frei erkennen kann. Es ist mithin Grund seines Erkennens, aber nicht seines Seins. Dies schließt Freiheit und das Moment, sich selbst in seinem nicht selbst gesetzten Grund finden zu können, zusammen. Es ist ein Unmittelbarkeitsgefühl, kein qua Reflexion erst einzuholender Schritt: »so ist auch in jedem für sich hervortretenden Selbstbewusstsein das Element der irgendwie getroffenen Empfänglichkeit das erste, und selbst das ein Tun«.[35] In diesem Sinn wird aus dem Bewusstsein die bewusstseinstranszendierende Qualität der Frömmigkeit aufgewiesen. Es ist ein Discrimen eigener Art:

> »Das Gemeinsame aller noch so verschiedenen Äußerungen der Frömmigkeit, wodurch diese sich zugleich von allen andern Gefühlen unterscheiden, also das sich selbst gleiche Wesen der Frömmigkeit, ist dieses, dass wir uns unsrer selbst als schlechthin abhängig, oder, was dasselbe sagen will, als in Beziehung mit Gott bewusst sind.«

Wie Empfänglichkeit und Selbsttätigkeit des Subjektes als eines je zeitlichen Selbstbewusstseins zusammengehen können, ist dann die entscheidende Frage, die gerade im Vollzug religiösen Bewusstseins aufgewiesen wird. Schleiermacher spricht von der Doppelnatur des ›Sichselbstsetzens‹ und ›Sichselbstsonichtgesetzthabens‹, auf die er es zurückführt, dass sich von menschlichem Selbst nicht nur im Sinn der metaphysischen Prädikationen des Was-seins und Dass-seins sprechen lässt, sondern als von einem je spezifischen ›So-sein‹.[36]

V. Zeit und Menschenlos

Michael Theunissen hat in ausgreifenden Studien zur frühgriechischen Lyrik als einen Grundzug der Gewahrung göttlicher Präsenz (und Absenz) Wendung oder Umkehr der Zeit verstanden. Chronos und Kairos, die Herrschaft dauernder Zeit und das augenblicksweise Ergreifen,[37] legt er als spezifische Grundzüge der Lyrik des 7. Jahrhunderts frei. Von ihnen her wird Ich-sagen und, wie Hölderlin in seinen ›Anmerkungen zur Sophokleischen Antigonä‹ festhält, das Tragische selbst eine Wirkung der Zeit. (Hölderlin hat aus diesem Grund in seinen ›Antigonä‹- Erläuterungen die Moiren als die Zeiten umschrieben!). Bedeutsam an Theunissens Erwägungen ist nicht so sehr die Unterscheidung zwischen *Kairos* und *Chronos* als vielmehr jene zwischen der »Zeit der Transzendenz« und einer »Transzendenz von Zeit«. Einbrechende Zeit des Göttlichen ist Schicksal, der Überstieg des Transzendierens sucht sich zeithaft aus diesem Konnex zu lösen, genauer: im Eintritt in eine eigene Zeit, die selbst nicht mehr zeithaft ist.[38] Durch Plötzlichkeit (die Platon später in dem substantivierten Kunstwort ›to exaíphnès‹ weiter qualifizieren wird (Platon, Parmenides 156d und VII. Brief) sind die Einschnitte göttlicher Stimme in das Menschenlos in der frühgriechischen Lyrik vielfach gekennzeichnet. Und es sind die Zeitwendungen, die, wie Theunissen an Pindars XII. Pythischer Ode namhaft macht, Chronos zwischen Gott und Schicksal vor Augen stellen, womit plötzlich (schlagartig) Leid im Glück und Glück im Leid sichtbar wird.[39] Mehr noch: wie die Schlussgnomé der XII. Ode namhaft macht, trägt sich dabei eine Verwandlung des Schönen ins Schreckliche und eine umgekehrte Verwandlung des Schrecklichen ins Schöne zu:

> »Wenn überhaupt Segen unter den Menschen sich einstellt, ohne Last/ erscheint er nicht. Zu Ende bringen (vollenden) kann ihn gewiss noch heute/ ein Gott. Schicksalhaft Bestimmtes ist unfliehbar. Aber es wird seine eine Zeit,/ die, einen unversehens schlagend, wider Erwarten eines geben wird, anderes jedoch durchaus nicht.«[40]

Ähnliche Zeitexplikationen sind erfordert, wenn aus einem christlichen Erfahrungszusammenhang heraus Soteriologie nicht anders expliziert werden kann, denn als das reformatorische ›*simul iustus et peccator*‹.[41] Zeit ist hier Fluss der Selbstverständigung im Übergang, und zugleich das ehern aller Selbstgesetzgebung vorausgesetzte Gesetzt-sein. Deshalb begreift es Rudolf Hermann im Licht des Schleiermacher'schen ›Gefühls schlechthinniger Abhängigkeit‹ auf die Fluchtlinie des ›möglichen‹ Bekenntnisses: ›Ich bin meine Zeit‹ hin. In einer steten Zwiesprache mit dem Verständnis von Zeit als transzendentaler Anschauungsform für die Einheit der Apperzeption des Mannigfaltigen hat Georg Picht in seinem nachgelassenen Werk ›*Von der Zeit*‹ ingeniös auf jene Grundgesetzlichkeit hingewiesen. Es ist, so weiß Picht, perspektivischer Trug, sich jener Zeitlichkeit entgegenzusetzen (die Zeitwendung ist eben nicht nur eine Epoché, die das Zeitlich-sein dann allererst zu denken ermöglichte!), denn

> »wir bringen unser Leben nicht hervor, sondern es ereignet sich in uns, durch uns hindurch und über uns hinweg. Denken ist nichts anderes als das sich selbst in

der Universalität der Zeit transparent werdende Leben (...). Denken ist niemals abgeschlossen. Es mündet immer in eine offene Frage.«[42]

Jene Zeiterfahrung ist im Denken ebenso wenig zu tilgen wie das ›Leiden am Leben‹. In seiner tiefschürfenden Parmenides-Studie hat Michael Theunissen den Finger auf den (vermeintlichen) Endpunkt jener tragischen Grunderfahrung in der frühgriechischen Philosophie gelegt, den Intentionsgrund des Parmenideischen *einen Seins*, das allein, und nicht Schein oder nicht Nicht-Sein, in Frage stehen sollte. Wenn im Nichtsein, dem Strahl der Weggabelung, dem Parmenides wissentlich nicht weiter folgt, »Tod und Schicksal« drohen, so ist doch die Wegbahn des ›einen Seins‹ eine andere Ausprägung von Tod; nämlich eine Ent-leidung (wie sich das Wort von Hölderlin und Nietzsche her zugespielt hat!) und damit eine Negierung des – immer scheinhaft bleibenden – Lebenszusammenhangs.

VI. Asyl und Absonderung

1. Die Sphäre des Göttlichen ist Sphäre von Abtrennung. Dabei muss der Gott nicht Gestalt gewinnen. Wenn sein Ort als ›heiliger Ort‹ begriffen ist, so ist dies hinreichend. Die Absenz des Göttlichen kann, darauf lenkte Heideggers früher Hinweis in dem Vortrag vor der Marburger Theologenschaft den Blick, der Semantik des ›Heiligen‹ abgelesen werden.[43] Jene Abgrenzung kann allerdings sehr unterschiedlich verfasst sein: im Sinn einer sakralrechtlich fundierten eigenen Topologie, die heilige Orte und Dinge von unheiligen zu unterscheiden lehrt, so wie es auf dem Boden der römischen Republik oder noch in der Kaiserzeit begegnet, oder im Sinn des christlichen ›media in vita‹.

In jedem Fall kann die Abtrennung gedacht werden. Dies zeigt sich besonders prägnant an dem Übergang, den Hegels *Phänomenologie des Geistes* zwischen der griechischen Kunstreligion, in der das Wesen des Gottes an der parochialen, einzelnen schönen Gestalt ›wie an den Himmel geworfen‹ erscheint[44] und der entbildlichten absoluten Religion trifft. Die Entbildlichung macht Hegel bezeichnenderweise bereits als eine unterschwellige Triebkraft der Kunst-Religion namhaft, nämlich als Stimme der Moiren. »Diese Notwendigkeit hat gegen das Selbstbewusstsein die Bestimmung, die negative Macht aller auftretenden Gestalten zu sein.« (Theorie-Werkausgabe III, S. 541). Der Einheitssinn, den Kultus und von ihm her griechische Tragödie noch einmal zu gewinnen suchen, wird deshalb von Hegel als

›Hypokrisie‹ ausgelegt. »Der Held, der vor dem Zuschauer auftritt, zerfällt in seine Maske und in den Schauspieler, in die Person und das wirkliche Selbst.« (ibid.) Die Kehrseite ist geschichtlich – und deshalb eine nicht unblutige Metabole. Denn die Religion der Kunst gehört, wie Hegel verdeutlicht, »dem sittlichen Geiste an« (ibid., S. 546), der in den Rechtssetzungen (römischer Provenienz hinein) untergegangen sei. Ein Selbstbewusstsein, dem im Einzelnen, nämlich in der Gestalt, das Göttliche erschien, hat seine Bewusstheit verloren, da ihm »nichts in der Form des Wesens« entgegentrat (ibid., S. 545). Von hierher

> »(...) ist das Vertrauen in die ewigen Gesetze der Götter, wie die Orakel, die das Besondere zu wissen taten, verstummt. Die Bildsäulen sind nun Leichname, denen die belebende Seele, so wie die Hymne Worte, deren Glauben entflohen ist, die Tische der Götter ohne geistige Speise und Trank, und aus seinen Spielen und Festen kommt dem Bewusstsein nicht die freudige Einheit seiner mit dem Wesen zurück.« (ibid., S. 547)

Die Entbildlichung ist in der ›Phänomenologie‹ noch nicht einfach in der Trennung von Vorstellung und Begriff angelegt, wie in den späteren Vorlesungen zur Religionsphilosophie. Sie ist vielmehr als ein Problematon des religiösen Bewusstseins zu beschreiben, und nicht als freie Bewegung des seine eigene Vollbestimmung findenden absoluten Begriffs. Sie ist zwar Teil der Selbstauslegung des Absoluten, doch sie ist es in der Gestalt, und nicht in der Maske der ›Flucht in den Begriff‹. Das zeigt sich daran, dass sich der angezielte Gipfelpunkt, da sich die Substanz zum Subjekt erhebt, bereits an der Kunstreligion konstatieren lässt, dort freilich, wo diese als Vergangenheitsgestalt betrachtet werden kann: »Durch die Religion der Kunst ist der Geist aus der Form der *Substanz* in die des *Subjekts* getreten, denn sie *bringt* seine Gestalt *hervor* und setzt also in ihr das *Tun* oder das *Selbstbewusstsein*, das in der furchtbaren Substanz nur verschwindet und im Vertrauen sich nicht selbst erfasst.« (ibid., S. 545) Die Abtrennung ist von dieser Gedankenform aus als ein ›in media‹ zu begreifen und gerade nicht als ein Distinktum. Deshalb wendet sich auch das ›absolute Wissen‹ nicht einfach nur auf die offenbare Religion, sondern auf die Religion in ihrem Zur-Erscheinung-Kommen, und es ist von hier her selbst als ›Er-Innerung‹ expliziert (ibid., S. 591), die ein ›In-sich-Gehen‹ ist (ibid., S. 590), in dem ein Dasein »in der Nacht seines Selbstbewusstseins versunken« ist und eben so nur »aus dem Wissen« neu geboren wird.

Sprechend für jene Hegel'sche Gedankenfigur ist auch, dass in der ›Phänomenologie‹ das absolute Wissen den ›Leichtsinn‹ der Kunstreligion hinter sich lässt; diese lässt noch sagen: ›Das (erscheinende) Selbst ist das absolute Wesen‹. Nun wird stattdessen die umgekehrte Wegrichtung eingeschlagen: es muss nicht nur die Substanz Subjekt werden, sondern es muss auch ›vice versa‹ das Subjekt als Substanz, also als Natur, erscheinen.

> »Denn die Erfahrung ist eben dies, dass der Inhalt – und er ist der Geist – *an sich*, Substanz und also *Gegenstand des Bewusstseins* ist. Diese Substanz aber, die der Geist ist, ist das *Werden* seiner zu dem, was er *an sich* in Wahrheit ist: der Geist.« (ibid., S. 585)

2. Schelling, Hegels großer Antipode und früher Weggefährte, hat jene Absonderung als die des Gottes Israels, der ein ›von ferne Treten‹ fordert, in seiner *Philosophie der Offenbarung* umschrieben, und er hat ihre spezifische Explikation im Johanneischen Logos von dem Wort, das *im Anfang* Fleisch wurde, auf ihren spezifischen Zeitsinn hin expliziert. Die scheinbare, gereihte Zeit der Welt ist ›epoché‹ der wahren Zeit, auf die eine Absonderung, eben das ›Im Anfang‹ allererst wieder hinweist. Die Absonderung selbst macht bei Schelling aber auch die Doppelnatur der positiven Philosophie als Philosophie der Mythologie und als Philosophie der Offenbarung aus. Beide, Mythologie und Offenbarung, verhalten sich zueinander wie exoterischer Prozess und innere Geschichte.

Bei Schelling manifestiert sich in dieser Absonderung auch der Bezugszusammenhang von Freiheit und Notwendigkeit und von dessen Transzendenz, die sich im Bewusstsein zuträgt. So müsse also der große Unterschied beider, nämlich von Mythologie und Offenbarung, erkannt werden,

> »daß die Vorstellungen der Mythologie Erzeugnisse eines nothwendigen Processes sind, einer Bewegung des natürlichen, bloß sich selbst überlassenen Bewußtseyns, auf welche, wenn sie einmal gegeben ist, keine freie Ursache außer dem Bewußtseyn einen weiteren Einfluß hat, während die Offenbarung ausdrücklich als etwas gedacht wird, das einen Actus außer dem Bewußtseyn und ein Verhältniß voraussetzt, das die freieste Ursache, Gott, nicht nothwendig, sondern durchaus freiwillig sich zum menschlichen Bewußtseyn gibt oder gegeben hat.« (ibid., S. 395)

Jene Absonderung manifestiert sich im großen Bezugszusammenhang auch darin, dass die Offenbarung sich vom Wissen abtrennt. Sie ist nicht apriori zu erfassen. Sie löst sich nicht aus dem Bezugszusammenhang der Gründe, wohl aber sondert sie sich von dem »großen Verhör oder Vernehmen, wovon die Vernunft den Namen hat und in das sie alles Denkbare und Wirkliche zu ziehen beabsichtigt.« (Schelling Werke Band 5, Hrsg. Schröter, S. 502) Deshalb kann, wie Schelling in einer bemerkenswerten späten Instrumentierung seiner Maxime eines Ausgangs vom Absoluten bemerkt, Wissen nicht beim Glauben ansetzen. »Denn die allen Zweifel aufhebende Gewissheit (und nur diese ist Glaube zu nennen) ist nur das

Ende der Wissenschaft.« (ibid., S. 407) »Das Letzte, *in* dem alles Wissen *ruht*, kann nicht *ohne* Grund seyn.« (ibid., S. 406) Und Schelling variiert dieses Grundverhältnis, Signum einer philosophischen Explikation des Abgesondertseins, mit der Bemerkung, dass der Glaube das Suchen nicht aufhebe, sondern es fordere, »eben weil er das Ende des Suchens ist« (ibid., S. 407). Zu Beginn der *Philosophie der Offenbarung* hat Schelling die Absonderung ontologisch derart umkreist, dass er in Entzifferung der monotheistischen Spur im spinozanischen Denken notiert, Gott müsse mit dem ›ipsum Ens‹ (›auto to on‹) gleichgesetzt werden (Schröter, Band 6, S. 281). Die spinozanische Näherbestimmung, Gott müsse einer sein, weil »es (...) gleichsam an der Materie, an dem Stoff zu einem anderen Gott« fehle (ibid., S. 284), die dem Seienden das Prädikat der Einzigkeit hinzusetzt, denkt, wie Schelling klar herausstreicht, noch gar nicht den Monotheismus. Sie bleibt ausschließlich ontologisch perspektiviert. Es bedarf deshalb des Fortgangs von dem Seienden als solchen zum je zeithaft (historisch) sich zutragenden Sein. Schelling findet es in der Selbstprädikation Gottes: »Ich werde sein der ich sein werde« – vor Moses am brennenden Dornbusch. Die Einzigkeit bekundet sich hier nicht vor einem einzelnen Anderen, sondern gegenüber dem Sein und aller ontologischen Allgemeinstruktur selbst. Denn Schelling liest das Bedeutungswort als »ich bin nicht das nothwendig Seyende (...), sondern Herr des Seyns« (6, S. 289). Damit scheint die Absonderung in der Auslotung der Platonischen Gedankenfigur des ›epekeina tes ousias‹ als einziger möglicher Propositionsstruktur der Idee des Guten gewonnen zu sein. Doch dies ist Anschein. Denn Schelling akzentuiert, dass Gott nicht nur frei *von* dem Sein gedacht werden müsse, sondern frei *gegen* das Sein, »d.h. lauter Freiheit zu seyn oder nicht zu seyn« (6, S. 289).

3. Hölderlin brachte die Abtrennung in seiner Auslegung von Pindars Zeushymne (Fr. 30 SM) nicht in jener Gedankenbestimmung, sondern wie in einem Traumbild vor sich. Wenn dort von der Zeugung der Moiren die Rede ist, so setzt Hölderlin an deren Stelle ›die Zeiten‹, und er beschreibt ›stricto sensu‹ einen Rückweg zum alten Themis-Recht (STA V, S. 288):

> »Themis, die ordnungsliebende, hat die *Asyle des Menschen,* die stillen Ruhestätten geboren, denen nichts Fremdes ankann, weil an ihnen das Wirken und das Leben der Natur sich konzentrierte, und ein Ahnendes um sie, wie erinnernd, dasselbige erfähret, das sie vormals erfuhren.«

Und auf diesem ›Gipfel der Betrachtung‹ geht es, wie Hölderlin in der ›Rhein‹-Hymne dichten wird (Vers 41), darum, dass »ausgeglichen ist eine Weile das Schicksal«. In den frühen Versen von ›Mein Eigentum‹

ist ergänzend dazu festgehalten: »Dass heimathlos die Seele mir nicht/ über das Leben hinweg sich sehne,/ sei du, Gesang, mein freundlich Asyl« (Verse 39–41).[45]

VII. Pascals Testament: Gewissheit

Mit diesen Erwägungen zum Problem der ›Absonderung‹ zeigte sich als ein Spezifikum der sich als Bewusstsein transzendierenden religiösen Erfahrung, dass sie auf die Grundlegung von Wahrheit zielt, ohne doch in einem Begründungszusammenhang verankert werden zu können. Dies weist auf das Grundproblem von Pascal hin: Seine Fragmente nehmen bei der Fundierung möglicher Wissenschaft ihren Ausgang. Wissenschaft sei, wie handelndes menschliches Leben überhaupt, nur innerhalb eines ›Begriffsschemas‹ (nach dem berühmten Ausdruck von Donald Davidson) zur Gewissheit zu führen. Ihres Anfangs und Endes kann sie nicht habhaft werden. Insofern bleibt methodengeleitete Erkenntnis immer hypothetisch, und das Spezifikum von Pascals Theorie des Experimentes innerhalb des Spektrums der neuzeitlichen Philosophie ist die Aussage, dass Experimente nie die Sache selbst, so wie sie in Wahrheit ist, vorstellen können, sondern nur zeigen können, wie es sich mit einer Hypothese verhält. Evidenz und die Überzeugung letzter Gründe ist aus jenem Wissen nicht zu gewinnen; die Gewissheit (certitude) bleibt auf eine jeweilige Perspektivik begrenzt. Innerhalb der Grenze wird aber das Licht der Wahrheit aufscheinen, wiewohl es von der Wissenschaft nicht selbst zur Erscheinung zu bringen ist. Dieser Schwebezustand rührt an die Mittelstellung der condition humaine, die Pascal in seinem Fragment 72 umschreibt:

> »Dies also ist unsere wahre Lage; sie ist es, die uns unfähig macht, etwas sicher zu wissen oder absolut nichts zu wissen. Wir treiben auf einer grenzenlose Mitte dahin, immer im Ungewissen und im Fluss, von einem Ende zum andern gestoßen (...). Geben wir es also auf, Sicherheit und Festigkeit zu suchen. Unsere Vernunft wird immer durch die Haltlosigkeit der Erscheinungen genarrt, nichts kann das Endliche zwischen zwei Unendlichen retten, die es einschließen und zugleich fliehen«.[46]

Dies führt Pascal im Sinn des Glaubensvollzugs zu einer Unterwerfung des epistemischen Denkens unter das ihm Vorausgehende. Freilich ist daran gelegen, dass das Denken diesen entscheidenden Schritt selbst vollzieht. Es gelangt dabei vor eine ›veritative Differenz‹, wie Heinrich Rombach es treffend genannt hat.[47] Sie sedimentiert sich in der Frage: »Gibt es denn nicht eine wahrhafte Wahrheit (vérité substantielle), angesichts so vieler wahrer Dinge, die nirgends die Wahrheit selbst (la vérité même) sind?«[48] Wahrsein der Wahrheit führt in die Auslotung des eigenen und des metaphysischen Grundes. Und damit zeigt sich, dass jeweils nur ein Teil von Welt, gleichsam ein begrenzter Lichthof, in den Lichtkegel dieser Wahrheit getaucht ist. Dies hat Pascal, in Anknüpfung an das Fragment 72, in seinem Fragment 205 angedeutet:

> »Wenn ich die kurze Dauer meines Lebens betrachte, verschluckt von der Ewigkeit vorher und der Ewigkeit nachher, den geringen Raum, den ich ausfülle und sogar den, den ich überschaue, eingesenkt in die unendliche Unermesslichkeit der Räume (...). Wer hat mich hierhin gesetzt? Durch wessen Anordnung und Fügung ist mir dieser Ort und diese Zeit bestimmt worden?«[49]

Teil des Aufweises, dass sich das Erkennen an den Punkt seiner Selbstunterwerfung (soumission) bringt, ist Pascals Explikation des Feinsinns (esprit de finesse) als eines Geschmacks für die eigene Endlichkeit, für Gewohnheit (coutûme), Gefühl (sentiment), Leib (corps) und eine Vernunft und Weltperzeption, die sich aus diesen Zusammenhängen niemals lösen kann. Deshalb ist die Gewohnheit in ihrer Nützlichkeit gerechtfertigt und nicht in eine Rationalitätsform zu überführen. Nietzsche fand vermutlich gerade an diesem Punkt die Berührung mit Pascal, nach der seine Philosophie des Vormittags suchte.

Der Pascal'sche Feinsinn kommt nämlich nicht ohne einen Hintergedanken (pensée de derrière) aus. Er antizipiert gleichsam die einzig notwendige Wahrheit. Und in dieser Doppelsinnigkeit spricht Pascal von der ›Gratuität‹ des Daseins. Es weiß sich, insofern es in der Art des Feinsinns auf sich Bezug nimmt, als geschenkt und als begnadet. Insofern eröffnet jene Feinsinnigkeit das Mysterium, das zu schauen und zu leben, nicht aber über Differenzen zu erfassen und zu denken ist. Dies wäre der Koinzidenzpunkt des Glaubens, an dem nicht von der Wahrheit gesprochen wird, sondern Wahrheit sich selbst ausspricht – und erscheint, also: evident wird und derart zur Epiphanie gelangt.[50] »Dieu parle bien de Dieu.« Man weiß, dass Pascal in seinem ›Memorial‹ vom 23. November 1654 diesen Zusammenhang am ungeschütztesten ausgesprochen hat.

> »Gewissheit. Gewissheit. Empfinden. Freude. Frieden (...).
> Ich habe mich von ihm (sc. dem Gott Jesu Christi) getrennt (...):
> ›Mein Gott, wirst du mich verlassen?‹
> Dass ich nicht auf ewig von ihm getrennt sei.
> ›Das ist das ewige Leben, dass sie dich, allein
> wahrer Gott, und den, den du geschickt hast, Jesus Christus erkennen.‹«

Diese Erfahrung wird unbedingte Evidenz. Sie ist aber nur transitorisch möglich, so dass sich an dieser Stelle in Pascals Reflexionen eine geschichtliche und eschatologische Perspektive Bahn bricht. Die völlige Evidenz ist nur Unterpfand auf eine spätere vollständige Enthüllung. Deshalb signalisiert der Feinsinn stets auch Vorläufigkeit. Das ›Memorial‹ ist in Pascals Mantel eingenäht, damit ihn das Rascheln im Innenfutter an den Evidenzmoment erinnert. An dieser Stelle wird die Problematik der drei Ordnungen erst verständlich. Pascal sucht nach ihrer Einheit, nach einem Leben, das sich in allen zugleich halten kann. Dabei sind Ordnung des Fleisches, des Geistes und der Liebe aber vollständig distinkt. Zwischen ihnen ist kein Übergang zu denken, sie erscheinen nicht – durch Spiegelung – in- oder aneinander und sie sind noch nicht einmal als voneinander abgegrenzt zu beschreiben. Denn dies implizierte die Annahme einer teilweisen Konvergenz. Deshalb ist die ›Ordnung der Ordnungen‹ auch nicht als Herrschaft (arché) über den einzelnen Ordnungen anzusetzen, sondern in ihnen. Und sie gehen dadurch in eins zusammen, dass augenfällig wird, dass sie alle das Gleiche enthalten, insofern sie auf ein und dieselbe Mitte zentriert sind, als die Pascal Christus begreift. Nur aus dieser (intuitiv im Feinsinn antizipierten) Mitte und Ordnung der Ordnungen kann die Wahrnehmung einer jeden von ihnen ihre Mitte finden. Denn von sich her neigen sie jeweils zur Hypertrophie. In einer Ordnung zu sein heißt also: in eine Ordnung zurückgebracht zu werden.

Dies bezeugt sich in actu so, dass ein Mensch zugleich verschiedenen Ordnungen angehören kann. In der Bezeugung ist das Leben des Einzelnen, freilich immer nur auf Zeit, in eine vollständige Klarheit zu bringen. In weltgeschichtlichem Zusammenhang hingegen bedarf es dazu, diesseits des Eschatons, des Symbols, nämlich der Kirche. Freilich ist zugleich mitzuhören, dass in dem von Pascal aufgeschlossenen Raum nach ›uns‹ als Einzelnen und nach der Condition humaine in der Form des akkusativischen ›Adam, wo bist du?‹, gefragt wird – nicht in der Allgemeinheitsform, was der Mensch sei.

VIII. Denken und Dichten:
Sprechen diesseits der Grenzen der Sprache

Wir kommen auf das Problem der Versprachlichung von einem Ende her zurück, an dem es zum Phänomen wird und sich zugleich verschließt: nämlich von der Grenze zwischen Denken und Dichten. Wenn diese Differenz auch von Nietzsche her in hermetischer und hermeneutischer Reflexion immer wieder ausgemessen wurde, mitunter in allzu fröhlichen Wissenschaften, sollte ein vorgängiges Angesprochensein, der von Gadamer freigelegte Grundzug, dass die Sprache ›uns‹ spreche, nicht zu der Meinung führen, die Aporetik und Antinomik dessen, was in Denken und Dichten nicht gesagt werden kann, wäre in der Dichtung aufzuhellen. Der Dichter im Imago des Sehers legt mitunter solche Fährten, etwa in Stefan Georges Wort über Nietzsche, diese Seele hätte besser gesungen. Dass Nietzsche mit der gedichteten Gestalt des Lehrers des schwersten Gedankens nicht bei diesem Gedanken selbst zu sein meinte, verweist in eine andere Spur. Das Arkanum wird sich nicht narrativ, also in Sukzessive erschließen, und auch nicht im jähen Augenblick.

Seine Reflexionen im Umkreis der Zarathustra-Dichtung variieren eher das Schiller'sche Distichon, dass, wenn die Seele erst spreche, ach, die Seele nicht mehr spricht. Für die Frage, wie religiöse Erfahrung als Evidentes und doch Verschlossenes Sprache werden könnte, kann systematisch im Grunde nur eine derartige Differenz maßgebend sein. Sie sei im Hinblick auf zwei von Nietzsche charakterisierte Dicht-formen angedeutet: die orphische und die zeichenhaft vermittelnde.

Nietzsche fasste Orpheus »antimythologisch« und er fügte in der einschlägigen Notiz das Epitheton ›buddhistisch‹ hinzu, was auf eine Leere von aller Bildlichkeit verweist (KSA 7, S. 151). Diese Grundstellung begegnet auch in späteren Figurierungen der orphischen Gestalt. Bemerkenswert ist, dass von früh an Sokrates als ein anderer Orpheus figuriert wird, weil er aus dem dionysischen Taumel heraustritt. Allerdings weiß Nietzsche, dass das Dionysos-Blut in der orphischen Aussageweise bewahrt bleibt. »*Die alte grausame vorhomerische* Welt zieht noch ihre Wellenfurche im Orpheus Museaeus und deren asketisches Sühnepriesterwesen« (KSA 7, S. 404). Orpheus in Nietzsches Manier vorgestellt, ist ein eigentlich hermetischer Dichter. Denn er geht von dem nüchternen Ton aus und bringt, was sich vordergründig zeigt, in eine Hintergrundsansicht. Deshalb ist Orpheus auch ›unbillig‹ und böse gegenüber der Überlieferung. Ein neuer Orpheus, so sinniert Nietzsche im Herbst 1881,

> »wäre vielleicht im Stande, uns durch seine Töne zu überreden, wir hätten noch gar keine Musik gehabt und das Beste sei, allem, was bisher so hieß, aus dem Wege zu laufen.« (KSA 9, S. 652)

Und aus gleicher Ursache sieht er in einem Versfragment, das aus dem Herbst 1884 datiert

> »aus dumpfem deutschem Ton-Gedräng/ Mozart Rossini und Chopin/ (...) nach griechischen Geländen/ Das Schiff dich, deutscher Orpheus, wenden«.

Diesen Leitfaden hat übrigens Rilke in der Entstehungszeit seiner Orpheus-Dichtung im Februar 1922 aufgenommen, wobei – auf diese wenigen Wegmarken muss sich unsere Erwägung begrenzen – die Katharsis aus dem Schweigen, aus Klarheit, die zugleich als Überhelle erfahren wird, gewonnen wird. Im ersten der Sonette ist diese Saite bereits angeschlagen:

> »Da stieg ein Baum. O reine Übersteigung!/ O Orpheus singt!/ O hoher Baum im Ohr!/ Und alles schwieg. Doch selbst in der Verschweigung/ ging neuer Anfang, Wink und Wandlung vor.«

Und das dritte Sonett zeichnet die Frage vor und signalisiert, dass das Zur-Sprache-Kommen je schon in Unterscheidung, also Differenz ist. Dies verbindet die Kunst und die Dialektik, insofern beide auf ihren Ursprungs-Punkt zurückgeführt werden:

> »Sein Sinn ist Zwiespalt. An der Kreuzung zweier/ Herzwege steht kein Tempel für Apoll.// Gesang, wie du ihn lehrst, ist nicht Begehr,/ nicht Werbung um ein endlich noch Erreichtes; / Gesang ist Dasein. Für den Gott ein Leichtes./ Wann aber sind wir?(...)«.

Aufzusingen, diese Kontingenz des ersten Tones, muss vergessen werden.

> »Das verrinnt./ In Wahrheit singen, ist ein andrer Hauch./ Ein Hauch um nichts. Ein Wehn im Gott. Ein Wind.«

Das erste Mal wird der Orphische Vollton im IV. und V. Sonett ausgeformt: wenn – in einer Selbsttranszendenz, die sich ungewollt im gelebten Leben zutragen mag – die Liebenden von diesem Windhauch (pneuma) her angesprochen werden.

> »O ihr Zärtlichen, tretet zuweilen/ in den Atem, der euch nicht meint,/ lasst ihn an eueren Wangen sich teilen,/ hinter euch zittert er, wieder vereint.«

Diese Schwere und das Nicht-gemeint-sein ausdrücklich zu wissen, wäre nicht erträglich:

> »Selbst die als Kinder ihr pflanztet, die Bäume,/ wurden zu schwer längst; ihr trüget sie nicht./ Aber die Lüfte ... aber die Räume ...«

Die hermetische Leichtigkeit lässt Orpheus, der den Abschied und das Wiederfinden nicht bestand, ›allem Abschied voran‹ sein.

> »Seine Metamorphose/ in dem und dem. Wir sollen uns nicht mühn// um andre Namen. Ein für alle Male/ ists Orpheus, wenn es singt.« (Vers V)

Der Verweis auf die imperativische Selbstanrede des »Sei allem Abschied voran, als wäre er hinter dir, wie der Winter, der eben geht« deutet auf die Selbst-Reflexion des orphischen Tones im zweiten Teil des Zyklus voraus (XIII). In ihm wird der orphische Grundakzent auf sich selbst hin reflexiv.

»Rein ist im heiteren Geist,/ was an uns selber geschieht« (XI). Und die Orpheus-Sprache wird eigentlich ›Mund‹.

> »Ein Ohr der Erde. Nur mit sich allein/ redet sie also. Schiebt ein Krug sich ein,/ so scheint es ihr, dass du sie unterbrichst« (XV).
> »Immer wieder von uns aufgerissen,/ ist der Gott die Stelle, welche heilt./ Wir sind Scharfe, denn wir wollen wissen, aber er ist heiter und verteilt.« (XVI)

Die zeichenhafte und derart vermittelnde Sageweise ist von Hölderlin her in die Erinnerung zu bringen, namentlich dem Vers aus der ›Rhein‹-Hymne »Ein Räthsel ist Reinentsprungenes. Auch/Der Gesang kaum darf es enthüllen.« Es ist kontrapostisch zu der – mit dionysischen Zügen umschriebenen – Ausgangskonfiguration bezeichnet: »Im dunkeln Epheu saß ich, an der Pforte/ Des Waldes«. Um das nicht ganz (also in Vollständigkeit) zu Enthüllende doch zu sagen, bedarf es des Zeichens. Es zu finden, ist aber dem Sterblichen gerade versagt. Da er sich – ohne die Götter – selbst nur ein Zeichen, deutungslos ist, und in ihrer Überhelle doch nicht verweilen kann. Sie ätzt ihm die Augen und scheint ihm dunkel. *Poetologisch* ist Hölderlin dieser Aporetik in einigen Erwägungen seiner Abhandlung ›Über die Verfahrungsweise des poetischen Geistes‹ (1799) nachgegangen.

> »Das reine in jeder besondern Stimmung begriffenes widerstreitet dem Organ, in dem es begriffen, es widerstreitet dem Reinen des andern Organs, es widerstreitet dem Wechsel.« (STA IV, 1, S. 248)

Und dies ist dann der Charakter und zugleich die Aporie des treffenden Zeichens:

> »denn wenn Einigkeit und Entgegensezung (...) unzertrennlich verbunden und eines ist, so kann sie der Reflexion weder als entgegensezbares Einiges, noch als vereinbares Entgegengeseztes erscheinen, sie kann also gar nicht erscheinen, oder nur im Karakter eines positiven Nichts, eines unendlichen Stillstands.« (...) (ibid., S. 252)

Zu einer derartigen Hyperbel der Hyperbeln hat sich Hölderlin in der ›Rhein‹-Hymne aufgeschwungen, wenn er die Friedens-Fermata als eine ›heilige Hochzeit‹ (›hieros gammos‹) umschreibt:

> »Dann feiern das Brautfest Menschen und Götter/ Es feiern die Lebenden all,/ Und ausgeglichen/Ist eine Weile das Schicksaal./ Und die Flüchtlinge suchen die Heerberg,/ Und süßen Schlummer die Tapfern,/ die Liebenden aber/ Sind, was sie waren,/ Sie sind/ zu Haußse.«.

Damit ist ein Potentialis ausgeschrieben, eine Erfüllung, die in der Zeit geschieht, aber die Zeit tilgt. Die Ausschreibung dieses Horizontes ist in der

Figuration der Dichtung Ermöglichungsgrund dafür, dass Götter und Menschen füreinander Zeichen sein können. Und jenes Zeichengefüge verschiebt das menschliche Bewusstsein und das Sein der Götter, so dass sie einander wechselbegrifflich ergänzen: Sie bedürfen einander, doch so zu reden, heißt an die Grenze der Hybris zu rühren, an der der Mensch als der Beseeler der Götter, der er sein kann, verbrannt würde:

> »Es haben aber an eigner/ Unsterblichkeit die Götter genug, und bedürfen/ die Himmlischen eines Dings,/ so sinds Heroen und Menschen/ Und Sterbliche sonst. Denn weil/ Die Seeligsten nichts fühlen von selbst,/ Muss wohl, wenn solches zu sagen/Erlaubt ist, in der Götter Nahmen/ Theilnehmend fühlen ein Andrer,/ Den brauchen sie; jedoch ihr Gericht/ Ist, dass sein eigenes Haus/ Zerbreche der und das Liebste/ Wie den Feind schelt und sich Vater und Kind/ Begrabe unter den Trümmern,/ Wenn einer, wie sie, seyn will und nicht/ Ungleichs dulden, der Schwärmer.«

Von hierher vermag die religionsphilosophische Reflexion, bei aller Problematik, die ihr anhaftet, auf Leichte und hermetische Strenge (Schwere) des von Leibniz benannten ›Lichtwegs‹ verweisen. Heinrich Scholz hat in seiner (bis heute uneingeholten, 1922 in zweiter Auflage erschienenen) ›Religionsphilosophie‹ als eines der Konstitutiva des von ihm exponierten »religiöse(n) Fundamentalurteil(s)« ein Unabweislichkeitsempfinden, die Ahnung ›Gott reift, auch wenn wir nicht wollen‹ expliziert und dabei das Wort Augustins aufgenommen: »Herr, wenn wir getäuscht werden, so werden wir von Dir getäuscht.«[51] Und er hat zu vermeintlich philosophisch epistemischen Wahrheitsprüfungen solchen religiösen Bewusstseins mit Lessing angemerkt: »Die innere Wahrheit ist keine wächserne Nase, die sich jeder Schelm nach seinem Gesichte bossieren kann, wie er will«. Dies bedeutet (und wer Heinrich Scholz' Lebensarbeit kennt, wird sich darüber am wenigsten verwundern) *keinesfalls* eine Captatio der Reflexion. Es ist ihr allerdings schlechterdings nicht verstattet, sich als Forum zu verstehen, vor dem sich religiöse Erfahrung zu rechtfertigen hätte. Diese ist in ein Wahrheitsgeschehen gestellt, das sich im Eschaton je vorgriffshaft schon verifiziert und einmal verifizieren mag. Sie erhebt aber selbst keine ›Geltungsansprüche‹.[52] Dessen wird sich eine Reflexion inne sein, die ihre eigenen Ansprüche nicht ermäßigt hat. Sie weiß wohl mit Hegel, dass letzte Gründe denkender Orientierung (Hegel spricht vom ›System‹) nicht widerlegt werden können. Allerdings kann aufgewiesen werden, dass sie die letzten nicht sind.

> »Und vielleicht steigen wir niemals höher, als wenn wir nicht wissen, wie weit wir gehen und an welchen Abgründen wir beständig vorüber müssen, um das Licht zu erblicken, von welchem gesagt ist, dass es sich selbst und die Finsternis erleuchtet.«[53]

Anmerkungen:

[1] Hier zitiert nach Heinrich Scholz, Religionsphilosophie. Berlin, zweite Aufl. 1922, S. 320.

[2] Hier wäre auf die gerade beim späten Derrida vermehrt ans Licht kommenden autobiographischen Wurzeln zu verweisen, die Explikation der Schrift als einer Form von Beschneidung und Inskription in das eigene Fleisch. Vgl. J. Derrida und G. Vattimo, Religion. Frankfurt/Main 2000. Das Denkbild des letzten Gottes, das Heidegger in seinen ›Beiträgen‹ (GA 65. Frankfurt/Main 1989) entfaltet hat, steht gleichfalls im Hintergrund. Doch ist es diesem Versuch vorläufig versagt, in solche Arkane einzudringen.

[3] Ein zweites Teilstück dieses Versuches, der in Vorbereitung auf eine Monografie und als erstes Ergebnis langjähriger religionsphilosophischer Lehrveranstaltungen in Erlangen und neuerdings in Halle vorgelegt wird, wird in der ›Zeitschrift für Systematische Theologie und Religionsphilosophie‹ erscheinen.

[4] Vgl. vor allem H. Rombach, Welt und Gegenwelt. Umdenken über die Wirklichkeit: Die philosophische Hermetik. Basel 1983; ders., Der kommende Gott. Hermetik – eine neue Weltsicht. Freiburg/Br. 1991; ders., Der Ursprung. Philosophie der Konkreativität von Mensch und Natur. Freiburg/Br. 1994. Für die methodische Vorzeichnung bleibt entscheidend Rombach, Strukturontologie. Eine Phänomenologie der Freiheit. Freiburg, München ²1988, S. 349ff. Wesentliche Hinweise auf den Aufriss von Rombachs Denkbewegung in: G. Stenger und M. Röhrig (Hrsg.), Philosophie der Struktur – ›Fahrzeug‹ der Zukunft? Festschrift H. Rombach. Freiburg, München 1995.

[5] Zu dem Begriff der ›Mystik‹, wie er hier in Begrenzung auf seine christliche Konfiguration verstanden wird, vgl. A. M. Haas, Mystik als Aussage. Erfahrungs-, Denk- und Redeformen christlicher Mystik. Frankfurt/Main 1996, siehe ferner die Beiträge von Haas, W. Beierwaltes und H. U. von Balthasar in dem Sammelband: Grundfragen der Mystik. Einsiedeln 1974.

[6] Das Paradoxon ist von hierher auch in der Stoa das wider die Meinung Gerichtete. Meine demnächst erscheinende Habilitationsschrift und eine geplante Monografie über Dialektik wird darüber näheren Aufschluss geben. Zu dem Verhältnis von Platonismus und Christentum vgl. jetzt Werner Beierwaltes, Platonismus im Christentum. Frankfurt/Main 1998 gegenüber den verfehlten, von Harnack sich herschreibenden Divergenztheoremen. Siehe auch den Beitrag von K. Hahn im vorliegenden Band. Im Blick auf die Verschränkungen von Platonismus und Christentum bleibt zentral: R. Berlinger, Augustins dialogische Metaphysik. Frankfurt/Main 1962, siehe auch den schönen Aufsatz: W. Schrader, Zu Augustins ontologischer Aporie der Zeit. Zwei Interpretationen, in: W. Beierwaltes und W. Schrader (Hrsg.), Weltaspekte der Philosophie. Festschrift Rudolph Berlinger. Amsterdam 1972, S. 269ff.

[7] K. Heinrich, vom bündnis denken. Religionsphilosophie. Dahlemer Vorlesungen Band 4. Frankfurt/Main, Berlin 2000, S. 8ff.

[8] In einer allzu unkritischen Referenz auf Marx'sche Terminologie hat Heinrich an dieser Stelle den Gattungsbegriff bemüht und damit anthropologische Vorannahmen getroffen, die der religionsphänomenologischen Klärung wenig dienlich sind.

Vgl. seine grundlegenden Erwägungen in: anthropomorphe. Dahlemer Vorlesungen Band 2. Frankfurt/Main, Berlin 1986, S. 50ff., S. 99ff. u.ö.

[9] Vgl. Heinrich, vom bündnis denken, S. 9.

[10] Heinrich, a.a.O., S. 51.

[11] Siehe Karl Kerényi, Die Religion der Griechen und Römer. München und Zürich 1963, S. 110ff und ders., Die Mysterien von Eleusis. Zürich 1962.

[12] Er manifestiert sich am klarsten in Schellings Erlanger Vorlesung aus dem WS 1820/21: Initia philosophiae universae. Hrsg. und kommentiert von H. Fuhrmans. Bonn 1969, insbes. S. 148ff.

[13] K. Cramer, ›Erlebnis‹. Thesen zu Hegels Theorie des Selbstbewusstseins mit Rücksicht auf die Aporien eines Grundbegriffs nachhegelscher Philosophie, in: H.-G. Gadamer (Hrsg.), Stuttgarter Hegel-Tage 1970. Bonn ²1983, S. 537ff., insbes. S. 596 u. 598ff.

[14] Vgl. zu der Problematik jetzt D. Henrich, Systemform und Abschlussgedanke. Methode und Metaphysik als Problem in Kants Denken, in: Akten des Internationalen Kant-Kongresses in Berlin April 2000 (im Erscheinen). Ferner Henrichs ältere Arbeit: Grund und Gang spekulativen Denkens, in: ders. und Rolf-Peter Horstmann (Hrsg.), Metaphysik nach Kant? Stuttgart 1988, S. 83ff. (= Veröffentlichungen der Internationalen Hegel-Vereinigung Band 17).

[15] Durch den Konnex von ›Kosmos‹ und ›Nomos‹ wird eine subkutane stoische Verweisungsstruktur bei Kant deutlich, die von den ingeniösen und knappen Vorarbeiten bei Klaus Reich, Kant und die antike Ethik. Berlin 1937, her systematisch zu entfalten wäre.

[16] Vgl. dazu K. Flasch, Nikolaus von Kues. Geschichte einer Entwicklung. Frankfurt/Main 1998, Einzelnachweise vgl. ibid., S. 46ff. Dieses innovatorische Buch hat das unstrittige Verdienst, die Denkwege des Cusaners aufgewiesen zu haben. Dass darüber der systematische Zusammenhang geringer gewichtet scheint, wird nur dadurch zum Mangel, dass sich Flasch zu wenig mit gegenläufigen Deutungen auseinandersetzt. So weit dies auf so schmalem Raum und unter einer begrenzten Perspektive möglich ist, hielte ich es für fruchtbar, Flaschs Deutung mit einer eher systematischen Lesart zu verbinden. Freilich sind Verortungen der Cusanus-Auslegung zu schwierig, um in diesem Kontext weiter verhandelt zu werden.

[17] Vgl. Cusanus, De sapientia, 1–3. Dazu Flasch, a.a.O., S. 249ff.

[18] H. Rombach, Strukturontologie, a.a.O., S. 350ff.

[19] Es ist augenfällig, dass diese Konfiguration in der platonischen, aber auch aristotelischen Gewichtung der ›techné‹ nicht denkbar wäre. Vgl. dazu W. Wieland, Aristoteles und die Idee der poietischen Wissenschaft. Eine vergessene philosophische Disziplin, in: Th. Grethlein und H. Leitner (Hrsg.), Inmitten der Zeit. Beiträge zur europäischen Gegenwartsphilosophie. Festschrift für Manfred Riedel. Würzburg 1996, S. 479ff. Vgl. auch R. Imbach, Laien in der Philosophie des Mittelalters. Amsterdam 1988, im Blick auf die Laienphilosophie der Cusaner.

[20] Vgl. De mente c 3. n72,6–7. Die zitierte Paraphrase stammt von Flasch, a.a.O., S. 279.

[21] Vgl. auch P. Wilpert, Das Problem der coincidentia oppositorum in der Philosophie des Nikolaus von Cues, in: J. Koch (Hrsg.), Humanismus, Mystik und Kunst in der Welt des Mittelalters. Leiden, Köln 1953, S. 39ff., sowie in einer gegenläufigen Ziel-

richtung das erste Cusanus-Buch von Flasch: Die Metaphysik des Einen. Problemgeschichtliche Stellung und systematische Bedeutung. Leiden 1973, S. 168 ff.

22 So die Bemerkung Flasch, Nikolaus von Kues, a.a.O., S. 420.

23 Von der Verortung der Religion im Hegel'schen Enzyklopädie-System wird hier nicht die Rede sein. Vgl. M. Theunissen, Hegels Lehre vom absoluten Geist als theologisch-politischer Traktat. Berlin 1970.

24 F. Wagner, Was ist Religion? Studien zu ihrem Begriff und Thema in Geschichte und Gegenwart. Gütersloh ²1986, S. 587 und S. 589. Zu befragen wäre auch F. Wagners eigener, von Tragik nicht freier Lebens- und Denkweg, der ihn von der Theorie des Absoluten zunehmend zu einer Kulturtheorie von Religion geführt hat. Dazu einschlägig: F. Wagner, Selbstdarstellung, in: Chr. Henning und K. Lehmkühler (Hrsg.), Systematische Theologie der Gegenwart in Selbstdarstellungen. Tübingen 1998, S. 277 ff.

25 Vgl. zum Folgenden Niklas Luhmanns nachgelassenes Buch: Die Religion der Gesellschaft. Frankfurt/Main 2000. Über die Problematik einer ›historischen Anthropologie‹ als einer vermeintlich voraussetzungslosen, tatsächlich aber Voraussetzungen unreflektiert supponierenden Denkart: S. Otto, Rekonstruktion der Geschichte. Zur Kritik der historischen Vernunft. Erster Teil München 1982, S. 161 ff., Zweiter Teil München 1992, S. 170 ff.

26 Luhmann, Die Religion der Gesellschaft, a.a.O., S. 162 f.

27 Mit ausdrücklichem Verweis auf den Cusaner bei Luhmann, a.a.O., S. 164, Fußnote 28.

28 Ibid., S. 320.

29 Dies war bekanntlich ein Lebensmotiv von Hans Blumenberg, der die Phänomenevidenz ›Sagen zu können, was ich sehe‹ als vollkommenes irdisches Glück begriff. Vgl. M. Sommer, ›Sagen zu können, was ich sehe‹. Zu Hans Blumenbergs Selbstverständnis, in: Neue Rundschau 109 (1998), S. 78 ff.

30 Das Kürzel GA verweist im Folgenden auf die Gesamtausgabe der Werke Martin Heideggers. Dabei sind die hier fraglichen Texte durchwegs in der ersten Abteilung dieser im wahrsten Wortsinn monumentalen Edition aufzufinden.
Es ist unschwer zu erkennen, dass der von R. Guardini zur Abhebung gebrachte Begriff der ›Schwermut‹ mit diesen Explikationen in engem Zusammenhang steht und sie in seinem eigenen Römerbrief-Kommentar exegetisch wohlfundiert weiterführte.

31 In ähnlichem Sinn hat Nietzsche Individualität und Allgemeinheit zusammenzudenken versucht. Vgl. Zur Genealogie der Moral, Dritte Abhandlung, Nummer 12: »Es giebt nur ein perspektivisches Sehen, nur ein perspektivisches ›Erkennen‹; und je mehr Affekte wir über eine Sache zu Worte kommen lassen, je mehr Augen wir uns für dieselbe Sache einzusetzen wissen, umso vollständiger wird unser ›Begriff‹ dieser Sache, unsre ›Objektivität‹ sein.« (KSA 5, S. 365)

32 Die Debatte über Katechontik und Eschaton ist ein Leitmotiv der Geistes- und Auslegungsgeschichte der Zwanziger Jahre, mit sehr divergenten Ausprägungen im einzelnen: Vgl. dazu B. Nichtweiss, Erik Peterson. Neue Sicht auf Leben und Werk. Freiburg, Basel, Wien 1992, insbes. S. 740 ff. Siehe als besonders eindrucksvolles Zeugnis: E. Peterson, Der Brief an die Römer. Aus dem Nachlass herausgegeben von B. Nichtweiss und Mitarbeit von F. Hahn. Würzburg 1997. Das erste Mal wurde die

Vorlesung im Sommersemester an der Universität zu Bonn 1925 gehalten. Unter den wenigen Hörern dieses Kollegs war auch Ernst Käsemann, der sich noch aus jahrzehntelanger Rückschau als von der Peterson'schen Perspektive tief geprägt begriff.

33 Die ›Burg‹ ist dabei Sinnbild für die eigene Seele.

34 Vgl. dazu unter anderem: Schleiermachers literarischer Nachlass, Band 2, 2. Abteilung. Berlin 1939, S. 423 ff., sowie Schleiermacher, Dialektik, hrsg. von R. Odebrecht. Leipzig 1942, S. 280 ff. Ferner den Abdruck einschlägiger Texte bei M. Frank (Hrsg.), Selbstbewußtseinstheorien von Fichte bis Sartre. Frankfurt/Main 1991, S. 85–129, und ibid., S. 413 ff. M. Frank, Fragmente einer Geschichte der Selbstbewußtseins-Theorie von Kant bis Sartre, insbesondere S. 498 ff.

35 Hierzu einschlägig Schleiermacher, Der christliche Glaube, Band 1, hrsg. von M. Redeker. Berlin 1960, S. 24 f.

36 Ibid. Eine ins Einzelne gehende Auseinandersetzung werde ich in einem Beitrag zu dem Münchener Nietzsche-Symposion vom Herbst 2000 führen. Mittlerweile hat U. Barth eine präzise Exegese des Schleiermacher'schen Textes vorgelegt, die in der Festschrift für K. Cramer (hrsg. von J. Stolzenberg) Metaphysik und Subjektivität, Göttingen 2002, erschienen ist.

37 M. Theunissen, Pindar. Menschenlos und Wende der Zeit. München 2000, hier S. 1 ff und S. 7 ff. Es legt sich allerdings der Verdacht nahe, dass Theunissen, wenn er den Kairos als Herabsetzung der Machtansprüche der Zeit deutet, das 7. Jahrhundert der frühgriechischen Dichtung schon mit den Augen der Sophistik deutet. Dazu: Thomas Buchheim, Die Sophistik als Avantgarde modernen Lebens. Hamburg 1986.

38 Siehe dazu: M. Theunissen, Die Zeitvergessenheit der Metaphysik. Zum Streit um Parmenides, Fragment 8, 5–6a, in: A. Honneth u.a. (Hrsg.), Zwischenbetrachtungen im Prozess der Aufklärung. Jürgen Habermas zum 60. Geburtstag. Frankfurt/Main 1989, S. 262 ff. Ferner K. Bormann, Parmenides. Hamburg 1971; E. Heitsch, Gegenwart und Evidenz bei Parmenides. Wiesbaden 1970 und U. Hölscher, Anfängliches Fragen. Studien zur frühen griechischen Philosophie. Göttingen 1968.

39 M. Theunissen, Pindar, a.a.O., S. 442 ff.

40 Wir folgen hier dem verschiedene Übersetzungen synkritisch aufeinander beziehenden Abdruck der XII. Pythie bei Theunissen, Pindar, a.a.O., S. 1007 f.

41 Sehr aufschlussreich in diesem Zusammenhang ist das neureformatorische, aus der Lutherrenaissance und einem eingehenden Schleiermacher-Studium hervorgegangen Explikation dieses Verhältnisses bei Rudolf Hermann, Religionsphilosophie aus dem Nachlass herausgegeben von Heinrich Assel. Göttingen 1995, S. 266 ff., S. 299–328. Die Kürzungen in Hermanns bis in die feinsten Filiationen hinein hochinteressanten Text (was sowohl für Vorlesungs-Manuskripte wie für unpublizierte Reflexionen gilt) sind an dieser Stelle zu monieren. Vgl. auch ders., Der andere Aufbruch. Die Lutherrenaissance – Ursprünge, Aporien und Wege: Karl Holl, Emanuel Hirsch, Rudolf Hermann (1910–1935). Göttingen 1994, S. 305 ff., freilich mit einigen narrativen und ›sprachtheologischen‹ Naivitäten, die dem komplexen Wechselverhältnis zwischen Bewusstseinstheorie und sprachlicher Erhellung wohl kaum gerecht werden dürften. Der Verweis, dass die ›Sprachtheologie‹ ins Offene führe, ist selbst weniger ein Gedanke als eine Evokation.

Prolegoma zu Sprache und Reflexion religiöser Erfahrung

[42] G. Picht, Von der Zeit. Aus dem Nachlass herausgegeben. Stuttgart 1999, S. 697.

[43] Vgl. Heidegger, Phänomenologie und Theologie (1927) in: ders., Wegmarken GA Band 9, S. 45 ff. Dabei löst sich die Exposition zunehmend aus der Sprache des ›Nächsten‹, nämlich von Rudolph Ottos Bestimmungen, denen die frühe Religionsphänomenologie (GA 60) noch auf der Spur gewesen war.

[44] Diese Formulierung findet sich in der Nachschrift durch Libelt, (Ms. Jagellonische Bibliothek in Krakau), hier zit. nach A. Gethmann-Siefert, Einführung in die Ästhetik. München 1995, S. 222 f. Vgl. auch Ernst H. Gombrich, Hegel und die Kunstgeschichte, in: Neue Rundschau 88 (1977), Heft 2, S. 202 ff.

[45] Vgl. dazu die einlässlichen Interpretationen von M. Theunissen, Pindar, a.a.O., S. 943 ff., siehe auch A. Seifert, Untersuchungen zu Hölderlins Pindar-Rezeption. München 1982; ders., ›Die Asyle‹. Überlegungen zu einer Interpretation des Hölderlinschen Pindarfragments, in: Chr. Jamme und O. Pöggeler (Hrsg.), Jenseits des Idealismus. Hölderlins letzte Homburger Jahre (1804–1806). Bonn 1988, S. 173 ff.; ders., Hölderlin und Pindar (aus dem Nachlass hrsg. von A. Bennholdt-Thomsen). Eggingen 1998, vor allem S. 125 ff. Wesentliche Gespräche über den Zusammenhang von Asylon und Heiligem habe ich mit Manfred Riedel führen können.

[46] Übersetzung hier nach H. Rombach, Substanz, System, Struktur. Die Ontologie des Funktionalismus und der philosophische Hintergrund der modernen Wissenschaft. Freiburg, München 1966, S. 137.

[47] So die treffende Formulierung von Rombach, ibid., S. 195 f.

[48] Vgl. zu dem Problem Fr. 92, 93 und 233, dazu auch Rombach, a.a.O., S. 191 ff., sowie hinsichtlich der Berührungen mit Nietzsche: H. Rheinfelder, Pascals Weg zur Höhe, in: die neuen Sprachen 1953, S. 513 ff.

[49] Übersetzung nach Rombach, a.a.O., S. 208 f.

[50] Vgl. den Explikationszusammenhang bei Rombach, a.a.O., S. 208 f., der sich gegen eine Lesart absetzt, in der Pascal vor allem auf die Paradoxien und Widersprüchlichkeiten seiner Denkart hin ausgelegt wird. Die Cusanische Spur freigelegt zu haben, ist eines der größten Verdienste der auch in systematischer Hinsicht hochinteressanten Interpretation Rombachs.

[51] Heinrich Scholz, Religionsphilosophie, a.a.O., S. 309.

[52] Diese pseudorationale Konzeption findet sich bei I. U. Dalferth, Religiöse Rede von Gott. München 1981, S. 707 ff., für die ähnliche Kriterien zu finden wären, wie sie Hans Albert gegen die hermeneutische Theologie eines G. Ebeling gewandt hat.

[53] Scholz, a.a.O., S. 320. Vgl. dazu E. Heintel, Das Totalexperiment des Glaubens. Wien und Graz 1982. Andere Schriften Heintels und die Grandezza persönlicher Begegnung haben mich auf den Weg religionsphilosophischer Erörterung gebracht. Insbesondere ist seine Wiedererinnerung des Sprachdenkens von Ferdinand Ebner von großer Bedeutung. Vgl. ferner ders., Philosophie und Theologie, in: Gesammelte Abhandlungen. Band 3, Zur Theologie und Religionsphilosophie I. Stuttgart, Bad Cannstatt 1995, S. 287 ff. und ders., Zur Frage der analogen Rede von Gott, in: Gesammelte Abhandlungen, Band 4, a.a.O., S. 380 ff.

Europäischer Kulturhorizont heute

Zur Voraussetzung gegenwärtiger Religions-Auseinandersetzungen

Eberhard Simons

Wenn gegenwärtig über das Christentum, seine Geschichte und Gegenwart, in Bezug zu anderen Weltreligionen diskutiert wird, so macht man damit Voraussetzungen darüber, wie gegenwärtig »Welt« zu verstehen ist.

Solcher Welt-Bezug ist nicht selbstverständlich klar. Er kann sich, gerade von den Wissenschaften, wie der Psychologie und auch Soziologie her, aber auch aus den historischen Wissenschaften, ziemlich »weltlos« verstehen und missverstehen – ohne dies zu bemerken.

Die Annahme von so etwas wie »Weltgeschichte« wird, als »Welt-Anschauungsthema«, normalerweise nicht und nicht mehr gemacht. Woraufhin und wovonher werden aber Religionen – als Lebens- und Welt-Auslegungen – auch und gerade dann noch, wenn sie sich auf ein »Welt-Jenseits« beziehen, verstanden?

Üblicherweise bezieht sich neuzeitliche szientische Vernunft-Interpretation der Geschichte auf die moderne Aufklärungsvernunft. Diese ist eine Bewusstseins- und Vorstellungsvernunft, die das, was sie »empirisch« und »faktisch« und »objektiv« nennt, von einer (irdisch-endlichen) Bewusstseins-Rationalität her konzipiert. Diese Verstandes-Rationalisierung verallgemeinert und organisiert sich in Definitionen, Urteilen und Schlüssen.

Ist diese Verallgemeinerungs-Rationalisierung, die sich zentral – theoretisch – auf »Vernunft« und »ratio« bezieht und – praktisch – auf den Willen und die Moral, in der Lage, Geschichte und Gegenwart im Horizont von »Lebens- als Weltgeschichte« zu begreifen?

In dieser modernen Verstandes- und Vernunft-Verallgemeinerung werden vielerlei faktische Gegebenheiten eruiert. Zugleich bringt man darin – »weltanschaulich« – Moralisierungen zum Einsatz: als Wertmaßstäbe der »Beurteilung« und »Einschätzung«. Von daher wird befunden, was gut und schlecht, was »möglich«, d.h. lebensförderlich und »unmöglich«, d.h. lebensschädlich ist.

Auch die Frage: ob es heute noch möglich ist, ein Christ zu sein oder nicht, versteht und entscheidet sich vorgängig, in und trotz der genauen textgeschichtlichen wie erfahrungsreichen Interpretation, vom vorausgesetzten »Lebens«-Verständnis her und mehr noch: vom vorausgesetzten »Welt«-Begriff.

Zu diskutieren, ob es heute besser ist, ein Buddhist zu sein als ein Christ, hängt auch und wesentlich davon ab, was als Vergleichs-Horizont angenommen wird und wie die befindende Bestimmung darüber aussieht, was gut, besser oder schlechter ist.

Gut, aber besser oder schlechter – wofür? Dass die Geschichte und Gegenwart von Religionen und Kulturen nicht nur eine Vernunft-Geschichte ist, sondern als Leib- und Verkörperungs-Geschichte lebt, ist unter neuzeitlichen Rationalitätsbedingungen, seien sie noch so »empirisch«, sehr schwer zu fassen.

Gibt es in den dargelegten empirischen Phänomen-Beschreibungen so etwas wie den »Welt-Leib« – den einzelne Kulturen, so oder anders, realisieren? Und wie wäre dieser angemessen zu erfassen und mitzuerfassen? Die Einzelwissenschaften versagen an dieser Stelle ziemlich – nicht auf Grund mangelnder Empiriebezogenheit, sondern deswegen, weil und sofern diese Empiriebezogenheit – »weltlos« ist. »Weltlos« – ganz im Gegensatz zur Meinung, die man, empirieverpflichtet, hat und glaubt zu haben.

Das jeweils durchs reale Leben vorausgesetzte leibwirkliche Welt-Vertrauen und der damit zusammenhängende Welt-Glaube werden übersehen.

Gerade die Erfahrung des terroristischen Angriffs auf Manhattan – als Symbol des modernen »global world«-Amerika und die Reaktionen darauf zeigen, wie sehr dadurch Amerika und dessen »way of life«, wie Weltvertrauen und auch Welt-Glaube, herausgefordert ist. Man redet dort nunmehr erstaunlicherweise und völlig selbstverständlich öffentlich von amerikanischer »Seele« und amerikanischen Lebensüberzeugungen, die man sich nicht nehmen lassen wolle und auf deren Überzeugungen und Verkörperungen ein militärischer oder quasi-militärischer Angriff nicht möglich sein soll und nicht erlaubt werden darf. – Alles Begriffe, wie z.B. »Seele« eines ganzen Kontinents, die man sich empirisch-szientifisch längst abgewöhnt hatte. Die sogar verboten und tabuisiert werden.

Auch die islamische Welt ist, nicht nur von außen, sondern in sich selber, herausgefordert – trotz der öffentlichen politischen Bekundungen der Anteilnahme an Amerika und der distanzierenden öffentlichen Ablehnung des antiamerikanischen Terrors.

Im Folgenden wird ein Vorschlag unterbreitet, wie Wirtschafts- und Kulturgeschichte – gerade als Leib- und Lebens-Erhaltungs-Geschichte – konzipiert werden kann. Diese konzeptionelle Art der Gegenwart als Geschichts-Erfassung ist durch die neuzeitliche Aufklärungsvernunft und ihre gattungslose leibungeschichtliche Abstraktion ziemlich verloren gegangen.

Demgegenüber kannte die griechische Antike einen Begriff von »Ökonomie«, der nicht nur die Produktion, die Organisation und den Geldverkehr erfasste, sondern auch – über diesen »Haushalt« hinaus – die »Stadt« (»polis«) und sogar die Natur (»physis«) meinte. Hohes Thema war sogar: »Welt- und Schicksals-Ökonomie«.

Diese »oikonomia« ist es heute wert, wiedererinnert und vergegenwärtigt zu werden.

Der folgende Beitrag zur »Oikonomia« in und aus der europäischen Geschichte eröffnet Horizonte, in denen sich derzeitige Auseinandersetzungen zu den Religionen heute, in veränderter Kulturverständigung, freier und offener und erfahrungsnäher werden diskutieren lassen. Und in denen sich die konstatierten Phänomene, gerade wenn sie zutreffen und weil sie nicht unrichtig erkundet sind, dennoch wahrer und lebensergiebiger zur Erscheinung und Mitteilung bringen lassen.

Der Beitrag zur »oikonomia« ist Hauptthema der kürzlich neugegründeten »Europäischen Stiftung Neue Lebensökonomie« (»oikonomia« = Lebensökonomie) – mit Sitz in München –, die sowohl wirtschaftlich wie kulturell im neuen Horizont der Europäischen Wirtschafts- und Währungs-Union und der kommenden politischen Union international arbeitet und sich, mit anderen weltweit tätigen Stiftungen und Hochschulen zusammen, primär um eine der Differenzierung fähige »Welt«-Wirtschafts-Konzeption bemüht.

Oikonomia – »oikos«

»Oikonomia« ist ein antik-griechisches Wort, das im Deutschen und Europäischen, als »Ökonomie« übersetzt, gebräuchlich wurde. »Oikos« heißt altgriechisch: Haus. Der »Oikos« meint: das familiäre Hauswesen, dessen Haushalt und – »Oikonomia«: die Regeln, Gesetze sowie den Kräftezusammenhang der Gemeinschaft (»koinonia«) der ganzen Haus-Wirtschaft.

Diese Bedeutung von »Haus« wurde im Griechischen nicht nur für den familiären Haushalt samt dessen Wohn-Haus verwendet, sondern auch auf das gemeinsame »Haus« einer Stadt und den – nicht-barbarischen – Lebenszusammenhang übertragen. So war eine bestimmte Stadt oder namentliche »polis«, wie Athen, auch ein besonderes Haus. – Es war gerade das typisch »Griechische«, im Gegensatz zu älteren Reichshauptstädten, diese Art von »oikos« als »polis« zu entwickeln.

Auch der »Olymp«, die Wohnstätte der Götterfamilie, war ein hohes Haus. Selbst die werdende »Natur« (»physis«) war ein Haus. Und sogar der lebendige »Kosmos« galt als ein Haus – das »Haus der Welt«. Damit war der jeweils unterschiedliche Haushalt mit unterschiedlichen Wirtschafts- und Handlungskräften erfassbar. Die Regeln, Gesetze, Kräfte, die Tausch- und Austausch-Zusammenhänge des Lebens wurden so distinkt kenntlich und dadurch dem Handeln eröffnet und zugänglich.

Bereits in der Antike wurde die »oikonomia«, auch in der späten philosophischen und wissenschaftlichen Begriffsdefinition, eingeschränkt auf das Wirtschaftswesen der einzelnen Häuser und deren »Markt« (»agora«) – so, übergangsweise, schon bei Aristoteles, auch wenn er noch die »oikonomia« der Natur kennt – im Gegensatz zur »polis« und ihrer Erscheinung und Gegenwart. – In den Vordergrund des Marktes trat die Darbietung der erzeugten Güter und die Auslegung der Waren zum Verkauf, einschließlich der Auszeichnungen der Preise und der Bestimmungen der Werte im Tausch- und Zahlungsverkehr. – Diese Art »Markt« kam in den Vordergrund deshalb, weil für die Bauern mit ihren Erzeugnissen und die Handwerker mit ihrer »techne« und »poiesis« und die Bürger mit ihrem Verkaufs- und Handelswesen die größere »agora« der alten Geschlechter in den Hintergrund trat: nämlich die präsentative und repräsentative Vergegenwärtigung der »agora« als »polis«: im Sinne des Areopags als der Versammlung der »Gerechtsamkeit« als – »Welt«. Gegenüber dieser Erscheinung der »polis« in lebendiger Gegenwart wurden der nützliche Meinungsaustausch wichtig als auch der Meinungsstreit des Interessenausgleichs.

»oikos« und »polis«

Einzigartig in der griechischen Entwicklung der Landwirtschaft und ihres »oikos« war nicht nur, dass diese herausführte aus dem »Barbarischen« der umliegenden Stämme und Völker, sondern auch die typisch griechische weitere Genese vom »oikos« zur »polis« nahm. Diese konnte den Rechtsschutz und Rechtsfrieden gewähren und dadurch die außergewöhnliche griechisch-antike Kulturbildung ermöglichen.

In und trotz der »oikos«-»agora«-Gesellschaft wurde gleichwohl präsent – je nach Zeit und Stadt – die »Anwesenheit« als »Erscheinung« von »polis« als »Welt«. »Welt« in diesem Sinne blieb in der griechischen Antike trotz der unterschiedlichen Entwicklungen stets gegenwärtig.

Die tüchtigeren und besseren Bürger waren und blieben oder wurden – in diesem Sinn – »Welt«-Bürger. Diesen »aristoi« oder Besten war wie dem Adel der Welt-Verkehr aufgegeben sowie zur Schaffung des »Rechtsfriedens« anheimgegeben. Das menschlich-tüchtige und eigentlich »politische« »ökonomische« Handeln kam aus dem schöpferischen Handeln der Götter und aus der Handlungskönnerschaft der besonderen »Tüchtigen«. Sophisten bildeten diese heran zu kundigen Könnern, und die (oder viele) Philosophen zu menschlich-polis-göttlicher Handlungsbefähigung oder zur höheren »arete«. – Aristoteles wollte auch die Handwerker und Bürger, die sonst aus ihrer »Unterwelt«, als ihrer »Normalwelt«, nicht herauskamen, mit seiner Philosophie und seiner Schule, dicht am Markte angesiedelt, ertüchtigen und diese aus ihrer »doxa« (den unzureichend falschen Ansichten und Meinungen) erheben: sie dadurch befördern und fördern. Damit auch diese »weltkundig« würden. Deshalb verließ er die Akademie Platons und siedelte mit seiner Schule in der Stadt am Markt an.

Für die olympische Götter-Familien-Welt und für ihr Handeln wie ihren familiären Handlungszusammenhang waren, für deren Verständnis wie Sprachwerdung, die hohen Dichter und Denker zuständig – wie Homer und Hesiod. Mit der (bereits in der Antike) zunehmenden Ent-Mythologisierung kam der – von der ägyptischen, minoischen und mykenischen Kultur – altüberlieferte Welten-Mythos mit dem neu artikulierten Welten-Logos auch in Konflikt.

Dieser wurde ausgetragen in einer neuen Verständigungsart und einem bis dahin ungeahnten szenischen Sprachwerden. Deshalb kam, in neuer metrischer und dramatischer Sprach-Kunstform, die Szene des griechischen »theatron« auf. Zuständig für die »polis« und ihr eigentliches Werden aus der dramatischen Verständigung der großen Ereignisse der Herkunft und Ankunft ihrer Vergegenwärtigung waren die neuen, nunmehr so genannten »tragos«-Dichter (»tragos«, Bock). Deren »Bocks-Gesänge« oder »Trag-Ödien« brachten vital-elementare Polis-Lebens-Mitteilung zur Sprache. Diese hatte auch und gerade da noch etwas zu sagen, wo die »normale« Sprache und ihr Denken völlig verstummte und versagte. Diese neue Sprache wurde noch einmal aufgenommen und verständig-mitteilungstüchtig übernommen – nämlich von den dadurch entstehenden »philosophoi«.

Diese arbeiteten, einzig so nur bei den Griechen und nirgends sonst, deren Polis-Lebens- und Welt-Mitteilungen durch. Die sich so entwickelnden Denker – nunmehr »Philosophen« – brachten die »phainomenoi« (Phänomene) des Polis-Lebens wie sein Wahrnehmens-Gedanken-Wesen (nooumenon) als »kosmos-polis«-Welt zur Erscheinung und diese zur Mitteilung und kommunikativ wie argumentativ reflektierbaren Sprache. Zu den »Vor-Denkern« gehörte schon Hesiod, auch Homer. Besonders bekannt und gerühmt wurden dann Parmenides, Heraklit, Platon.

Diese haben in der folgenden Vernunft-Werdens-Geschichte Europas an Bedeutung nicht verloren, sondern zugenommen. So, wenn Georg Friedrich Wilhelm Hegel sagt: »Hier sehe ich Land«, und er meinte damit Heraklit und dessen Bedeutung für sein Denken. Oder, aus der Erfahrung der Kultur seiner Zeit, Friedrich Nietzsche, der zu Heraklits Denken sagt: »Das ist Feuer.« Beide, und andere im 19. Jahrhundert, waren des Gedankens, alle folgende Philosophie sei eigentlich »Kommentar« oder indirekt Kommentar zu Platon, der seinerseits seine »philosophoi«-Vorgänger gut kannte und deren Denken aufnahm und verarbeitete. Selbst Albert Einstein sah in der Philosophie des »Jetzt« des Parmenides den Kulminations- und Wendepunkt der klassischen und modernen Physik. Erst in der (jüdisch-christlichen) Spätantike schwand, kirchenöffentlich, dieser Sinn für »Welt«, insbesondere für deren Polis-Schicksals-Ökonomien. Es gab eher einen »Ausstieg« aus der Welt. Zum maßgeblichen Ideal wurde der (monastische) Ausstieg aus Familie und Gattungsgeschichte.

Gleichwohl war es in der antik-griechischen Spätzeit Alexander der Große, vom »Peripatos« des Aristoteles herkommend, der noch einmal Welt-Oikonomia nicht nur für die Griechen, sondern für die ganze, damals neu werdende Welt betrieb und so neue Weltentstehung unternahm. Weshalb er, zum »Pharao« erkoren und im Tempel-Heiligtum der Oase »Siwa« (Ägypten) zum »Sohn Gottes« erhoben – dem poliseröffnenden neuen Völkerzusammenhang entsprechend –, den ägyptischen Vater-Gott »Amun« mit dem griechischen Gott-Vater »Zeus« und dem römischen Herrscher-Gott »Jupiter« in eine »Oikoumene« brachte.

Welt

»Welt« war damals und für die Griechen kein feststehender Welt-Raum, auch keine einmal für immer geschaffene Natur. Welt konnte, mitsamt ihrem Naturverhältnis, neu entstehen. Dies hatte größte Bedeutung für die Wirtschaft, die Politik und Kultur.

Europäischer Kulturhorizont heute

Im ökumenischen Polis-Reich Alexanders des Großen galten neue Gesetze und Regeln, die der alexandrinischen Welten-Oikonomia entsprachen. Es wurden neuartige Städte – wie Alexandrien – gestiftet und gegründet. Ein neues Ethos, Leben, Denken und Handeln kam darin auf, besonders hinsichtlich des – menschlich-polis-göttlichen – schöpferischen Handelns und Gelingens oder des kosmisch-politischen Glückens. Ebendeshalb drängten sich sogar die ehemaligen Feinde der Griechen, die Perser, und die Völker des Westens von sich aus dazu. Die strategischen Erfolge Alexanders – auch gegen große Übermacht – und seine Siege fielen ihm gleichsam von selbst zu. Dies war vor allem dadurch möglich, weil Alexander gelernt hatte, den Sieg zu besiegen. – Es gab Völker-Hochzeiten.

Sehr viel später und zunehmend in der europäischen National-Neuzeit wurden Glück und Zu-Fall immer mehr geschieden (z.B. engl.: »luck« – »happiness«, frz. »fortune« – »le bonheur«; im Deutschen gibt es, auffälliger- (oder glücklicherweise?), nur ein Wort für »Glück« – vom Lotto-Glück übers Liebes-Glück bis zum Erfolg, Gelingen und – Glück des Lebens).

Neuzeitlich wurde, zusätzlich und damit zusammenhängend, »Historie« von »Gegenwart« getrennt und so etwas wie geschichtliche Polis-Schicksals-Ökonomien waren, von Ausnahmen abgesehen, rein wissenschaftlich nunmehr nicht mehr zu erfassen und zu denken. Die Wissenschaften wurden – im antiken Sinne – »bürgerlich« und »generell«: zwar empirie-verpflichtet und diskussions-öffentlich, aber ohne die orientalisch-alteuropäische »Agora« und ihr energetisches lebensüberzeugendes und weltstiftendes Mitteilungswesen und ohne die zur Agora gehörende Wunder-Rede des »theatron«.

Es blieb in der Neuzeit wenigen Kundigen: Dichtern, Bildnern, Musikern, Denkern und Schriftstellern vorbehalten, dies – den Zusammenhang von Gegenwart und Geschichte – zu sagen und noch zu sagen. Es gab auch Praktiker: Politiker, Unternehmer und erfindungsreiche Ingenieure, die die Zeit und die Epoche gestalteten. – Leonordo da Vinci ist, neuzeitlich, einer der wenigen, über die man sich in der Bevölkerung einig ist, dass er dazugehört. Vielleicht – europaweit – vorher noch: Divus Augustus mit seiner »Pax Romana« und dann Gregor der Große als »Pontifex Maximus« und zugleich »Servus Servorum«. Sowie Karl der Große als der Stifter des Abendlandes.

Für den reichsbildenden Kultus europaweit das »Opus Dei« des Benedikt von Nursia sowie, mit neuem kosmischen »Sonnengesang«, Franziskus von Assisi, der sich mit seinem »Franziskaner-Orden« des Volkes, besonders der Kranken, Armen und Ungebildeten, annahm. – Als guter Herrscher in der Fantasie, Poesie und Seele des fränkisch-germanisch-slawischen, deutschen Volkes: der mittelalterliche Kaiser Friedrich Barbarossa.

Eberhard Simons

Heils-Ökonomie

Die Verbreitung des Christentums in Europa hat die antike Mythologie und Oikonomia teils ausgeschlossen, verboten und exkommuniziert, auch vernichtet (wie Delphi); teils aber auch ökonomisch-entmythologisiert übernommen, wenn auch ohne das »theatron« mit seiner unersetzbaren Verständigungschance. In den unterschiedlichen Kirchen- und Kultformen wurde sie heilsökonomisch dargestellt und architektonisch-bildnerisch reich entwickelt. In der christlichen Theologie und ihren Traditionen gibt es einen »ökonomischen« Gottes- und Trinitätsbegriff und eine entwickelte Theologie der »Heils- und Gnaden-Ökonomie«.

Das genauere Welt-Verständnis für die Familien-, Geschlechter- und Schicksals-Ökonomien, in dem das griechische »theatron« besonders kundig und für das es zuständig war, wurde jedoch ausgeblendet (wegen des zunehmend verkörperungslosen, unökonomischen und unökumenischen Verständnisses des »Mono-Theismus«) – zu Gunsten eines allgemeinen (moralisierten) »Sünden«- und »Gnaden«-Konzeptes und einer immer dürftiger dargestellten »Sakramentalität«. Das war eine generalisierende Neutralisierung: eine Art entmaterialisierende »Materialisierung« als – »Idealisierung«. Das Resultat war: Heil und Heilung, Glück und Glücken wurden voneinander geschieden.

In der »Creator«- und »Schöpfungs«-Metaphysik des Mittelalters wie in der daraus abgeleiteten »Physik«, die die Neuzeit bestimmte, hatten die namentlich konkreten Individuationen gunstreicher und neidloser Kosmo-Gonie (wie diese Hesiod noch gut kennt und erkennt) immer weniger lebenshilfreiche Bedeutung – zu Gunsten einer universalen »creatio continua« und, gewissermaßen, unsichtbaren »Erbsünden«-Folge. Diese stellte sich in ziemlich verständnisloser Lehre dar – als zu glaubendes »mysterium iniquitatis«.

Die genauere und genaue und deshalb konfliktfähige Kenntnis der Oikonomia der Geschlechter wie der Geschlechterabfolge und Geschlechter-Weltgeschichte hat sich vor allem in bestimmten »Orden« (wie den »Templern«) und in spiritueller Literatur erhalten oder wurde, wie in den »Exerzitien« des Ignatius von Loyola, wenigstens hinsichtlich der Lebens-Berufung neu und genuin entwickelt.

Mit zunehmender Säkularisierung und verschärft durch die neuzeitlichen Reformationen des Christentums (Luther, Zwingli, Calvin) wurden Heilsökonomie und Ökonomie immer mehr voneinander getrennt (oder, wie im Calvinismus, miteinander identifiziert). Mit dem gleichem Resultat: Die Ökonomie wurde immer isolierter entwickelt: als Technik der Produktion der Güter und als Praxis der Organisation der Gütererzeugung und der Güterberteilung – mit entsprechender Bilanzierung und dem zirkulären Zahlungsverkehr, einschließlich der verschiedenen Formen der Geldvermehrung.

Lebens-Ökonomie

Voraussetzung für das Funktionieren der neuen Produktions- und Organisations-Ökonomie und deren Markt- und Geld-Zirkulationen blieben aber noch immer bestimmte Lebens- und Natur-Ökonomien und menschliche wie kulturelle »Selbstverständlichkeiten«: Lebenswille und Arbeitskraft sowie Arbeitstüchtigkeit, Gesundheit und Genussfähigkeit, gelingende Familien-, Geschlechter- und Lebenserzeugung.

Latent blieb und wurde immer mehr – spezifisch schichtensoziologisch, aber auch allgemein-gesellschaftlich – das Thema des Gütermangels, des Lebens-Leides, des Geld-Neides und des Mangels an Lebens-Glück: die Welt ein »Jammertal«. Sie war – dies der allgemeine Welt-Glaube – einfach so, ist einfach so und wird immer so sein. »Welt«, als »endliche« und »erbsündliche«, ist so hinzunehmen und zu ertragen, wie sie ist.

Ein »theatron« zum Austragen des Dramas des Lebens- und des Welt-Genesens gab es nicht. Dieser »Weltglaube« wurde, unausgesprochen sogar dezidiert, latent gehalten. Das latent gehaltene Sanierungs-Thema wurde, mentalitätsbildend, zur verordneten Schicksalsproduktion – mit enormen Konfliktverschärfungen und Destruktionsdynamiken. Es wurde – abgedeckt mit Ordnungs/ Beschämungspraktiken – generell als »Normalität« hingestellt und geglaubt, insgeheim aber verrechnet. Dadurch entstand eine enorme Negativ-Bilanz – unterhalb des bewussten, verrechenbaren Bilanzierens der Kosten wie des Bezahlens, aber auch unterhalb der »Moral« des Bestrafens und Belohnens.

Der Glücks-Neid-Wirkzusammenhang als »causa«, einschließlich der dadurch bewirkten Leidenskonflikte zwischen Todesangst und Selbstbehauptung, produzierte – antik gesprochen – »Unterwelt«. Diese wirkte der gefeierten Emanzipation und Aufklärung massiv entgegen. Die Konfliktgewalten entluden sich immer öfter »nach oben hin« – an den Meistern und Patronen und vor allem an den »Herren« der Aristokratie und Monarchie. Diese, ihrerseits sehr ungeschützt, übernahmen offen, mehr noch unbewusst, die Zuständigkeit und lieferten daher genügend und völlig überflüssig Gründe zur gegenseitigen Verwerfung. Sie kamen dem sogar entgegen – mit großen Fehlentscheidungen und Fehlentwicklungen und auch insgeheimem Einverständnis: allmächtig und, durch Unterdrückung in Selbstunterdrückung, ohnmächtig. Und dies, trotz ihres zunehmenden allgemein-kreativen Kultur- und produktiven Wirtschafts-Einsatzes.

Scheinbar waren die Probleme des nunmehr so genannten »ancien régime« nur eine Frage der Umorganisation – bürokratischer, rechtlicher und konstitutioneller Art. So verstand sich – französisch – »Revolution«. Ökonomisch ging es um die Umverteilung der Produktionsmittel. – Nicht so die Amerikanische Revolution.

Die aufkommende »Nationalökonomie« und »Kaufmanns-Lehre« bis »Betriebs-Wirtschaft« übersah die Oikonomia-Zusammenhänge systematisch durch Abstraktion sowie unkonkret wissenschaftlich »theoretisch« – zu Gunsten des sachgemäßen Funktionierens. – Anders der venezianische Handel und das venezianische Bankenwesen sowie das daraus aufkommende Kaufmanns-Denken und -Handeln der Oikonomia – einschließlich der hier erstmalig entstehenden Kaufmannslehre. Die bis ins späte 18. Jahrhundert in Venedig bekannte und gelebte Oikonomia bewirkte das »Wunder« des Handelserfolgs und der ebenso sozialen wie künstlerischen Polis- und Kulturbildung. Diese erzeugte die einzigartige Lebensqualität der Stadt.

Erst Napoleon »räumte« damit – imperialistisch – auf und zerstörte diese besondere (polis-ökonomische) Republik. Mit Napoleon und seiner Fortführung der abstrakten Menschen-Vernunft der Französischen Revolution und ihrer europaweiten Durchsetzung wurde, trotz des fortschrittlichen »Code Napoleon«, die generalisierend bürokratisierte Gleichschaltung als »egalité« Lebens-Horizont und Schicksals-Muster der kommenden europäischen Nationen und ihrer Gesellschaften. Dieses wurde, trotz der bewussten Ablehnung und erklärten Gegnerschaft der Fürsten, dennoch weitgehend von der europäischen Aristokratie übernommen. Die Monarchien wurden nicht allein von außen gestürzt, sondern gingen an sich selbst und aus sich selbst zu Grunde. Sie inszenierten und organisierten diesen Untergang durch destruktive Intriganz und Selbstintriganz und durch Militär-Weltkriege selber.

Wissenschaft und Philosophie der Ökonomie

Die aufkommenden Geschichts-, Sozial- und Politikwissenschaften haben diese schicksalproduzierenden, nötigenden Oikonomia-Zusammenhänge »wissenschaftlich« permanent übersehen, da die neuzeitliche »Vernunft« »rein«, d.h. gattungsgeschichtslos und auf Grund dieser Art empirisch generalisierender Wissenschafts- und Vernunftpraxis nicht mehr wahrnehmend war. Deren

Gleich-Setzungs-Vorstellungen und -Begriffe aus Methode und mit Moralisierung sind bis heute, verhängnisvollerweise, sehr maßgebend.

Auch Karl Marx, der immerhin eine Kritik der »Politischen Ökonomie« entwickelte, stand theoretisch und praktisch – trotz seiner Dialektik – zu sehr (und zu latent) unter egalitären Schicksalszwängen. Die Realisierung des »Sozialismus« und seines Bürokratismus und die Zwänge, die zum Untergang der Planwirtschaft führten, samt des Politbüro-Sekretär-Systems, sind, offenbar in Wiederholungszwang, genauer noch: in der Zwangswiederholung von Wiederholungszwängen(= modernes Sklaventum), eine geschichtliche Aufführung dessen, nämlich: Die erzwungene Aufführung des verdrängten Zeit-Dramas und der strikten Verweigerung von Öffentlichkeit in freiem Gespräch. Von einem möglichen »theatron« zur »Erziehung der Erzieher« (Marx) nicht zu reden – (Brecht-Theater im ehemaligen Ost-Berlin?).

Man kann sagen: Nietzsche – mit Heidegger – dürfte (u.a.) Antwort auf Marx sein – was trotz und wegen der Tradition des französischen marxistischen Sozialismus derzeitige Philosophie und bessere Publizistik Frankreichs begreifen. – So dieses Thema, verstanden nur in Fragestellungen zeitgenössischer Artikulationen.

Mit der Antike und ihrer Oikonomia, auf die sich Nietzsche in und mit seinem »dionysisch-apollinischen Denken« ständig bezieht, lässt sich, in die Moderne übersetzt, das Ökonomie-Thema anders artikulieren – sagen und begreifen. Und auch praktizieren.

Die liberale Markt-Wirtschaftslehre wurde, besonders in Deutschland, zur sozialen Markt-Wirtschafts-Lehre entwickelt. Diese hatte in praktischer Hinsicht im Nachkriegs-Deutschland besonders gute Erfolge. Wie bekannt, kommt sie zunehmend in die Krise. Nicht nur beim Staat und in den Unternehmen. Sie wird heute auch nur noch von der Hälfte der Bevölkerung als gut akzeptiert.

In die Bresche springen, bei den Unternehmen, zunehmend betriebspsychologische und sozial-technische Verfahrens- und Sanierungsweisen und finanzielle Kompensationen. In der Bevölkerung nehmen Praktiken und Anschauungen der »Esoterik« zu, bis hin zum Trivial-Boom der »Astrologie«.

Welt-Ökonomie

All diese Phänomene sind Anzeichen dafür, wie sehr das Arbeits-, Konsum- und Sozial-Leben in Westeuropa in Bewegung gekommen ist.

Die Katastrophen-Ereignisse anlässlich der Welt-Wirtschafts-Gipfel der »global world« und der Angriff auf das »world trade center« in Manhattan

bringen dies explosiv zum Ausdruck. Was wird aus dieser Konfrontation mit dieser Art »global world« werden? Wird sie vorrangig aus der Projektions-Wahrnehmung bisher maßgeblicher europäischer und amerikano-zentrischer Ego-alter-Ego-Blick-Verhältnisse erfolgen? Oder andere und neue Weltverständigungen eröffnen?
Auch die Islamische Welt ist herausgefordert.

Alle sind, wie sich zeigt, heute mit Recht sehr betroffen. Und wirtschaftlich wie politisch ratlos – von den Reicheren und Ärmeren, Jungen und Älteren bis zu den europäischen »Linken«, »Grünen« und »Chaoten« – auch den Regierenden mitsamt ihren bisherigen Konzepten, Theorien und Ideologien.

Welchen Weg werden in Europa in Zukunft die Völker und die Staaten gehen? Kann die europäische Union, angesichts der »global world«, eine der europäischen Geschichte gemäße Eigenständigkeit, auch und gerade in der Ökonomie, entwickeln oder nicht?
Und worauf käme es dabei an?
Kann es, ja muss es in und mit der europäischen Währungsunion auch eine eigene europäische Wirtschafts-Konzeption geben? Oder geht diese in der »global world« auf? Eine Welt-Wirtschafts-Konzeption wie eine Welt-Wirtschafts-Lehre (die nicht die Verallgemeinerung einer Nationalökonomie oder die Summe aller National-Ökonomien wäre) gibt es offenbar noch nicht, geschweige denn ein kulturell differenzierendes, ebenso förderndes wie schützendes, Welt-Wirtschafts-Denken und -Handeln.

Einige wenige Avantgarde-Wissenschaftler und -praktiker und auch einige Institutionen, Wirtschaftsvereinigungen, Forschungs-Gemeinschaften samt Stiftungen und Publizistik-Unternehmen sind zunehmend damit befasst.

Anmerkung:
Im neuen »Horizont« der wiederentdeckten »Oikonomia« unternimmt die gleichnamige deutsch-europäische Stiftung einige praktisch-methodische, wissenschaftliche und philosophische Forschungs-Projekte und realisiert Praxis-Konzepte, die erprobt sind. Diese, in Ergänzung zu bewährten betriebs-ökonomischen und finanz-ökonomischen Instrumentarien und Techniken, können deutschen Unternehmen und Unternehmern im Binnenmarkt Europa und auch in der »global world« sowie leitenden Führungskräften zugute kommen.

Dadurch erschließen sich Potenziale tätiger Beratung- und Selbstberatung. Angesichts der zunehmenden Risiken und gerade wegen der global-world-Attraktion, aber auch schon im internationalen Fusions-Verkehr in Europa, bedarf es solcher Potenziale.

Friedrich Nietzsche und die Religion:

Archaischer Aberglaube versus neue interkulturelle Religiosität

Elke Wachendorff

»Der gläubige Mensch ist der Gegensatz des religiösen Menschen.«

Über das Problem Friedrich Nietzsche und die Religion sollte doch – so könnte man denken – mittlerweile genügend und erschöpfend geschrieben und diskutiert worden sein. Wie bei allen Arbeiten zur Philosophie dieses offensichtlich so leicht lesbaren wie schwer entschlüsselbaren Denkers werden auch bezüglich des hier erneut aufgegriffenen Themenkomplexes die unterschiedlichsten Thesen vertreten und zwischen radikaler Zerstörung wie verborgener Anhängerschaft, Destruktionswillen wie Restaurationswillen kann man, wie es scheint, inzwischen in jedwede Richtung fündig werden[1], worin man durchaus die Bestätigung des Nietzsche'schen Diktums vom je subjektiv relativen und projektiven Charakter jedweder Textrezeption finden kann:

> »Zuletzt kann Niemand aus den Dingen, die Bücher eingerechnet, mehr heraushören, als er bereits weiß. Wofür man vom Erlebnisse her keinen Zugang hat, dafür hat man kein Ohr.« (6/299f.)[2]

Ich möchte im Folgenden keineswegs den Versuch unternehmen, theologische oder christologische Diskurse aufzugreifen, noch jenen, Nietzsches immanente Argumentationen auf ihre historisch-wissenschaftliche Gültigkeit hin zu befragen und zu überprüfen. Ein solches Verfahren würde im Übrigen der Nietzsche'schen Kritik wissenschaftlichen Gelehrtentums anheim fallen und seine Position allein schon durch dieses ihr Vorgehen von vorne herein schwächen und nicht stärken. Vielmehr möchte ich den Versuch unternehmen, den Nietzsche'schen Gedanken aus dessen direkter Befragung und Rekonstruktion in seinem eigenen Selbstverständnis und seinem inneren systematischen Zusammenhang einer Erhellung, einer Klärung zuzuführen, welche für unsere heute virulenter gewordenen Fragen nach Orientierung und Sinnzusammenhang wie Sinngebung, wie ich meine, fruchtbar gemacht werden können.

In *Jenseits von Gut und Böse* ist das »Dritte Hauptstück: das religiöse Wesen« benannt. In diesem Teil beginnt Aphorismus 54 folgendermaßen:

> »Was thut denn im Grunde die ganze neuere Philosophie? Seit Descartes – und zwar mehr aus Trotz gegen ihn, als auf Grund seines Vorgangs – macht man seitens aller Philosophen ein Attentat auf den alten Seelen-Begriff, unter dem Anschein einer Kritik des Subjekt- und Prädikat-Begriffs – das heisst: ein Attentat auf die Grundvoraussetzung der christlichen Lehre. Die neuere Philosophie, als eine erkenntnisstheoretische Skepsis, ist, versteckt oder offen, antichristlich: obschon, für feinere Ohren gesagt, keineswegs antireligiös.« (5/73)

Sollte diese These – »für feinere Ohren gesagt« – auch als eine Selbstaussage lesbar sein? Zumindest gilt für Nietzsche selbst ja offensichtlich nicht, was er vier Aphorismen später über seine Zeitgenossen schreibt:

> »Unter Denen, welche zum Beispiel jetzt in Deutschland abseits von der Religion leben, finde ich Menschen von vielerlei Art und Abkunft der ›Freidenkerei‹, vor Allem aber eine Mehrzahl solcher, denen Arbeitsamkeit, von Geschlecht zu Geschlecht, die religiösen Instinkte aufgelöst hat: so dass sie gar nicht mehr wissen, wozu Religionen nütze sind [...] es scheint, dass sie gar keine Zeit für die Religion übrig haben, zumal es ihnen unklar bleibt, ob es sich dabei um ein neues Geschäft oder ein neues Vergnügen handelt.« (5/76)

Oder sollte es hierbei nicht vielleicht doch eher um eine freidenkerische Nietzsche'sche Selbstaussage gehen? Aber wusste nicht Nietzsche tatsächlich »wozu Religionen nütze sind«? War es nicht vielmehr gerade er, der mehr als je zuvor genau diese Fragestellung offenlegte und verfolgte, die Frage nach dem Nutzen, den man im Laufe der (christlichen vornehmlich) Religionsgeschichte sehr wohl zu ziehen gewusst hatte – und weiterhin wusste – aus den Inhalten und Forderungen vornehmlich dieser, so hervorragend instrumentalisierbaren und funktionalisierbaren Glaubenslehre? Und hatten sich ihm in dieser kritischen Analyse ebenfalls »die religiösen Instinkte aufgelöst«? Oder hatten sie sich nicht vielmehr ganz im Gegenteil verschärft, gereinigt, konzentriert auf das, was, jenseits aller Vernutzung und Vereinnahmung zu ganz anderen Zwecken, jenseits von Gut und Böse in der Tat, das ihrige und das ihnen Unveräußerbare ausmacht?

> »Man macht sich selten von Seiten frommer oder auch nur kirchlicher Menschen eine Vorstellung davon, wie viel guter Wille, man könnte sagen, willkürlicher Wille jetzt dazu gehört, dass ein deutscher Gelehrter das Problem der Religion ernst

nimmt; von seinem ganzen Handwerk her (und, wie gesagt, von der handwerkerhaften Arbeitsamkeit her, zu welcher ihn sein modernes Gewissen verpflichtet) neigt er zu einer überlegenen, beinahe gütigen Heiterkeit gegen die Religion, zu der sich bisweilen eine leichte Geringschätzung mischt, gerichtet gegen die ›Unsauberkeit‹ des Geistes, welche er überall dort voraussetzt, wo man sich noch zur Kirche bekennt. Es gelingt dem Gelehrten erst mit Hülfe der Geschichte (also nicht von seiner persönlichen Erfahrung aus), es gegenüber den Religionen zu einem ehrfurchtsvollen Ernste und zu einer gewissen scheuen Rücksicht zu bringen; aber wenn er sein Gefühl sogar bis zur Dankbarkeit gegen sie gehoben hat, so ist er mit seiner Person auch noch keinen Schritt weit dem, was noch als Kirche oder Frömmigkeit besteht, näher gekommen: vielleicht umgekehrt. Die praktische Gleichgültigkeit gegen religiöse Dinge, in welche hinein er geboren und erzogen ist, pflegt sich bei ihm zur Behutsamkeit und Reinlichkeit zu sublimiren, welche die Berührung mit religiösen Menschen und Dingen scheut.«(5/77)

Hatte es Nietzsche – als »deutscher Gelehrter«, der er ja schließlich doch war – »guten Willen« gekostet, »das Problem der Religion« »ernst« zu nehmen, vielleicht erst als Reaktion auf R. Wagners »Parsival«-Entgleisung? »Neigt er« nicht selbst zu jener »überlegenen, beinahe gütigen Heiterkeit« und »Geringschätzung« »gegen die Religion«, eine(r) Kritik ihrer »Unsauberkeit«, »Unreinlichkeit des Geistes«[3], um dann doch mit »ehrfurchtsvollem Ernste« und »Dankbarkeit«[4] »sich [...] zur Behutsamkeit und Reinlichkeit zu sublimiren«? Und wie steht es mit der Scheu vor einer »Berührung mit religiösen Menschen«, wie mit der Möglichkeit einer eigenen religiösen Selbstberührtheit? Ach

> »wie viel Naivetät [...] liegt in diesem Überlegenheits-Glauben des Gelehrten, im guten Gewissen seiner Toleranz, in der ahnungslosen schlichten Sicherheit, mit der sein Instinkt den religiösen Menschen als einen minderwerthigen und niedrigeren Typus behandelt, über den er selbst hinaus, hinweg, hinauf gewachsen ist, – er, der kleine anmaassliche Zwerg und Pöbelmann, der fleissig-flinke Kopf- und Handarbeiter der ›Ideen‹, der ›modernen Ideen‹!« (5/77)

Ein riskantes Unternehmen, sich derart aus dem Fenster zu lehnen, und zweifellos sind es diese immer wieder von Nietzsche vollzogenen Herausforderungen, Masken- und Vexierspiele, Parodien und Ironien, welche seine Gedanken immer wieder in jedwede Richtung interpretierbar und nutzbar zu machen schienen und scheinen, seinem Denken zu Recht immer wieder den Ruf des Labyrinthischen, dem genauer genommen als vermeintlich eher barocker Irrgarten nur durch Literarisierung, ja, durch Pathologisierung beizukommen sei, eintrugen.

Doch muss jede genauere Lektüre dann doch stutzig werden und wird in diesem Innehalten in das Labyrinth hineingezogen um zu erkennen, dass Nietzsche hier offensichtlich nicht von sich selbst, der er sich doch niemals als

»Pöbelmann« und »anmaasslicher Zwerg« mit Vorlieben für so genannte »›moderne Ideen‹« verstanden hätte, spricht, dass hier vielmehr bewusst, in – wie meist – gezielter anthropagogischer Absicht, eine Fährte gelegt ist, um diese dem Leser zu selbsttätiger Lösung und Einstieg in die erwünschte Denkbewegung anheim zu stellen.

Wo könnte nun aber ein Eingang zu finden sein? Da Nietzsche ja zu unserer Beruhigung noch keine Computerspiele kannte und letztlich – und nur insofern doch Lehrer, trotz seines triumphalen: »ich sage ›non legor, non legar‹« (6/299) – dann doch gefunden und verstanden werden wollte, kennen seine Labyrinthe zu unserem Glück stets mehrere solcher Eingangsmöglichkeiten.

So will ich einen Einstieg versuchen über das in dem hier gewählten Text formulierte Verständnis einer Weise des Glaubens im Verhältnis zu dessen zugehöriger Form von Toleranz. Dort fährt der Text fort:

> »und es kann gerade die Tiefe seiner Toleranz und Menschlichkeit sein, die ihn vor dem feinen Nothstande ausweichen heisst, welchen das Toleriren selbst mit sich bringt« (5/77).

Elf Seiten vorher ist ebenfalls die Rede von Toleranz im Zusammenhang mit einer Weise des Glaubens:

> »Der Glaube, wie ihn das erste Christenthum verlangt und nicht selten erreicht hat, inmitten einer skeptischen und südlich-freigeisterischen Welt, die einen Jahrhunderte langen Kampf von Philosophenschulen hinter sich und in sich hatte, hinzugerechnet die Erziehung zur Toleranz, welche das imperium Romanum gab« (5/66)

Dieser Glaube, gefordert und praktiziert unter der Voraussetzung und Herausforderung einer hohen Kultur, »skeptisch«, »südlich-freigeisterisch«, aus »langem Kampf« entwachsen und einhergehend mit einer gezielten Intention zur »Toleranz – Erziehung«: wie sehr unterscheidet er sich doch ganz offensichtlich von einem Glauben aus nur vermeintlicher »Überlegenheit«, aus der »ahnungslosen schlichten Sicherheit« eines »modernen«, »guten Gewissens« und einer »Menschlichkeit«, die ihren Protagonisten da »ausweichen heisst«, wo in der Wahrnehmung des »Nothstandes« die Toleranz, das Mitleiden überhaupt erst auf den Prüfstand geraten und anheben würden, wo überhaupt erst jene Dimension des Ethischen erhalten werden könnte, welche eine Notwendigkeit und Aufgabe zu Erziehung, und damit Schulung, Übung in Selbstbeherrschung und Horizonterweiterung als plausibel und gerechtfertigt aufscheinen lassen könnte:

> »– dieser Glaube ist nicht jener treuherzige und bärbeissige Unterthanen-Glaube, mit dem etwa ein Luther oder ein Cromwell oder sonst ein nordischer Barbar des Geistes an ihrem Gotte und Christenthum gehangen haben« (5/66).

Hier begegnen also ganz offensichtlich zwei unterschiedliche Interpretationen des Wortes ›Glaube‹ – möchte man nicht, und für Nietzsche berechtigterweise, von zwei unterschiedlichen Begriffen sprechen, oder zumindest dies nur im abgeschwächten Sinne. Zum einen ein schwacher Glaube, in der Gewohnheit Teil einer »Abstumpfung gegen alle christliche Nomenklatur« (5/67) geworden, zum anderen ein starker, emphatischer Glaube, eher schon ähnlich dem »Glauben Pascal's, der auf schreckliche Weise einem dauernden Selbstmorde der Vernunft ähnlich sieht« im Angesicht jener »schauerlich Superlativischen [...] Paradoxie der Formel ›Gott am Kreuze‹« (5/66f.).

Unzweifelbar gilt jener ersten Form schwachen Glaubens die Nietzsche'sche Kritik. Der Akt des Glaubens *an* Dinge und Wahrheitswerte wird von ihm in eins gesetzt mit dem Akt archaischen Aberglaubens: Glaubensakte dieser Art entspringen einer durchaus »rudimentären Psychologie«[5], gleichen magischen Bannhandlungen, indem sie – *als* Bilder immer schon semantisierte – Vorstellungsbilder, Wahrnehmungsbilder, – Entwürfe und – Konstrukte in eine äußere Welt projizieren und zu Wahrheiten und Tatsachen autarchisieren sowie durch Petrification stabilisieren. Die solcherart dingfest – Ding-fest – gemachten Bilder können so zu objektiven Tatsachen in einer objektiven Welt erstarren, gerinnen, um derart eine ganz wesentliche Funktion zu erfüllen: der Erfahrung absoluter Undurchschaubarkeit und Kontingenz und damit der existenziellen Erfahrung von Angst und Bedrohtheit einen Rahmen der Sicherheit und Gewissheit, eine Basis des Vertrauens und der Zuverlässigkeit zu liefern.

> »Ein interessanter Aberglaube ist es, dass der Glaube Berge versetzen könne, dass ein gewisser hoher Grad von Fürwahrhalten die Dinge gemäss diesem Glauben umgestaltet, dass der Irrthum zur Wahrheit wird, wenn nur kein Gran Zweifel dabei ist: d.h. die Stärke des Glaubens ergänzt die Mängel des Erkennens; die Welt wird so, wie wir sie uns vorstellen« (8/470),

der Glaube »vermag Berge dorthin zu setzen, wo keine sind.« (2/480): beides gilt letztlich gleichviel.

Die Kritik dieser Art von Glauben bestimmt die gesamte Nietzsche'sche Kritik abendländischen, wesentlich christlich geprägten Denkens, welche sich daher zunächst und vornehmlich als Kritik am Christentum darstellt. Sie gilt dessen Voraussetzungen wie Weisen der Funktionserfüllung im Dienste eines spezifischen lebensstrategischen Entwurfes, welcher Nietzsche aus einer Position der Schwäche, der Ängstlichkeit und Reaktivität geboren zu sein scheint, und welcher – zur Kompensation dieser Voraussetzungen – der Versicherungsleistung durch die magische Macht dieser Art des Glaubens bedürftig ist. Im Angesicht einer Lebenserfahrung unabwendbar erscheinenden Leidens erscheint diese Form des Glaubens als ein nützliches Mittel, Projektionen der Sicherheit und der Hoffnung zu erzeugen und zu setzen, deren untrüglich erscheinender Wahrheitsgehalt und Offenbarungscharakter zur Vermittlung von Trost, Hoffnung, Zuversicht und zum Vergessen wie Tragen des Leides behilflich sein zu können scheinen. Der Zusammenhang findet sich, mit fast schon zynischer Ironie, zum Beispiel im Aphorismus 51 des *Antichrist* formuliert:

> »Dass der Glaube unter Umständen selig macht, dass Seligkeit aus einer fixen Idee noch nicht eine wahre Idee macht, dass der Glaube keine Berge versetzt, wohl aber Berge hinsetzt, wo es keine gibt: ein flüchtiger Gang durch ein Irrenhaus klärt zur Genüge darüber auf. Nicht freilich einen Priester: denn der leugnet aus Instinkt, dass Krankheit Krankheit, dass Irrenhaus Irrenhaus ist.« (6/230)

Dieser Glaube muss hier als auf eine – zunächst als überlebensnotwendig erachtete – bestimmte, zweckorientierte Lebensanschauung ausgerichtete und in dieser begründeten Handlung, und damit, im Falle des Christentums, als Fundament individueller wie kollektiver Selbst-/Welt-Verhältnis-Gestaltungen verstanden werden, und er betrifft damit deren gesamte Vorstellungsinhalte wie konstitutive Voraussetzungen als deren wesentlich bestimmendes Strukturelement[6]. So bedeutet auch die Aufwertung des Geistes, der Seele, in säkularerer Gestalt: des Bewusstseins, des Denkens gegenüber einer Abwertung des Leibes, der Sinnlichkeit, der Triebe und Instinkte[7] – wie solches auch vice versa der Fall sein würde – eine Wertentscheidung unter vorgestellten Entitäten, welche, als Gegensätze zunächst postuliert, Glauben voraussetzen und beanspruchen, um zum Status anerkannter Faktizität emporgehoben werden zu können. Dasselbe Phänomen wiederholt sich auch im Glauben an die »Causalität« oder den »Fortschritt«: »Dieser erhabene metaphysische Wahn ist als Instinct der Wissenschaft beigegeben«,[8] er charakterisiert desgleichen den Typus des »T h e oretischen Menschen«[9].

Zwar ist hierfür einerseits in dieser Funktion die Nützlichkeit des strategischen Vorgehens als solche anzuerkennen, doch macht es einen wesentlichen Unterschied, ob wir uns der Relativität und Bedingtheit dieses Nutzens gegenwärtig sind, oder ob dies nicht der Fall ist. Bereits in *Über Wahrheit und Lüge im Aussermoralischen Sinne* wird die existenziell versichernde Funktionalität dieses – insofern nützlichen[10] – Verfahrens herausgehoben:

> »nur durch den unbesiegbaren Glauben [...], dass der Mensch sich als Subjekt und zwar als künstlerisch schaffendes Subjekt vergisst, lebt er mit einiger Ruhe, Sicherheit und Consequenz; wenn er einen Augenblick nur aus den Gefängnisswänden dieses Glaubens heraus könnte, so wäre es sofort mit seinem ›Selbstbewusstsein‹ vorbei.« (1/883)

Mag dieses Verfahren zum Gewinn von Sicherheitswerten auch sehr nützlich sein, zum Gewinn von Erfüllung, Glückseligkeit und Lebenssinn taugt es damit offensichtlich noch nicht. Wer wollte dies auch behaupten können in einer – wiewohl auch selbst erschaffenen – Verschanzung hinter erstarrten Weltbild-»Gefängnisswänden«?[11] Also wird die Projektion eines zweiten Entwurfes notwendig, »Noth-wendig« im wahrsten Sinne des Wortes, eines Ideal-Entwurfes und Hoffnungsbildes. Im Wechselspiel dieser ontologisierten Entwurfprojektionen konstituieren sich dann sämtliche metaphysischen Entwürfe[12]: »Metaphysik [...] darf man [...] als die Wissenschaft bezeichnen, welche von den Grundirrthümern des Menschen handelt, doch so, als wären es Grundwahrheiten«[13]. Zur »Noth als Mutter« (8/132) kommt der »Irrthum als Vater« des Glaubens: sie haben ihn erst »geschaffen« (8/380).

Unter dieser typisierten Bestimmung und Strukturierung subsumiert Nietzsche die gesamte abendländische Geistesgeschichte nach Sokrates, schien es ihm doch dieser gewesen zu sein, der als Erster von einer dem menschlichen Verstande zugänglichen Wahrheit fabuliert hatte. Das Christentum gilt dabei nur als die, kraft ihrer direkten Einforderung dieser Glaubenshaltung, herausragendste und aus diesem Grunde empörendste einerseits, andererseits zugleich gefährlichste, da ubiquitär infiltrierte und präsente[14], Manifestation dieses Strategietypus. Aus diesem Grunde hebt die Preisgabe von Jenseitsvorstellungen (als der not-wendigen Trost- und Hoffnungsbilder) in Religions-erosiven Prozessen die Implikationen des solcherart strukturierten Denkens für die verbleibenden ›Diesseits‹-Vorstellungen noch lange nicht auf. Die »Benennungen der Dinge«, die »irrthümliche[n] Grundauffassungen« sind »erblich«[15], denn obgleich die »Dinge erdichtet«[16] sind, ist »der Glaube an ›Dinge‹ dem Menschen so unerschütterlich fest geworden, ebenso wie der an die Materie«[17], und der »Irrthum«, durch welchen der schwache Glaube »alle Werthschätzungen auf den Kopf stellen«[18] musste, ist längst schon vergessen. Die verjenseitigten Projektionen preisgegebener Religionsgestalten, das christliche eschatologische Moment vornehmlich, finden sich wohlbewahrt wieder in säkularer Gestalt: In den Ideologien unterschiedlichster Couleur, als welche Nietzsche nun Philosophische Theorien (Idealismus, Positivismus, technischer Rationalismus ...), die Wissenschaften in ihrer Fortschrittsorientierung (Naturwissenschaften, Evolutionismus, Darwinismus, aber genauso auch die Geisteswissenschaften, vornehmlich die historischen Wissenschaften), wie auch die »Gelehrten«-Zunft insgesamt[19], inclusive natürlich ihrer politischen Theorien subsumiert (und hierin findet sich die Nietzsche'sche Kritik von Demokratie und Sozialismus genauso wie jene des Antisemitismus begründet[20]). Das Procedere ist gleich geblieben: »Die Wahrheit [wird] mit der Wirkung des als wahr Geglaubten verwechselt«[21]. Die erfolgreiche Befriedigung von Sicherheits- und Linderungsbedürfnissen wird fälschlich bestätigend auf die Vorstellungsobjekte selbst bezogen, statt auf die Vorstellungstätigkeit und den magischen Festsetzungsakt, welche diese zum erreichten Zwecke erst erzeugte. Und so errichtet der Glaube auch erst die Berge, die dann zu überwinden und zu versetzen sind: die Berge der Metaphysik, der Dogmatismen, der Ideologien[22].

Nicht also in der Tatsache des Vorstellens selbst wie dessen immer schon wertendem Interpretationscharakter realisiert Nietzsche das ausschlaggebende Moment einer solcherart dann auch verstandenen Metaphysik, sondern erst in der Fest-Stellung und damit Verabsolutierung und Simplifizierung der autarchisierten Projektionen durch den solcherart erst ontologisierenden Akt des Glaubens an diese, im magischen Bannakt eines »Aberglaubens« in »Naivetät«[23], um des dadurch erst gesetzten – nützlichen – Anspruchs auf sichern, im Zweifel ausschließlichen Besitz von Erkenntnis und »Wahrheit« und auf entsprechend ableitbare Feststellungs- wie Ausübungs-Rechte wie deren Ausübungsmacht (8/99) willen. Und so ist es auch entsprechend

> »nicht der Kampf der Meinungen, welcher die Geschichte so gewaltthätig gemacht hat, sondern der Kampf des Glaubens an die Meinungen, das heisst der Ueberzeugungen. [...] Ueberzeugung ist der Glaube, in irgend einem Puncte der Erkenntniss im Besitze der unbedingten Wahrheit zu sein.«[24]

Nicht das Vorstellungswesen als solches gilt es damit zu überwinden, auch nicht das Be-Deutungs- und Interpretationswesen vorstellenden Wahrnehmens und Denkens selbst, ja nicht einmal das Wertungswesen dieser Prozesse: dies wäre vielmehr gar nicht möglich: »Wenn man aber nur leben könnte, ohne zu schätzen, ohne Abneigung und Zuneigung zu haben! [...] Trieb ohne jede begleitende Erkenntniß (über Förderndes Schädliches) existirt gar nicht – Wir sind von vornherein [...] ungerechte Wesen«, doch wir »können dies erkennen«[25]. Die Forderung nach Überwindung gilt erst dem folgenden Schritt: der Glaubenshaltung, welcher Nietzsche als das zutiefst archaische und »rudimentäre« Moment im Ansatz modernen Denkens aufweist.

Damit trifft die Forderung nach Überwindung des Vorstellungsglaubens zugleich auch jeglichen auf diesem Glauben basierenden Gegenentwurf als diesem Glaubenstypus gleichermaßen verhaftet: Religionskritik und Atheismus als Bewegungen, ja, Modeerscheinungen des neunzehnten wie auch des zwanzigsten Jahrhunderts, bestätigen in ihrem nur vermeintlich revolutionären Widerstandspathos nurmehr erneut die gesetzte Existenz jener Windmühlen, welche eine jede Glaubenshaltung gleich welchen Vorzeichens sich erst erstellt:

> »Der Mensch [...], der die obersten Werthmaasse seiner Zeit selbst in Sicht bekommen will, hat dazu vorerst nöthig, diese Zeit in sich selbst zu ›überwinden‹ [...] und folglich nicht nur seine Zeit, sondern auch seinen bisherigen Widerwillen

und Widerspruch gegen diese Zeit, sein Leiden an dieser Zeit, seine Zeit-Ungemässheit, seine Romantik ...« (3/633)

und damit sowohl seine höchsten Wertschätzungen als auch deren entgegengesetzte Niedrigschätzungen, seine höchsten affirmativen wie tiefsten negativen Glaubensdogmen: »als ob wir nicht immer ein Stück Schätzung von Kindheit an verlernen müssten!«[26]

Ein schwieriges Unterfangen also, bedenkt man genau, welche Desillusionierungen und Enttäuschungen, Trennungsschmerzen und Einsamkeiten hier angesagt werden!

*

Doch von welchem Standort aus ist diese Forderung eigentlich formulierbar und formuliert? Von welchem Standort aus ist diese totale Subversions- und Überwindungspraxis angesagt, ja überhaupt ansagbar und damit initiierbar, von welchem Standort ist jene Sicht über die »obersten Werthmaasse seiner Zeit« – und nicht nur seiner je eigenen – aus gedacht? Und schließlich: von welchem Standort aus spricht Nietzsche selbst über jene Strategien, Implikationen und Modi, welche zur Setzung jener »Werthmaasse« erst führen? Von woher fordert er, über sie hinauszugelangen und jene neue Haltung spielerischer »Heiterkeit« zu entwickeln, welche, um ihrer grundsätzlichen Offenheit willen, eines versichernden Standortes doch umsomehr bedürfen müsste?

Muss ein solcher Ort, ja, kann er, im Anbetracht der Nietzsche'schen erkenntnistheoretischen Kritik und Ablehnung jeglicher Berechtigung für Wahrheitsansprüche gleich welcher Art, letztlich und unausweichlich nicht auch bloß ein solcher des Glaubens sein? Und wenn ja, wie ich meine und vertreten möchte, was für eine neue und andere Art von Glaube ist hier dann zu denken und zu realisieren aufgegeben?

In dem hier eingangs bereits zitierten Aphorismus Nr. 46 aus *Jenseits von Gut und Böse* hebt Nietzsche eindeutig und durchaus positiv einen »Glaube[n], wie ihn das erste Christenthum verlangt« hervor, welcher ausdrücklich »nicht jener [...] Unterthanen-Glaube« sei, mit welchem »sonst ein nordischer Barbar des Geistes an ihrem Gotte und Christenthum gehangen haben«, und lokalisiert ersteren daher auch im geografischen Sinne »inmitten einer skeptischen und südlich freigeisterischen Welt«[27]. Der Aphorismus setzt den Gedanken folgendermaßen fort: Unter jener zweiten Form des Glaubens sei »viel eher schon jener Glaube Pascal's« zu verstehen, »zugleich Verknechtung und Selbst-Verhöhnung«, Aufhebung »aller Selbstgewissheit des Geistes«, welcher »sich gegen das Absurdissimum wehrt, als welches ihm der ›Glaube‹ entgegentritt«.

331

Pascal, der doch als Nietzsches reinster Antipode gelten könnte[28], scheint für ihn in seinem Glauben offensichtlich all jene positiven wie negativen Formen zu vereinen: Pascal, mit seinem tiefen, ernsten, ja harten, selbstquälerischen Fragen und Glauben[29], ist ihm jene tragische Gestalt, die an der gleichzeitigen Verhaftung und Gebanntheit im Aberglauben sich verstrickt, verfängt, sich nicht lösen kann, die tragische Interimsfigur, die beide letztendlich unvereinbaren Momente in sich trägt und tragisch austrägt, und von welcher Nietzsche daher in *ecce homo* schreibt: »Dass ich Pascal nicht lese, sondern liebe, als das lehrreichste Opfer des Christenthums, langsam hingemordet, erst leiblich, dann psychologisch« (6/284).

Pascal taucht bei Nietzsche mehrfach an der Seite Schopenhauers auf. Sie bilden eines jener Paare, welche sich ihm »nicht versagten« (2/534). Im späten Nachlass findet sich folgende nähere Benennung des gesehenen Zusammenhangs von Lösungswille und Bindungszwang: »Schopenhauer und Pascal: in einem wesentlichen Sinn ist Schopenhauer der Erste, der die Bewegung Pascals wieder aufnimmt: un monstre et un chaos, folglich etwas, das zu verneinen ist ... Geschichte, Natur, der Mensch selbst!« (12/445). Es scheint das gleiche Moment zu sein, welches ihn an beiden Figuren anspricht: Es ist offensichtlich die Intensität, der tiefe Ernst, die »Grausamkeit« (5/66) den eigenen Anhänglichkeiten, Bequemlichkeiten und Gewohnheiten gegenüber, die innere Kraft, im Kampf und Widerstand gegen einen widersinnigen und aushöhlend destruktiven, (christlich geprägten) Aberglauben, eine Haltung, welche gerade in der Intensität der Verzweiflung und schließlichen Niederlage in ihrer Größe erkennbar wird. Darin war Schopenhauer ihm letztlich bleibend »Erzieher« gewesen, vielleicht ein wenig auch Pascal. Eine Wahlverwandtschaft, die er in einem Nachlassfragment folgendermaßen mit Pathos heraushebt:

> »Wenn ich von Plato, Pascal, Spinoza und Goethe rede, so weiß ich, daß ihr Blut in dem meinen rollt – ich bin stolz, wenn ich von ihnen die Wahrheit sage – die Familie ist gut genug, daß sie nicht nöthig hat, zu dichten oder zu verhehlen; und so stehe ich zu allem Gewesenen, ich bin stolz auf die Menschlichkeit, und stolz gerade in der unbedingten Wahrhaftigkeit.« (9/585)

Und doch heißt es in einem später verfassten Fragment:

> »Es giebt eine große Litteratur der Verleumdung (zu der das neue Testament gehört; die Kirchenväter; die imitatio; Pascal; Schopenhauer), der auch eine Kunst der Verleumdung sekundirt (zu letzterer gehört z.B. Wagners Parsifal).« (12/558)

Welch ein Vorwurf! Und doch: mag inhaltlich für Nietzsche hier Verleumdung vorliegen, so ist ihm jene Literatur doch »groß«, groß in ihrer Widerständigkeit, in der Ernsthaftigkeit der Auseinandersetzung, welcher sie sich verdankt.

Wagner hört damit auch auf, ihm »groß« zu sein, als er die Widerständigkeit preisgibt, noch dazu ohne dies, auf der Höhe seines Erfolges, tatsächlich nötig gehabt zu haben: Parsifal ist *nicht* als »groß« bezeichnete »Kunst der Verleumdung«, bloß nützlich: sie »sekundirt«.

Doch wo von »Verleumdung« die Rede ist, muss an eine betreffbare Wahrheit gedacht werden können. Ein Fragment aus dem sehr späten Nachlass benennt auf sehr deutliche Weise den Zusammenhang:

> »Was wir am Christenthum bekämpfen? Daß es die Starken zerbrechen will, daß es ihren Muth entmuthigen, ihre schlechten Stunden und Müdigkeiten ausnützen, ihre stolze Sicherheit in Unruhe und Gewissensnoth verkehren will, daß es die vornehmen Instinkte giftig und krank zu machen versteht, bis sich ihre Kraft, ihr Wille zur Macht rückwärts kehrt, gegen sich selber kehrt, – bis die Starken an den Ausschweifungen der Selbstverachtung und der Selbstmißhandlung zu Grunde gehn: jene schauerliche Art des Zugrundegehens, deren berühmtestes Beispiel Pascal abgiebt.« (13/28)

Ganz offensichtlich scheint der Vorwurf der »Verleumdung« die Instinkte zu betreffen, welche dann erst, in Gestalt internalisierter Selbstverleumdung »giftig und krank« gemacht werden, reaktiv werden und sich in Gegenrichtung wenden: gegen sich selbst, gegen die eigene Person, gegen die Mitmenschen, gegen die Natur, gegen die Welt, gegen das Leben ... Nietzsche hat hierfür unter anderem auch den bezeichnenden Ausdruck des »Gegendenkens« gesetzt.[30] Er spricht von der »Entselbstungs-Moral« (12/530) und *»altération de la personnalité«* (13/305f.), eine projektive Selbstentfremdung aus einer Art »Furcht- und Schreckgefühl vor sich selbst ... Aber ebenso ein außerordentliches Glücks- und Höhengefühl...« in der machtvollen, kraftvollen Intensität der Wahrnehmung der eigenen Instinktivität (13/306ff.). Die ängstliche Abwertung der Instinkte erweist sich als eine besonders unsinnige Illusion: denn auch der Geist ist nur ein Etwas am Leib und gleichermaßen Instinkt- und Trieb-geleitet (4/39ff.). Dass wir dieses nicht wahrhaben wollen und negieren, macht nur aus, dass wir uns dem umso bereitwilliger hingeben und preisgeben, so zum Beispiel auch, wenn wir von Sachzwängen, Fortschritt und einem vermeintlich eigenständigen Gang der Wissenschaften sprechen. Auch hier im Geistigen, ja, da wir Menschen uns auf diesen unseren Leibesteil besonders spezialisiert zu haben scheinen, dort offensichtlich sogar mehr denn irgendwo sonst, geben wir uns unbedacht unserem Grundtrieb vollends hin: dem Trieb zu Wachstum, Steigerung, Expansion, welchen Nietzsche bekanntlich (doch auch ihm selbst so unbefriedigend, dass es bei der Benutzung des Ausdrucks in den Notizen blieb) als den Trieb des »Willens zu Macht« bezeichnet.

Die genannte Selbstspaltung in einen in der Überwältigung durch seine machtvolle Präsenz abgespaltenen starken Teil (in Religion, Ideologie, Wissenschaft ...), und einen schwachen, in dieser Gegenwendung und Abwehr abspaltenden Teil, welcher dann alleine für das Selbst noch übrig bleibt: Diese nur vermeintlich festgeschriebene Trennung beschreibt »eine bloße Optik der Psychologie: immer unter der falschen Voraussetzung, daß uns nichts zugehört, was wir nicht als gewollt im Bewußtsein haben« (13/308), einen bloß illusionären Zerfall »in zwei Sphären«[31] und deren ewigen Widerstreit.

Diese Aufspaltung in der Bejahung und Anerkennung ihrer – wie unbewusst auch immer – Gewolltheit wieder einzuholen kann als die Zielsetzung des Nietzsche'schen Programmes verstanden werden, über welche dann zu recht auszusagen wäre: »Mit der Harmonie der Lust, in der das menschliche Wesen schwimmt, steht es wirklich wie mit der Harmonie der Sphären: wir hören sie nicht mehr, wenn wir darin leben.«[32]

Nietzsche entwickelt daher eine ausführliche »Affektenlehre« (13/214 ff.), und entwirft Modelle unterschiedlicher affektiver Bilanzierungen und Affekt-Ökonomien, welche differierende Typen strategischer »Möglichkeiten des Lebens«[33] markieren, in denen die abgespaltenen Projektionen jeweils rückbezogen werden auf jene Bedürfnisse, denen sie entspringen, jene (unvermeidlich interpretative) Not-, Schmerz-, Leid-, wie auch Lust-, Rausch- und Ekstaseerfahrungen, zu deren Ab-, Um-, wie auch Ver-wendung oder auch Ver-Wandlung sie entworfen wurden und werden. Führt einerseits eine Affektökonomie unter der Herrschaft reaktiver Affekte zur Entäußerung der kraftvollen Lebensimpulse in Form von Gewalt, so führt die Selbstermächtigung aktiver Affekte andererseits zu kreativer Selbststeigerung und Wachstum in Gestalt schöpferischer »Transfiguration«[34]. Eine christliche »Sklavenmoral« kann dann deutlich werden als Haltung vornehmlich affektiver *Selbst*versklavung unter die Herrschaft reaktiver Affekte, der Herrschaft des Ressentiments: Ein solcherart »noth-wendiges« Christentum sagt dann nichts mehr über einen emphatisch besetzten »Wahrheits«-Begriff aus, sondern vielmehr darüber, dass sein Entwurf einem Bedürfnis entspringt, welches vom Psychologen Nietzsche alsdann einer ausführlichen Befragung zugeführt werden kann. So lautet dann auch die folgende Kritik:

> »Der Hauptfehler Pascals: er meint zu beweisen daß das Christenthum wahr ist, weil es nöthig ist – das setzt voraus, daß eine gute und wahre Vorsehung existirt, welche alles Nöthige auch wahr schafft: es könnte aber nöthige Irrthümer geben! Und endlich! Die Nöthigkeit könnte nur so erscheinen, weil man sich an den Irrthum schon so gewöhnt hat, daß er wie eine 2te Natur gebieterisch geworden ist.« (9/366)

✽

Dem Irrtum aus der Gewohnheit sind die ursprünglichen, zeugenden Bedürfnisse zumeist abhanden gekommen, und so gilt es, diese wieder zu finden, wieder zu erwecken, wieder wahrnehmen zu lernen, wieder zu lernen, auf ihre Sprache, ihr Mitteilungswesen, welches wesentlich Selbstmitteilung bedeutet, zu achten und zu hören. Das »Missverständnis des Leibes«[35], das Gewohnheit und zweite Natur gewordene Fehlverständnis, ja, das vollends ausbleibende Wahrnehmen und Vergegenwärtigen der leiblichen Mitteilungsgestalten ist in der gesteigerten und neuerlichen Achtsamkeit auf ihn einzuholen. Das »Hören« auf die Selbstmitteilungsgestalt des Schmerzes wie der Lust, das »Hören« auf dessen ursprachliche Mitteilungsgestalt[36], das »Hören« auf all jene »Nuancen« und Details, die »stillsten Worte« und leisen »Gedanken, die mit Taubenfüßen« kommen und doch den Lauf der Dinge lenken[37]... Diese gesteigerte Achtsamkeit eröffnet, erneuert jene »Instinkt-Sicherheit in der Praxis« (6/273), welche Nietzsche in *Ecce homo* für die eigene Person so eindringlich ausführt (*Warum ich so weise bin, Warum ich so klug bin*). Der so wieder »große Vernunft« gewordene Leib (4/39ff.) ist sprechender, mitteilender Leib, doch nicht beobachteter mitteilungsloser Körper: Die zahlreichen minutiösen Selbstbeobachtungen, Selbstbeschreibungen, vornehmlich der eigenen hochempfindlichen und anfälligen leiblichen Befindlichkeit Nietzsches, müssen einem modernen Körperkult-Verständnis vollkommen befremdlich bleiben. Nietzsche hingegen entwickelt, schult und kultiviert die eigene, zunehmend sich steigernde Sensibilität in »eine vollkommen unheimliche Reizbarkeit des Reinlichkeits-Instinkts«[38] für die leibessprachlichen Selbstmitteilungsgestalten seiner Instinkte, welchen, in ihrem wesentlichen Bedürfsnischarakter, jedoch nicht »Wahrheit« zukommt. Vielmehr eignet diesem Prozess der Selbstmitteilungseröffnung und -wahrnehmung ein spezifischer, mehr oder weniger verwirklichter Modus, ein besonderer und persönlicher Charakter zu: Es ist dies eine besondere Haltung, die er als »Wahrhaftigkeit« benennt[39]. Eine Haltung der Ernsthaftigkeit in Aufmerksamkeit wie kritischer Selbstbefragung, welche sich von wichtigtuerischen wie wichtignehmerischen Selbstbespiegelungen und peniblen narzisstischen Selbstbeobachtungen körperlicher, seelischer wie auch geistiger Befindlichkeiten sehr wohl und sehr entschieden zu unterscheiden weiß. Denn für den Altphilologen Nietzsche ist »Ästhetik« im Sinne des antiken *aisthesis*-Begriffes primär: Wahrnehmungslehre und damit letztlich »ja nichts als eine angewandte Physiologie.« (6/418)

> »Das begriff jener tiefe Physiolog Buddha. Seine ›Religion‹, die man besser als eine Hygiene bezeichnen dürfte, um sie nicht mit so erbarmungswürdigen Dingen wie das Christenthum ist, zu vermischen, machte ihre Wirkung abhängig von dem Sieg über das Ressentiment: die Seele davon frei machen – erster Schritt zur Genesung. ›Nicht durch Feindschaft kommt Feindschaft zu Ende, durch Freundschaft kommt Feindschaft zu Ende‹: das steht am Anfang der Lehre Buddha's – so redet nicht die Moral, so redet die Physiologie.« (6/273)

Von unkontrollierter Entfesselung der Triebe kann also gar nicht die Rede sein. Auch weiß Nietzsche natürlich, dass reaktive Affekte und Ressentiment auch im nicht-christlichen Kontext entstehen – selbst wenn dies in seinen Texten in der Tat oft zu kurz kommt. Doch haben alle Triebe, Instinkte und Affekte, gleichwohl ob aktiv oder reaktiv, uns durchaus Bedeutsames über unsere Bedürfnisse, unsere Ängste, unsere Kränkungen, Glückseligkeiten und Lieben mitzuteilen, ja, sie sind es ausschließlich und ganz allein, die uns überhaupt irgendetwas mitteilen, eröffnen, vermitteln, präsentieren können, ganz gleich, wie immer wir diese dann auch benennen mögen. Und es ist naturgemäß ein freundschaftliches Hören auf dieses ihr Selbstmitteilungswesen, welches uns zweifellos sehr viel Umfangreicheres, Wahrhaftigeres und Wesentlicheres über uns als Menschnatur zu eröffnen vermag, als dies ein Feindseliges zu erbringen vermöchte. Im Rahmen einer der zahlreichen Werk-Skizzen aus dem späten Nachlass vom Herbst 1887 lässt die Präzisierung des Gedankens eigentlich nichts mehr zu wünschen übrig:

> »HAUPTCAPITEL
> Es ist der Reichthum an Person, die Fülle in sich, das Überströmen und Abgeben, das instinktive Wohlsein und Jasagen zu sich, was die großen Opfer und die große Liebe macht: es ist die starke und göttliche Selbstigkeit, aus der diese Affekte wachsen, so gewiß wie auch das Herr-werden-wollen, Übergreifen, die innere Sicherheit, ein Recht auf Alles zu haben. Die nach gemeiner Auffassung entgegengesetzten Gesinnungen sind vielmehr Eine Gesinnung; und wenn man nicht fest und wacker in seiner Haut sitzt, so hat man nichts abzugeben, und Hand auszustrecken, und Schutz und Stab zu sein ...« (12/530)

*

Es ist diese Haltung der Selbstbefreundetheit und Selbstachtung wie Redlichkeit, welche ihm als unerlässliche Voraussetzung für eine produktive und kreative, Sinn-volle, da dieser Art allein uns entsprechend und angemessen Sinnsetzende Lebenspraxis erscheint. Es ist in dieser Haltung aber zweifellos auch etwas Ehrfürchtiges, ja Demütiges, eine Zuversichtlichkeit, ein Urvertrauen, eine wissende Sicherheit und Bejahung, welche mit dem, was in anderen Kontexten als religiöse Transzendenzerfahrung bezeichnet wird, in Einklang zu stehen scheint.

Die von Nietzsche im Hinblick auf diese Haltung entworfene Gestalt ist sein *Zarathustra*, denn dieser »schuf diesen verhängnisvollsten Irrthum, die Moral: folglich muss er auch der Erste sein, der ihn erkennt«, und diesem Anspruch auch entsprechen kann, denn

Friedrich Nietzsche und die Religion

»Zarathustra ist wahrhaftiger als sonst ein Denker. Seine Lehre und sie allein hat die Wahrhaftigkeit als oberste Tugend – das heißt den Gegensatz zur Feigheit des ›Idealisten‹, der vor der Realität die Flucht ergreift.«[40]

Diese gemeinsamen Voraussetzungen und Implikationen sind es, die Nietzsche schließlich auch an Buddha schätzt und mit ihm zunehmend zu teilen denkt, die er auch in den vielfältigen Hinweisen auf Indien und Asien im Werkverlauf zunehmend positiv benennt[41]. Die Weise ihrer konkreten lebenspraktischen Umsetzung, dessen, was Nietzsche auch die Weise ihrer »Transfiguration« nennt, ist es dann, wo Nietzsche die Unterschiede ansetzt. Und so unterscheiden sich der Weg und das Ziel des Hirten im klassischen buddhistischen Zyklus der so genannten Ochsenbilder vom Weg und Ziel des Geistes zum »aus sich rollenden Rad« (4/29) und spielenden Kind (4/31) vornehmlich in und aus der entschiedenen Schwerpunktsetzung des Schöpferischen im dionysisch-tragischen Denken.

Im Hinblick auf den entscheidenden Gedanken neuerlicher Einholung unserer »zweiten Natur« könnte es nahe liegend erscheinen, im Hinblick auf diesen Entwurf von einer Naturreligion oder Naturphilosophie zu sprechen. Doch ist dies mit und für Nietzsche nur äußerst bedingt möglich, wären hiermit doch Begriffe von »Natur« (im Gegenzug zu Geist, Ratio u.a. bestimmt), von »Religion« (im Glaubensanspruch in Gegenzug zu Wissenschaft u.a. bestimmt), von »Philosophie« (im Anspruch auf Objektivität gegen die Subjektivität bloßer Meinung und Psychologie u.a. bestimmt) angesetzt, deren Rechtmäßigkeit und Gültigkeit und damit Brauchbarkeit für ein Denken der Zukunft im Grunde genommen von Nietzsche, wie aufgezeigt, ja fundamental bestritten wird.

Doch kann man, wie ich meine, von dieser Haltung sehr wohl als von einer »religiösen« Haltung sprechen, im ursprünglichen Sinne eines existenziellen Urwissens und Urvertrauens in die Eingebundenheit, Einbezogenheit und damit Geborgenheit des Naturwesens Mensch, seiner mikrokosmischen Teilhabe am makrokosmischen Geschehen. In diesem Entwurf könnten wir heute das finden, was uns als Haltung im interkulturellen Gespräch zukünftig verbinden könnte, könnten wir eine gemeinsame Voraussetzung finden, welche als Haltung interkultureller Religiosität jene Achtung und Anerkennung eröffnen könnte, welche als unverzichtbare Voraussetzung jeglichen produktiven Dialoges unter Wahrung achtsamer und aufmerksamer, ja, freundschaftlicher Toleranz verstanden werden muss.

Anmerkungen:

1. KSA 10/30, 10/50; Friedrich Nietzsches Texte werden im Vorliegenden ausschließlich aus der Kritischen Studienausgabe der Werke (KSA), herausgegeben von G. Colli und M. Montinari, Berlin/NY, ²1988, zitiert unter Angabe von Bandnummer/Seitenzahl. Von ihm einmal unterstrichene Worte (in KSA gesperrt) erscheinen entsprechend gesperrt, von ihm zweimal unterstrichene Worte (in KSA *kursiv*) entsprechend *kursiv*. Im Text genannte Werktitel erscheinen kursiv gedruckt.
2. Einen guten Überblick bietet hierzu A. U. Sommer, Friedrich Nietzsches »Der Antichrist«. Ein philosophisch – historischer Kommentar, Basel, 2000, v.a. S. 15–37.
3. 8/18, 8/178.
4. Von Nietzsche in unmittelbarer Nähe dieses Aphorismus positiv für sich selbst reklamiert, 5/70, 5/82.
5. 13/306 im Kontext von Fragmenten zum »Ursprung der Religionen«, 13/305 ff.
6. Für eine ausführliche Entwicklung und Entfaltung dieses gedanklichen Zusammenhanges kann hier verwiesen werden auf: E. Wachendorff, Friedrich Nietzsches Strategien der »Noth-Wendigkeit«, Fra/M, 1998, (im Weiteren: E. Wachendorff, Strategien ..., genannt), vornehmlich Kap. 4, S. 105 ff.; hier S. 116 ff.
7. z.B. bereits in 1/18, 1/89, 1/94, 1/99, 1/100 usf.
8. 1/99, 5/210, 6/171; Den »Typus einer vor ihm [Sokrates] unerhörten Daseinsform« (1/98), welche gleichermaßen gilt für den Glauben an die Logik (1/101, 5/30f., 3/471), an den Willen (5/31ff., 6/95: »die Lehre vom Willen ist wesentlich erfunden zum Zweck der Strafe«), an die Ergründbarkeit einer seienden Welt (1/111, 5/279, 6/90): doch diese ist »*Empfindung*« (7/803). Siehe dazu auch: Th. Böning, Metaphysik, Kunst und Sprache beim frühen Nietzsche, Berlin/NY, 1988, S. 381: »Von da her gesehen dürfte Heidegger mit seiner Zurücksetzung der Sinnlichkeit für Nietzsche in der Tradition der Metaphysik befangen bleiben«. Vgl. M. Heidegger, Nietzsche, 2. Bde, Pfullingen, 1961, Bd. II, S. 224 (Heidegger spricht vom »Sinneswerkzeug« und davon, dass keines »den Vorrang« habe) versus ebenso M. Heidegger, Der Spruch des Anaximander, in: Holzwege, Fra/M., 1980, S. 317–368, S. 344 (Heideggers Bevorzugung des Augensinns und Projektion auf die »Lichtung des Seins«). Vgl. a. W. Kaufmann, Nietzsche. Philosoph – Psychologe – Antichrist, (1950) Darmstadt, 1982, z.B.: S. 254 ff., S. 264 («Triebe etwas Chaotisches«). Siehe dagegen G. Vattimo, Ipotesi su Nietzsche, Torino, 1967, S. 84, S. 88.
9. Wenn Lily E. Kay in ihrem Buch: Who wrote the book of life? A history of the genetic code, 1999, von einer Semantisierung der zunächst und per se bedeutungslosen genetischen Syntax durch Metaphorisierung unter Übernahme kybernetischer Metaphern in das Sprachfeld der Biologie (quasi als Geburtsstunde der Gentechnologie) spricht, dann beschreibt sie ein Beispiel dieses Projektionsphänomens. Nietzsche allerdings würde auch die Rede von einer asemantischen Syntax für eine Ungenauigkeit halten: Auch die Wahrnehmung – und erst recht die Benennung – einer Syntax als solcher ist bereits ein semantisierender Prozess, dessen Systematik und Metaphorik nur einem anderen Sprachspiel zugehören, dessen Ursprünge für unsere Wahrnehmungsprozesse überhaupt sich letztendlich im Vorbewussten verlieren.
10. Zur Unterscheidung von »Nützlichkeit« versus »Noth-Wendigkeit« bei Nietzsche siehe: E. Wachendorff, Strategien ..., Kap. 5, v.a. Kap. 5.5.1., S. 162 ff.

[11] Zur Lebensstrategie der Selbstverschanzung siehe Nietzsches Dekonstruktion der Schopenhauerischen Position in: E. Wachendorff, Strategien ..., Kap. 2, v.a. S. 63 ff.

[12] Nietzsche entwickelt diesen Gedanken in seiner Kritik des »Pessimismus« wie des »Optimismus«, als welchen er auch den »romantischen«, als den »sokratischen« und »falschen« (5/107) – »Pessimismus« (siehe 8/97, 8/131 ff.) erkennt. Beide erscheinen ihm als verbunden in der »Vergessenheit« (siehe 8/354, 8/405, 8/213), welche den »Irrthum« des Glaubens an »die Wahrheit« qua Metaphysik bedingt: Hierin erkennt er die Simplifikations-Strategie des »Sokratismus« des »theoretischen Menschen« wieder, welche in Schopenhauer (siehe 8/539, 1/876) wie auch beispielsweise in Eugen Dühring nur zu differierenden Varianten der Ausprägung findet. Diese Vergessenheit als »Fluch« (8/273) begegnet in der Bedeutung der Ausblendung, welche von einer integrativen Bedeutung der »Vergessenheit« in einer produktiv gestalteten »unhistorischen Atmosphäre« (1/252 ff.) in Gestalt von »Einverseelung« (5/291) streng zu unterscheiden ist. Siehe hierzu in: E. Wachendorff, Strategien ..., Kap. 4 sowie S. 224 ff., S. 232.

[13] 2/40, s.a.: 2/50.

[14] als »Parasitismus« im *Antichrist*, Aphorismus 26 beschrieben, 6/194 ff. »Sklavenmoral«, »Heerdenthier-Moral« und »christliche Erbschaft« der »Ideologen«, der »Demokratie« beispielsweise, 5/125.

[15] 8/412, 8/447, 8/454. Der Ansatz von G. Abel (in: Nominalismus und Interpretation. Die Überwindung der Metaphysik im Denken Nietzsches, in: Simon, J., Hrsg., Nietzsche und die philosophische Tradition, Bd. II, Würzburg, 1985, S. 35–89), Nietzsche in der Tradition des Nominalismus zu betrachten, scheint vornehmlich der Nietzsche'schen Kritik des »Sokratismus« des »theoretischen Menschen« zu entsprechen und weniger Nietzsches »dionysisch-tragischem« »Neuen Denken«, dessen Vergegenwärtigung für einen diesbezüglichen Diskurs jedoch vorauszusetzen wäre. Abels Vorentscheidung, den »Philosophen« Nietzsche vom »Psychologen« der »Entlarvungspsychologie« radikal abzutrennen, um Ersteren sodann ›pur‹ zu erhalten (G. Abel, Nietzsche – Die Dynamik der Willen zur Macht und die ewige Wiederkehr, Berlin/NY, 1984, S. VII), erweist sich hier als Irrtum, bewirkt doch die Auslassung des Denkansatzes lebensstrategischer, affektökonomischer Prozesse und derer »Morphologien« Leerstellen, die Abel dann mit Wittgenstein doch nur notdürftig im Sinne Nietzsches füllen zu können scheint.

[16] 8/459, 8/461, 8/403, 13/36.

[17] 8/413, siehe a. *Menschliches, All zu menschliches*, erstes Hauptstück, z.B.: 2/40.

[18] 5/82 und 5/67.

[19] siehe z.B. die eingangs zitierte Passage aus 5/77.

[20] 5/124 ff., 5/210, 6/171; 13/220, siehe hierzu auch Klaus Zittel, Wissenschaft, in: H. Ottmann, Nietzsche-Handbuch, Stuttgart, 2000, S. 355 f.

[21] 6/95, oder auch: »NB. Beweis der Hypothese und Erklärung auf Grund der Hypothese – nicht zu verwechseln!«, 12/531.

[22] z.B. 5/11 ff. Diesbezüglich sieht sich Nietzsche selbst in radikalisierender Nachfolge zu I. Kant: »Kant sagt (2. Vorrede zur Kritik): »Ich müßte das Wissen aufheben, um zum Glauben Platz zu bekommen«(7/427). Doch »Kant hat in gewissem Sinne mit schädlich eingewirkt: denn der Glaube an die Metaphysik ist

verloren gegangen. Auf sein »Ding an sich« wird niemand rechnen können, als ob ein bändigendes Prinzip sei.« (7/425).

[23] siehe z.B. allein schon im frühen Nachlass: 8/41, 8/47, 8/54, 8/83, 8/99, 8/173, 8/175, 8/204, 8/300, 8/306–312; s. 8/524, 8/520f., 8/550.

[24] 2/356; s. a.: 2/31, 3/55, 3/92, 5/11 ff., 5/53; 5/160; 12/23, 12/34 u.a.

[25] 8/136 Dieser Teil des Zitats fast wörtlich wieder in Aphorismus 32, MA.I, 2/52, s.a. Aphorismus 33, MA.I, 2/52 f.

[26] 8/521, und Nietzsche spricht auch in diesem Zusammenhang von »Metaphysik«.

[27] 5/66; dass diese Gegenüberstellung nicht nur als rhetorische Metapher intendiert ist, wird aus dem Folgenden möglicherweise noch nachvollziehbar werden können ...

[28] vgl. hierzu auch U. Willers, Das Große Drama von Verzweiflung und Gnade – Pascals Rede und Nietzsches Gegenrede, in: Von der Unmöglichkeit oder Möglichkeit, ein Christ zu sein. Symposion 1996 des Nietzsche-Kreises München. Vorträge aus den Jahren 1996–2001, Allitera Verlag, München, 2001, S. 269–281.

[29] s. z.B.: 9/366.

[30] erstmals in 8/319 f.; Siehe hierzu ausführlich auch: E. Wachendorff, Strategien ..., Kap. 4.3., vornehmlich S. 124 f.

[31] 13/307, andernorts als »moralische Idiosynkrasie« bezeichnet (12/523), auch erneut in Bezug auf Pascal (13/195).

[32] 8/531. Hier wäre eine Vermittlung zum antiken Mythos möglich, die von Nietzsche nicht genannt wird: Die Mutter des zweiten Dionysos-Kindes, Semele, ist Tochter der Harmonia, und diese wiederum Tochter der Aphrodite und des Ares: von Liebe und Krieg. Nietzsche nennt in seiner Darstellung des Dionysos-Mythos in der *Geburt der Tragödie* erstaunlicherweise nicht diese mittlere Version, in welcher Semele als Mutter des Dionysos und dieser, nach deren rachsüchtiger Zerstörung durch Hera, schließlich aus der Hüfte des Vaters Zeus geboren erscheint, ein Gründungsmythos, welcher derart die ausgetragenen Extreme der Dynamik von Harmonie und Disharmonie zu verkörpern scheint (siehe z.B. K. Kerényi, Die Mythologie der Griechen, Bd. I, München, [1966] 1989, S. 201 f.).

[33] 8/115 ff.; siehe hierzu ausführlich in E. Wachendorff, Strategien ..., Kap. 5 und Kap. 7

[34] 3/349, 5/356. Eine ausgeführte so genannte Trieblehre Nietzsches müsste die unterschiedlichen konkreten »Möglichkeiten des Lebens« in ihrem grundsätzlich und/oder phänomenal unterschiedlich gedachten wie gewählten strategischen Ansatz vermitteln und begründen, deren Wahrnehmung und Erschließung als unverzichtbare Voraussetzung begriffen werden muss für einen adäquaten Zugang zu Nietzsches Nachlass-Reflexionen aus dem Kontext des »Willens zur Macht«. Der Gedanke wird im Übrigen bereits in *Über Wahrheit und Lüge* ... zum ersten Mal formuliert (s. 1/889). Von einer »Lehre« in Bezug auf Nietzsche zu sprechen, sollte allerdings nur ausdrücklich in Anführungszeichen geschehen, Nietzsche selbst spricht nicht von einer Trieblehre, sondern von »Psychologie (Affektenlehre) als Morphologie des Willens zur Macht« (13/214), wobei »Affekte« nicht unmittelbar mit der Vorstellung von Trieben gleichzusetzen sind (siehe z.B. 13/222); siehe hierzu ausführlich in E. Wachendorff, Strategien ..., vornehmlich Kap. 5.3.ff.

[35] 3/348; Siehe hierzu ausführlich in E. Wachendorff, Strategien ..., Kap. 5.4.ff., v. a. S. 157ff.

[36] Siehe hierzu auch Th. Böning, a.a.O., der Nietzsche als einen »Ohrenmenschen«, »Hör-Menschen« erkennt. Doch geht er der Bedeutung dieser Einsicht für dessen Philosophie nicht weit genug im Sinne schöpferisch wahrnehmender Selbst-Welt-Verhältnisgestaltung nach, das Hören auf die leibessprachliche Gestalt des Leibes und dessen Vergegenwärtigung und Aussprache in schöpferisch-transfigurativer Gestalt – und damit der Nietzsche'sche Musik-Gedanke – bleiben damit noch verborgen.

[37] 4/189, 6/259, sowie 8/335, 6/58, 6/167, 6/362, 6/110, 5/40.

[38] 6/275, versus der »Unsauberkeit« der Leibesverneinung und -verleumdung s. 6/371 ff.

[39] siehe z.B.: 6/367, 9/585, 7/801 f., in der Differenzierung von Selbst-Wichtignehmen und Selbst-Ernstnehmen; siehe hierzu ausführlich in E. Wachendorff, Strategien ..., Kap. 4.5.3., v.a. S. 167, Anm. 857, sowie Kap. 6.2.

[40] 6/367; siehe auch 6/259: »Irrthum ist Feigheit«. Eine weitere Ausführung dessen, was diese Haltung der »Wahrhaftigkeit« ausmacht, befindet sich (natürlich) in *Ecce homo*: unter den Titeln Warum ich so weise bin, warum ich so klug bin, warum ich so gute Bücher schreibe verbirgt sich – unter Umständen – die Verwirklichung eines seiner – im Nachlass (13/216) neben zwei weiteren genannten – späten Buchprojekte: »D. Die Überwinder und die Überwundenen« überschrieben, »12. Von der Rangordnung der Werthe. Jedes Buch 150 Seiten. Jedes Capitel 50«.
Nietzsche konnte letztendlich *philosophisch konsequent* nur von seiner eigenen Person wahrhaftig aussagen.

[41] Vornehmlich in den Werken und Fragmenten der so genannten Spätzeit, besonders natürlich in und um den *Antichrist*. Seine Interpretation des Buddhismus unterliegt einer Entwicklung und Differenzierung, welche Hand in Hand mit der Distanzierung von Schopenhauer und Wagner sowie der Vertiefung der Analyse des Christentums, namentlich dem Phänomen der Askese, einhergeht. Im Vorliegenden kann dieser Veränderung nicht weiter nachgegangen werden und muss als Hinweis zunächst genügen.

Religionsähnliche Phänomene im Sport

Sport im Spannungsfeld von Ersatzreligion, Zivilreligion, Körperreligion und neuer Sinnsuche[1]

Kurt Weis

Darf man die modernen Olympischen Spiele als eine neuheidnische Ersatzreligion bezeichnen? Kann man im Laufschritt zur Erleuchtung eilen? Wirkt das Sportstadion auf manche Menschen wie eine heilige Stätte?

Bei der Frage nach religionsähnlichen Phänomenen im Sport scheint es um Ähnliches, Gemeinsames und Verbindendes zwischen Sport und Religion zu gehen. Natürlich bleiben beide Bereiche schon dadurch getrennt, dass Religion ein besonderes Gewicht legt – oder legen sollte? – auf spirituelle Inhalte und Erfahrungen, während unser Sport sein Augenmerk auf den Körper, auf körperliche Erfahrungen, körperliches Training und körperliche Leistungsfähigkeit richtet.

Allerdings ist der bewusste Umgang mit dem Körper in anderen Kulturen nicht so einseitig auf körperliche Erfahrungen und Leistungsfähigkeit beschränkt. Das mag die folgende Übersicht verdeutlichen. Bestimmtes körperliches Verhalten und Erleben wird unterschiedlich nach Zeit, Kultur und Interessen auch dazu eingesetzt, um innere Vorgänge zu steuern. Die folgenden fünf Beispiele nennen eine Auswahl, die zum heutigen Sport führt.

1) Alle alten Religionskulturen und mönchischen Traditionen wussten, wie etwa durch Fasten, Schweigen, Meditieren und Rückzug in die Einsamkeit innere Kraft, Unabhängigkeit und Erkenntnismöglichkeit, Einsicht und Entscheidungsfähigkeit erhöht werden können (vgl. Moses, Buddha, Jesus, Mohammed u.v.a.). Dieses Wissen wird jüngst von den verschiedensten Meditationstechniken bis zu schamanisch inspirierten Visionssuche-Ritualen auch bei uns wieder verstärkt ausprobiert und umgesetzt.
2) Die fernöstlichen *Martial Arts* (Selbstverteidigungskünste und heutige

Kampfsportarten, z.B. Kung Fu, Tae Kwon Do, Judo, Karate usw.) gingen in ihrem Ursprung davon aus, dass man durch körperliche Konzentration und Übung den Geist schulen und, ebenso wichtig, dass man durch geistige Anstrengung den Körper und sein Verhalten beherrschen und die Auswirkung auf andere beeinflussen kann.

3) Die heutige Erlebnispädagogik – aus der Reformpädagogik entstanden und zur Verbesserung der Sozialpädagogik genutzt – versucht durch Erlebnisse und Erfahrungen im natursportnahen Raum ihre Adressaten zu größerer Reife, Stabilität, Selbstbeherrschung und Durchsetzungsfähigkeit zu führen. Körperlich gespürte Erlebnisse, die selbst erarbeitet und später pädagogisch verarbeitet werden, sollen delinquente oder weiterzubildende Jugendliche stärken und stabilisieren.

4) Fast alles, was heute als »Sport« (Tanz, Lauf, Bewegung) bei Stammeskulturen und frühen Kulturen beschrieben wird, diente, abgesehen von der kriegerischen Ertüchtigung, vorrangig nicht Wettkampfzwecken, sondern zum Beispiel der Erweiterung des (spirituellen) Bewusstseins, Trance, usw.

5) Lediglich der von den alten Griechen von den Olympischen und sonstigen Kultspielen der Antike überlieferte Sport, der nun in der Form der Olympischen Spiele der Neuzeit das Sportverhalten weltweit beeinflusst und steuert, dient ausschließlich dem Wettkampf und vorrangig dem Sieg. Diesem Sport, der unsere auf fairen Wettkampf, Leistungssteigerung, Erfolgserlebnisse und Gewinnmaximierung erpichte Gesellschaften anregt und widerspiegelt, wird derzeit ein extrem hoher Stellenwert zugeschrieben: Er soll von der individuellen Charakterbildung bis zum gesellschaftlichen Sozialprestige, vom Nationalstolz bis zum Religionsersatz für auffällig vieles nutzbringend eingesetzt werden. Das führt in einigen Gesellschaften möglicherweise zu einer »funktionellen Überlastung« des Sports. Doch finden wir auch hier auffällige religionsähnliche Phänomene.

Wir beschränken uns im Folgenden vorrangig auf kulturelle, soziale und historische Beziehungsgeflechte zwischen diesem zum Schluss genannten Sport und der Religion. Dabei geht es besonders um gesellschaftliche Fragen, wie weit also Sport und Religion im gesellschaftlichen Raum ähnliche Funktionen erfüllen, wie weit sie sich in ihren Aufgaben ersetzen oder ablösen, ergänzen oder überlagern, widersprechen oder gegenseitig blockieren und verbieten können. Statt über Beziehungen zwischen Religion und Sport zu sprechen, wäre es oft wohl angemessener, zwischen Religionskulturen und Körperbewegungskulturen die Zusammenhänge zu sehen.

In ihrer historischen Entwicklung sind Religionskulturen und Kulturen der leibzentrierten Welterfahrung vielfältig miteinander verknüpft. Abhängig von religiösen und militärischen, kulturellen und sozialen, politischen und wirtschaftlichen Einflüssen ändert sich der gesellschaftlich geprägte

Religionsähnliche Phänomene im Sport

Gebrauch des Körpers. Religionen haben ihre Kulturen, Religionskulturen ihre Gesellschaften, Gesellschaften ihre Körperkulte und ihren Sport geformt. Es verlohnt, derartige Linien in der heutigen Zeit gerade auch dort zurückzuverfolgen, wo der Einfluss praktisch gelebter Religionen verflogen zu sein scheint. Denn in den Körpern lebt er weiter.

Ob man

- westlich geprägt (und dabei antiken griechischen Vorbildern folgend, welche die christliche Kirche vor 1600 Jahren einst verteufelte) mit dem Segen der heutigen christlichen Kirchen dafür trainiert, dass man mit seinem Körper 100 m geradeaus rennen und dabei gewinnen kann,
- in hinduistischer Tradition zur esoterisch-philosophischen Vervollkommnung seine Atemtechniken bewusster macht und die Körperbiegsamkeit wie ein Yogi verbessert oder
- fernöstliche Selbstverteidigungskünste (a) zur Steigerung der Konzentration und Bewusstheit oder (b) zur menschenverachtenden Schlagkraft übt (die Vorläufer des heutigen Karate und der heutigen Zen-Meditation stammen ja beide aus gleichzeitigen Entwicklungen im alten mittelchinesischen Kloster Shaolin):

immer sind es alte Religionskulturen, die über die nachfolgenden Gesellschaften derartiges körperliches Treiben für uns entwickelten.

Nun komme ich auf die eingangs gestellten Fragen zurück und möchte Ihnen zum Gesamtthema sechs einzelne Fragen nennen, auf deren erste fünf ich in der mir erlaubten Zeit einzugehen versuche: (1) Das Stadion als heilige Stätte? (2) Im Laufschritt zur Erleuchtung? (3) Olympische Spiele als neuheidnische Ersatzreligion? (4) Sport als Zivilreligion? (5) Ist der Körperboom in Sport und Erlebnissuche eine Gegenreaktion auf gesellschaftliche Prozesse der Entkörperlichung? (6) Wie weit ist Karate – als Konzentrationskunst oder Kampfsport – ein Beispiel für Beziehungsgeflechte zwischen Religion, Kultur, Gesellschaft und Sport?

Kurt Weis

I. Das Stadion als heilige Stätte?

Hier denken wir besonders an den identitätsstiftenden Raumbezug von Stadion und Kirche.

Das Spielfeld im Sport, das Spielfeld inmitten eines Stadions wirkt auf manche Menschen wie ein geheiligter Ort und wie ein magnetisches Ziel säkularen Geschehens. Ein Übermaß an symbolträchtiger Identifikation mit dem eigenen Verein und eine quasi-religiöse Fixierung auf das Stadion als »geheiligten Schrein« wird zum Beispiel von Anhängern des FC Liverpool in England berichtet. Diese Anhänger lassen als Zeichen ewiger Verbundenheit ihre Asche nach ihrem Tod über den Rasen des Stadions, des weit über England hinaus berühmt-berüchtigten »Anfield Pitch«, ausstreuen.

Die räumliche Wahrnehmung des Stadions als heilige oder hochverehrte Stätte wirkt sich noch anders aus. Den Sog, den ein Stadion und der »heilige Rasen«, der dann auch genauso bezeichnet wird, ausüben, kann man bei Fußballspielen spüren, insbesondere während oder nach einem Endspiel einer bestimmten Ligasaison. Dann meinen die Fans, also diejenigen, die auch bei Regen und sonst schlechtem Wetter immer im Stadion stehen, sie hätten gegen jede Polizei und alle Ordner das Recht, nach Ende dieses letzten Spiels, wenn ihr Verein Meister geworden ist, auf diesem geheiligten Rasen mitzufeiern. Das führt häufig zu großen Auftritten zwischen Polizei, die diesen Rasen schützen soll, und Fans, die ihre Absperrungszäune zu durchbrechen versuchen. Gelegentlich lässt man sie auf den Rasen, meistens nicht, manchmal endet es in entsetzlichen Tragödien.

Ein Beispiel erwähne ich nur ganz kurz, um Ihnen zu sagen, wie stark dieser Druck ist, sich mit etwas, mit einem Raum zu identifizieren, der einen irgendwie nicht mehr nur diesseitig-weltlichen Charakter hat. Eine der größten Stadionkatastrophen in Deutschland geschah 1979 am 10. Juni in Hamburg im Volksparkstadion. Der HSV war Meister geworden und aus dem berüchtigtsten Fanblock schnitten einige Fans den Zaun auf und einige Tausend, die dahinterstanden, drängten nach. Es gab fast siebzig Verletzte, einige von ihnen schwer, weil sie alle übereinander stürzten und in drei bis vier Minuten mehrere Tausend Fans versuchten, durch einen minimal aufgeschnittenen Zaun hindurchzukommen. Sie stürzten dann in den Umlaufgraben und übereinander. Es war überhaupt keine Ausschreitung in dem Sinn, dass es gegen irgendjemand anders gewandt war, also keine Schlacht zwischen irgendwelchen verfeindeten Gruppen. Es war nur das Gefühl, das ist unser Rasen, auf dem die hochdotierten Spieler dort feiern. Wir haben das gleiche Recht. Und es wurde immer wieder von dem »heiligen Rasen« gesprochen. Und da werden auch Grassoden geklaut, weil man meint, dazu habe man ebenfalls das Recht.

Religionsähnliche Phänomene im Sport

Ja, warum beziehe ich mich auf den Raum so stark? Räume haben Aufforderungscharakter. Jeder Bergsteiger weiß das. Bei der simplen Frage, warum gehst du auf den Berg, ist die Antwort, weil er da ist – der Aufforderungscharakter eines Gipfels. Die Raumbezogenheit des Verhaltens gibt dem Tun erst Symbolwert und Sinn.

Für die Kontinuität und die Identität von Gruppen, also für ihren Bestand und ihr Selbstbewusstsein, kann die Zuordnung zu einem Raum sehr wichtig sein. Für Fußballfans hat zum Beispiel ihr Block, der Fanblock in der billigen Stehkurve, oft konstitutive Bedeutung. Teilweise benennen sich Cliquen von Fans nach ihrem Block und haben das auf ihrem Rücken stehen (z.B. »Südkurve«). Der Erkenntnis, dass der Raum allein beständig genug ist, um dem kollektiven Gedächtnis als Träger zu dienen – dieser Erkenntnis ist der französische Soziologe Maurice Halbwachs, der 1945 gestorben ist, besonders nachgegangen. Ähnlich wie er die Bedeutung des religiösen Raums für die Gläubigen beschreibt, möchte mancher Fan von seiner Kurve schwärmen. Ich zitiere also Halbwachs mit der Bedeutung von religiösen Räumen: »Sobald er die geheiligte Stätte betritt, weiß er, dass er dort von neuem in einen Gemütszustand versetzt werden wird, den er oft schon erfahren hat, und dass er mit anderen Gläubigen zur gleichen Zeit wie eine sichtbare Gemeinschaft eine gemeinsame Denkart und gemeinsame Erinnerung wieder aufleben lassen wird, nämlich die, die während vorhergegangener Epochen an diesem selben Ort entstanden und genährt worden sind.« Halbwachs schreibt das über Kirchen und religiöse Räume, nur ist es teilweise so, dass in dem sportlichen Bereich Stadionatmosphäre und Erinnerungen an bestimmte Vorkommnisse in Sportarenen, offensichtlich ähnliche Gefühle wecken und Sportangehörige das auch mit religiösen Termini bezeichnen – also nicht nur der »heilige Rasen« und dgl. Man sieht ja auch Leute mit den aufgenähten Lettern: »Fußball ist meine Religion« herumlaufen. Da sehen Sie nun einen Religionsbegriff, der mit dem Religionsbegriff, den wir hier diskutieren, kaum noch etwas zu tun hat. Soviel zu Punkt 1: Das Stadion als heilige Stätte?

II. Im Laufschritt zur Erleuchtung?

Woran ich da gedacht habe? Zuerst an den Lauf um den Heiligen Berg Hiei in der Gegend der Tempelstadt Kyoto in Japan. Dort gibt es eine alte buddhistische Tradition der Tendai-Gruppe, der Tendai-Sekte. Der Heilige Berg Hiei wird zu bestimmten Tagen umrundet mit einer Gesamtstrecke von genau

347

zwei Marathonläufen, also 84 km, und das hundert Tage hintereinander. Eine schier unglaubliche (und für einige auch tödliche) Ausdauerleistung. Da bleibt dann nicht mehr allzu viel Zeit zum Schlafen; und in einem der Bücher, die ich darüber las, mit dem Titel: »Die Marathonmönche des Berges Hiei« – ein englisches Buch –, schreibt der Autor: Die größten Athleten seien nicht die Olympiasieger oder die sonstigen Sportstars, sondern die Marathonmönche dieses Heiligen Bergs Hiei in Japan, weil sie während Hundert-Tage-Perioden die 52½ Meilen, also die 84 km, täglich zurücklegen. Das ist tatsächlich kein Rennen, wenn man das mal umrechnet. Die »eilen« sozusagen sehr schnell, in einem sehr schnellen Gehen von 16 bis 18 Stunden. Es ist in Wirklichkeit eine Art von Wallfahrt. Da stehen heilige Schreine überall, wo sie ihre rituellen Gebete verrichten. Die Überschrift: »Im Laufschritt zur Erleuchtung«, habe ich ganz wörtlich aus dem Buch übernommen. Andere Überschriften, wie etwa, das seien die Spitzensportler der Welt, halte ich für dummes Zeug. Aber diese körperliche Übung wird dort genutzt in einer inzwischen etwas über tausend Jahre alten Tradition, um in Zustände der Konzentration, der Erleuchtung, auch in erhöhte und erweiterte oder sonst andere Bewusstseinszustände zu kommen. Hier wird eben der Körper als Mittel benutzt, was natürlich erst einmal bedeutet, man macht sich einfach physisch so fertig, dass man zu überhaupt nichts mehr in der Lage ist. Es gibt in dieser tausendjährigen Geschichte, datiert seit dem Jahr 831 n.Chr., inzwischen sogar über vierzig Mönche, spätere Äbte, die diese Strecke eintausend Mal am Stück hintereinander, also nicht einhundert Mal, sondern an eintausend Tagen, das sind über drei Jahre täglich hintereinander, bewältigt haben. Einige mehr haben es versucht, aber nicht überlebt. Früher sind dabei mehr gestorben als heute, denn heute sind die Kontrollvorschriften etwas besser. Da ist nicht viel Zeit zum Essen und zum Schlafen und es gibt auch nicht allzu viel zu Trinken, das ist also auch gesundheitlich hoch riskant. Da wird Strecke bewältigt und es wird behauptet, das sei eine körperliche und spirituelle Tätigkeit und es seien Spitzensportler.

Um die freudige Erregung leichtfüßigen Laufens einer langlaufbedingten Endorphin-Ausschüttung – wie mir eben aus dem Zuhörerkreis zugerufen wird – geht es wohl weniger. Zumindest legt der Blick in die ausgemergelt erschöpften Gesichter nach hundert Tagen diese Vermutung nicht sonderlich nahe. Dabei ist manchen Gesichtern ein inneres Strahlen nicht abzusprechen. Eine Sicherheit, wie sie einer ganz bewussten konzentrierten asketischen uralten religiösen Praxis entspringt.

Wir bleiben noch beim Laufen und springen jetzt nach Hawaii zu modernen Läufern. Hawaii hat ja einen gewissen Ruf für Langstreckenläufer. Aus den Interviews, die ich dort machte, möchte ich Ihnen eines näher zitieren, das ich mit einem 50jährigen Architekten führte, der beruflich voll im Leben stand.

Religionsähnliche Phänomene im Sport

Er ist unter den Langstreckenläufern einer der dort zahlreichen sog. Ultraläufer. Ultraläufer sind Leute, die über 42 km, also mehr als die Marathonlänge laufen. Zu deren Erfahrungen kann ich nichts sagen, weil ich nie länger als Marathon gelaufen bin. Dieser Architekt sagte mir: Also bei langen Läufen, d.h. bei 100 km oder 100 Meilen oder jedenfalls ab 4 bis 5 Stunden komme ich in Bewusstseinszustände oder in Gefühle, die für mich zu dem Wichtigsten gehören, im Rahmen von religiösen Erlebnissen, was ich kenne. Es fängt so nach – ich gehe hier nur auf die Interviews ein – so nach fünf Stunden an und besonders, wenn ich nachts laufe, weil dann die innere Wahrnehmung größer und die Ablenkung von außen geringer ist. Ich kann mich also wesentlich mehr auf mich konzentrieren. Man läuft dann eben eine Nacht durch. Nachts passieren ganz andere Sachen als am Tag. Die Sinne werden mehr geschlossen, man kann sich mehr auf sich selber konzentrieren. Und gelegentlich kommt der Satz: »Pain is inevitable, suffering is optional« – »Schmerz ist unvermeidlich, darunter zu leiden ist eine freie Entscheidung.« Aus diesem Interview darf ich noch eine Stelle wörtlich vorlesen: »Ich glaube, die einzig wahre Religion kommt aus unserem Innern heraus. Für mich bedeutet das, dass ich beim Laufen mehr als bei jeder anderen Erfahrung oder Tätigkeit im Leben diese religiösen Erlebnisse habe. Es ist immer wieder eine Überraschung für mich, aber eine sehr angenehme Überraschung. Es ist das Gefühl, dass ich einen Platz im Universum habe, dass ich in diesen Kosmos hineingehöre. Nicht notwendigerweise, dass das Leben eine besondere Bedeutung hat oder dass es notwendigerweise etwas gibt nach dem Tod, dass es anschließend weitergeht, sondern es ist einfach ein Gefühl, Teil des Ganzen, Großen zu sein. Und dieses Ganze, Große zu verstehen, spirituell wenigstens zu verstehen, wenigstens emotional zu verstehen, nicht unbedingt intellektuell zu verstehen.« – Soviel zu unserer zweiten Themenfrage »Im Laufschritt zur Erleuchtung?«

Es geht bei der Religion und eben auch beim Sport immer wieder um die Sinnfrage, die Suche nach Sinn. Vielleicht schauen wir kurz in die Texte, die ich Ihnen ausgeteilt hatte. Dort lesen wir auf der dritten Seite unter Punkt 4:

> »Religionen sind sinnvermittelnde Handlungssysteme, gesellschaftliche Teilbereiche und bei uns an Bedeutung abnehmende soziale Institutionen.«

Das ist Soziologen-Terminologie. Auf die Frage, was soziale Institutionen sind, will ich hier nicht weiter eingehen, aber die Religion ist – mit der dazugehörigen Kirche als Organisationsform – immer als eine klassische soziale Institution definiert. Demgegenüber ist Sport bei uns eine gesellschaftlich nicht notwendige, aber inzwischen immer bedeutender werdende neue soziale Institution.

Kurt Weis

Was ist mit Religion gemeint?

Religion ist der dynamische Umgang mit dem Heiligen. Religionen sind etwas Lebendiges, nämlich menschliches Verhalten. Menschliches Verhalten ist auf vielfältige Weise gesteuert. Religionen beeinflussen ihre Menschen, wie umgekehrt Menschen ihre Religionen prägen. Religiöses Verhalten wird rituell praktiziert. Rituale verarbeiten als szenische Praktiken mit oft komplexen Handlungsabläufen Problemsituationen symbolisch. Sie geben Sicherheit. Durch den Umgang mit der sichtbaren Form soll auf die nicht sichtbare Ebene eingewirkt werden. Rituelles Verhalten konstituiert und aktiviert sozialen Sinn, fördert das Gemeinschaftsgefühl und verdeutlicht normative Gesamtorientierungen. Das gilt für Religionen wie für Sport und alles soziale Verhalten auf entsprechende Weise. Man weiß, was und wie es zu tun ist, und informiert den, der die Symbole kennt. Religionen zeigen sich also im menschlichen sozialen symbolischen Handeln. Ihren Anhängern helfen sie bei der Interpretation der Welt, der Sinnfindung des Lebens und dem Versuch der Kontaktaufnahme zu einer anderen, nicht sichtbaren Welt. Aus dem weiten Feld vielfältiger Funktionen von Religionen seien fünf (die letzte und die ersten drei besonders nach Carl Friedrich von Weizsäcker) ausdrücklich erwähnt:

(1) Religionen sind *Kulturträger.* Sie führen zu Religionskulturen, welche dann die gesellschaftlichen Kulturen beeinflussen und prägen.
(2) Als wesentlichen Inhalt ihrer Lehre haben Religionen eine *Doktrin oder Theologie,* die sie immer weiter ausfeilen.
(3) Sie werden für Fragen der *Ethik und Moral* herangezogen und machen dazu wesentliche Aussagen.
(4) Sie wirken identitätsfördernd. Sie vereinen Menschen und dienen ihnen zur *Gruppenidentifikation.*
(5) Soweit Religionen lebendig sind – das wird in unserer großenteils nachchristlichen Kultur oft vergessen – werden sie gelebt und erlebt und führen auch zu *religiösen Erlebnissen.*

Religionen sind sinnvermittelnde Handlungssysteme mit bei uns abnehmender Bedeutung.

Und was meint Sport?

Sport ist ein sinnvermittelndes Handlungssystem, ein gesellschaftlicher Teilbereich und eine an Bedeutung derzeit noch zunehmende gesellschaftliche Institution. Sport ist körperlich erlebtes soziales Handeln mit symbolischer Bedeutung, das in spielerischer Form inhaltlich zumeist als Wettkampf zwischen zwei oder mehr Teilnehmern oder gegen die Natur nach bestimmten Regeln betrieben wird. Dabei ist nicht die körperliche Bewegung als solche entscheidend, sondern die ihr zugewiesene symbolische Bedeutung, die auch zwischen Spiel und Arbeit trennt. Gesellschaftlich wird nicht die Leistung, sondern der Erfolg prämiert. Nicht das gute Spiel, sondern die Tore zählen. Dabei wird im Sport Sinn produziert, Komplexität reduziert und deutlicher als anderswo eine heile und ideale Welt von Leistung und Belohnung vorgeführt. Es scheint, als würden hier Prinzipien der Objektivität, Chancengleichheit, Messbarkeit, Vergleichbarkeit, Allgemeinverständlichkeit von Leistungen, Durchsichtigkeit der Leistungsdifferenzierung und entsprechender Rangzuweisungen voll verwirklicht. Wettkampf- und Leistungssport wurden von den Massenmedien als ideales Objekt erkannt. Hier fallen gesellschaftlich hoch bewertete Vorgänge wie die Bestätigung der Wertordnung (Leistung und Belohnung, Niederlage und Bestrafung) und Unterhaltungswerte (Spannung, Selbstdarstellung und körperlicher Einsatz der Athleten beim als schicksalhaft dargestellten Kampf um Sieg oder Scheitern) derartig unmittelbar zusammen, dass sie sich für Miterleben und Direktübertragung besonders eignen. Hier werden kulturelle Werte real vorgelebt, hier wird sonstige gesellschaftliche Komplexität auf kurze überschaubare Vorgänge reduziert. Sport ist für eine informationssüchtige Gesellschaft sekundenschnell über Ergebnisse, über Tore und Punkte, Zeiten und Weiten, Abstieg und Medaillen, einfach zu beschreiben.

Und natürlich stellt sich die Frage, ob alle oben genannten fünf Funktionen von Religionen entsprechend auch vom Sport berichtet werden können. (1) Ist der Sport *Kulturträger?* Drängt sich die Antwort auf, wenn wir an olympischen Sport und Sport in der Entwicklungshilfe denken, an sozialistischen Staatssport und kapitalistisches Sport- und Unterhaltungsmanagement? (2) Hat der Sport für Wettkampf und Gesundheit seine eigenen *Doktrinen und Grundsätze* aufgestellt und ausgefeilt? (3) Macht der Sport mit seinen Vorstellungen von Fairness und sportlichem Verhalten gewichtige Aussagen zu *Ethik und Moral?* (4) Fördert der Sport Prozesse der *Gruppenidentifikation,* wenn sich Menschenmassen mit ihrem Verein oder ihrer Nationalmannschaft identifizieren und von der Gegenseite abgrenzen, wie sich auch Gläubige von Andersgläubigen absetzen? (5) Schließlich die Erlebnisse: Mögen religiöse Erlebnisse in unserer säkularen Welt selten sein und verheimlicht werden, so werden demgegenüber *sportliche Erlebnisse* für Zuschauer und Aktive umso lauter vermittelt und von den Medien verbreitet.
  In einer verzweifelt nach sinnlichen und sinnvollen Erlebnissen hetzenden, erlebnissüchtigen, also offenkundig erlebnisarmen, sogenannten Erlebnisgesellschaft, wird zu untersuchen sein, wie weit Religion oder Sport zu den

letzten noch übrig gebliebenen Bereichen gehören, in denen vom Ansatz her ein ganzheitliches Menschenbild gefordert oder gefördert wird, und wie weit ganzheitliche, Leib, Seele und Geist ergreifende Erlebnisse hier auch gefordert, gefördert oder wenigstens erlaubt sind. Und wo oder ob wir lernen können oder überhaupt lernen dürfen, derartige Erlebnisse dann zu Erfahrungen reifen zu lassen und sie lebensprägend zu verarbeiten.

Was haben Sport und Religion gemeinsam?

Beide sind soziale Institutionen mit hoch ritualisierten Handlungselementen; beide schaffen heute Auszeiten aus der Alltagshektik. Wenn man davon ausgeht, dass wir in einer Gesellschaft leben, die es eigentlich darauf abstellt zu verhindern, dass wir zur Besinnung kommen, weil wir permanent mit irgendetwas beschäftigt werden sollen und permanent unter irgendeinem Zeitdruck sind, würde ich sagen: Die Religion per Definition und in vielen Fällen auch der Sport schafft Auszeiten. Dafür hat man plötzlich Zeit – Samstag zum Stadion zu pilgern oder Sonntag zu joggen zum Beispiel. Religion und Sport können Staaten und Gesellschaften als Staatsreligion und Volksreligion, als Staatssport und Volkssport dienen. Sie können sich in ihren Funktionen ablösen, ergänzen oder überlagern. Ich glaube nicht, dass Sport Religion ersetzen kann. Sport als Ersatzreligion halte ich von der Formulierung her für zu einfach und zu eng, das ist nicht zu Ende gedacht, weil ein wirkliches Verständnis von und für Religion fehlt. Aber ein gegenseitiges Unterstützen oder Ergänzen, darauf komme ich hinterher noch bei der Frage, wie weit Sport zumindest in den USA für lange Zeit als Zivilreligion definiert werden konnte in dem klassischen Terminus des amerikanischen »civil religion«.

Die Zusammenhänge zwischen Sport und Religion sind doch historisch sehr auffällig und zwar gerade auch unter der Überschrift einer Leibesgeschichte. Denn selbst in Gegenden, wo Religion nicht mehr bewusst ist oder nicht mehr bewusst gelebt wird, ist das körperliche Tun religionskulturell oder durch religiöse oder religions-philosophische Vorstellungen in der Vergangenheit noch heute ganz stark geprägt. Beispiel: In Indien würde kein Mensch auf den Gedanken kommen, hundert Meter geradeaus zu rennen, um was zu gewinnen. Das ist westlich-griechisches Wettkampfdenken zur Ehre der Götter und des eigenen Ruhms, wie immer es in Olympia seinerzeit oder sonst wo gemacht worden ist. Die indische Kultur hat mit den Körpern ihrer Mitglieder anderes bewirkt: bewusstere Atemtechniken, bewusstere Techniken mit sonstiger Körperbeherrschung, alles, was man im Bereich des Yoga üben kann, aber sicher nicht hundert Meter geradeaus, um zu gewinnen. Andere fernöstliche

Gegenden haben die sog. *Martial Arts* entwickelt. Diese Selbstverteidigungskampftechniken, beeinflusst von Buddhismus und Taoismus, entstanden im chinesischen Kloster Shaolin. Entwicklungen, die auf der einen Seite zum Zen-Buddhismus geführt haben, also meditative Konzentrations-, Verinnerlichungstechniken mit dem absoluten Stillehalten, und gleichzeitig auf der anderen Seite Entwicklungen, die zu den Kampftechniken geführt haben, wie Karate, Tae Kwon Do, Tai Chi, Kung Fu, usw. Hier wurden in eine buddhistische Klosterwelt alte taoistische Medizinvorstellungen integriert. Betrachtet man die Entwicklungsgeschichte dieser verschiedenen Körpertechniken für erhöhte Bewusstheit und Wahrnehmung beim Meditieren und Kämpfen näher, dann sieht man die vielen Einflüsse, die sich aus wechselnden gesellschaftlichen, politischen und religiösen Strömungen nährten.

Diese Entwicklungen liefen jeweils weiter, einmal von China direkt nach Japan im Bereich des Zen-Buddhismus, und auf der anderen Seite als Kampftechnik von China über Okinawa nach Japan. Diese aus Fernost stammenden Kampftechniken werden auch bei uns in weiter Verbreitung geübt. Bayern ist voll entsprechender Vereine und Schulen. Man mag hier trennen zwischen Kampftechniken mit einer sportlichen Wettkampforientierung und Kampfkünsten, deren laufendes Üben eher die innere Reifung betont. Ich hatte Studenten, die seit Jahren in eigenen Hallen Tae Kwon Do oder Karate unterrichten, ihren schwarzen Gürtel haben und niemals zu irgendeinem Wettkampf antreten, weil sie es nur als Konzentrationstechnik nutzen. Und es gibt andere, die eben, wie wir das von den Action-Filmen kennen, Karate und Tae Kwon Do nur dazu nutzen, um anderen Leuten möglichst brutal, möglichst schnell ins Gesicht zu springen oder sie sonstwie zusammenzuschlagen. Mit westlichem Einfluss wurde hier aus einer Verinnerlichungstechnik eine äußere Kampftechnik gemacht. Wir erlebten auch Gradwanderer, die Ost und West miteinander verbinden wollten und so zu Identifikationsfiguren geworden sind. Das gilt etwa für Leute wie Bruce Lee mit den vielen Action-Filmen, die seine asiatischen Anhänger sowohl in Ostasien als auch in amerikanischen Chinatowns verschlangen. Die historischen und gesellschaftlichen Hintergründe, die zu bestimmten Sportarten oder Körpertechniken geführt haben oder heute noch führen, sind teilweise erst verständlich, wenn man weiß, was auch an Religionsentwicklungen und religionskulturellen Einflüssen dahinterstand. Das japanische Karate und der koreanische Nationalsport Tae Kwon Do sind inzwischen offizielle Disziplinen bei unseren modernen Olympischen Spielen geworden. Für die Sieger gibt es Goldmedaillen und das Abspielen ihrer Nationalhymne. Das führt uns zur nächsten thematischen Frage.

Kurt Weis

III. Olympische Spiele als neuheidnische Ersatzreligion?

Der moderne Sport unserer Welt richtet sich an olympischen Disziplinen aus. Er findet seine Höhepunkte in den Olympischen Spielen. Woher kommt er?

Coubertin (1863–1937), Gründervater der Olympischen Spiele der Neuzeit, wollte Sport als Sozialisationsmittel nutzen, sprach immer wieder von der neuen ›religio athletae‹ und verdeutlichte : ›Das erste und wesentliche Merkmal des alten wie des neuen Olympismus ist: eine Religion zu sein.‹
  Ich zitiere jetzt im Wesentlichen Coubertin. Priester sollten sie sein, Priester, die sich in schweißtreibender Tätigkeit im Dienste der neuen Athletenreligion verzehrten. So erwartete es Pierre Baron de Coubertin, ein kleiner, am Ende verarmter Adliger und ein großer und leidenschaftlicher, am Ende weltberühmter Pädagoge und Sportmanager. Selbst noch in seinen Rundfunkvorträgen vor den Olympischen Spielen 1936 in Berlin sagte er es ganz deutlich – ich zitiere noch einmal wörtlich:

> »Das erste und das wesentliche Merkmal des alten wie des neuen Olympismus ist: eine Religion zu sein.«

Wie eine Religion hatte er die modernen Spiele gegründet, sich dazu auf die antike Geschichte berufen. Dabei hatte Coubertin Größeres im Sinn. Für ihn war Sport nur ein Mittel, ein Mittel zum Zweck, um die Jugend zu verbessern, erst die Jugend Frankreichs, dann die Jugend der ganzen Welt. Coubertin war seinerzeit entsetzt gewesen über den körperlichen und seelischen und moralischen Zustand der französischen Jugend. Den Krieg 1870/71 hatte man verloren, und er glaubte nun voller Neid nach England auf die englischen Colleges schauen zu sollen, weil die körperliche Ertüchtigung trieben, um dort etwas zu finden, was seiner französischen Jugend auch nutzen würde. Er beschloss, den Sport als Sozialisationsmittel in Frankreich einzuführen. Und dann fing er an, von einer sportlichen Religion und von einem sportlichen Evangelium zu sprechen – alles Ausdrücke von Coubertin –, zur Ergänzung oder zur Ersetzung eines an Tod und Jenseits orientierten Christentums. Er meinte, das sei eine sozialgeschichtliche Notwendigkeit. Man muss sich ein bisschen die Situation vor Augen führen: Die christliche Kirche hatte mit der Französischen Revolution 1789 ihre prägende, sozialisierende und auch kulturell einende Kraft verloren. Es bestand also ein Vakuum. Und in diesem Vakuum gibt es eine ganze Reihe von Versuchen, durch neue Sozialisationsmöglichkeiten Menschen wieder zu fördern, in den Griff zu bekommen, positiv zu beeinflussen. Das ist ja auch die Zeit, in der Comte seine Vorstellungen von einer Soziologie als einer höchst anspruchsvollen Sozialtechnologie, die er ähnlich wie die katholische Kirche organisieren wollte, einbrachte. Es ist die Zeit vieler großer berühmter Erzieher, nicht nur in Frankreich. Coubertin ist eben derjenige, der eine verbesserte Erziehung und Sozialisation durch den Sport und den Sport durch Olympische Spiele fördern wollte und diese Olympischen Spiele ausgerechnet immer mit Religionstermini einzuführen und zu stärken suchte. Als Coubertin merkte, dass seine Sonntagsreden mit dem Ideal des Humanismus eben nur Sonntagsreden blieben und nicht ankamen, setzte er zumindest auf die Seitenaltäre dieser seiner, wie er sagte »neu-heidnischen Religion« den Kult der Nation. Ein richtiges Umschwenken der Betonung. Das war nun die Zeit der Nationalstaaten, des Nationenkultes in gewissem Sinne, der auch zu den europäisch ausgelösten Weltkriegen führte. Die Idee mit dem Nationalkult zündete – und das führte letztlich zu der Art von Olympischen Spielen, wie wir sie kennen gelernt haben, dass Nationen gegeneinander antreten, dass es eine Nationenwertung gibt, die zwar die Zeitungen möglichst nicht veröffentlichen sollen. Aber natürlich, die ganze Welt interessiert nur, welches Land wie viele Medaillen, wie viele Punkte bekommen hat. Die Nationalflaggen werden bei jedem Sieg gehisst. Ursprünglich wurden auch die Eide darauf abgelegt, bis dann später der Olympische Eid auf der Olympischen Fahne geleistet wurde. Und dann sprach er immer wieder von den Athleten als Priestern einer Religion, Priestern der Religion der Muskelkraft und dergleichen. Das verweltlichte Jahrhundert sollte sich hier einer Religion erfreuen, die aus alten Quellen trank.

Wir wollen uns das Ganze noch einmal in einer schematischen Übersicht anschauen.

Reizvoll ist bei dieser Religionsgründung der laufende Wechsel von Ziel und Mittel. Jedes für den guten Zweck eingesetzte Mittel wurde zum eigenen Ziel, für dessen Durchsetzung ein neues Mittel zu finden war. Die letzten Mittel, der politische Kult der Nation und der wirtschaftliche Erfolg, mauserten sich in ihrer beabsichtigten Eigendynamik zum wohl unbeabsichtigten Selbstzweck. Zusammengefasst zeigt der Weg derzeit sieben Stufen:

Ursprüngliches Ziel Coubertins:

(1) Verbesserung der Jugend und der Menschheit
    – das Mittel: erneuerte Sozialisation
(2) Um diese Sozialisation zu erreichen und zu verbessern
    – das neue Mittel: Sport
(3) Um Sport zu fördern und zu verbessern
    – das neue Mittel: die Form (und der Inhalt?) einer Religion

(4) Um die religiöse Form einzurichten und zu propagieren
 – das neue Mittel: moderne Olympische Spiele
(5) Um die Olympischen Spiele zu etablieren und zu sichern
 – das neue Mittel: der Kult der Nation
(6) Um trotz schwindenden Kults der Nation die Spiele am Leben zu halten
 – das neue Mittel (und das endgültige Ziel): wirtschaftlicher Erfolg
(7) Um den wirtschaftlichen Erfolg zu sichern
 – das neue Mittel: der Medienkult um die Spitzenstars.

In unserer am wirtschaftlichen Gewinn orientierten Welt erreichte diese Entwicklung erst sicheren Boden, als sie nicht nur politischen, sondern auch wirtschaftlichen Gewinn abwarf. Dies geschah durch Übertragungen und Werbeeinblendungen im Fernsehen. Die Zahlen zeigen die Entwicklung. Nicht alle Zahlen wurden veröffentlicht. Es gibt verschiedene Arten der Berechnung. Die folgenden Zahlen sollen nur den Trend verdeutlichen. Hier sehen Sie die Geschichte eines wirtschaftlichen Erfolges und Selbstläufers. Um die Olympischen Sommerspiele übertragen zu dürfen, zahlten Fernsehsender dem Internationalen Olympischen Komitee (IOC):

München 1972	17,7 Millionen US-Dollar
Los Angeles 1984	über 200 Millionen US-Dollar
Seoul 1988	über 400 Millionen US-Dollar
Barcelona 1992	über 600 Millionen US-Dollar
Atlanta 1996	über 800 Millionen US-Dollar
Sidney 2000 (+ Winter 2002)	geplant ca. 1,25 Mrd. US-Dollar

Selten ist der organisationssoziologisch ja häufig zu beobachtende Austausch von Zielen und Mitteln weltweit so deutlich vorgeführt worden wie bei der Entwicklung der Olympischen Bewegung und der Olympischen Spiele. Ich darf mit Ihnen einfach diese sieben Punkte noch mal durchgehen: Das ursprüngliche Ziel war, die Jugend zu verbessern, die Jugend der Menschheit, Frankreichs, der Welt. Das Mittel dafür sollte sein: eine erneuerte Erziehung. Um diese Sozialisation zu erreichen und zu verbessern, sollte das neue Mittel Sport sein. Um diesen Sport zu fördern und zu verbessern, sollte das neue Mittel die Form einer Religion sein. Ich habe da »und der Inhalt?« in Klammer dazugeschrieben, weil ich das Gefühl habe, Coubertin hat da an religionsähnliche oder typisch religiöse Rituale gedacht. Aber er hat immer nur eine Hülse gegeben, die Form, und hat sozusagen den wirklichen Inhalt als neuheidnische Ersatzreligion, von der er sprach, für mein Gefühl nie so richtig ausgefüllt. Wahrscheinlich deswegen ist unser moderner, olympisch geprägter Sport ideologisch so anfällig und kann von den verschiedensten politischen Richtungen, von Militärdiktaturen bis zu Demokratien, von links- wie rechtsextremen Regimen in Anspruch genommen und vereinnahmt werden und dann auch wieder von den verschiedensten Religionen und Kirchen, von Bildungs-, Gesundheits- und Jugendorganisationen gutgeheißen werden. Ist (olympischer) Sport dann eine religions- und inhaltsarme Form und ideologieneutrale Hülse, die nach Belieben ideologisch gefüllt und genutzt werden kann?

Vielleicht hat sich ja einer von Ihnen den Spaß oder die Mühe gemacht, die viele Stunden langen Eröffnungszeremonien von Olympischen Sommerspielen anzuschauen. Das ist eine Aneinanderreihung von Ritualen, wie wir sie so typisch sonst nur aus dem religiösen Bereich kennen. Zur Eröffnung etwa der letzten Sommerspiele 1996 in Atlanta waren selbst die dortigen Chöre und die Sänger alle angezogen wie Engel oder wie Priester und Priesterinnen. Dazu gab es noch einen ungewöhnlichen Passionseffekt. Die heilige Flamme war durch Staffelläufer vom antiken Olympia über die ganze Erde nach Atlanta gebracht worden. Als letzter Läufer – weltweit geheimgehalten und als gelungene Überraschung – versuchte dann der seinerzeitige Cassius Clay und spätere Mohammed Ali, der berühmteste Sohn und Boxer seiner Heimatstadt Atlanta, nunmehr krank und völlig zitternd, das Feuer auf den letzten Metern weiterzutragen und die Flamme zu entzünden. Er schaffte es gerade noch – und alle Welt spürte die Angst und die Frage: Wird es diesem kranken Mann noch gelingen, das olympische Feuer in Atlanta zu entzünden? Eugen Biser, der Münchner Theologe und Religionsphilosoph, wies darauf hin, hier sei der ehemalige Schwergewichtsboxweltmeister als Passionsfigur, wie wir sie sonst aus der österlichen Leidensgeschichte kennen, gezeigt worden.

Wir fahren auf dem Schema der siebenfachen Ziel-Mittel-Verschiebung fort. Um die religiöse Form einzurichten und zu propagieren – möglicherweise ist die Reihenfolge von Punkt 3 und Punkt 4 nicht so ganz sauber –, war das neue Mittel Olympische Spiele; um dann die Olympischen Spiele zu etablieren und zu sichern das neue Mittel: der Kult der Nation. Da erst, als nämlich Nationen gegeneinander antraten, liefen die Olympischen Spiele. Um später im schwindenden Kult der Nation die Spiele am Leben zu erhalten – das mit dem Nationenkult interessiert ja, zumindest im Westen nach dem Zusammenbruch des Ostblocks, heute kaum noch jemanden –, war das neue Mittel und das gleichzeitig vorerst endgültige Ziel: der wirtschaftliche Erfolg. Denn erst, seitdem Olympische Spiele finanzielle Selbstläufer geworden sind, ist die Zukunft der Olympischen Spiele, zumindest der Sommerspiele, gesichert.

Wir haben in unserem Kreis hier schon über allgemeine Prozesse der Individualisierung gesprochen. Möglicherweise läuft auch die wirtschaftliche Zukunft der Olympischen Spiele nur in gesicherten Bahnen, wenn der Medienkult um die einzelnen Starathleten das öffentliche und für das Fernsehen geldwerte Interesse am Spitzensport wach hält. Die Identifikation mit dem medial aufgebauten Athleten und seinem Schicksal im sportlich entscheidenden Kampf garantiert die Einschaltquoten – und damit das Geld für die Spiele. Damit ist das Schiff der Olympischen Spiele, das auf die Reise einer neuheidnischen Ersatzreligion geschickt wurde, im Hafen unseres derzeit wichtigsten Götzen, des Mammon, vor Anker gegangen.

Die Olympischen Spiele waren in ihrem Fortbestand lange Zeit gefährdet. Erst gab es die finanziellen Probleme, dann waren sie immer wieder Spielball der Außenpolitik. Die Boykotte einzelner Staatengruppen z.B. der Spiele 1976 in Montreal, 1980 in Moskau, 1984 in Los Angeles ließen nichts Gutes erwarten. Erst die Moskauer Rücknahme der Boykottdrohung und die damit überraschend boykottfreien Spiele 1988 in Seoul, Südkorea, einem westlichen Satellitenstaat, die Öffnung und Auflösung des Sowjetimperiums 1989 und das Ende der welt- und sportpolitischen Auseinandersetzung auf der Ost-West-Schiene machten den ungebremst kapitalistischen Weg frei. Aus der pädagogischen Absicht, die Sozialisation der französischen Jugend zu verbessern, wurde ein wirtschaftlicher Selbstläufer. Und die wichtigen und gut gemeinten Sonntagsreden werden noch immer gehalten.

Der sozialistische Sport hat mit seinen Bildern vom sozialistischen Menschen und der sozialistisch entwickelten Persönlichkeit Coubertins Ideale viel häufiger als der Westen zitiert und propagiert. Im Osten war der Sport als neu-heidnische Staatsreligion erfolgreich geworden. Er sollte alle fünf oben erwähnten kulturellen und gesellschaftlichen Funktionen der Religion erfüllen. Eine Enzyklopädie der DDR über *Körperkultur und Sport* informiert uns im Originalton von 1965:

> »Die sozialistische Körperkultur hilft mit, die physischen Voraussetzungen zu schöpferischer Arbeit und zur beständigen Weiterentwicklung der sozialistischen Errungenschaften zu schaffen. Sie trägt dazu bei, eine kämpferische, einsatzbereite, sozialistische Moral und Ethik zu entwickeln. Sie bewahrt die fortschrittlichen Ideen der Vergangenheit und erneuert und ergänzt sie für die Erfordernisse der Gegenwart. ... Die sozialistische Körperkultur ... anerkennt und unterstützt die progressiven Grundsätze der von P. d. Coubertin begründeten Bewegung des modernen Olympismus. ... Die sozialistische Körperkultur umfasst in ihrer Praxis alle Elemente und Formen, die zur physischen Vervollkommnung der Menschen und zur allseitigen Bildung und Ausprägung der sozialistischen Persönlichkeit beitragen. ... Die sozialistische Körperkultur ist eine Volkskörperkultur, die alle Menschen erfasst und die Grundlagen einer richtigen Einstellung zu Körperkultur und Sport bereits in der Körpererziehung der jungen Generation entwickelt. ... Die Körperkultur in der DDR ist ein echter, in die Zukunft weisender Beitrag zur deutschen Nationalkultur.«

Weiter erwähnenswert bleibt in der europäischen Rückschau das Verhältnis zwischen Olympischen Spielen und den Religionen unseres manchmal christlichen Abendlandes. Die antiken Olympischen Spiele wurden einst im Römischen Reich unter Kaiser Theodosius im Jahre 394 auf Druck von christlichen Bischofskonferenzen verboten. Das Christentum war fast eine Art Staatsreligion geworden. Verboten wurden nicht speziell Sportspiele, sondern generell alle Kultspiele zu Ehren der alten heidnischen Götter. 1400 Jahre später verlor die christliche Kirche mit der Französischen Revolution von 1789 letztlich so viel an Einfluss und hinterließ ein derartiges Vakuum, dass es mit den Olympischen Spielen der Moderne wieder gefüllt werden sollte. Der Plan, olympische Spiele als Sportspiele einzuführen, stammt dabei gar nicht von Coubertin. Er steht bereits in den Akten der Französischen Revolution. Das wird aber nie zitiert. Und in England, das Coubertin sich als Vorbild nahm, gab es lange vor Coubertin schon auf lokaler, auf regionaler und auf nationaler Ebene periodisch wiederholte Sportveranstaltungen, die ausdrücklich »Olympic Games« genannt wurden.

Wir erleben hier eine historische Umbewertung von Körper und Leib und nach der oft beschrieenen Leibfeindlichkeit des Christentums in den letzten Jahrhunderten zugleich eine kirchliche Öffnung und Anpassung an alt- und neuheidnische Vorstellungen. Es geht um ein neues, körperbewusstes starkes Auftreten. In England und den USA gab es dazu schon vor Coubertin Entwicklungen, die unter dem Namen einer sog. »Muscular Christianity« (auf deutsch: »Muskelchristentum«) in die Geschichte eingingen.

Wir bleiben gleich noch in den USA, dem Land, in dem sich heute noch religiöse und fundamentalistische und gesellschaftliche und politische Strömungen überlagern und vermengen, und wenden uns kurz der nächsten thematischen Frage zu.

IV. Sport als Zivilreligion?

Seit dem Kalten Krieg werden in den USA bei den Bürgern und der politischen Führung ein Verhalten und Redeweisen beobachtet, die sich am besten mit Hilfe des Konzepts der »Zivilreligion« erläutern ließen. Die Absicht, auf dem Globus im Kalten Krieg gegen die Sowjets und auf dem Sportplatz im sportlichen Wettkampf gegen die Nachbarn zu gewinnen, mobilisierte die inhaltliche und verbale Gottergebenheit. Man sah (sieht?) sich ganz als das auserwählte Volk Gottes. In neuer Amerikanisierung wurden erst die Politik und dann der Sport durch häufige Anrufung Gottes zumindest irgendwie religiös verbrämt und vereinnahmt. Gott wurde dabei auch wie jemand, der sich nicht wehren kann, schnell in die eigenen Interessen eingebaut und dann wie jemand, dessen Autorität unangreifbar ist, als Legitimation vorgeschoben.

Diskutiert wird in den USA nunmehr, ob Sport eher als Zivilreligion oder als Einfache-Leute-Religion analysiert werden sollte. Zur Klarstellung bleibt festzuhalten: Sport ähnelt auf mancherlei Weise der Religion, wie er auf manch andere Weise dem Krieg ähnelt. Doch sollte er weder mit Religion noch mit Krieg gleichgesetzt werden. Sport und Religion, Zivilreligion, Volksreligion, Bürgerreligion oder Leutereligion ersetzen sich nicht gegenseitig. Sie können sich ergänzen, gegenseitig verstärken, unterstützen und durchdringen. Sie haben manche ähnlich gelagerten Strukturen und Funktionen. Möglicherweise ist Sport dabei auch der Bereich, in dem Zivil-, Volks-, Bürger- oder Leute-Religion in ihrer ausdrücklichsten und pervertiertesten Form überleben.

Zu dieser Übersicht nun noch einige weitere Beobachtungen.
In den USA ist der Begriff der Zivilreligion eingeführt worden durch Robert N. Bellah in einem provokanten Essay 1967 als eine Beschreibung der amerikanischen Situation. Diese Idee wurde dann begierig aufgenommen und alsbald in über zweihundert Büchern und Aufsätzen immer wieder zum Thema gemacht. Darin wurde geschildert, dass Zivilreligion für die Amerikaner bedeutet: eine Art Bürgerreligion neben Christentum und anderen Religionen, eine Orientierung auf Gott hin, eine nationale identitätsschaffende Wahrnehmung und eine sich sonst irgendwie an christlich-jüdischen Gottesvorstellungen orientierende, aber sich nicht weiter festlegende Haltung, die letztlich dazu führen sollte, das Moral- und Anstandsverhalten der Amerikaner zu stärken. Tatsächlich ist das ein Produkt des Kalten Krieges gewesen. Seit 1956 drucken die Amerikaner auf alle ihre Münzen und auf ihre Dollarscheine »In God We Trust«. Das ist ja ganz interessant. Die Amerikaner sind das einzige Volk, zudem von dieser Größe, das einmal ganz bewusst zum Zweck der Religionsfreiheit gegründet worden ist und nun offiziell auf seinem Geld und durch sein Geld betet. Man mag überlegen, wie weit dann Geld und Gott und Mammon zusammenfallen.

Die Ideologie, die der ACR, der American Civil Religion, als einer Verbindung von Politik und Religion zugrunde liegt, wurde wie folgt zusammengefasst: (1) Es gibt einen Gott, (2) dessen Wille durch demokratische Verfahren erkannt werden kann: Deswegen (3) ist das demokratische Amerika Gottes vorrangiger Agent in der Geschichte und (4) für Amerikaner ist die Nation zu ihrer hauptsächlichen Identifikationsquelle geworden. Oder klarer, in dabei alttestamentarischer Formulierung zusammengefasst: Die Amerikaner sind das auserwählte Volk. Derartige Einstellungen mögen im Bereich gesellschaftlicher Selbstwahrnehmung und globaler Ahnungslosigkeit sehr weit, möglicherweise fast flächendeckend verbreitet gewesen sein. Im säkularen Mitteleuropa klingt es nach zwei verlorenen Weltkriegen für viele heute seltsam, fast unverständlich, wenn ein auf militärische, wirtschaftliche und sportliche Siege hin orientiertes nationales Selbstbewusstsein mit derartig religionskultureller Argumentation überhöht wird. Denn nach der Erfahrung vieler europäischer Kriege, in die von allen Seiten auch mit Waffensegnung, Gebet und Gottesdienst gezogen wurde, und den vielen verlorenen menschenverachtenden Schlachten hört mancher wohl auf, Gott leichtfertig in die eigenen Spiele und Kriege einzuspannen – und findet es dann blasphemisch, wenn es die anderen noch oder schon wieder tun.

Beim Siegen fällt natürlich alles leichter. Da vermischt sich gelegentlich evangelikaler Schwung, speziell aus pfingstlerischem Antrieb, mit allgemeinem zivilreligiösem Stil. Ich erinnere an typische Äußerungen bekannter amerikanischer Sportstars. Walter Payton von den Chicago Bears erlebte seine Vorbildfunktion als professioneller Footballspieler für die Kinder und sagte: »Gott befähigte mich, mit ihnen in Kontakt zu treten. Ich erkannte, dass Christus auf diesem Weg durch mich sein Evangelium verbreiten wollte. Meine berufliche Leistung ist Gottes Weg, mich zu gebrauchen, um diese Kinder zu erreichen und sie zu Christus zu bringen.« Der beim Superbowl mit den Cowboys siegreiche Roger Staubach erklärte: »Ich hatte gelobt, es würde zu Gottes Ruhm und Ehre sein, egal ob wir gewinnen oder verlieren. Natürlich war der Ruhm für Gott und mich größer, da wir gewannen ...« Dieses dauernde »Wir sind das auserwählte Volk. Gott ist auf unserer Seite« und wir bekämpfen die Sowjets und die Bösen und die Teufel auf der anderen Seite, wurde stufen- und schrankenlos auf den sportlichen Bereich übertragen. Die Absicht, auf dem Globus im Kalten Krieg gegen die Sowjets und auf dem Sportplatz im sportlichen Wettkampf gegen Nachbarn oder Ausländer zu gewinnen, mobilisierte die inhaltliche und verbale Gottergebenheit. Gott spielt in meinem Verein, Jesus Christus agiert als unser Quarterback, all das ist immer wieder in Duschräumen und auf dem Platz besungen worden. Wie von vielen Religionskulturen bekannt, wird also der manipulierte Herrgott in die eigenen Interessen eingebaut und dann als unangreifbare Autorität vorgeschoben, nicht nur in der Politik bei »State of the Union Addresses«, sondern auch im Sport.

Gut zehn Jahre lang ist Sport in den USA von amerikanischen Politikwissenschaftlern und Sportsoziologen als klassischer Anwendungsfalls von »civil religion« behandelt worden. Die jüngere wissenschaftliche Diskussion in den USA vermeidet inzwischen diesen Begriff völlig. Für den Sportbereich wurde empfohlen, lieber von einer Volks- oder Leutereligion zu sprechen. 1994 habe ich mich in Berkeley mit Robert N. Bellah, dem Erfinder und Matador des Begriffs der Zivilreligion in den USA, darüber unterhalten, ob er auch den Sport als Zivilreligion bezeichnen würde, und er sagte mir dann: Er würde diesen Begriff überhaupt nicht mehr benutzen, weil er immer wieder missinterpretiert und ihm vorgeworfen worden sei. Inhaltlich habe er gar nichts daran geändert und meinte im Grunde, Sport in den USA sei ein Phänomen dieser Zivilreligion.

In der internationalen Literatur über Religionslandschaften auf der Erde liest man häufig Hinweise, Europa sei der einzige nichtreligiöse Erdteil. Deswegen ist es wahrscheinlich schwierig für uns zu verstehen, wie stark und selbstverständlich in der öffentlichen politischen Diskussion der USA religiöse und politische Formulierungen oder religiöse Formulierungen und sportliche Identifikation miteinander verbrämt werden.

Persönlich scheint mir, dass Sport vielerorts nach wie vor ein deutlicher, für manche vielleicht besonders pervers oder blasphemisch wirkender Anwendungsfall von Zivilreligion ist. (»Heiliger« Krieg, nicht mehr »zivil«, ist natürlich noch viel schlimmer.) Dabei wird wieder die Beziehung von Sport und Religion deutlich. Zivilreligion setzt andere Religion voraus. Sport ersetzt Religion nicht. Sie können sich aber überlagern, gegenseitig stützen, ergänzen, verstärken und durchdringen, wie auch die gemeinsame Zugehörigkeit zu einer bestimmten Gemeinde oder Religionsgruppe und zu einem bestimmten Verein oder einer politischen Vereinigung jeweils insgesamt bestärkend und identitätsfördernd wirkt.

Zeitlich bedrängt komme ich nun zur letzten Frage, die uns trotz ihrer religionsfernen Formulierung noch einmal an das Gesamtthema der religionsähnlichen und religionsersetzenden Phänomene im Sport heranführt. Es geht um das kulturelle Problem:

V. Ist der Körperboom in Erlebnissuche und Sport eine Gegenreaktion auf gesellschaftliche Prozesse der Entkörperlichung?

Prozesse der Entkörperlichung können wir in unserem ganzen zivilisierten Leben allenthalben feststellen. Es gibt endlos lange Auflistungen über die Zurückdrängung und Ersetzung körperlicher Fähigkeiten. Im Haushalt, in der Ess- und Waschküche, im Krieg beim Transport und Kampf, kommt es auf Technik und Elektronik, nicht mehr auf Körperkraft an. Für Ladenöffnung, Büroarbeit und Produktion kommt es nicht auf naturgegebene, in ihrem rhythmischen Wechsel körperlich spürbare Naturzeit, sondern auf Elektrizität an. Beim Bezahlen mutierte das Geld vom anfassbaren und verschließbaren Gegenstand zum elektronischen Buchungsvorgang. Für die meisten von uns wird der Gebrauch der fünf (oder sechs, oder noch weiterer?) Sinne immer unwichtiger. Selbst der nunmehr alles überragende Seh-Sinn wird durch das Beglotzen von alten gespeicherten Aufnahmen im Fernsehen in seiner überlebenswichtigen Funktion abgelöst. Die Menschen bewegen sich mit Auto und Aufzug, Rolltreppe und Flugzeug zum hochtechnisierten Büro – und dann, zum Ausgleich, joggen sie und radeln sie, klettern sie und tauchen sie, schleppen ihr Geld mit Kreditkarten zu Fitnessstudios und Wellnesssanatorien und suchen, immer noch zum Ausgleich, überall nach körperlich erfahrbaren Erlebnissen.

Diesen Trend zur Entkörperlichung stützen auch die christlichen Amtskirchen. Der protestantischen Abneigung gegen das Knien mit seinem symbolischen Aussagewert ist die römisch-katholische Kirche seit dem zweiten Vatikanum nun ja auch mit dem Verzicht längeren Kniens bei liturgischen Feiern gefolgt, und im Zuge sinnen-leerer Verkopfung des Glaubens warnte der Vatikan in einem von Kardinal Ratzinger am 15.10.89 unterschriebenen Rundschreiben an alle katholischen Bischöfe der Erde vor dem Gebrauch des Körpers in meditativen Formen, wie sie besonders aus hinduistischem Yoga und buddhistischem Zen auf christliches Kulturterrain zur Glaubensvertiefung vordringen. Ein falscher psycho-physischer Symbolismus, ich zitiere jetzt wörtlich: »... kann zu einem Körperkult entarten und dahin führen, alle seine Empfindungen fälschlich mit geistlichen Erfahrungen gleichzusetzen.« Wie gesagt, das ist ein Punkt von vielen, bei denen man sehen kann, hier wird das Körperliche oder der Körper in unserer Gesellschaft zurückgedrängt im Sinne einer Erleichterung körperlicher Tätigkeiten, einer Hintansetzung der Notwendigkeit körperlicher Fähigkeiten, einer zunehmenden Vergeistigung und Verkopfung der Welt.

Der Fortschritt braucht unseren Körper immer weniger, aber wir Menschen brauchen ihn natürlich nach wie vor, um uns zu erfahren. Unsere Identität, unser Sein, unsere Geschlechtsrolle, unser Wohlbefinden, all das ist ganz wesentlich über unseren Körper definiert, und im Gesundheitsbewusstsein, in der Erlebnispädagogik, in der Mode wird der Körper wiederentdeckt. Er boomt dort. Und im Sportbereich, der ja nun über körperliche Tätigkeit definiert ist, hat er wohl derzeit seine ganz besonders offenkundige neue Betonung, so dass möglicherweise diese Betonung von körperlichen Erlebnissen im Sport und dieser ganze Körperboom auch eine Reaktion auf die gesellschaftliche Entwicklung fortlaufender Prozesse einer Entkörperlichung ist. Mir scheint, in Europa leidet die christliche Religion, so weit sie von den beiden großen Amtskirchen bei uns vermittelt wird, unter anderem stark darunter, dass religiöse Erlebnisse, die auch in irgendeiner Form körperlich wahrgenommen werden können, schlicht nicht sein dürfen. Dies zählt zu dem Katalog der vielen Gründe, warum sich viele Menschen abwenden und sehr wohl nach religiösen oder allgemein-spirituellen Erfahrungen, nun aber im außerkirchlichen Bereich, suchen.

Meine Damen und Herren, im Spannungsfeld zwischen religiöser und körperlicher Wahrnehmung, zwischen Religion und Sport, sind viele Fragen des kulturellen Wandels und der geänderten Sinnsuche angesiedelt. Eine eingangs genannte Liste von Fragen habe ich anzusprechen versucht. Mit anders formulierten und vielleicht weiter führenden Fragen möchte ich schließen. Entwickelt sich der Körper zum Medium und Verdeutlichungsagenten kultureller Prozesse? Wird nach einer Verunsicherung in den Religionskulturen neue Sicherheit in Körperkulturen gesucht? Wo der Einfluss der Herkunftsreligion auf die Sinnfrage des Lebens schwindet, wo alles in Bewegung gerät, pluralistisch und eben *gleich-gültig* wirkt, da wächst die Sehnsucht nach Echtheit, Authentizität, nach eigenem Erleben und Erfahren. Wird der Körper nun als Hülle um das Ich und als Mittler zwischen dem Ich und der Welt als neue Basis für Konstanz und Echtheit dienen? Erleben wir also mit dieser neuen Betonung des Körpers und einer entsprechenden Persönlichkeitsentwicklung hier einen revolutionären Umbruch? Wird der Sport dann doch noch weitere Funktionen von Religion erfüllen? Wir stehen wohl mitten in einer Umbruchsphase. Ich kann die Fragen daher hier nicht weiter beantworten und danke Ihnen umso mehr für Ihr engagiertes Diskutieren und geduldiges Zuhören.

[1] Referat gehalten beim 3. Gesprächskreistreffen am 20./21. Febr. 1999

Literatur:

KURT WEIS: Erlebenswelten in der Stadt – Symbolträchtige Räume für Erziehung und Eroberung, Spiel und Kampf. In: e & l erleben und lernen, Zeitschrift für handlungsorientierte Pädagogik. Heft 2/1995, S. 61–64, Heft 3&4/1995, S. 118–123.

KURT WEIS: Sport und Religion: Sport als soziale Institution im Dreieck zwischen Zivilreligion, Ersatzreligion und körperlich erlebter Religion. In: J. Wilke und K. Weis (Hrsg.): Soziologie des Sports. Opladen: Westdeutscher Verlag 1995, S. 127–150.

KURT WEIS: Hemmunglos erleben? Körperliche Grenzen und spirituelle Horizonte. In: P. H. Paffrath, A. Ferstl (Hrsg.): Hemmungslos erleben? Horizonte und Grenzen. Augsburg: Ziel-Verlag 2001, S. 41–64.

ANSCHRIFTENVERZEICHNIS DER AUTOREN

Dr. Michael von Brück, Professor für Religionswissenschaft
an der Ludwig-Maximilians-Universität München; Waldweg 17 a,
93138 Lappersdorf

Dr. Franz Buggle, Prof. (em.) für Klinische und Entwicklungspsychologie
an der Albert-Ludwigs-Universität Freiburg; Seltzenstraße 13,
79280 Au

Dr. Konrad Dietzfelbinger, Übersetzer, Schriftsteller; Trivastr. 13,
80637 München

Dr. Nikolaus Gerdes, wissenschaftlicher Mitarbeiter am Hochrhein-Institut
für Rehabilitationsforschung in Bad Säckingen; St.-Florian-Weg 16,
79713 Bad Säckingen

Dr. Dr. Manfred Görg, Professor (em.) für Alttestamentliche Theologie
an der Ludwig-Maximilians-Universität München; Jenaer Str. 4,
80992 München

Alfred Gulden, Schriftsteller, Filmer; Salmshaus, Hippmanstr. 11,
80639 München

Dr. Karl Hahn, Professor (em.) für politische Theorie und Ideengeschichte
an der Wilhelms-Universität Münster; Im Drostebusch 6 d 100,
48155 Münster

Dr. Ram Adhar Mall, Professor für interkulturelle Philosophie
an der Ludwig-Maximilian-Universität München; Steigenbergerstr. 29,
82377 Penzberg

Albert von Schirnding, Schriftsteller, Literaturkritiker, Essayist;
Harmating 6, 82544 Harmating/Egling 2

Dr. Hans-Rüdiger Schwab, Professor für Medien- und Kulturwissenschaft
an der Katholischen Fachhochschule in Münster; Piusallee 80,
48147 Münster

Dr. Harald Seubert, Professor am Lehrstuhl für praktische Philosophie der
Martin-Luther-Universität Halle; Siedlerstraße 151,
90480 Nürnberg

Dr. Dr. Eberhard Simons, Professor für Philosophie
an der Ludwig-Maximilians-Universität München; Osterwaldstraße 71,
80805 München

Dr. Beatrix Vogel, Diplompsychologin, Übersetzerin; Orionstraße 8, 83624 Otterfing

Dr. Elke Wachendorff, Philosophin, Autorin; Am Zehentstadel 1, 82205 Gilching

Dr. Kurt Weis, Professor für Soziologie am Institut für Sozialwissenschaften der Technischen Universität München; Georg-Bader-Straße 18 b, 82319 Starnberg/Söcking